LA

SECONDE EXPÉDITION SUÉDOISE

AU GRÖNLAND

(L'INLANDSIS ET LA CÔTE ORIENTALE)

DU MÊME AUTEUR

Voyage de la « Vega » autour de l'Asie et de l'Europe, accompagné d'un résumé des voyages précédemment effectués le long des côtes septentrionales de l'ancien continent. Ouvrage traduit du suédois par MM. Ch. Rabot et Ch. Lallemand. 2 vol. avec 295 gravures sur bois, 3 gravures sur acier et 18 cartes. 50 fr.

A.-E. NORDENSKIÖLD

LA
SECONDE EXPÉDITION SUÉDOISE
AU GRÖNLAND

(L'INLANDSIS ET LA CÔTE ORIENTALE)

ENTREPRISE AUX FRAIS DE M. OSCAR DICKSON

Traduite du suédois avec l'autorisation de l'auteur

PAR

CHARLES RABOT

ET CONTENANT 139 GRAVURES SUR BOIS ET 5 CARTES HORS TEXTE

PARIS
LIBRAIRIE HACHETTE ET Cie
79, BOULEVARD SAINT-GERMAIN, 79

1888

Tous droits réservés.

PRÉFACE DU TRADUCTEUR

Dans l'histoire des explorations arctiques, la *Seconde Expédition suédoise au Grönland*[1] occupera une place d'honneur à côté du voyage à jamais célèbre de la *Vega*. Au cours de cette nouvelle entreprise, M. Nordenskiöld a obtenu les résultats les plus importants que puisse ambitionner un voyageur dans ce pays où les brumes et les glaces rendent le succès incertain. Accompagné de Lapons et de matelots éprouvés, il a réussi à pénétrer dans le désert glacé du Grönland. Pendant trente et un jours M. Nordenskiöld a parcouru une partie du glacier qui occupe, croit-on, tout l'intérieur du pays. Cette pénible exploration terminée, le vaillant explorateur suédois s'est embarqué pour essayer de forcer la banquise qui bloque la partie de la côte du Grönland située en face de l'Islande. Là encore il a triomphé de tous les obstacles, et, après un terrible assaut livré aux glaces, il a pu entrer dans une baie de ce littoral. Depuis trois cents ans aucun navire n'avait mouillé dans cette partie de la côte du Grönland, sur laquelle M. Nordenskiöld place l'*Österbygd*, la florissante colonie des anciens Normands.

Pendant tout le voyage M. Nordenskiöld et ses compagnons ont poursuivi d'importantes études scientifiques avec un zèle auquel le monde savant a déjà rendu un hommage justement mérité. Un des membres de la mission, M. Nathorst, a exploré l'île Disko et la presqu'île Nugsuak, où un sol presque éternellement durci par la gelée contient les empreintes d'une flore subtropicale. D'autre part, en parcourant les glaciers du Grönland, M. Nordenskiöld a étudié avec une scrupuleuse attention les formations glaciaires; ses obser-

1. Dans cet ouvrage nous avons adopté l'orthographe scandinave du mot *Grönland*, la seule rationnelle.

vations l'ont conduit à formuler une théorie originale sur les énigmatiques *âsar*, et qui sans aucun doute modifiera les idées des géologues. Au cours de ce voyage il a, de plus, recueilli d'importants renseignements sur la chute des poussières cosmiques, étude dont M. Daubrée, avec sa haute compétence, nous a montré le grand intérêt. En outre, les explorateurs suédois ont fait, dans le domaine de la botanique, plusieurs découvertes importantes qui compléteront nos connaissances sur la végétation de ce pays. Non moins que la flore et la faune, les célèbres ruines nordiques du Grönland et les Eskimos[1] ont excité l'active curiosité de M. Nordenskiöld; le chapitre relatif aux indigènes de ce pays termine très heureusement la relation de ce voyage si intéressant à tous les points de vue.

Pour traduire un pareil ouvrage, qui touche à presque toutes les branches de la science, nous avons dû recourir, comme nous l'avions fait pour la traduction du *Voyage de la Vega*, aux lumières de plusieurs spécialistes. M. Charles Lallemand, ingénieur au corps des mines, notre collaborateur du *Voyage de la Vega*, et M. Jules de Guerne ont bien voulu nous aider de leurs précieux conseils. Nous les prions de recevoir ici l'expression de notre affectueuse gratitude. Nous devons également des remerciements tout particuliers à M. le capitaine de frégate Banaré, qui a eu l'obligeance de traduire différents termes du vocabulaire maritime, à M. le professeur Bureau, du Muséum d'histoire naturelle, à M. Ch. Vélain, maître de conférences à la Sorbonne, qui ont bien voulu nous prêter le concours de leurs bons offices, enfin à M. H. Jacottet, qui a collationné notre texte avec l'édition allemande.

En jugeant notre travail, que le lecteur veuille bien prendre en considération que nous n'avons ménagé ni notre temps ni notre peine pour donner une traduction à la fois claire et précise.

CHARLES RABOT.

Paris, mai 1888.

[1]. Nous avons suivi pour ce nom l'orthographe adoptée aujourd'hui par tous les linguistes.

PRÉFACE DE L'AUTEUR

Le pays découvert, il y a dix siècles, par Éric le Rouge et appelé par lui *Grönland* afin d'y attirer de nombreux colons par ce nom plein de promesses, a été la première terre arctique connue.

Pour l'historien, le naturaliste et l'ethnographe le Grönland est la plus intéressante de toutes les régions polaires. Au onzième siècle, des Scandinaves qui avaient eu chez eux des démêlés avec la justice ou les puissants du jour émigrèrent dans ce pays, et, quelques années plus tard, des navigateurs partis des côtes de cette grande île découvrirent l'Amérique. Ce pays intéresse encore l'historien pour avoir été le théâtre des événements racontés dans les sagas islandaises.

Le géologue peut étudier, dans les mers entourant le Grönland, la formation des plus gros glaçons qui se rencontrent actuellement dans l'hémisphère septentrional, et, dans l'intérieur du pays, l'immense désert glacé de *l'inlandsis*, représentation fidèle de la Scandinavie pendant la période glaciaire. Sur la côte il découvre, en outre, enfouis dans le sol, des fossiles datant de l'époque lointaine où cette région aujourd'hui glacée était un véritable paradis terrestre.

Le voyageur trouve, enfin, au Grönland une peuplade qui par ses mœurs naïves et sa bonhomie s'est acquis la sympathie de tous ceux qui ont eu des relations avec elle.

Ce volume est la relation de la seconde expédition que la libéralité du baron Oscar Dickson m'a permis d'entreprendre au Grönland. Puisse-t-il recevoir du public le même accueil favorable que le *Voyage de la* Vega!

Qu'il me soit permis, en terminant, de remercier mon éditeur, M. F. Beijer, du luxe qu'il a donné à la publication de cet ouvrage, et M. E. Dahlgren, conservateur adjoint à la Bibliothèque royale, de l'aide qu'il m'a prêtée dans la correction des épreuves et la rédaction des tables.

A.-E. NORDENSKIÖLD.

Dalbyö, le 30 septembre 1885.

INTRODUCTION

Les membres de l'expédition de la *Vega*, pendant l'hivernage et la traversée de ce bâtiment entre le Japon et la Suède, discutèrent à plusieurs reprises différents projets d'explorations polaires. Nous pensions tous que la Suède devait continuer les recherches commencées, mais les avis étaient partagés sur la direction que suivrait la prochaine expédition. Les régions polaires offrent encore à l'activité des voyageurs un vaste champ d'explorations. Je ne parle pas ici d'une marche vers le pôle : avec les moyens d'action dont nous disposons actuellement, je regarde ce point comme inaccessible. Le choix de l'itinéraire le plus fécond en résultats est par suite difficile, surtout pour des savants qui se proposent autre chose que de courir des dangers et de chercher des aventures. Des nombreuses propositions qui furent émises, deux seules arrêtèrent notre attention et furent l'objet de plans de voyage détaillés. L'une était relative à une expédition vers le continent ou l'archipel antarctique, l'autre à une exploration dans l'océan Glacial de Sibérie, en prenant comme point de départ la Lena et comme base d'opérations l'archipel de la Nouvelle-Sibérie. Aucun de ces projets ne put être mis à exécution. Le premier échoua faute d'argent, et l'expédition de la *Jeannette* rendit inutile le second. Un an après notre retour, les Américains recueillirent, au prix des sacrifices que l'on connaît, d'importants renseignements inédits sur la topographie et l'histoire naturelle du delta de la Lena et des îles de la Nouvelle-Sibérie. Ces terres furent même le théâtre du drame qui termina l'expédition. D'autre part, en 1882, la Société de Géographie de Saint-Pétersbourg envoya à l'embouchure de la Lena une mission chargée d'exécuter les observations prescrites par le programme de la Commission polaire internationale. Enfin, cette même année, l'expédition danoise, commandée par le lieutenant Hovgaard, partit pour l'océan Glacial de Sibérie. Avant de diriger une nouvelle exploration dans ces parages, il était nécessaire d'attendre la publication du voyage de De Long et de connaître les résultats obtenus par les lieutenants Jürgen[1] et Hovgaard.

Après le retour de la *Vega*, le Dr Oscar Dickson ayant mis à ma disposition une somme importante pour poursuivre nos recherches dans les régions arctiques, je résolus de reprendre l'exploration de l'intérieur du Grönland. L'étude de ce pays éveillait au plus haut point ma curiosité ainsi que celle de M. Oscar Dickson.

En 1751 le négociant danois Lars Dalager fit une courte mais intéressante excursion sur l'*inlandsis*[2]; plus tard quel-

---

1. Le lieutenant Jürgen était le chef de la mission russe envoyée sur la Lena. (*Note du traducteur.*)
2. Sous ce nom on désigne, dans les langues scandinaves, les immenses glaciers qui

ques voyageurs se sont hasardés sur ce glacier, mais ils ne dépassèrent que de quelques centaines de mètres sa limite inférieure, et ne donnèrent aucun renseignement sur l'aspect de l'intérieur du Grönland. A l'exception de ces quelques explorateurs, tous les habitants du Grönland, Européens aussi bien qu'indigènes, avaient craint de s'aventurer sur l'*inlandsis*. L'intérieur de cette vaste péninsule est ainsi resté pendant dix siècles complètement inconnu. Enfin, au mois de juillet 1870, le Dr Sven Berggren et moi nous entreprîmes la première expédition sérieuse sur ce glacier si redouté, malgré les avertissements de tous les hommes expérimentés que nous consultâmes à ce sujet. L'entreprise réussit. Seul le manque d'équipements convenables m'empêcha d'avancer à plus de cinquante kilomètres sur l'*inlandsis*. Depuis, les Danois ont fait plusieurs tentatives importantes pour pénétrer dans l'intérieur du pays. La principale de ces expéditions avait fort peu judicieusement choisi comme champ d'opérations la région alpine du Grönland méridional. Cette zone étant très accidentée et baignée par une mer dont la température est relativement élevée, les glaciers y sont très crevassés et les chutes de neige particulièrement abondantes. Il n'y avait donc guère espoir de trouver au milieu de cette mer de glace une région dépouillée de neige, autre que les pics qui émergent çà et là de l'*inlandsis*. D'autre part, les observations faites par l'expédition danoise sur la nature de l'intérieur du pays ne peuvent être généralisées et étendues à toutes les parties de la péninsule. L'étude du centre du Grönland a une importance considérable au point de vue théorique et pratique, elle intéresse à la fois les géographes et les géologues, surtout ceux qui étudient les formations de la péninsule scandinave; aussi doit-elle

recouvrent et empâtent d'une carapace cristalline les terres polaires. M. de Lapparent dans son *Traité de géologie* leur donne le nom de « calottes glaciaires ». (*N. du trad.*)

reposer uniquement sur des observations précises. A mon avis, cette étude est une des plus importantes pour la géographie, la géologie et la physique des régions polaires, qui puissent être menées à bien à l'aide des moyens dont nous disposons aujourd'hui. Sous d'autres rapports encore, une expédition dans l'intérieur du Grönland est intéressante. En 1870 mon exploration avait soulevé plusieurs questions très curieuses sur lesquelles j'ai une opinion différente de celle de nombreux savants. Une nouvelle expédition me permettra de faire de nouvelles observations destinées à appuyer mes théories.

L'examen attentif des documents relatifs à la position des anciennes colonies grönlandaises et l'étude des arguments formulés par les archéologues qui placent l'Österbygd sur la côte sud-ouest du Grönland, m'avaient donné sur cette question une opinion en contradiction complète avec celle qui a cours aujourd'hui. Comme on le sait, depuis les travaux d'Egger sur les anciens manuscrits et après le voyage de Graah sur la côte orientale, qui paraissait les confirmer, on place l'Österbygd sur la côte sud-ouest. Pour soutenir ma thèse, je désirais étudier la banquise si redoutée de la côte sud-est, et me rendre compte de la nature de cette région; en d'autres termes, je voulais reconnaître si un navire pouvait atteindre cette côte.

Ce sont ces considérations qui ont servi de base au plan de voyage que j'ai remis au Dr O. Dickson.

PLAN DE VOYAGE

DE L'EXPÉDITION AU GRÖNLAND EN 1883

Il y a aujourd'hui neuf siècles que le Normand Éric le Rouge découvrit le Grönland et fonda dans ce pays les premières colonies islandaises. Quelques années plus tard, de hardis marins partirent de ces établissements pour les mers méridionales, et, après une navigation mouvementée, atteignirent la côte américaine[1]. Les nations scandinaves peuvent ainsi revendiquer l'honneur de la découverte du Nouveau Monde. On ignore si, à la suite de ces expéditions, les Scandinaves s'établirent à demeure sur le continent américain; en tout cas, de nombreux documents islandais prouvent le rapide développement des colonies grönlandaises. Elles comptaient plus de trois cents maisons; deux cents, réparties en douze paroisses, étaient situées dans l'*Österbygd*; une centaine, divisées en trois ou quatre paroisses, dans le *Vesterbygd*. Pendant quatre siècles le Grönland forma un évêché; il envoya même des subsides pour les croisades.

Malheureusement, quelques siècles plus tard, les relations cessèrent entre cette colonie et la mère patrie. Peut-être les Scandinaves furent-ils décimés par les épidémies et par les luttes qu'ils eurent à soutenir contre les Eskimos[2] qui arrivaient du nord de la péninsule, ou peut-être, ce qui est plus probable, se fondirent-ils avec les indigènes, dont le genre de vie était plus approprié au climat et aux ressources du pays que celui des Normands. Quoi qu'il en soit, on ne peut douter qu'une des races les plus fortes et les mieux douées ait été détruite ou absorbée par une des races les plus inférieures comme intelligence et comme force physique. Le Grönland qui, jusque-là, était une dépendance du royaume de Norvège, fut ensuite complètement oublié, et il fallut les grandes découvertes de Colomb pour rappeler aux Scandinaves qu'ils avaient jadis occupé des territoires dans cette partie du monde que le pape partageait entre les peuples de l'Europe méridionale comme un pays nouvellement découvert.

---

1. Ils atterrirent sur les côtes du Canada et des États-Unis.
2. Les *Skrälingar* des *sagas*.

Guidés par les traditions et la description des itinéraires suivis jadis, les Islandais essayèrent d'atteindre les anciennes colonies scandinaves du Grönland. Les masses de glace accumulées le long de la côte orientale de cette péninsule — côte qui, vraisemblablement, était autrefois beaucoup plus dégagée — firent échouer ces entreprises. Au quinzième siècle enfin, John Davis, en tentant le passage du Nord-Ouest, reconnut que la côte occidentale du Grönland était relativement accessible et que de nombreuses baleines, dont la chasse était alors si rémunératrice, s'ébattaient dans la mer environnante. L'attrait de ces chasses et l'espoir de trouver des mines d'or au Grönland déterminèrent les Danois à entreprendre des expéditions commerciales dans ces parages. Ces expéditions eurent peu de résultat jusqu'à l'époque où Hans Egede fonda des missions évangéliques et des stations de commerce sur la côte occidentale du Grönland. La première de ces missions fut établie en 1721, à Godthaab. Depuis, le nombre et l'importance de ces stations ont considérablement augmenté; aujourd'hui elles sont administrées, pour le compte de l'État danois, par une Compagnie de commerce.

Le Grönland a été ainsi habité par des Scandinaves de 985 jusqu'au quinzième siècle, et, dans ces cent soixante dernières années, de nombreux fonctionnaires et missionnaires danois ont fait des séjours plus ou moins longs sur la côte occidentale. De plus, cette côte a été visitée par presque toutes les expéditions arctiques qui se proposaient l'exploration des régions circumpolaires américaines; enfin, plusieurs missions soigneusement organisées ont étudié cette même région. Cette partie du Grönland est, par suite, une des régions polaires dont l'histoire naturelle et l'ethnographie sont le mieux connues. Néanmoins c'est dans ce pays que nos connaissances géographiques présentent plusieurs lacunes qu'il est très désirable de combler et que je vais faire connaître sommairement.

La côte orientale du Grönland a été visitée par William Scoresby en 1822, Sabine et Clavering en 1823, W.-A. Graah en 1829-1830, Koldewey en 1868-1869, enfin par plusieurs baleiniers. Cependant aujourd'hui encore, elle est presque complètement inconnue dans sa plus grande étendue; il n'est donc guère possible d'expliquer avec certitude l'histoire de la première colonisation du Grönland par les Scandinaves et celle des expéditions parties de ce pays pour l'Amérique. Tant que la côte sud-orientale du Grönland ne sera pas entièrement connue, on pourra douter de l'exactitude de la position que les savants assignent aux anciennes colonies scandinaves. Dans ce siècle où les explorations géographiques sont poursuivies avec tant de persévérance, nous ne devons pas laisser inexploré un pays qui s'étend jusque sous le parallèle de Stockholm.

L'intérieur du Grönland est encore moins connu que la côte orientale. L'exploration de cette région présente un intérêt particulier. L'hypothèse d'un immense glacier occupant tout le Grönland, hypothèse qui n'a jamais été vérifiée par l'observation, est, comme on le sait, une des bases fondamentales de la théorie des glacialistes sur la période glaciaire. En 1751 le négociant danois Lars Dalager réussit à parcourir 13 kilomètres dans la partie de l'*inlandsis* située par 62° 31′ de latitude nord. Le glacier présentait dans ces parages une surface plane. En 1867, par 69° 30′ de latitude nord, Whymper essaya, sans résultat, de pénétrer dans l'intérieur du pays. Les inégalités du glacier l'arrêtèrent après quelques centaines de pas. Outre ces reconnaissances, on ne compte que trois tentatives sérieuses pour explorer l'*inlandsis*.

La première tentative a été faite par le docteur Berggren et moi, du 19 au 26 juillet 1870 (68° 30′ latitude nord). Favorisés par un temps magnifique, nous réussîmes à pénétrer à 50 kilomètres environ dans l'intérieur du Grönland. Sur la lisière, le glacier, découpé par de profondes crevasses, était d'un parcours difficile; au delà, la marche fut plus aisée. Le deuxième jour du voyage, les deux Eskimos qui nous accompagnaient refusèrent d'aller plus loin. Des personnes connaissant les glaciers de la côte nous avaient dissuadé de perdre notre temps et notre argent à une exploration aussi hasardée que celle de l'*inlandsis*. Pour cette raison, nous n'avions emporté qu'un équipement très incomplet. Nous ne possédions ni cordes, ni tentes, ni traîneaux bien construits, et, après la fuite des Eskimos, nous ne pûmes même prendre avec nous un appareil pour chauffer nos aliments. Dans ces conditions, une longue excursion sur le glacier était impossible; mais cette expédition me donna la conviction qu'avec quelques solides matelots il ne serait pas très difficile de s'avancer à 200 ou 300 kilomètres, au moins, dans l'intérieur du pays. A ce propos, je rappellerai qu'en juin 1873 je fis, en compagnie du capitaine Palander et de neuf hommes, un voyage d'environ 190 kilomètres sur l'*inlandsis* qui recouvre la Terre du Nord-Est au Spitzberg. Cette exploration me permit de me rendre compte de l'aspect d'une *inlandsis* avant la fonte des neiges et des difficultés que présentent à cette époque de l'année les excursions sur les glaciers polaires. L'expérience que j'ai acquise dans cette expédition pourra m'être utile dans le voyage que je vais entreprendre, si je dois traverser des régions de l'*inlandsis* encore couvertes des neiges de l'hiver.

En 1874 une nouvelle tentative fut faite pour pénétrer sur l'*inlandsis*. A quelques milles au nord du point d'où j'étais parti en 1870, M. A. Möldrup entreprit une excursion en traîneaux tirés par des chiens. Il rebroussa chemin après six jours de marche; il n'avait pu pénétrer qu'à quelques milles sur le glacier[1].

La troisième exploration de l'*inlandsis* du Grönland a été exécutée, du 14 juillet au 4 août 1878 (62° 40′ de latitude nord), par les Danois J.-A.-D. Jensen et A. Kornerup. Cette expédition avait été soigneusement organisée, mais la surface accidentée du glacier et le mauvais temps empêchèrent les voyageurs d'avancer guère plus loin que les Suédois en 1870.

Du point où ils avaient rebroussé chemin, aucun de ces différents explorateurs n'avait aperçu la limite des glaciers dans la direction de l'est. De cette observation il ne faudrait pas conclure qu'une nappe de glace s'étend sur tout le Grönland. Les considérations que je vais présenter semblent prouver, au contraire, que l'hypothèse d'un continent entièrement couvert de glaciers et situé au-dessous du 80° degré de latitude nord est en contradiction avec les lois de la physique du globe.

Dans le langage courant, on donne aux glaciers le nom de « glaces éternelles ». Autrefois cette expression était prise à la lettre; des naturalistes affirmaient même qu'à la longue la glace se transforme en ces cristaux de roche transparents si abondants dans les druses des sommets neigeux des Alpes. Aujourd'hui nous savons que cette dénomination est complètement inexacte, que les glaciers sont animés d'un mouvement continu, à peine perceptible, et qu'ils subissent de continuelles modifications. Dans un glacier, chacun des grains qui le composent descend lentement d'un point élevé à un point situé en contre-bas, et en toute saison la masse de glace subit d'importantes variations. L'été les glaciers diminuent par l'action de la chaleur, l'hiver par celle de l'évaporation, en tout temps par la conductibilité des roches sur lesquelles ils reposent, et, d'autre part, ils augmentent d'épaisseur par la chute des neiges. Cette neige, quand elle ne fond pas, se transforme en *névé*, et finalement en une masse de glace compacte. Un glacier descend-il d'un réservoir glaciaire alimenté par d'abondantes chutes de neige, il peut pousser son extrémité au delà de la limite inférieure des neiges persistantes, et atteindre une zone où les chutes de neige sont insuffisantes pour compenser les pertes produites par l'ablation et l'évaporation. Il ne peut donc exister de glaciers dans les pays où la glace ne trouve pas à s'écouler d'un point élevé vers un point situé plus bas, et où la chute annuelle de neige ne compense pas les pertes causées par l'ablation et l'évaporation. Ces considérations

---

[1]. D'après les renseignements qui m'ont été donnés au Grönland, M. Moldrup a simplement atteint une montagne assez élevée sur la lisière de l'*inlandsis*.

expliquent l'absence de glaciers aux environs des pôles du froid de l'Ancien et du Nouveau Continent.

Il est facile de prouver que les conditions nécessaires à la formation des glaciers ne se trouvent pas réalisées dans l'intérieur du Grönland. Pour que des glaciers existassent dans cette région, il faudrait que le sol s'élevât de la côte occidentale, comme de la côte orientale, par des pentes douces, jusqu'au centre de la péninsule ; autrement dit, il faudrait que le pays s'élevât en dos d'âne. Or, sur aucun continent, le relief du sol ne présente pareil profil, et, vraisemblablement, le Grönland ne fait pas exception à cette règle. La constitution géologique de cette péninsule, qui présente une très grande ressemblance avec celle de la Scandinavie, indique de plus que ce pays doit avoir le même aspect que notre patrie ; comme elle, le Grönland doit être hérissé de hautes montagnes découpées par des plaines et de profondes vallées. Probablement, au Grönland, de même qu'en Suède, en Angleterre et dans les deux Amériques, le principal relief du sol court dans la direction du méridien, le long de la côte occidentale.

Les vents qui détermineraient une chute de neige dans l'intérieur du pays doivent, s'ils soufflent de l'océan Atlantique, traverser d'abord le large banc de glace qui bloque, presque toute l'année, la côte orientale, et ensuite les montagnes côtières, que nous savons être assez élevées dans de nombreuses localités. Si les vents soufflent, au contraire, du détroit de Davis, ils doivent franchir le principal relief du Grönland. Dans ces deux cas, après avoir passé les montagnes, ces vents acquièrent les propriétés du *fœhn*, c'est-à-dire qu'ils deviennent *secs et relativement chauds*. Les lois du fœhn sont, comme on le sait, basées sur les considérations suivantes :

Soit AB une chaîne de montagnes. Supposons qu'un vent assez sec pour qu'aucune précipitation ne se produise au sommet, souffle de A en B, en passant par C. En montant au point C, l'air se refroidit par suite de la diminution de la pression atmosphérique et de la dilatation qui en résulte ; puis, quand il descend de C en B, sa température s'élève graduellement sous l'influence de l'augmentation de pression barométrique et de la contraction qui en est la conséquence. Dans la descente, la température et la pression augmentent de la même quantité dont elles ont diminué à la montée. Ainsi l'air sec, après avoir franchi la crête, n'a subi, à son arrivée en B, aucune modification dans son état calorique et dans son état hygrométrique.

Les choses se passent différemment lorsque la masse d'air arrivant au point A est voisine du point de saturation, comme par exemple celle qui a passé au-dessus d'une large étendue d'eau. Dans ce cas également, l'air, en s'élevant de la mer au sommet de la montagne, se dilate et par suite

10 INTRODUCTION.

se refroidit; une partie de la vapeur qu'il contient en suspension se précipite alors sur la montagne. La chaleur latente de vaporisation mise ainsi en liberté compense, dans une certaine mesure, le refroidissement produit par la dilatation. Cette chaleur latente de vaporisation, l'air la conserve lorsqu'il redescend la pente vers B, après avoir perdu la vapeur

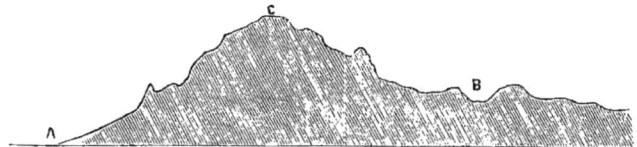

d'eau qu'il tenait en suspension. Ainsi, au delà de la crête, l'air, primitivement humide, a une température plus élevée qu'au point B, et en même temps sa teneur en vapeur d'eau a diminué. Dans ce trajet il est donc devenu sec et chaud.

Cette influence du relief du sol sur la température et sur l'état hygrométrique des courants aériens s'observe, non seulement en Suisse, mais encore dans la Laponie suédoise et dans presque tous les pays. C'est à elle qu'on doit attribuer la différence de climat et de végétation que l'on observe sur les deux versants des Andes, sur les deux côtes de la Terre de Feu, et sur le littoral occidental et oriental de l'Australie. C'est elle également qui a déterminé la formation des déserts qui couvrent l'intérieur de l'Asie et de l'Australie, l'Afrique septentrionale et certaines régions de l'Amérique du Nord. Enfin, la sécheresse persistante qui se fait sentir, au printemps, dans la Suède centrale, sous l'influence des vents continus de l'ouest, doit être rapportée à la même cause. Les mêmes effets doivent se produire au Grönland. Dans ce pays comme partout ailleurs, les vents marins sont chargés d'humidité, mais ils la perdent en passant les montagnes côtières; par suite, lorsqu'ils arrivent dans l'intérieur de la péninsule, quelle que soit leur direction, ils sont secs et relativement chauds, si ce pays ne présente pas une structure orographique différente des autres régions de la terre. Dans l'intérieur du Grönland, la précipitation atmosphérique ne doit donc pas être suffisante pour alimenter une *inlandsis*.

On ne peut affirmer d'avance que l'intérieur du Grönland forme une *toundra*[1] aride. En Sibérie n'existe-t-il pas des bois composés d'arbres gigan-

1. Plaine stérile et déboisée bordant les côtes de l'océan Glacial. Les *toundras* ont une grande étendue, principalement en Sibérie. (*N. du trad.*)

tesques dans des régions dont le climat est beaucoup plus rigoureux que celui qui règne probablement dans le centre du Grönland. Du reste le célèbre botaniste Hooker a prétendu, en se basant sur l'étude de la distribution des plantes au Grönland, que le nom de *Grönland*[1] pourrait être justifié par l'aspect de l'intérieur de la presqu'île. Les indigènes, voyant de nombreux troupeaux de rennes se diriger de la côte occidentale vers l'est, à travers l'*inlandsis*, croient également à l'existence d'un « pays vert » situé au centre du Grönland. Suivant toute vraisemblance, ce « pays vert » doit être un désert dont la flore n'est guère plus riche que celle de la région côtière. En tout cas, que le centre du Grönland soit couvert de forêts comme les régions de la Sibérie voisines du pôle du froid, ou qu'il soit une stérile *toundra* ou un désert de glace, il est du plus haut intérêt de connaître son véritable aspect, et actuellement aucune expédition arctique ne peut avoir un but plus important que l'étude de cette partie du Grönland.

Outre l'exploration de l'*inlandsis*, l'expédition pourra aborder différentes études scientifiques, également capitales. A titre d'exemple, j'en cite quelques-unes :

1° *Détermination de la limite des glaces flottantes entre l'Islande et le cap Farewell. Sondages et dragages dans ces parages.*

Les seules explorations sous-marines exécutées dans cette partie de l'Océan sont celles entreprises lors de la pose des premiers câbles transatlantiques. L'étude de cette mer est intéressante à plusieurs points de vue. Elle permettra d'abord de compléter l'hydrographie de l'océan qui sépare l'Europe de l'Amérique; en second lieu, elle pourra peut-être révéler la cause des changements qui, depuis la découverte du Grönland, paraissent s'être produits dans l'état des glaces le long de la côte orientale. Sans grande perte de temps, nous exécuterons des sondages durant le trajet entre l'Islande et la pointe méridionale du Grönland, à une époque où le temps est généralement beau dans ces parages. Peut-être également, à notre retour, pourrons-nous poursuivre ces études, bien qu'en cette saison il y ait moins de chances de trouver une mer suffisamment calme pour ces travaux.

2° *Étude de la flore glaciaire*[2].

Le professeur Wittrock s'occupe de la publication d'un important travail[3] sur la flore glaciaire. Cette flore, très riche en espèces pour la plupart

---

1. Le mot *Grönland* signifie « pays vert ». (*N. du trad.*)
2. Une partie de cette flore est désignée sous le nom vulgaire de « neige rouge », plusieurs espèces donnant une coloration rougeâtre à la neige sur laquelle elles reposent. (*N. du trad.*)
3. *Om snöns och isens flora, särskildt i de arktiska trakterna*, af V.-B. Wittrock (A.-E. Nordenskiöld, *Studier och forskningar föranledda af mina resor i höga norden*, p. 65-124).

microscopiques, a, comme on le sait, pour habitat les champs de neige et de glace des Alpes et des régions polaires. Les principaux matériaux de ce travail ont été rapportés non point des Alpes, qui ont été parcourues par tant de naturalistes, mais des contrées arctiques explorées par les expéditions suédoises. En visitant les côtes glacées du Grönland, nous aurons sans doute l'occasion de compléter nos collections de cette flore. Les curieuses études du professeur Wittrock nous ont appris que la glace et la neige pouvaient servir de substratum à une flore permanente présentant une grande variété de formes.

3° *Nouvelle étude des roches fossilifères du Grönland.*

Depuis une trentaine d'années, les formations arénacées et schisteuses des régions arctiques ont fourni de nombreux matériaux pour l'étude du climat de la terre aux âges passés. Les recherches des précédentes expéditions arctiques et les mémoires insérés dans les publications de l'Académie royale des Sciences, dus pour la plupart au professeur Oswald Heer, de Zurich, sont à cet égard très instructifs. Ces études nous ont révélé l'existence de flores très variées et très développées jusqu'à la fin du pliocène, dans ces terres aujourd'hui couvertes de glace. Les naturalistes anglais, danois et suédois ont rapporté du Grönland de belles collections de plantes fossiles; mais ces collections ont été faites, pour la plupart, dans des conditions défavorables, et toutes par des gens incompétents en paléontologie. J'espère adjoindre à notre expédition un paléontologiste dont l'expérience nous permettra de recueillir de nouveaux et importants documents pour ce chapitre de l'histoire de notre globe. Ces études seront facilitées par ce fait que les plus riches gisements fossilifères du Grönland sont situés dans le voisinage de la localité que j'ai choisie comme point de départ de notre exploration des glaciers. Pendant que je visiterai l'intérieur de la péninsule, le paléontologiste de l'expédition pourra s'occuper des recherches de son domaine.

4° *Observations sur les chutes de poussières cosmiques.*

De nombreuses observations font supposer qu'une petite pluie de particules cosmiques tombe sur toute la surface de la terre, soit périodiquement, soit journellement. On a trouvé, par exemple, en Europe, dans de la neige fraîchement tombée, des particules de fer natif contenant du cobalt, et, sur les champs de glace au nord du Spitzberg, une poussière charbonneuse renfermant également du fer cobaltifère. De plus, sur l'*inlandsis* du Grönland j'ai découvert de petites quantités de fer natif dans la *cryokonite*; enfin, dans plusieurs autres pays d'Europe, des trouvailles du même genre ont été faites récemment. Cette pluie est composée de matières beaucoup plus variées qu'on ne le suppose, comme le prouve la découverte de petits cristaux jaunes sur un champ de glace de la presqu'île de Taïmur, lors du voyage de la *Vega*, découverte qui ne fut malheureusement pas assez étudiée[1]. De nouvelles recherches sur la composition de ces poussières seraient nécessaires pour trancher plusieurs questions importantes qui intéressent tout à la fois la géologie et l'astronomie. La quantité de poussière qui tombe annuellement dans chaque localité est très faible, aussi ces études sont-elles fort difficiles dans des régions peuplées, encombrées d'usines, et où le sol n'est recouvert de neige que peu de temps. Au contraire, les régions arctiques sont très favorables aux recherches de ce genre; l'atmosphère n'y est point chargée de poussières industrielles, et la blancheur des neiges permet de distinguer facilement les cristaux noirs tombés à sa surface. Sans perte de temps, notre expédition pourra s'occuper de ces curieuses études sur l'*inlandsis* et sur les champs de glace entre l'Islande et le Grönland.

Si l'état des glaces est favorable dans la mer de Baffin, et si, dans les environs de l'île Disko, la provision de charbon du navire est encore suffisante pour une excursion plus au nord, ou si les couches de charbon qui se trouvent dans ces parages peuvent fournir une certaine quantité de combustible, il est à désirer que le navire fasse une reconnaissance jusqu'au cap York, le long de la côte occidentale, pendant que j'explorerai l'*inlandsis*. D'après les renseignements recueillis en 1818 par les explorateurs anglais Ross et Sabine auprès des Eskimos, on trouverait plusieurs grands blocs de fer ronds sur une montagne appelée par les indigènes *Savilik* (la Montagne du fer) et située par 76° 10' de latitude nord, dans le voisinage du cap York. De ces blocs, les Eskimos détacheraient de petits morceaux de fer pour fabriquer leurs engins de chasse et leurs ustensiles de ménage. D'après l'analyse faite d'un ustensile en fer provenant de ce gisement, ces blocs contiendraient une petite quantité de nickel. Les renseignements donnés par les Eskimos me font croire que ces blocs sont de même nature que ceux découverts par moi, en 1870, à Ovifak, dans l'île Disko. Il est étonnant que cette intéressante observation de Ross et de Sabine n'ait pas attiré l'attention des nombreux explorateurs qui depuis ont visité ces parages. Une excursion au cap York permettra donc d'examiner les conditions de gisement des blocs de fer natif du Grönland, qui ont fait l'objet de tant de discussions; en outre, un séjour de quelques jours sur cette partie peu connue de la côte occidentale du Grönland sera d'un grand

---

[1]. Voir A.-E. Nordenskiöld, *Voyage de la Vega autour de l'Europe et de l'Asie*, traduit par MM. Ch. Rabot et Ch. Lallemand. Librairie Hachette et Cie. Vol. I, p. 288 à 294.

intérêt à beaucoup d'autres égards; elle offrira, par exemple, aux naturalistes l'occasion d'étudier dans ces parages des formations semblables aux couches fossilifères de l'île Disko.

Comme les précédentes expéditions suédoises, celle que je me propose d'organiser comptera dans ses rangs un nombreux personnel scientifique. Chacun de ses membres, je n'en doute pas, tiendra à honneur de se montrer digne de ses devanciers. Le caractère technique des travaux qu'entreprendront mes collaborateurs me détermine à ne pas les exposer.

Un autre sujet d'études important sur lequel porteront nos recherches est la détermination de la position des anciennes colonies scandinaves au Grönland, l'Eriksfjord, Brattalid, la cathédrale de Gardar, l'Herjolfsnäs, etc. Une exploration entreprise au Grönland par des Scandinaves serait incomplète si des recherches de ce genre étaient laissées de côté. Cette question passe, à tort à mon avis, pour résolue par les études des archéologues. Ces savants placent l'*Österbygd* à l'ouest de la pointe méridionale du Grönland, entre le cap Farewell et le 61e degré de latitude nord, et le *Vesterbygd* un peu plus au nord sur la côte occidentale. Si, sans opinion préconçue, l'on étudie les anciennes *sagas* islandaises, recueillies si soigneusement par les savants danois, il me paraît difficile d'accepter cette théorie. A mon avis l'Eriksfjord, sa cathédrale et ses nombreuses habitations n'ont point encore été découverts, et leur emplacement doit être cherché, non point sur la côte occidentale, mais sur la côte orientale, au nord du cap Farewell, sur cette côte orientale dont l'accès est aujourd'hui si difficile. Les observations que j'ai faites des mouvements des glaces dans d'autres parties de l'océan Glacial m'ont donné la conviction qu'il existe, en automne, un chenal libre le long de ce littoral, et qu'en le remontant vers le nord on peut atteindre cette côte sans trop de difficultés. Cette tentative ne peut se faire avant le commencement de septembre. L'exploration de l'*inlandsis* terminée, notre expédition pourra donc essayer de longer la côte orientale au nord du cap Farewell et de visiter les fjords de cette partie du littoral.

En conséquence, j'ai l'honneur de proposer le programme suivant d'exploration :

L'expédition partirait de Suède l'an prochain, dans la seconde quinzaine de mai. Elle s'embarquerait sur un vapeur de dimensions moyennes, construit de préférence en fer suédois, et divisé en plusieurs compartiments par de solides cloisons étanches. Bien que l'exploration ne doive durer que la saison d'été, il serait indispensable que le navire fût approvisionné pour un an et muni des équipements nécessaires pour un hivernage.

Outre les approvisionnements, nous emporterions de nombreux instruments pour les observations scientifiques et tout un attirail de traîneaux et d'engins soigneusement construits pour l'exploration des glaciers. Le navire serait commandé par un capitaine habitué à la navigation au milieu des glaces, et un patron de *fångstjakt*[1] lui serait adjoint comme pilote des glaces. Outre le chef de l'expédition, l'état-major scientifique comprendrait quatre naturalistes, dont un médecin.

De Suède le navire se dirigera vers un port de l'Écosse septentrionale pour y faire du charbon, puis de là vers Reykjavik. L'expédition relâchera quelques jours dans ce port pour compléter sa provision de combustible et permettre au mécanicien de visiter la machine. D'Islande nous ferons route à l'ouest vers l'*iskant*[2], nous suivrons ensuite la banquise vers le sud, sans jamais essayer de la forcer. A moins que, contre toute prévision, la côte orientale ne soit libre, nous n'y relâcherons pas à l'aller. Cette éventualité est, du reste, peu probable. Après avoir doublé le cap Farewell, le navire relâchera à Ivigtut, où il prendra du charbon à l'approvisionnement que la compagnie minière tient à notre disposition. Puis le navire longera la côte occidentale du Grönland, relâchera, si cela est possible, à Egedesminde, et entrera dans l'Aulaitsivik-fjord, que j'ai choisi comme point de départ de notre exploration sur les glaciers. D'après mes prévisions, l'exploration de l'*inlandsis* durera de trente à quarante jours et sera terminée au milieu d'août. Pendant ce temps le navire se dirigera, par le Waigat, sur Omenak, où le paléontologiste étudiera les nombreux gisements de plantes fossiles qui se trouvent dans ces parages. Si l'état des glaces le permet et si l'approvisionnement de charbon est suffisant, le navire fera route au nord, vers le cap York, où les naturalistes auront l'occasion de faire d'importantes études géologiques, minéralogiques, botaniques et zoologiques. Dans le milieu d'août, le navire reviendra dans l'Aulaitsivik-fjord pour rembarquer la caravane qui aura exploré l'intérieur du pays, et ira de là relâcher quelques jours à Ivigtut pour y faire du charbon. Il doublera ensuite le cap Farewell et suivra la côte orientale en s'engageant dans le chenal libre qui, je le suppose, existe le long de terre. Dans cette région nous apporterons une attention toute particulière à l'exploration des fjords dans lesquels nous pourrons entrer, en prenant pour guides les renseignements topographiques donnés par les *sagas* islandaises. A la fin de septembre, l'expédition reviendra à Reykjavik en contournant les champs de *drifis*[3] au large de la côte, puis rentrera en Suède.

---

1. Navire de pêche dans l'océan Glacial. (*N. du trad.*)
2. Lisière de la banquise. (*N. du trad.*)
3. Glaces flottantes. (*N. du trad.*)

Le tableau suivant donne, en chiffres ronds, les distances que l'expédition doit parcourir.

De Gothenbourg à Thurso	500 milles marins.
De Thurso à Reykjavik	700 —
De Reykjavik à Ivigtut en longeant l'*iskant*	870 —
D'Ivigtut à l'Aulaitsivik-fjord	540 —
De l'Aulaitsivik-fjord à Omenak par le Waigat	530 —
D'Omenak au cap York	400 —

Stockholm, le 30 décembre 1882.

A.-E. Nordenskiöld.

Le D*r* Dickson approuva ce plan d'exploration et m'offrit de couvrir à lui seul les frais du voyage. Il nous assura par avance que tous les soins seraient apportés à l'armement du navire, et que rien ne serait épargné pour assurer notre sécurité. C'était la septième expédition arctique à laquelle M. Dickson apportait le concours de ses libéralités.

Tout d'abord il fallut choisir un navire approprié au but de l'expédition. Un navire tel que la *Vega* ne convenait guère pour un voyage comme celui que je me proposais d'entreprendre. Sa machine était trop faible; d'autre part, son tonnage était trop fort pour naviguer dans une mer peu ou point connue, au milieu d'un *skärgård*[1] encombré de récifs dont la position n'est indiquée sur aucune carte et par aucune balise. Un petit vapeur ne pouvait, il est vrai, transporter la quantité de combustible nécessaire à un voyage de 8 à 10 000 milles marins; encore dans ce chiffre ne fais-je pas entrer en ligne de compte les détours. Cette difficulté fut aplanie par l'engagement que prirent les autorités danoises et les deux sociétés *Det forenede Dampskibselskab* et *Kryolith Mine og Handels Selskab*, de nous fournir du charbon dans différentes localités.

1. Skärgård en suédois, *skjergaard* en danois et en norvégien, « archipel côtier ». (*N. du trad.*)

A Reykjavik on mettait à notre disposition une quantité illimitée de combustible; à Ivigtut (Grönland sud-occidental), 200 tonnes, et, dans une des colonies du nord-ouest du Grönland, 40 tonnes au moins. Dès lors il devenait possible d'employer un vapeur d'un tonnage assez faible pour pouvoir naviguer facilement dans le *skärgård*, et suffisamment grand toutefois pour traverser l'Océan et pour nous offrir une installation commode, au cas où un hivernage serait nécessaire. Je désirais de plus que notre bâtiment fût solidement construit et muni d'une forte machine. Il était inutile, à mon avis, de surcharger le navire par des renforcements, l'expérience m'ayant appris qu'on n'arrive à aucun résultat en forçant les banquises, et que le plus solide navire est presque toujours écrasé lorsqu'il est pressé entre deux champs de glace.

Un des navires qui nous convenaient le mieux était le vapeur la *Sofia*. Il avait été construit en fer suédois, à l'usine de Motala, sous la direction du capitaine Carlsund; il était alors employé au service de la poste d'hiver dans la Baltique. L'expédition suédoise arctique de 1868 montait ce bâtiment. Sous le commandement du baron F.-W. von Otter, la *Sofia* atteignit, durant cette campagne, la plus haute latitude à laquelle un navire soit arrivé dans l'Ancien Monde. En 1876, pendant une tourmente de neige, elle avait échoué sur un récif, devant Oskarshamn, et avait été abandonnée par l'équipage. Au grand étonnement de tous, le ressac et la tempête jetèrent le navire par-dessus l'écueil, et le poussèrent à la côte, où l'on parvint à le sauver. Après cet accident, le bâtiment avait été soigneusement réparé, et maintenant il se trouvait en parfait état. La *Sofia* n'étant pas employée pendant l'été par l'administration des postes, j'adressai une requête à Sa Majesté le Roi pour lui demander de la prêter à l'expédition, sans que je fusse tenu d'*assurer le navire ou de le remplacer en cas de perte, à moins que la perte ne provînt d'une faute grave de ma part*. Après avis conforme du directeur général des postes, M. W. Roos, Sa Majesté, dans un message en date du 7 février 1883, soumit le projet aux Chambres, qui l'adoptèrent à l'unanimité.

Le service d'hiver terminé, la *Sofia* fut remorquée à l'usine de Lindholmen, près de Gothenbourg, où sa machine devait être visitée. Elle embarqua ensuite des approvisionnements pour quatorze mois et pour un équipage de vingt-quatre hommes, les équipements nécessaires pour un hivernage, de nombreux instruments soigneusement choisis, et tout l'attirail nécessaire pour l'exploration des glaciers. M. Dickson n'épargna aucune dépense pour nous procurer un matériel aussi complet et aussi soigné que possible. En outre, la *Sofia* fut munie d'un gréement suffisant pour le cas où une avarie arriverait à la machine; une machine à vapeur fut installée dans la chaloupe, et une des embarcations du bord remplacée par un *fångstbåt*[1]; enfin, nous emportâmes un canot norvégien et deux embarcations en toile à voile du système Berton.

Le 21 et le 22 mai 1883, l'équipage fut passé en revue. Le tableau suivant donne sa composition :

A.-E. NORDENSKIÖLD, chef de l'expédition, né le 18 novembre 1832.
A.-G. NATHORST, *docteur en philosophie*, aujourd'hui professeur, conservateur du Musée royal, né le 7 novembre 1850.
J.-A. BERLIN, licencié en médecine, médecin de l'expédition, né le 7 août 1851.
C.-W. FORSSTRAND, *candidat*[2] *en philosophie*, conservateur adjoint des collections de l'université d'Upsal, zoologiste, né le 4 juillet 1854.
G.-I. KOLTHOFF, préparateur du musée de zoologie d'Upsal, né le 14 décembre 1845.
A. HAMBERG, étudiant à l'École supérieure de Stockholm, hydrographe, né le 17 janvier 1863.
C.-J.-O. KJELLSTRÖM, adjudant de bataillon au régiment de Sondermanie, topographe et photographe, né le 10 décembre 1855.

1. Chaloupe en usage dans l'océan Glacial pour poursuivre les cétacés. (*N. du trad.*)
2. Grade universitaire correspondant à la licence. (*N. du trad.*)

E. Nilsson, capitaine de la *Sofia*, né le 29 mars 1850.
P.-A. Hörnfeldt, premier maître, né le 13 juin 1857.
S.-A. Johannesen, deuxième maître, né le 24 juin 1851.
J.-P. Johnson, premier mécanicien, né le 16 mars 1820.
P.-C. Landergren, deuxième mécanicien, né le 4 avril 1859.
J.-E. Esox Hult, chauffeur, né le 16 mai 1846.
C.-Th. Svensson, chauffeur, né le 13 juillet 1839.
S. Kræmer, *fångstman* [1], né le 2 octobre 1847.
R. Sevaldsen, *fångstman*, né le 9 mai 1844.
A.-F. Eriksson, matelot, né le 29 janvier 1859.
C.-J. Andersson, matelot, né le 20 novembre 1857.
A. Jonsson, matelot, né le 31 mai 1852.
G. Andersson, soutier, né le 3 juin 1860.
A.-F.-Th. Österman, cuisinier, né le 25 novembre 1850.
C.-O.-G. Zetterberg, maître d'hôtel, né le 10 mai 1863.
Anders Pavasson Rossa, Lapon, né le 24 septembre 1844.
Pava Lars Nilsson Tuorda, Lapon, né le 25 décembre 1847.

Outre les membres de l'expédition, nous avions à bord comme passagers à destination de l'Islande :

MM.
R. Arpi, *candidat en philosophie*, né le 29 juin 1853.
Le comte H.-F.-G. Strömfelt, *candidat en philosophie*, né le 9 mars 1861.
G. Flink, étudiant à l'École supérieure de Stockholm, né le 18 janvier 1849.

M. Flink était envoyé en Islande par M. Dickson pour en étudier la géologie et la minéralogie. Le comte Strömfelt et le *candidat* Arpi faisaient le voyage à leurs frais pour entreprendre, le premier des recherches botaniques et particulièrement algologiques, le second des études philologiques.

Au cours du voyage l'équipage de la *Sofia* s'augmenta de deux personnes. A Ivigtut un matelot norvégien que les mauvais traitements avaient déterminé à déserter d'un navire américain s'enrôla parmi nous pour pouvoir revenir dans son pays. Plus tard, à Frederiksdal, notre petite troupe s'adjoignit le pasteur J. Brodbeck. Ce missionnaire, qui avait découvert des ruines scandinaves dans la partie méridionale de la côte

---

1. Matelot allant à la chasse des cétacés dans l'océan Glacial. (*N. du trad.*)

orientale, accompagna l'expédition dans sa croisière le long de cette côte, en qualité d'interprète. Enfin, dans plusieurs circonstances, nous embarquâmes, pour quelque temps, un personnel supplémentaire.

Avant notre départ, les prophéties de mauvais augure ne nous manquèrent pas. Un des maîtres de la *Sofia* refusa de s'embarquer, craignant, sans aucune raison du reste, que le navire ne pût résister à une tempête sur l'Océan. Plusieurs des marins danois qui connaissaient le mieux les mers du Grönland me conseillèrent de ne pas m'aventurer dans les parages dangereux de la côte orientale avec un navire construit seulement pour la navigation en hiver sur la Baltique. Enfin, deux des explorateurs arctiques les plus célèbres, habitués à la navigation dans ces mers, écrivirent à M. Dickson que l'expédition courait de grands risques avec un navire tel que la *Sofia*. Ces prédictions ne m'effrayèrent pas. Nous avons navigué autour du Grönland plus loin que tous nos prédécesseurs, nous avons atterri sur la côte orientale en nous frayant un passage à travers la barrière de glace qui bloque le littoral, entreprise qu'aucun explorateur n'avait réussie depuis dix siècles; la *Sofia* n'en rentra pas moins en Europe sans aucune avarie et avec son équipage au complet. Le malheur cependant nous frappa, mais d'une manière que nul ne pouvait prévoir. Au printemps de 1884 le pasteur Brodbeck périt, en retournant au Grönland, à bord d'un navire de la compagnie minière, l'*Alba*, commandé par le capitaine Toxwærd, qui avait une grande expérience de ces mers. Dans la nuit du 1er au 2 avril, ce bâtiment se perdit sur la côte orientale des Shetlands : le capitaine et la majeure partie de l'équipage de l'*Alba* furent noyés.

LA SECONDE EXPÉDITION SUÉDOISE

AU

GRÖNLAND

CHAPITRE PREMIER

Départ de Gothenbourg. — Arrimage de la cargaison à Marstrand. — Thurso. — Traversée de l'archipel des Ferö. — La *montagne à oiseaux* la plus peuplée du monde. — Tempête. — Arrivée dans le Rödefjord. — Le spath d'Islande. — Historique de sa découverte. — Excursion au gisement de spath. — Les poneys islandais. — Arrivée à Reykjavik. — Plantes fossiles d'Islande. — Reykjavik. — Rareté des objets préhistoriques en Islande.

Le 25 mai tout était paré à bord : le charbon, les approvisionnements, les instruments avaient été embarqués, l'équipage passé en revue; bref, nous étions prêts pour le départ. Il restait cependant encore à arrimer de nombreux colis, dont quelques-uns de dimensions encombrantes. Dans le port de Gothenbourg, ce travail n'était guère possible, gênés que nous étions par la foule de visiteurs qui se pressaient à bord toute la journée, et à sept heures du soir je fis lever l'ancre pour aller dans quelque mouillage achever tranquillement notre chargement. Après être restée plusieurs heures immobile dans le Kalfsund, la *Sofia* mouilla à Marstrand. Marstrand est une localité connue des Suédois comme étant la station balnéaire la plus fréquentée de notre côte occidentale; aux Danois et aux Norvégiens elle rappelle les exploits de Tordenskiold, le 23 juillet 1719; aux marins de toutes les nations, les nombreux naufrages qui ont eu lieu sur le récif du Pater Noster, situé à l'entrée de la rade. Les lecteurs examineront peut-être avec intérêt la carte ci-jointe, qui est un excellent spécimen de l'ancienne cartographie marine. Elle est extraite du premier recueil de cartes nautiques qui ait été imprimé, le *Speculum nauticum* de Lucas Aurigarius ou Waghenaer. La première édition parut à Leyde en 1584. À cette époque, Marstrand, enrichie par d'abondantes pêcheries de harengs, passait pour la cité la plus impie de l'Europe septentrionale[1].

La cargaison fut arrimée dans ce mouillage. Nos approvisionnements et notre provision de charbon pour onze jours de route eurent une place suffisante dans la cale de notre petit vapeur, sans qu'il fût besoin pour cela de tout entasser ou d'empiéter sur l'espace affecté au logement de l'équipage.

Le 25 mai, à neuf heures du matin, je donnai l'ordre du départ. Une fraîche brise soufflait de l'ouest, et le ciel était embrumé. Plus tard le vent mollit, et la brume disparut. Le 27, à neuf heures du soir, nous arrivâmes à Thurso. Bien qu'on n'eût point forcé la machine, la *Sofia* avait parcouru en soixante heures les 525 milles qui séparent Marstrand de Thurso. Cette vitesse était très satisfaisante, et la consommation de charbon de 40 décimètres cubes par mille correspondait exactement aux indications qui m'avaient été données avant le départ.

Pour ceux de nos lecteurs qui ne sont pas familiers avec la géographie de l'Écosse, je dois dire que Thurso est situé sur la côte septentrionale de ce pays, à l'entrée occidentale du Pentland Firth. Des ouvriers que nous rencontrâmes en nous promenant aux environs du port, se vantèrent à nous de leur origine scandinave. Suivant toute vraisemblance, en effet, les indigènes sont des Scandinaves de sang plus ou moins mêlé, car jadis cette région a été occupée par des Vikings. Nos ancêtres, après avoir livré de sanglants combats aux Celtes, ont conquis cette partie de l'Écosse.

Nous restâmes trois jours à Thurso. Le 30 mai, à deux heures et demie de l'après-midi, nous reprîmes la mer, nous dirigeant vers le Rödefjord, sur la côte orientale de l'Islande. Le temps était superbe, la brise fraîche, mais variable. Le 31, dans la matinée, les Ferö

---

1. Axel Emanuel Holmberg, *Bohusläns beskrifning*. Deuxième édition, D. 3. Örebro, 1867, p. 194.

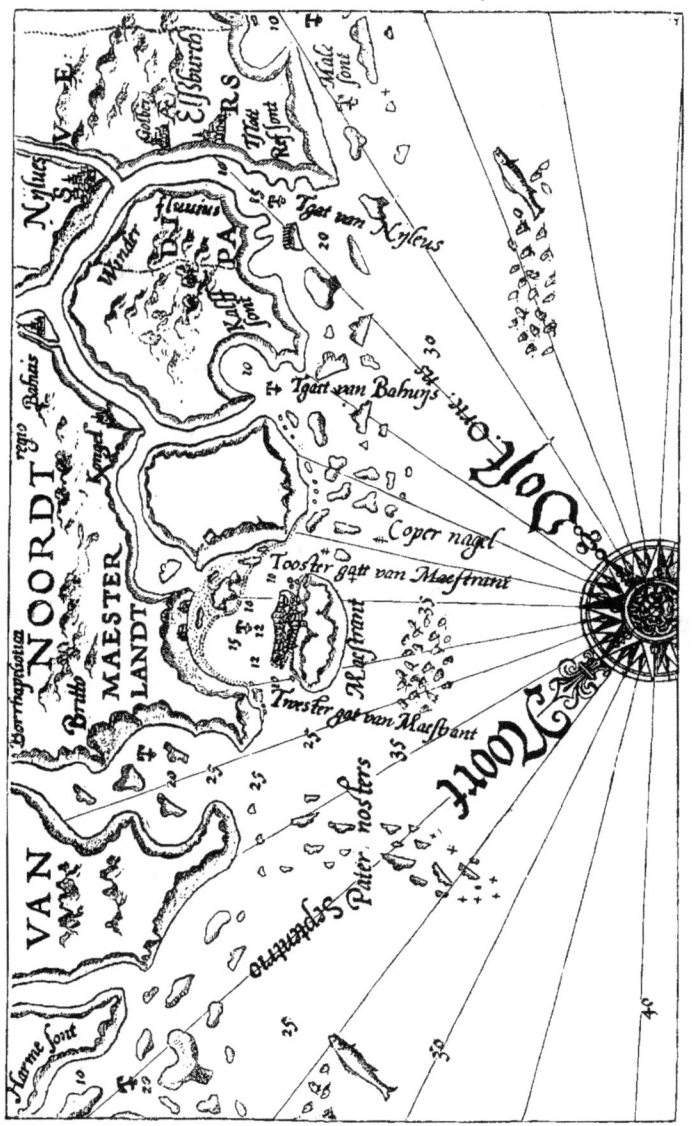

Carte marine des approches de Marstrand.
Extraite du *Speculum nauticum* de Waghenaer, Amst. 1591.

étaient en vue, et, dans l'après-midi, nous traversâmes le détroit entre la grande et la petite Dimon.

La grande Dimon passe pour être la *montagne à oiseaux* la plus peuplée de la terre; ce serait, par suite, le point du globe où se trouveraient réunis le plus grand nombre d'animaux à sang chaud. Ni dans la zone tempérée, ni dans la zone tropicale, on n'observe pareille agglomération d'animaux. Au contraire, dans les régions polaires, sur certaines *montagnes à oiseaux* de la baie de Baffin, de la Norvège septentrionale, de Beeren Eiland, de la côte septentrionale ou occidentale du Spitzberg, il y a peut-être un aussi grand nombre de volatiles que sur la Dimon. Sur les côtes septentrionales de l'Asie et de l'Amérique ou de l'archipel polaire américain, les colonies d'oiseaux sont rares; on n'y connaît guère que l'importante *montagne à guillemots* de l'île Preobraschenie, devant l'embouchure de la Chatanga (*Voyage de la Vega*, vol. Ier, p. 514), et quelques autres situées sur la rive américaine du détroit de Bering. Cette absence de colonies d'oiseaux sur les côtes septentrionales de l'Asie et de l'Amérique s'explique de diverses manières. Il se peut que, dans ces régions, la roche ne fournisse pas aux oiseaux un gîte convenable, ou que l'océan y soit couvert de glaces la plus grande partie de l'année : par suite, ces oiseaux, qui vont chercher leur nourriture au fond de la mer, ne peuvent vivre dans ces parages. Si cette dernière supposition est exacte, la présence des guillemots sur l'île Preobraschenie indiquerait que la mer environnante est libre pendant plusieurs mois. Bien que la grande Dimon semblât tout près de nous — nous reconnûmes plus tard nous être trompés dans l'évaluation de la distance, — nous n'aperçûmes du pont de la *Sofia* que quelques oiseaux. Rien n'indiquait que nous fussions dans le voisinage d'une nombreuse colonie de volatiles; ce fait me parut d'autant plus curieux qu'au Spitzberg, dans le voisinage des *montagnes à guillemots*, on trouve de nombreuses troupes de ces palmipèdes s'ébattant au large au milieu des glaçons.

Dix ans auparavant, M. Kolthoff avait visité la grande Dimon. Les plateaux herbeux qui forment l'intérieur de l'île ne sont accessibles que par un sentier très dangereux qui escalade la falaise, perpendiculaire au-dessus de la mer. Chaque crevasse, chaque corniche, chaque saillie de ces rochers, sert de place à ponte à des milliers d'oiseaux, principalement à des guillemots, et le bord supérieur des escarpements est criblé de terriers creusés par des macareux (*Mormon arcticus*). Passe-t-on au pied de la falaise à l'époque de la ponte, œufs et oisillons vous tombent drus comme grêle, sans parler d'une pluie d'une nature beaucoup moins agréable. Se promène-t-on sur le bord de la falaise, on tombe dans les terriers des macareux.

Du pont de la *Sofia* nous apercevions sur les verdoyants plateaux de l'île des maisons et de nombreux troupeaux au pâturage. L'île est occupée par un fermier, qui, moyennant une redevance de quelques centaines de couronnes[1] à l'État, y a le droit de chasse et de pâture. Il en tire, dit-on, de bons revenus. Lors de la visite de Kolthoff, ce fermier n'avait pas moins, à son service, de dix hommes et vingt filles occupés à la capture des oiseaux, ainsi qu'à la préparation et à l'emballage des produits de cette chasse.

D'après M. Kolthoff, les oiseaux que l'on capturerait en plus grand nombre sur la Dimon et sur les autres montagnes à oiseaux des Ferö seraient le guillemot (*Uria Troile*) et le macareux (*Mormon arcticus*). La mouette tridactyle (*Larus tridactylus*), le guillemot (*Alca torda*) et le pétrel arctique (*Procellaria glacialis*) y pondent également. Sur les plateaux herbeux on trouve encore, mais en petit nombre, des stercoraires (*Lestris parasitica* et *Lestris catarrhactes*), une espèce d'échassier, le *Scolopax gallinago*, enfin quelques exemplaires de *Tringa maritima*, de *Numenius pheopus*, d'*Anthus rupestris*, d'*Anth. pratensis*, de *Saxicola œnanthe*, d'*Emberiza nivalis* et de *Troglodytes europæus* (*borealis*). Ces quelques espèces constituent toute la faune ornithologique de la Dimon, si riche en individus. Toutes les autres *montagnes à oiseaux* sont habitées par les mêmes espèces, sauf celle de Myggenæs, où est établie une nombreuse colonie de *Sula alba*.

L'ouvrage de Debes[2] contient le passage suivant, relatif à la capture des oiseaux :

1. La couronne vaut 1 fr. 40. (*N. du trad.*)
2. Lucas Jacobsön Debes, *Færoæ et Færoa reserata, det er : Færöernis oc Færöeske Indbyggeris Beskrifvelse*, Kiöbenhafn, 1673, p. 140.

Les expressions manquent pour qualifier le courage dont certains habitants font preuve en allant capturer les oiseaux sur des rochers escarpés, hauts, en certains endroits, de plus de deux cents brasses. Tous les habitants des Ferö ne sont pas aptes à ce métier de dénicheur ; seuls quelques hommes ont l'agilité nécessaire à un pareil exercice, et on leur donne le titre de *fogelmän* (oiseleurs). Les *fogelmän* accomplissent leur périlleux travail de deux manières : tantôt ils partent du bas de la falaise et gravissent les murs verticaux des rochers, tantôt ils se laissent glisser le long de l'escarpement, attachés à une corde suspendue au sommet de la montagne. Dans le premier cas, ils sont munis d'une perche longue de onze ou douze brasses, terminée par un crochet en fer. Cette perche, fixée à la ceinture du chasseur ou à une corde qu'il porte autour du corps, est tenue par des hommes postés au pied de la montagne, soit sur la plage, soit en mer dans un canot. A l'aide de cette gaffe, ces hommes soutiennent le dénicheur pour lui permettre d'atteindre les premières saillies sur lesquelles il peut prendre pied. Ils aident ensuite un second homme à monter. Lorsque les deux dénicheurs se sont établis sur un rocher, ils s'arment chacun d'un bâton, s'attachent l'un à l'autre par la ceinture à l'extrémité d'une longue corde, puis commencent l'ascension. Rencontrent-ils un rocher difficile à escalader, ils peuvent ainsi s'aider mutuellement : l'un soutient l'autre avec son bâton jusqu'à ce qu'il ait atteint une saillie plus élevée. Une fois là-haut, celui qui est en tête hisse son camarade à l'aide de la corde. Ces deux hommes continuent ainsi leur chemin jusqu'à ce qu'ils soient arrivés sur les rochers où les oiseaux ont leurs nids. Les graviseurs doivent-ils contourner des rochers glissants, l'un d'eux se place dans un endroit commode, en se cramponnant solidement au rocher, pendant que son compagnon traverse le passage difficile. Malgré ces précautions, l'homme tombe quelquefois ; dans ce cas son camarade le soutient par la corde et l'aide à remonter. Lorsque celui qui marche en tête a dépassé l'endroit dangereux, il s'accroche solidement à une pierre jusqu'à ce que l'autre l'ait rejoint. Les deux dénicheurs grimpent ainsi et vont chercher les oiseaux partout où ils espèrent faire bonne prise. Malheureusement, souvent l'un d'eux n'est pas assez solidement cramponné ou assez fort pour résister au choc produit par la chute de son camarade : tous deux tombent et se tuent. Chaque année on a à déplorer de pareils accidents.

En certains endroits de la côte, l'escalade des falaises est impossible. Pour atteindre les nids placés sur ces parois, les dénicheurs montent au sommet de l'île par le chemin ordinaire, puis descendent le long des rochers, comme il est dit ci-après. Les dénicheurs s'attachent autour de la ceinture une corde, longue de 80 à 100 brasses et épaisse de trois pouces.

et la passent entre leurs jambes, de manière à pouvoir s'asseoir dessus ; puis, armés de leur long bâton, ils se font descendre dans le vide. Six hommes soutiennent la corde en la laissant filer autour d'un morceau de bois fiché sur le rebord de la falaise, pour qu'elle ne soit pas coupée par le frottement contre les pierres tranchantes. Ces hommes tiennent, en outre, à la main une ficelle attachée également à la ceinture du chasseur ; en tirant cette ficelle, le dénicheur indique aux hommes qui le soutiennent s'ils doivent le descendre, ou le faire remonter, ou encore le laisser à la place qu'il occupe. Dans cette descente, les chasseurs sont exposés à recevoir sur la tête des pierres que détachent les mouvements du câble. Pour s'en préserver, ils portent un chapeau très épais et bien doublé ; cette précaution n'empêche pas néanmoins de fréquents accidents. Les habitants des Ferö sont passionnés pour cet exercice, en dépit des dangers qu'il présente. Ils espèrent que, dans sa miséricorde, Dieu les protégera, et, avant d'aller à la chasse, ils se confient à lui. Cette chasse n'est pas périlleuse, à leur avis ; c'est simplement, disent-ils, un travail difficile, car celui qui n'a pas appris le métier ou qui n'y est pas habitué, tourne toujours avec la corde, et, bientôt étourdi par ce mouvement, il devient incapable d'atteindre les oiseaux. Le chasseur expérimenté regarde, au contraire, l'escalade comme une distraction. Celui-ci sait tourner une saillie rocheuse simplement en donnant une impulsion au câble avec ses pieds placés contre la falaise. Il sait s'asseoir sur sa corde pendante dans le vide, et avec son bâton capturer les oiseaux qui s'envolent ou qui reviennent à leurs nids. Découvre-t-il un trou protégé par une saillie rocheuse, dans lequel sont blottis des oiseaux, le chasseur expérimenté sait — et c'est là le grand art — s'élancer dans le vide et ensuite prendre pied sur le bord de la cavité.

Cette chasse a naturellement beaucoup d'attraits pour la jeunesse, et, tous les ans, plusieurs jeunes gens sont tués en essayant quelque folle escalade ou quelque descente vertigineuse. Jadis une loi a été faite, dit-on, pour modérer l'ardeur des téméraires. Cette loi assimilait aux suicidés les dénicheurs tués en escaladant les rochers et conséquemment leur refusait une sépulture consacrée, à moins *qu'un parent ou un ami du défunt ne gravît le rocher sur lequel l'accident avait eu lieu et ne prouvât ainsi que la chute n'était point le résultat d'une témérité.*

Ayant rencontré, dans la passe entre la grande et la petite Dimon, un bateau monté par des pêcheurs des Ferö, nous leur achetâmes pour quelques sous un panier d'excellentes morues. Lorsque ces braves gens surent que nous étions Suédois, ils nous parlèrent du voyage de la *Vega* et de l'expédition de la *Sofia*, dont leurs journaux leur avaient appris le départ. Ils s'attendaient pour le moins à ce que nous retrouvassions les colonies *perdues* du Grönländ.

Notre traversée de l'archipel des Ferö fut favorisée par un temps magnifique et une mer absolument calme. Nous en profitâmes pour déguster sur le pont une bouteille d'un excellent madère que M. William Schönlank, de Berlin, avait offerte à l'expédition. Suivant la tradition, nous introduisîmes dans la bouteille vide plusieurs cartes de visite sur lesquelles nous avions écrit quelques formules de politesse; puis la bouteille, dûment cachetée, fut lancée à la mer. Cas assez rare, elle arriva à terre sans dommage. Les journaux de Thorshavn publièrent nos élucubrations fantaisistes, qui, revues et augmentées par les éditeurs, firent ensuite le tour de la presse scandinave.

Le 1er juin, une tempête s'éleva du nord-est, accompagnée d'averses de neige et d'une pluie fine et serrée. Des paquets d'eau s'abattaient sur le navire, et, jusqu'au moment où le vent tomba, dans la nuit du 2 juin, la grosse mer nous obligea à marcher à une vitesse réduite. Les Lapons furent particulièrement éprouvés par le mal de mer; abattus et affaiblis par la souffrance, ils croyaient leur dernière heure arrivée. C'était leur première traversée, et, depuis la navigation de l'arche de Noé, aucun Lapon n'avait fait pareil voyage en mer. Le lendemain seulement, Anders et son camarade « commencèrent à revenir à la vie ». Une fois que le navire eut mouillé dans le Rödefjord et que nos deux compagnons eurent la permission de se reposer dans les buissons de saules jusqu'au départ de la *Sofia*, ils reprirent courage et bientôt ils nous annoncèrent qu'ils étaient complètement rétablis. Nos Lapons se trouvaient très bien en Islande. L'aspect du pays, les indigènes, leurs huttes en terre leur plurent tout à fait.

Dans la matinée du 2 juin, la terre était en vue. La tempête de la veille devait nous avoir fait subir une dérive considérable. D'autre part, les brumes nous avaient empêchés de faire aucune observation; dans ces conditions l'atterrissement était très difficile. Nous ne pouvions découvrir, parmi les nombreuses découpures des montagnes de la côte, celle qui formait l'embouchure du Rödefjord. Dans ces parages, aucun feu, aucune balise n'aide le marin à reconnaître sa position. Après avoir erré plusieurs heures en vue de terre, nous réussîmes à nous orienter grâce aux renseignements que nous donnèrent plusieurs pêcheurs français.

Le 2 juin, quelques minutes avant midi, nous découvrîmes l'entrée du fjord; deux heures et demie plus tard, nous jetions l'ancre dans l'Eskifjord, le bras septentrional du Rödefjord.

Ce fjord abrite un des villages les plus commerçants de la côte orientale de l'Islande. Un agent consulaire, M. Tulinius, y représente la Suède et la Norvège. En l'absence de ce fonctionnaire, son fils nous reçut avec la plus grande cordialité.

La *Sofia* s'était dirigée vers l'Eskifjord, sur la demande du comte Strömfelt et de M. Flink, qui désiraient commencer dans cette région leurs travaux. D'autre part, je voulais visiter aux environs un gisement de spath exploité il y a deux siècles. Le spath d'Islande est un des minéraux les plus beaux et les plus utiles. Grâce à lui, le physicien a pu étudier les propriétés de la lumière, le micrographe pénétrer les secrets du monde cellulaire, et l'astronome explorer les espaces immenses du monde céleste. C'est le même minéral qui, sous une forme moins noble, fournit les meilleurs matériaux pour les chefs-d'œuvre de l'architecture et de la sculpture. Le spath d'Islande n'est en effet qu'une variété nettement cristallisée et transparente du calcaire commun, de la craie ou du marbre. Il se rencontre en volumineux morceaux, terminés par des faces planes de clivage. Ces morceaux fournissent un moyen commode d'étudier les lois de la polarisation de la lumière pour différentes substances.

C'est à un savant danois, d'origine scanienne, Érasme Bartholinus, qu'appartient l'honneur d'avoir fait connaître le spath d'Islande, dans un travail publié, pour la première fois, à Copenhague, en 1669, sous le titre de : *Experimenta crystalli Islandici dis-diaclastici*. Un extrait de ce mémoire parut, l'année suivante, dans le volume V des *Philosophical Transactions giving some accompt of the present undertakings, studies, and labours of the ingenious in many considerable parts of the World*. Plus tard, les propriétés biréfringentes du spath d'Islande ont été traitées avec détail par Huygens dans son magistral ouvrage : *Traité de la lumière où sont expliquées les causes de ce qui luy arrive dans la réflexion et dans la réfraction, et particulièrement dans l'étrange réfraction du cristal d'Islande*, Leyde, 1690. Dans ce travail, Huygens démontre que la calcite provenant d'autres régions et le cristal de roche sont, comme le spath, biréfringents. Il prouve ainsi que cette propriété n'est pas particulière à ce minéral, mais qu'elle se retrouve dans la plupart des substances cristallisées; elle est seulement plus marquée dans le spath

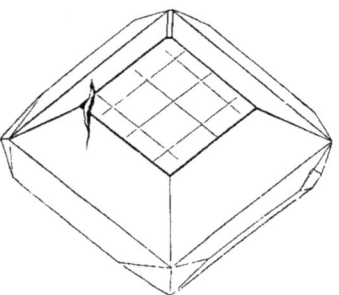

Spath d'Islande.

d'Islande que dans les autres cristaux, soit naturels, soit artificiels. La grande importance scientifique du spath provient de cette propriété, et, pour cette raison, ce minéral a été très soigneusement étudié, dans ces deux derniers siècles, par les savants les plus distingués. L'historique complet de leurs recherches forme un chapitre entier de l'histoire de la physique, et il serait trop long même de le résumer dans ce livre. Les publications relatives aux conditions de gisement du spath d'Islande sont, au contraire, très peu nombreuses, et en quelques lignes les plus importantes peuvent être indiquées. Bartholinus donne les renseignements suivants sur le gisement de ce minéral : « Les Islandais et les marchands danois racontent, écrit-il, que ce minéral se trouve dans de nombreuses localités; ils l'extraient en grande quantité d'une très haute montagne voisine du Roerfjord (Rödefjord). Il est abondant sur toute la surface de cette montagne, et point n'est besoin de creuser profondément pour mettre à jour des cristaux mesurant un pied cube et plus. Des angles des cristaux de spath émerge souvent une substance plus dure qui peut servir à couper le verre, et dont la forme, différente de celle du spath, se rapproche de celle du diamant. » Ni le savant bourgmestre de Hambourg, Johan Anderson (1746), pas plus que son critique Niels Horrebow (1752), ne complétèrent ni rectifièrent cette description obscure du gisement de ce minéral. Le travail d'Olafsen et de Povelsen : *Reise igiennem Island foranstaltet uf Videnskabernes Sælskab*, imprimé à Soroe en 1772, la lettre d'Uno von Troil, contenant des observations sur l'Islande (1772), et la relation du voyage de W.-J. Hooker (1809) ne contiennent non plus aucun renseignement à ce sujet. C. Krug von Nidda publia la première description minéralogique du gisement de spath d'Islande. La théorie plutonienne était alors en vogue : il lui emprunta une prétendue explication de la formation du spath calcaire. Un courant de dolérite en fusion aurait détaché un fragment pierreux d'une couche calcaire sous-jacente, puis l'aurait amené à la surface, où, sous l'action de la chaleur, il aurait été transformé en spath. Ainsi le spath d'Islande aurait été formé de la même manière que les blocs de fer natif d'Ovifack, d'après la théorie de certains géologues. Et pourtant von Nidda dit, en propres termes, que le minéral ne se trouve pas en nodules arrondis, mais en un long et étroit filon inclus dans une dolérite finement cristallisée et riche en augite. Ce gisement a été visité plus tard par C.-W. Paykull. Ce géologue pense, et avec raison, que ce minéral s'est formé par voie humide, vraisemblablement, ajoute-t-il, par le délitement du trapp environnant[1].

La carrière d'où l'on extrait, ou, plus exactement, d'où l'on a extrait le spath d'Islande, est située sur la rive septentrionale du Rödefjord, à environ une heure de cheval à l'est de la maison du marchand de l'Eskifjord. Elle se trouve à une altitude de 100 mètres, sur un escarpement presque dépouillé de végétation. A une certaine distance de la mer, la montagne atteint une hauteur de quelques cents mètres. Les beaux cristaux translucides sont enfermés dans les druses d'un

---

1. *Karstens Archiv für Geognosie*, vol. VII, 1854, p. 510. Paykull, *En sommar på Island*, Stockholm, 1866, p. 185.

filon formé d'une brèche de grands cristaux de calcite, d'argile et de fragments de basalte. Une crevasse s'étant ouverte dans le basalte longtemps après que cette roche s'était refroidie, elle aurait été remplie par des matériaux provenant des couches supérieures, par de l'argile, de la pyrite et des morceaux de calcite formée par le dépôt de sources minérales calcaires. Telle est l'explication que l'on

Carrière de spath d'Islande de l'Eskifjord.
(Dessin exécuté d'après une photographie de M. Kjellström.)

peut donner de la formation de ce filon. La cassure a une direction nord-sud et un pendage presque vertical. Les cristaux translucides tapissent les murs de la druse, ou sont disséminés dans l'argile qui la remplit. Au début de l'exploitation, le minéral se trouvait vraisemblablement, en grande quantité et en gros fragments, tout près de la surface; plus tard, pour le rencontrer, il a fallu creuser, et maintenant il existe sur le lieu du gisement une petite excavation qui, malheureusement, lors de notre visite, était remplie d'eau. Aujourd'hui les morceaux de spath transparent sont également rares.

A sa sortie de la carrière, un cristal de spath double est souillé d'une couche d'argile foncée très adhérente à sa surface. Lorsque cette gangue a été enlevée par un lavage, la surface du cristal reste dépolie et opaque. Mais si l'on frappe d'un coup de marteau ce caillou terreux, il se brise en des centaines de pierres fines, polies et transparentes. Ce minéral possède trois plans de clivage rhomboédriques très nets, et se divise presque toujours suivant ces plans. Dans certains échantillons, les surfaces naturelles du cristal et les plans de clivage qui se sont formés pendant que le spath était encore enchâssé dans l'argile, sont couverts d'une épaisse couche de zéolithe (stilbite et heulandite). Le basalte et le tuf basaltique traversés par le filon contiennent des druses tapissées de petits cristaux de quartz. Ce sont là sans doute les pierres rayant le verre et brillantes comme le diamant mentionnées par Bartholinus. Le calcaire laiteux, grossièrement cristallisé et peu transparent, qui constitue la masse du filon, n'est point employé dans la construction des instruments d'optique. Il est expédié en Europe pour servir à la préparation de l'acide carbonique. Sur le rivage nous trouvâmes un monceau de ces pierres ; ce commerce ne serait donc guère rémunérateur. Les morceaux translucides, qui sont utilisés en optique, atteignent, au contraire, un très haut prix. Le spath, même en gros cristaux, est aussi incolore que l'eau de la source la plus claire. Quelques chimistes, sans avoir fait une analyse exacte du minéral, avaient conclu de cette propriété que le spath d'Islande est une combinaison pure d'acide carbonique et de chaux, pouvant servir à déterminer le poids atomique du calcium. Pour cette substance, l'analyse a fourni un nombre qui paraît vérifier la loi de Proust, d'après laquelle les poids atomiques des corps simples seraient des multiples de celui de l'hydrogène. De cette loi on avait conclu que tous nos prétendus corps simples étaient formés d'une seule substance. Mais aujourd'hui il est prouvé que c'est une erreur, et que la loi de Proust n'est pas rigoureuse ; il y a environ dix ans encore, les chimistes l'acceptaient comme parfaitement démontrée. Seul Berzelius soutint avec persévérance une opinion contraire et critiqua avec raison la théorie de ses adversaires. Dans ces débats il prouva que le spath, qui paraît pur, contient une assez grande quantité d'autres matières, telles que de l'eau, du fer, de l'acide phosphorique, de la chaux, du fluor, etc., matières qui n'altèrent ni la couleur ni le mode de cristallisation du minéral. Le spath d'Islande a perdu ainsi l'honneur d'avoir servi à formuler une loi naturelle dans le domaine de la chimie pure. Sa formation est même en contradiction avec la loi de Proust. A l'exception de la glace, qui, comme on le sait, se clive si facilement en grandes masses transparentes d'un bleu azuré, et du quartz, qui, suivant les idées des anciens géo-

Poneys islandais.
(D'après une gravure du *Summer travelling in Iceland*, par John Coles. Londres, 1882.)

logues, ne serait que de la glace durcie, le spath d'Islande est le seul minéral qui forme d'aussi beaux et purs cristaux.

L'excursion au gisement de spath fut très agréable et très intéressante; quelques mésaventures avec les poneys islandais contribuèrent à lui enlever toute monotonie. Montés sur ces petits chevaux, nous galopions, le docteur Arpi en tête, à travers les rochers, les ruisseaux et les monceaux de pierres éboulées. La relation de cette excursion me fournirait une transition entre l'historique du spath et l'histoire, non moins intéressante, des poneys islandais. Mais, étant peu versé en hippologie, je dois me borner à reproduire cette excellente gravure et renvoyer le lecteur aux récits des précédents voyageurs. Je citerai seulement le passage suivant, emprunté au docteur Arpi, qui a une grande expérience de ces chevaux.

« Aucun animal n'est aussi endurant que ce poney. Chargé d'un cavalier ou de bagages, et allant indifféremment au pas, au trot, à l'amble ou au galop, il ne bronche jamais, sur les pierres comme sur les escarpements des montagnes, sur les marais comme au milieu des torrents, sur le sol comme sur la glace. C'est un excellent nageur et il traverse facilement des rivières profondes, larges et rapides. Chaque jour, qu'il pleuve, vente ou gèle, il porte son cavalier; souvent ce petit animal est la seule société du voyageur dans ces déserts, et en maintes circonstances il lui sauve la vie. »

Le 4 juin la *Sofia* leva l'ancre pour sortir du Rödefjord. Une fois en mer, nous longeâmes la côte méridionale de l'Islande jusqu'à Reykjavik. Au début de la traversée, le temps était clair; du pont du navire, la vue s'étendait sur les plateaux encore parsemés de plaques de neige et sur les grands glaciers de la région méridionale de l'île. Mais, le lendemain, un épais brouillard nous enveloppa et retarda notre marche. Nous dûmes redoubler de précautions au delà du Reykjanäs, — le Rock ou Rockness des anciennes cartes [1], lorsque nous entrâmes dans le golfe de Reykjavik, encombré d'îles et de bancs. Dans la nuit du 6, la *Sofia* mouilla quelques heures au milieu du fjord, uni comme une glace. A la pointe du jour, apercevant des canots de pêcheurs sur le banc où nous étions ancrés, nous les hélâmes pour demander à quelque matelot de nous piloter à Reykjavik. Bien loin de pouvoir nous aider à nous diriger à travers cette brume épaisse, ces pêcheurs nous consultèrent sur la direction probable de la ville. *Ces gens n'avaient point de boussole.* Nous marchâmes alors lentement sans l'aide d'aucun pilote. A mesure que nous avancions dans le fjord, le brouillard s'éclaircissait, et, dans le port, l'atmosphère était parfaitement claire. Le 6 juin, à midi et demi, la *Sofia* mouilla devant Reykjavik. Ce fut pour nous une heureuse chance d'arriver ce jour-là. Le lendemain il s'éleva une violente tempête du sud-ouest; si elle nous avait surpris au milieu des bas-fonds du Faxafjord, nous aurions eu grand'peine à nous tirer d'affaire. Même dans le port de Reykjavik

---

1. Le nom de *Rock* se trouve, pour la première fois, sur la carte des Zeni de 1558.

— qui, soit dit en passant, est très mauvais, — notre navire manqua de chasser. La mer était si forte que, pendant quelques heures, toute communication entre la terre et la *Sofia* fut interrompue.

Le mauvais temps nous empêcha de faire une excursion dans le Borgerfjord, situé au nord de Reykjavik, où sont situés plusieurs gisements de plantes fossiles.

C'est en Islande qu'on a trouvé pour la première fois, sur une terre arctique, des plantes fossiles prouvant qu'à une époque rapprochée de nous, géologiquement parlant, ces régions ont eu un climat comparable à celui de l'Italie. Le *surturbrand*[1] est mentionné dès 1747, sous le nom de *verschlemmtes holz*, dans la description de l'Islande et du Grönland due au bourgmestre de Hambourg, J. Anderson[2]. L'ouvrage de Horrebow, imprimé peu de temps après et qui est une longue critique de celui d'Anderson, donne à ces bois fossiles le nom de *sorte brand*. Horrebow remarque très justement, et avec un étonnement que l'on comprend, que le *surturbrand* est inclus dans la roche[3].

Les étudiants islandais Olafsen et Povelsen ont signalé les premiers, sous le nom de *lithophylles*, des empreintes de plantes fossiles. Olafsen et Povelsen exécutèrent de 1752 à 1757 un voyage en Islande, sous le patronage de la Société des Sciences de Copenhague, et publièrent les premiers renseignements exacts sur l'histoire naturelle de l'île[4]. J. Steenstrup rapporta en 1840 une collection importante de ces plantes fossiles; elles furent décrites, ainsi que celles récoltées par Winkler en 1858, dans la *Flora fossilis arctica* d'Osw. Heer. M. Flink a rapporté la plus grande collection qui ait été faite jusqu'à ce jour de ces plantes admirablement conservées dans les tufs volcaniques de l'Islande. Le professeur Nathorst s'occupe actuelle-

1. Troncs d'arbres enfouis dans les tufs basaltiques.
2. J. Anderson écrivit cette description d'après les renseignements que lui avaient donnés les marins et les marchands.
3. Anderson, *Nachrichten von Island, Grönland und der Strasse Davis*, Hambourg, 1746, p. 27. — Horrebow, *Tilforladelige Efterretninger om Island*. Copenhague, 1752, p. 80.
4. La première édition de ce voyage a été publiée en 1772, à Sorö, sous le titre de *Vice Lavmand Eggert Olafsens og Land Physici Biarne Povelsens Reise igiennem Island*, etc.

ment de les déterminer, et j'espère pouvoir indiquer dans le cours de cet ouvrage les conclusions qu'il aura tirées de cette étude pour l'histoire du climat de notre planète.

La tempête nous empêchant de faire une excursion géologique un peu lointaine, nous nous promenâmes toute la journée dans Reykjavik. La ville n'est guère pittoresque avec ses maisons basses, construites contre toutes les règles de l'architecture, ses larges rues rectilignes et sa campagne stérile. En revanche, les habitants sont très intéressants à observer, surtout pour des Scandinaves. Tous ils nous accueillirent avec leur cordialité proverbiale. Parmi les collections publiques, on doit citer le musée des Antiquités islandaises. Cet établissement n'est pas très riche : il ne contient aucun objet des âges de la pierre et du bronze, car alors l'Islande n'était pas habitée[1]. Les beaux ornements en or et en argent de l'âge du fer, si communs en Scandinavie, sont rares en Islande. Même à l'époque de sa plus grande prospérité, ce pays était probablement pauvre, et ni l'or ni l'argent n'y étaient communs. Rarement l'on découvre des vestiges des habitations des chefs de clan, dont les mœurs et les exploits sont décrits si minutieusement dans les *sagas* islandaises; les quelques restes trouvés jusqu'ici sont insignifiants : aussi les fouilles doivent-elles être exécutées par des archéologues expérimentés, pour que l'on puisse juger si réellement on se trouve en présence d'une ancienne habitation. Ce fait ne doit pas être oublié lorsque l'on discute la position de l'Österbygd du Grönland.

Dès le commencement du onzième siècle, alors que tous les pays situés au nord des Alpes étaient encore plongés dans l'obscurité du moyen âge, un mouvement intellectuel se développait dans cette île stérile et presque déserte. De ce mouvement sortit une littérature d'une grande importance pour l'histoire des pays du Nord. Les œuvres de cette littérature nous ont été conservées, comme on le sait, dans de nombreux documents manuscrits. Aujourd'hui on

1. M. Eugène Robert, membre de l'expédition française de la *Recherche*, dit avoir trouvé en Islande des instruments en agate et en calcédoine (*Les Mondes*, 8 mai 1873). Comme il n'en a publié ni la description ni un dessin, cette observation n'a aucune valeur.

n'en découvre plus en Islande, ou du moins très rarement. Les deux bibliothèques de Reykjavik ne possèdent pas un seul manuscrit ancien intéressant. Ces documents se trouvent aujourd'hui dans les bibliothèques d'Europe, surtout à Copenhague, à Stockholm et à Upsal. Uno von Troil donne les renseignements suivants sur l'origine des collections conservées en Suède[1].

L'honneur d'avoir formé les premières collections de manuscrits islandais appartient à la Suède. En 1661 Jonas Rugman, qui voyageait en Islande aux frais du gouvernement suédois, commença les recherches pour découvrir les anciens documents historiques du pays. Il réussit à en rapporter un grand nombre, qui forment le fonds des manuscrits islandais de nos anciennes archives. Encouragé par cet exemple, Thormodr Thofueson se rendit en Islande, muni d'une lettre du roi Frédéric III, qui enjoignait aux évêques Brynjolf Svenson et Gisle Thorlakson de l'aider à réunir des manuscrits[2].

Après la création du collège des Antiquaires suédois, on songea à envoyer en Islande Peter Salan; mais ce projet ne fut pas mis à exécution. Au commencement de l'année 1680, le collège acquit une certaine quantité de manuscrits par l'entremise de Gudmundr Olson, dont le frère, Helge Olson, avait visité l'Islande; plus tard, Arngrim Jonsen, Jonas Wigfusen, Lopt Josephsen, Gudmund Gudmundsen et Thorvaldr Brockman, qui étaient traducteurs au collège des Antiquaires, recueillirent également un grand nombre de documents. Jonas Eghardsen, Magnus Benedictsen, Isleif Thorleifsen, Ejnar Ejnarsen, Arnas Hâkansen, Frants Jacobsen et Thord Thorlaksen contribuèrent à l'augmentation de ces collections lorsque le collège était installé à Upsal comme après son établissement à Stockholm.

Ces collections attirèrent l'attention des Danois, et, par une lettre en date du 4 avril 1685, Christian V ordonna au *landtfoged* Heideman d'aider Thomas Bartholin à recueillir des antiquités islandaises; en outre, il lui défendit expressément soit de donner à des étrangers, soit de leur envoyer des manuscrits relatifs à l'Islande et à son histoire.

Les collections de Stockholm et de Copenhague possédaient déjà de nombreux manuscrits islandais, lorsque Arnas Magnæus et Paul Vidalin revinrent d'Islande en 1712. Ces chercheurs enlevèrent tous ceux qui restaient, et

---

1. *Bref rörande en resa till Island*, 1772, p. 192.
2. Cette lettre porte la date du 27 mai 1662.

Reykjavik
(Vue prise vers le sud-ouest. Dessin exécuté d'après une photographie de M. Kjellstrœm.)

aujourd'hui il est très rare de trouver une *saga* manuscrite. En dépit de toutes mes recherches, je n'ai pu acheter qu'un exemplaire incomplet de la *Sturlungasaga*[1].

Il peut être pénible pour un pays de perdre les manuscrits originaux de sa littérature, mais cette perte a été compensée par un avan-

Coiffure de femme islandaise.
(D'après une gravure du voyage d'Olafsen et de Povelsen.)

tage. En Islande ces précieux documents pouvaient facilement disparaître, tandis que, conservés dans nos bibliothèques, ils ont été préservés de l'oubli. Le zèle que l'on apportait à la recherche des

---

1. Aujourd'hui les Islandais sont gens paisibles, et les crimes ne sont pas fréquents dans le pays. Mais, à la fin du dix-septième siècle, les indigènes avaient encore les mœurs sauvages des premiers colons, comme le prouve la biographie que nous donne von Troil des Islandais mentionnés plus haut, qui étaient employés en Suède comme traducteurs :
Rugman, chassé de l'école d'Holum pour désobéissance, s'embarqua sur un navire de commerce pour aller obtenir à Copenhague la revision de ce jugement. Fait prisonnier par un corsaire suédois, il fut accueilli « avec la plus vive affection » par Per Brahe, qui se chargea de compléter son instruction ; Gudmundr Olsen « s'enivrait presque tous les jours » ; Helge Olson « avait été prêtre, mais ses débauches avaient nécessité son renvoi de l'Église » ; Lopt Josephsen « était un ancien prêtre révoqué comme convaincu de superstition » ; Thorvaldr Brockman « avait eu le désagrément d'être arrêté comme contrebandier à son arrivée en Suède » ; Jonas Egbartsen, un faiseur de procès, « avait été détenu longtemps à la Tour Bleue, à Copenhague ». Enfin Magnus Benedictsen « fut condamné pour homicide aux travaux de forteresse ».

anciens manuscrits paraît avoir diminué après l'introduction de l'imprimerie en Islande. D'après ce que m'a raconté un Islandais instruit, un grand nombre de vieux parchemins ont servi à fabriquer la carcasse des curieux bonnets des femmes islandaises.

L'imprimerie fut introduite de bonne heure en Islande. Cette importation est due à l'évêque catholique d'Holum, Jon Areson, qui fut plus tard décapité. Areson n'était point très fort latiniste. Le latin lui étant nécessaire pour prononcer l'excommunication de ses adversaires, il s'adjoignit, comme une sorte de coadjuteur, un Suédois, nommé Johan Mathieson, qui à une connaissance étendue du latin joignait celle de l'art de l'imprimerie. Le premier livre imprimé en Islande fut publié par Mathieson en 1531. En 1584 parut une Bible complète, et, un siècle plus tard, en 1688, la première édition des *sagas* islandaises, le *Landnámabók, Schedæ Ara Prests Fróda*[1], fut imprimée à Skalholt. Ces *sagas* contiennent plusieurs gravures très curieuses, dont les bois sont conservés au musée des Antiquités de Reykjavik. Les vignettes sont gravées, les unes sur bois (comme, par exemple, celle placée à la fin de la *saga* du Grönland et représentant un morse), les autres sur une couche de plomb mou ou d'un alliage plus dur, fixée sur la monture. Les bois sont, en différents endroits, percés de trous, destinés à retenir les caractères des légendes des gravures.

1. *Saga* du christianisme et du Grönland.

CHAPITRE II

Départ de Reykjavik. — Instructions nautiques données par Ivar Baardsön. — Le récif de Gunbjörn. — L'île de Ruysch. — *The Sunken land of Busse.* — En vue de la côte orientale du Grönland. — Voyage de Mogens Heinessen. — Banquise impénétrable. — Le cap Farewell. — Kayaks et Eskimos. — Traversée de la banquise de la côte occidentale du Grönland. — Première rencontre des navigateurs européens avec les glaces. — Arrivée à Julianehaab. — Sauvetage d'un navire par des Eskimos. — Excursion dans le Kangerdluarsuk-fjord. — Giesecke. — L'eudialyte et son emploi. — Les moustiques.

Le 10 juin, à trois heures du soir, la *Sofia* était sous vapeur, prête à prendre la mer. Au moment de lever l'ancre, je m'aperçus que le ressort d'un de nos chronomètres de poche était brisé. Immédiatement je retournai à terre pour découvrir quelque horloger islandais capable de réparer l'accident. En deux heures, et pour la somme de deux *couronnes*, l'horloger Eyólfur Thorkelsson remit un nouveau ressort. Sur ces entrefaites, j'appris que le *landfoged*[1] Arni Thorsteinsson possédait une très vieille carte d'Islande et de la mer environnante; immédiatement j'allai lui faire visite. Voyant l'intérêt que ce document avait pour moi, ce magistrat s'empressa de m'en faire cadeau. Cette carte, qui était en fort mauvais état, avait servi, me dit-il, à envelopper de vieux manuscrits islandais. Elle représentait l'océan Arctique et portait plusieurs noms, que je reconnus avoir été empruntés au voyage des frères Zeni. Si elle avait été un document original antérieur à 1558, elle aurait eu une très grande importance pour la solution d'une des questions les plus ardues de la géographie historique. A mon retour, cette carte fut nettoyée et examinée avec grand soin; je reconnus alors que c'était une ancienne carte marine hollandaise, imprimée sur parchemin, très

---

1. Sous-préfet. (*N. du trad.*)

intéressante, mais sans importance quant au voyage des frères Zeni.

Le chronomètre réparé, la carte emballée et expédiée à Stockholm, nous levâmes l'ancre, à sept heures et demie du soir, le 10 juin. En sortant du port, le cap fut mis sur la côte orientale du Grönland, au N. 81° O., direction indiquée par les instructions d'Ivar Baardsön pour la route d'Islande au Grönland. Ces instructions, très brèves, ont donné lieu à de nombreuses controverses.

Voici en quels termes s'exprime Ivar Baardsön :

« Du Sneffelznis (Snefellsnes) en Islande, situé juste en face du Grönland, il faut, pour arriver à ce pays, naviguer vers l'ouest deux jours et deux nuits durant. A moitié route entre ces deux terres, se trouve le récif de Gunbjörn. Telle était, ajoute Ivar Baardsön, la route anciennement suivie. Aujourd'hui la glace a dérivé du nord-est (du *Lanndtnordenbottne*) et l'on ne peut la suivre sans danger de mort[1]. »

L'interprétation de cette instruction présente deux difficultés. D'abord, dans ces derniers siècles, les glaces ont toujours fermé la route qu'elle indique; en second lieu, il n'existe aucun récif entre l'Islande et le Grönland. A mon avis, la première difficulté provient de ce que l'on accorde trop d'importance à l'indication de la direction donnée par Baardsön. Quant au récif de Gunbjörn, que les *sagas* mentionnent à différentes reprises, il est difficile de savoir ce qu'il est devenu. Actuellement il n'existe ni île ni récif entre le Grönland et l'Islande. Dans l'opinion du capitaine Graah — et cette opinion est adoptée par beaucoup de géographes, — le récif de Gunbjörn doit être quelque îlot situé un peu au sud du cap Dan. Il est beaucoup plus probable que le récif de Gunbjörn n'a jamais existé, ou bien, s'il a existé, qu'il a été détruit par la glace ou par l'érosion des lames. La curieuse carte de Ruysch, publiée dans l'édition de Ptolémée de 1508[2], et qui est reproduite en fac-similé pages 46 et 47, fournit des arguments en faveur de cette der-

---

1. D'après une copie de la relation d'Ivar Baardsön, copie datée de 1541 et conservée aux archives de Suède.
2. L'exemplaire de cette carte que je possède est inclus dans l'édition de Ptolémée de 1507. Cette édition est identique à celle de 1508, à cela près que cette dernière a une

nière hypothèse. Elle indique une île entre l'Islande et le Grönland, juste sur l'emplacement présumé du récif de Gunbjörn, et cette île porte l'inscription : *Insula hec in ano dñi 1456 fuit totaliter combusta.* La géologie nous enseigne que les terres et les mers ont subi de profondes modifications et que certaines chaînes des Alpes datent d'une période relativement rapprochée de nous. A différentes reprises, dans ce siècle, on a observé l'apparition et la disparition de volcans sur les côtes de Sicile, des îles Aléoutiennes et d'Islande. Nous savons également que, depuis le onzième siècle, l'érosion a enlevé à l'île d'Helgoland une grande partie de sa superficie primitive. Néanmoins, jusqu'ici on n'a prêté aucune attention au renseignement donné par la carte de Ruysch, sous prétexte que cette carte est l'œuvre d'un géographe inconnu. Les annales islandaises, qui contiennent une liste exacte des éruptions volcaniques de l'île, ne mentionnent, à cette époque, aucun cataclysme de ce genre ; elles n'indiquent même pas, cette année-là, un redoublement d'activité volcanique. Mais, d'autre part, plusieurs faits semblent indiquer que la catastrophe rapportée par Ruysch a réellement eu lieu. D'abord l'auteur indique avec précision la date à laquelle l'événement se serait produit ; en second lieu, en 1507, on ne connaissait guère en Europe les volcans de l'Islande, et à cette époque on ne supposait pas qu'une île pût être détruite par une éruption volcanique. Enfin, tous les anciens documents islandais mentionnent l'existence d'une île située à mi-chemin de l'Islande et du Grönland, dans une partie de l'Océan où ne se trouve actuellement aucune terre.

Pour essayer de résoudre cette intéressante question de géographie historique, j'avais l'intention de faire exécuter des sondages sur l'emplacement de la terre disparue en 1456, et, en quittant Reykjavik, je fis mettre le cap dans la direction de l'*île de Ruysch*. Comme tous les marins qui traversent chaque année cette partie du détroit de Danemark, nous ne réussîmes pas à apercevoir cette terre, et la grosse mer nous empêcha de faire aucun sondage avant les approches de la côte orientale du Grönland.

nouvelle feuille de titre et quelques modifications nécessitées par la découverte du Nouveau Monde. Le planisphère de Ruysch se trouve dans d'autres exemplaires de l'édition de 1507. Ce document peut donc être considéré comme commun à ces deux éditions.

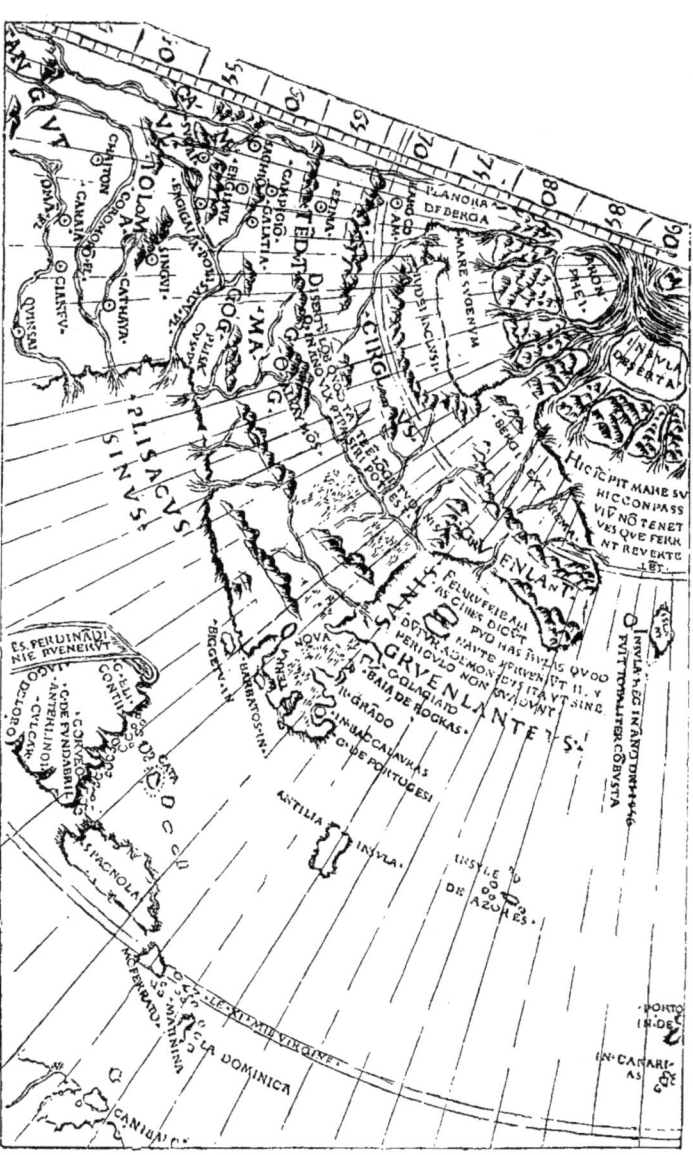

Fa-similé du fragment septentrional

de la carte de Ruysch.

Le récif de Gunbjörn et l'île de Ruysch ne sont pas les seules terres disparues dans cette partie de l'Atlantique que mentionnent les *sagas*, les ouvrages de géographie et les légendes des matelots. Rarement, autrefois, un marin faisait la traversée d'Europe au Grönland ou allait à la chasse à la baleine, sans que quelque incident de navigation amenât la conversation, au gaillard d'avant, sur le *pays de Busse*, cette grande et riche île qui aurait disparu dans les flots au seizième siècle. Un calme plat subit, la rencontre en pleine mer d'un vol d'oiseaux, ou la chute d'une grosse lame sur l'avant, ou bien encore une tempête, suffisaient pour mettre en travail l'imagination des matelots. Voici l'origine de cette légende :

En 1578 Frobisher entreprit son troisième voyage, dans le but de rapporter de l'or en Angleterre. Il prétendait avoir découvert, lors de son premier voyage, des filons sur la côte occidentale du détroit de Davis, et les avoir soigneusement étudiés pendant sa seconde exploration. L'attrait de l'or est irrésistible. L'examen des échantillons rapportés du second voyage ne donna aucun résultat satisfaisant; néanmoins, pour découvrir le précieux minerai, la prudente reine Élisabeth équipa la plus importante expédition arctique qui soit sortie d'un port européen. Frobisher n'avait sous ses ordres pas moins de quinze navires, chargés d'immenses approvisionnements, de matériaux de construction et de l'outillage nécessaire au forage des puits et galeries de mines, etc.; outre les équipages, des ingénieurs, des mineurs, des essayeurs de métaux avaient été embarqués. L'expédition rencontra de grandes difficultés; tous les navires réussirent pourtant à rapporter en Angleterre des cargaisons d'un *minerai* brillant. L'analyse prouva qu'il ne contenait aucune parcelle d'or. L'exploration, qui, au point de vue géographique, fut sans importance, eut cependant pour résultat de former de nombreux marins anglais. Dans les luttes qu'ils soutinrent courageusement contre les éléments, les compagnons de Frobisher acquirent l'expérience de la mer, et cette expérience, ils eurent bientôt l'occasion de l'utiliser contre l'Invincible Armada. Parmi les capitaines anglais qui prirent part à cette lutte héroïque contre l'Espagne, on retrouve les noms de beaucoup de lieutenants de Frobisher. Ce fut dans cette expédition que la Terre de Busse fut vue pour la première et dernière fois. L'équipage du navire l'*Emanuel*, ou le *Busse of Bridgewater*, comme on l'appelle dans les publications de l'époque, raconta, à son retour en Angleterre, avoir découvert une grande île entourée de glaces et renfermant plusieurs bons mouillages[1]. Cette terre était située au S.-E. 1/4 S. du Friesland de Frobisher (le Grönland méridional), entre le 57° et le 58° degré de latitude nord. Pendant vingt-quatre heures le navire avait contourné cette île. Le brave compagnon de Frobisher n'était guère plus capable de déterminer sa position que son amiral, et, probablement, lorsqu'il croyait être au sud de l'Islande, il se trouvait à Terre-Neuve, entraîné là par les courants et les tempêtes. Depuis on a vainement cherché cette île de Busse. Sous le nom de *Sunken land of Busse*, elle a une place importante dans les légendes des marins qui fréquentent les parages du Grönland. En 1818 Barrow (*A chronological History*, etc., Londres, 1818, p. 94) en fait encore mention; il rapporte qu'on a sondé récemment un banc dont l'existence fait supposer que le Friesland de Zeno et la Terre de Busse ont été engloutis lors d'un tremblement de terre. Dans cet endroit, au contraire, Ross n'atteignit pas le fond avec une ligne de 180 brasses, et l'interrogatoire qu'il fit subir à différents marins le persuada que l'échouage qui avait eu lieu, disait-on, sur le prétendu banc, se réduisait à un paquet de mer tombé sur l'avant du navire.

Le 12 juin, à cinq heures du matin, le Grönland était en vue, droit à l'avant. La terre ne paraissait pas très éloignée, et la vigie postée au sommet du mât, après avoir examiné la côte avec la lunette, cria : « Aucune glace en vue! Eau libre jusqu'au rivage! » Un instant je crus que nous aurions la chance de pouvoir atterrir sur cette côte que tant d'expéditions avaient vainement essayé d'atteindre. Nous avançâmes alors rapidement, mais la terre paraissait toujours aussi éloignée. « Quel diable de pays! s'écria un Lapon, il ne se rapproche pas, et pourtant nous avançons toujours vers lui. » L'observation de ce Lapon explique le passage de la relation de

1. Hakluyt, 1re édit., p. 635.

voyage de Mogens Heinessen[1], dans lequel ce navigateur raconte qu'un aimant placé au fond de la mer empêchait son navire d'avancer le long de la côte orientale du Grönland. Lyschander a chanté en ces termes cette aventure dans son poème *Den Grönlandske Chronica... alle Danske oc Nordbagger til Ere och Aminde, prendtet vdi Kiöbenhavn* 1608 :

> Le roi Frédéric II, après avoir donné au Danemark les bienfaits de la paix, voulut visiter le Grönland. Il fit venir un Norvégien, du nom de Mogens Heinessen, habitué aux navigations et aux voyages. Ce Mogens Heinessen était un homme courageux et un solide marin.

Le brave marin partit pour la côte orientale du Grönland, où

> il se trouva souvent dans une situation difficile. Un jour, la terre était en vue, néanmoins il était très difficile d'atterrir. Des glaçons entouraient le rivage et empêchaient d'en approcher.
>
> . . . .
>
> Plus on avançait vers l'est, plus la mer devenait tumultueuse. Heinessen arriva enfin dans un endroit où un aimant placé au fond de la mer empêchait le navire d'avancer.

On ne peut pas accuser de poltronnerie le brave « loup de mer ». Longtemps il naviguait vers les hautes montagnes qu'il apercevait sans pouvoir atteindre leur base. Même pour nous autres savants du dix-neuvième siècle, le phénomène qui se produisait devant nous

---

[1]. Mogens Heinessen est né aux Ferö ; en son temps il passait pour le second des grands hommes de ce petit archipel, le premier rang étant réservé à Siegmund Brestesen. Au témoignage de Debes, le pays n'a pas à se glorifier de plusieurs de ses héros. Le père de Heinessen était un Norvégien qui, tout jeune, avait été entraîné par une tempête dans un canot jusqu'aux Ferö. Mogens Heinessen s'embarqua d'abord sur un navire marchand, puis prit du service en Hollande pour combattre les corsaires, et plus tard en Danemark, où il se fit une grande réputation. Le roi Frédéric II le chargea de purger de pirates la partie de l'Océan comprise entre la Norvège, les Ferö et l'Islande. Debes cite de nombreux exemples de ses exploits. A terre, lorsqu'il en avait l'occasion, il ne manquait jamais de s'enivrer; son ivrognerie fut même cause de sa capture par des pirates. Plus tard il réussit à recouvrer sa liberté. En 1581 il entreprit son malheureux voyage au Grönland. Accusé de piraterie par ses nombreux ennemis, il fut condamné à mort, exécuté à Copenhague le 8 février 1589, et enterré en secret. Ses aventures ne prirent pas fin avec sa mort. Deux ans plus tard, Hans Lindenov obtint la revision du procès. Il fut reconnu que le prétendu pirate était un « corsaire autorisé » par une lettre de course espagnole. Le décapité fut absous; son corps, exhumé, fut enterré en grande pompe; enfin, ses héritiers obtinrent 5000 riksdaler de dommages et intérêts.

était très curieux, mais toutefois facilement explicable. Par un effet de réfraction, les hautes montagnes de la côte situées au-dessous de l'horizon du navire étaient visibles très distinctement. La banquise, située entre le plan de notre horizon et la base de ces montagnes, ne pouvait au contraire être distinguée; par suite, la mer paraissait libre jusqu'à la côte. A mesure que le navire approchait de terre, la réfraction diminuait, et en même temps apparaissait la banquise qui barre presque toujours la côte.

Après plusieurs heures de marche, nous arrivâmes près de terre : les montagnes apparurent alors plus hautes et plus distinctes. La vigie signala alors l'existence d'une plaine couverte de neige à la base des montagnes; puis, quelques instants après, à une heure de l'après-midi, elle reconnut que cette plaine était une banquise impénétrable à tribord. Je fis alors gouverner un peu plus au sud, pour nous rapprocher de la côte; dans cette direction, nous trouvâmes également de la glace en masses compactes. Sur la lisière de la banquise, les glaçons étaient très petits; mais à peu de distance de l'*iskant* s'étendaient de larges flaques de glace. Nous ne vîmes aucun iceberg. En vue de la côte je fis mettre à la mer la sonde et le chalut. Les fonds avaient une profondeur de 300 mètres et étaient couverts de grosses pierres roulées, qui déchirèrent notre filet. C'étaient des blocs erratiques qui avaient été apportés jusqu'au rivage par les glaciers de la côte, et que les isbergs et les *drifis* avaient dispersés ensuite très loin au sud au fond de l'Océan. L'eau avait, dans les profondeurs, une température de $+3°$; à la surface, près de la côte, elle était plus froide et moins salée. En avant de l'*iskant*, plusieurs baleines furent signalées; au milieu des glaces, nous n'en aperçûmes aucune. En fait d'oiseaux, nous ne vîmes dans ces parages que quelques mouettes (*Larus tridactylus* et *glaucus*), des guillemots, des pétrels arctiques et un échassier. La faune ailée était beaucoup plus pauvre qu'au milieu des *drifis* de la côte du Spitzberg. Bien que le navire naviguât assez avant dans le *pack*[1], il était secoué par une houle très forte. Malgré cette agitation de la mer, une mince couche de glace se formait sur l'eau; ce phénomène était vraisemblablement produit par la condensation

---

1. « Champ de drifis » plus ou moins compact. (*N. du trad.*)

de la vapeur d'eau en suspension dans l'air sur la surface de la mer, dont la température était inférieure à zéro.

Nous rencontrâmes plusieurs baleiniers. Nous hélâmes l'un d'eux et invitâmes le capitaine à venir à bord. Ce baleinier était de Saint-Jean de Terre-Neuve. Il était allé à la chasse au phoque et, dans une première croisière, en avait capturé 55 000. Il faisait maintenant sa seconde campagne. Jusqu'ici il n'avait pris ni baleine ni narval et n'avait encore tué qu'un petit nombre de phoques. Le cap Farewell était, disait-il, libre de glaces, mais, jusqu'à ce point, toute la côte orientale était barrée par une banquise.

Il n'entrait pas dans nos projets d'essayer de forcer cette banquise pour atteindre la côte. Du reste, cette entreprise n'aurait certainement pas réussi. Nous mîmes, par suite, le cap au sud ou plus exactement au sud-sud-ouest, en suivant la lisière du *pack*. Le 15 juin, le temps fut magnifique et la mer calme; la nuit fut si froide qu'une couche de glace nouvelle se forma entre les glaçons. Nous draguâmes à différentes reprises.

Dans la nuit du 14, la côte nous apparut si distincte que nous crûmes en être très près. Il n'y avait pas un glaçon dans le voisinage du navire. J'ordonnai alors de mettre de nouveau le cap sur la côte. Bien que nous eussions dû être instruits par l'expérience de la veille, tous nous n'en crûmes pas moins, pendant quelques instants, que nous pourrions atterrir. Comme le 12, la vigie signala d'abord que la mer était libre jusqu'au rivage, puis qu'une longue bande de glace couvrait la base des montagnes, et finalement qu'une banquise s'étendait le long de la côte. Cette banquise était simplement formée de *drifis* très serrés, mais elle était certainement impénétrable. Nous reprîmes alors notre route vers le sud. Dans l'après-midi du 14 nous exécutâmes des sondages en différents endroits; une tentative pour draguer ne réussit pas, par suite de la nature pierreuse du fond. Une embarcation fut mise à la mer pour que des hommes pussent aller à la chasse et rechercher, à la surface des glaçons, de la poussière analogue à celle que j'avais recueillie au Spitzberg et dans la mer de Kara. La surface de tous les *drifis* voisins de l'*iskant* étant balayée par les vagues, ces recherches n'eurent aucun résultat. Comme échantillons de la faune ailée, les chasseurs rapportèrent des mouettes (*Larus leucopterus, glaucus, tridactylus*); des stercoraires, des guillemots (*Uria grylle L.* et *Mergullus alle*) et des pétrels arctiques. Quelques phoques et baleines furent signalés.

Dans l'après-midi, par 62°15′ de latitude nord, nous pûmes admirer les belles montagnes aux formes alpines qui se dressent le long de la côte. Elles s'élèvent là en crêtes sauvages, hérissées de sommets neigeux et découpées par des vallées remplies de glaciers.

Le cap Farewell.
(Dessin exécuté d'après une photographie prise par M. Kjellström le 30 août 1883.)

Elles atteignent très certainement une altitude de plusieurs milliers de mètres. Les *drifis* qui couvraient la mer ressemblaient à ceux que l'on rencontre au Spitzberg et que les *fångstmän* appellent de la « grosse glace » (*storis*). Nous ne rencontrâmes que de rares isbergs, tous de petites dimensions.

Le 15, aux approches du cap Farewell, la *Sofia* fut assaillie par une tempête. La mer était très haute et l'air obscurci par une petite pluie fine et serrée. Pendant quelques heures nous dûmes mettre à la cape; dans la soirée, le vent étant tombé, nous continuâmes notre route. Nous passâmes devant le cap Farewell, ce promontoire si redouté, sans pouvoir le distinguer. Au retour, nous le doublâmes de très près; ce jour-là la mer était si calme et le temps si clair que nous pûmes photographier du pont du navire les pointes rocheuses, effilées comme des dents de requin, qui forment l'extrémité méridionale du Grönland.

Le 16, le temps était très beau et la mer calme, grâce à la présence des *drifis*. Le cap fut mis sur Julianehaab. Vers midi la terre était en vue. Pendant tout notre voyage le long de la côte orientale, nous n'avions rencontré que quelques isbergs. Sur la côte occidentale, au contraire, la mer était couverte de ces magnifiques montagnes de glace superbement découpées. Nous en photographiâmes plusieurs du pont du navire. Bientôt nous trouvâmes des *drifis*; ces glaces et la brume nous arrêtèrent. Comme il ne nous était pas possible d'atteindre la côte avant la chute du jour, et, d'autre part, que je ne voulais pas naviguer, pendant les quelques heures d'obscurité, au milieu des *drifis* très compacts dans le voisinage de la terre, je fis mettre à la mer la sonde et la drague. Le résultat de ces recherches fut très intéressant au point de vue zoologique et hydrographique. Dans ces parages, les animaux supérieurs font complètement défaut. Jadis phoques et oiseaux s'y ébattaient probablement en troupes nombreuses; aujourd'hui on n'en voit plus un seul. C'est la conséquence de la chasse acharnée que les indigènes, maintenant armés de fusils, font à tous les animaux.

Dans la matinée du 17 juin, la vigie signala une petite goélette. Nous en étant approchés, nous reconnûmes que c'était un des navires de la Compagnie grönlandaise qui font le cabotage entre les principales colonies et les établissements de commerce moins importants. Il était commandé par un capitaine danois et monté par un équipage en grande partie indigène. Le capitaine m'offrit de nous piloter jusqu'à Julianehaab, à condition que nous prendrions sa goélette à la remorque. J'acceptai avec d'autant plus d'empressement qu'il me proposa de nous piloter ensuite de Julianehaab à Ivigtut, à travers l'archipel côtier, où il n'y avait pas à craindre de rencontrer des glaces, si toutefois il obtenait la permission du directeur de la colonie. Nous vîmes bientôt de nombreux Eskimos montés sur leurs *kayaks* et occupés à chasser le phoque. Avec ces légères embarcations ils purent nous suivre durant un certain temps, et, pendant qu'ils nous firent la conduite, ils ne cessèrent de plaisanter, de nous interpeller et de se livrer à une véritable fantasia, en lançant en l'air leurs harpons et leurs flèches. Pour montrer leur courage, ils allaient frôler la base de quelque isberg, ou bien traversaient les magnifiques arcades branlantes que la fonte avait découpées dans ces masses de glace. Les Eskimos étaient tout fiers d'une pareille bravoure, qui contraste si fort avec leur timidité habituelle.

Isberg rencontré par la *Sofia* au nord de Julianehaab.
(Dessin exécuté d'après une photographie instantanée prise le 17 juin 1883 par M. Kjellström.)

Pour les récompenser de leurs prouesses, nous leur donnâmes des cigares et des oranges; les cigares, ils les allumèrent immédiatement; mais les oranges, ils les déposèrent soigneusement sur la ligne enroulée à l'avant de leur embarcation, probablement pour ménager une surprise agréable à leur famille.

Le *kayak* est la plus élégante embarcation que les hommes aient jamais construite. Aucun canot monté par un seul homme n'est aussi rapide, et cette frêle embarcation, maniée par un rameur expérimenté, tient parfaitement la mer par la tempête. La forme du kayak, sa construction, ses rames, ses lances, ses lignes, les nombreux boutons en os, et les courroies qui les garnissent, le moindre détail enfin atteint un degré de perfection merveilleux. C'est là le résultat du travail continu de nombreuses générations, et l'esprit inventif de l'Européen ne trouve aucun perfectionnement à apporter à cette embarcation. La forme du kayak a été véritablement inventée par les Eskimos. Au point de vue de la construction ou des matériaux, il diffère complètement des autres canots de petites dimensions employés par les peuples sauvages. Les kayaks des Tschuktschis sont de mauvaises copies de ceux des Eskimos. Les

Kayaks escortant la *Sofia* à son entrée dans le port de Julianehaab.
(Dessin exécuté d'après une photographie instantanée prise le 17 juin 1883 par M. Kjellström.)

canots des Indiens de l'Amérique, construits pour naviguer sur les fleuves et sur les lacs, sont d'un modèle tout différent et ne peuvent braver les vagues de l'Océan.

La gravure de la page suivante donne au lecteur une idée de l'aspect du kayak. J'ajouterai qu'il est construit en peaux, tendues sur un léger appareil en bois ou en os, assemblé à l'aide de courroies. Comme Zeno le dit très justement, le kayak a la forme d'une navette. La partie supérieure de l'embarcation est recouverte de peaux, qui empêchent l'eau d'y pénétrer. Ce « pont » entoure la ceinture du rameur, qui est assis au milieu du canot les jambes étendues. Je n'ai pas vu au Grönland de kayaks montés par deux rameurs, semblables à ceux en usage chez les Eskimos du nord-ouest de l'Amérique. Le pont de pareilles embarcations est percé de deux trous — un pour chaque rameur — ou encore d'un seul, assez grand pour que deux rameurs puissent s'asseoir dos à dos. Le kayak est mis en mouvement à l'aide d'une double rame en bois. Soit pour augmenter sa résistance, soit pour l'embellir, elle est terminée par une garniture en os. Les lignes sont en peau de phoque ou de morse, les boutons en os ou en dents de ces mêmes animaux. L'ar-

Kayak grönlandais.

mement est complété par un vêtement imperméable, fixé au pont du kayak; le rameur ne l'endosse que dans les chasses dangereuses ou dans les longs voyages pendant lesquels le mauvais temps ou une grosse mer est à craindre.

L'Européen devient rarement un bon kayakman. Une longue pratique est nécessaire pour apprendre à ne pas faire chavirer ce canot. Presque toujours, les matelots européens qui vont au Grönland veulent faire un tour en kayak, et souvent des accidents ont failli leur arriver. Après plusieurs coups d'aviron donnés par un rameur inexpérimenté, le kayak chavire, et, si une grande embarcation ne se trouve pas dans le voisinage, prête à porter secours, l'homme est noyé. Un bon kayakman peut faire le saut périlleux sous l'eau avec son embarcation et différents exercices gymnastiques du même genre. Les femmes ne vont pas en kayak ; mais quelquefois, dit-on, un amoureux transporte sa bien-aimée à travers une étroite passe. Dans ce cas la femme s'agenouille derrière le rameur et lui passe les bras autour du cou. Si deux kayaks se placent bord contre bord, l'entreprise est moins dangereuse. Moi-même, en 1870, j'ai traversé de cette manière un grand lac situé sur la presqu'île entre le Tasiusarsoak et l'Océan. J'étais agenouillé derrière les rameurs sur deux kayaks attachés ensemble. A Port-Clarence, dans le nord-ouest de l'Amérique, les indigènes emploient souvent un kayak plus grand que celui des Grönlandais, à bord duquel ils peuvent prendre un passager. Le passager s'étend au fond de l'embarcation, derrière le rameur ; mais il court risque d'être asphyxié dans la cale, absolument étanche et remplie d'odeurs qui ne sont pas précisément agréables. Nous qui ignorions ce mode de transport, nous ne fûmes pas peu surpris de voir, un jour, quatre hommes ramer vers le navire et huit débarquer.

Le kayak grönlandais ne peut porter aucune cargaison. Pour effectuer des transports le long de la côte, les Eskimos emploient une autre espèce de canot en peau, l'*oumiak*. Les Tschuktschis ont appris des Eskimos l'art de construire cette dernière embarcation, et dans ce travail ils paraissent avoir acquis une plus grande habileté que dans la construction du kayak. L'oumiak est spacieux et léger. C'est une embarcation à fond plat, non pontée, entièrement faite en peau, tendue sur une carcasse en bois assujettie par des courroies. Ses formes ne sont pas élégantes, et l'on ne saurait mieux la comparer qu'à une sébile plate ; mais elle est facile à manœuvrer et porte très bien une lourde cargaison. Pour ces raisons, les Européens emploient l'oumiak dans leurs voyages le long des côtes ; beaucoup même le préfèrent à la baleinière, à cause de sa capacité. Ce bateau est ordinairement monté par un équipage féminin. Dans les longs voyages, deux kayaks escortent l'oumiak. En cas de gros temps, ils se placent tout près de lui et protègent ses flancs, qui sont trop légèrement construits pour résister aux grosses lames.

Tous les Eskimos ne réussissent pas à acquérir l'adresse et l'assiette nécessaires à un bon kayakman. A la chasse, le rameur est souvent imprudent, et la mince couche de peau du canot est facilement percée par un glaçon. Par suite, des accidents arrivent souvent, surtout aux jeunes gens, toujours téméraires, au Grönland comme dans tout autre pays. Aussi, bien des mères ne permettent-elles pas à leurs fils d'apprendre ce dangereux métier. Devenus hommes, ces enfants gâtés sont alors incapables d'aller à la chasse au phoque, et portent la peine de la tendresse maternelle, obligés qu'ils sont d'avoir recours à autrui pour se procurer des vivres. Les kayakmen vont souvent comme courriers le long de la côte d'une colonie à l'autre; dans leurs petites embarcations, ils parcourent de très longues distances en très peu de temps, quel que soit l'état de la mer, et sans aucun effort. D'après ce que j'ai entendu dire au Grönland, je suis persuadé que, si l'on organisait des régates dont le parcours fût long, le résultat avec de bons kayakmen serait aussi inattendu que celui de la course des patineurs lapons effectuée au printemps dernier[1].

Les kayaks des Eskimos ont excité l'étonnement et la curiosité de la plupart des voyageurs[2], et il est souvent question de ces embarcations dans les récits de voyage. Hall et Baffin les mentionnent dans les relations des voyages de Cunningham, de Lindenov et de Hall (1605 à 1612)[3]; plus tard, La Peyrère en parle dans sa *Relation du Groënland* (Paris, 1647), rédigée d'après les renseignements

---

[1]. On a même proposé d'introduire cette embarcation en Europe. On peut consulter à ce sujet l'ouvrage intitulé : *Forslag til et Kajakroercorps Oprettelse til Nytte for Krigerne i Almindelighed, for Sökrigerne i Særdeleshed og maaskee ogsaa for Postvæsenet*, par Henric Christopher Glahn. Copenhague, 1801. (Projet d'organisation d'un corps de rameurs en kayaks, destiné à servir en temps de guerre, notamment sur mer, et peut-être également au transport des dépêches.) En fait d'armes, les équipages devaient être munis d'une flèche, et les officiers d'une épée qui, lorsqu'ils eussent été embarqués, aurait été placée derrière eux dans le kayak.

[2]. Les curieuses embarcations des Eskimos sont mentionnées, en termes plus ou moins vagues, dans Ziegler (1532), dans Olaüs Magnus (1539) et dans N. Zeno (1558, d'après un manuscrit de la fin du quatorzième siècle). Olaüs Magnus vit en 1505 deux kayaks (*naviculæ coriariæ*) suspendus au-dessus de la porte ouest de la cathédrale d'Oslo. La relation du voyage de Zeno, écrite par Marcolini et imprimée en 1558, contient la description la plus complète qui ait été faite jadis de ces canots.

[3]. Purchas, III, 1625, p. 818 et 835.

qu'il avait recueillis en Danemark; enfin, Crantz et Rink[1] en ont fait une description complète. La relation des trois voyages de Martin Frobisher (1576, 1577 et 1578) — livre très instructif, pour l'époque — vante les qualités du kayak comme bateau à rames; ce document mentionne également l'oumiak. Frobisher rapporta en Angleterre plusieurs kayaks; l'un d'eux fut suspendu dans le hall de la maison de sir Thomas Smith[2].

La partie de la côte sud-ouest du Grönland devant laquelle la *Sofia* se trouvait, n'est que très rarement abordable par la pleine mer, au commencement de l'été. A cette époque de l'année elle est généralement bloquée par un banc de glaces. Ce banc, qui est la continuation, vers le nord-ouest, de la banquise de la côte orientale, s'étend très loin au nord; par suite les navires qui, au commencement de l'été, et même en été, doivent relâcher dans les colonies de la côte sud-ouest, sont obligés de remonter au nord pour atteindre le chenal libre qui s'étend le long de la terre, puis de le suivre ensuite vers le sud. Pour nous épargner ce long détour, je fis gouverner droit vers terre, et, le 17 juin au matin, nous entrâmes dans le port de Julianehaab. Je n'ai rien d'intéressant à raconter sur cette traversée de la banquise, mais, comme c'est la première fois que, dans cette relation, j'ai l'occasion de parler de la navigation au milieu des *drifis* des mers du Grönland, le lecteur lira peut-être avec intérêt l'impression que fit une manœuvre de ce genre sur les Européens qui l'ont entreprise pour la première fois. La *Judith*, commandée par le « lieutenant général » Fenton — un des cinq navires que Frobisher avait sous ses ordres dans son troisième voyage vers la *Meta incognita*, — fut, au retour, séparée des autres bâtiments et prise par les glaces, probablement sur la côte sud-est du Grönland. La relation du voyage contient la description suivante des dangers auxquels le bâtiment se trouva exposé pendant cet emprisonnement :

---

1. Crantz, *Historie von Grönland*, I, Barby, 1765, p. 199. — Rink, *Danish Greenland*, Londres, 1877, p. 113.
2. Sir Thomas Smith était un riche marchand, qui fut longtemps directeur de l'*East India Company*, et un associé actif de la *Muscovy Company*. C'était un promoteur ardent des expéditions arctiques.

Du 1er au 26 juillet il ne s'écoula pas un jour, pas même une heure, pendant laquelle Fenton et ses hommes ne fussent exposés aux plus grands dangers, voire même à la mort. Pendant vingt et un jours leur navire resta presque toujours pris dans la glace. Ses bordages furent enfoncés sur les deux côtés, et la fausse quille complètement enlevée à l'avant. On pouvait marcher bien des milles sur la glace, dans différentes directions, et l'on aurait pu facilement atteindre la côte en sautant d'un glaçon à l'autre. Si Dieu ne les avait protégés dans leur détresse, et s'ils n'avaient appris certaines manœuvres pour mettre leur navire à l'abri, ces braves marins auraient été perdus. Lorsqu'ils voyaient un glaçon plus grand que les autres — quelques-uns mesuraient plus d'un demi-mille de tour et atteignaient une hauteur de 40 brasses environ, — ils essayaient de l'atteindre et d'abriter leur navire derrière ce rempart de glaces. Le bâtiment restait ensuite quelque temps amarré au glaçon, protégé qu'il était contre les *drifts* de plus petite taille. Des *drifts* poussés par la houle menaçaient-ils d'entourer le navire ou de le briser, il faisait amarrer le bâtiment au plus grand et au plus solide glaçon situé dans les environs, l'avant placé tout contre le bord du *drift*, puis on mettait toutes voiles dehors ; le navire, poussé par le vent, chassait devant lui les glaçons et atteignait ainsi l'eau libre. Après s'être frayé un passage, le bâtiment mouillait quelque temps dans un bassin d'eau libre ouvert au milieu de masses de glace qui avaient la forme des montagnes des Alpes. On vit un jour un isberg qui s'élevait de 65 brasses au-dessus de l'eau, et qui fut baptisé du nom de *Salomos port*. Quelques personnes croient que la partie de ces montagnes de glace qui émerge de la mer n'est que le huitième de leur masse totale. Je me souviens d'avoir vu bien des choses singulières ; j'aperçus notamment des hommes sautant et élevant leurs poitrines au-dessus de l'eau, en pleine mer, à plus de quarante milles de toute terre, sans le moindre navire ou embarcation pour les porter. Je vis également des courants d'eau douce au milieu de la mer, à environ cent milles de toute terre ; si l'on doute de ce fait, j'ajouterai que beaucoup de nos matelots allèrent sur des îles de glace. Là ils tiraient à la cible et tuaient avec leurs mousquets de gros phoques, qui se couchent et dorment sur la glace. Je raconterai encore que la glace est découpée par la fonte en saillies, et que le produit de cette fonte alimente des ruisseaux qui, réunis, forment des cascades assez fortes pour faire tourner un moulin [1].

1. Hakluyt, *The principal navigations*, etc., 2e édit., III, Londres, 1600, p. 84. Voir également *The three voyages of Martin Frobisher*, ed. by Richard Collinson. London, printed for the Hakluyt Society, 1867, p. 253.

Ainsi que je l'ai raconté plus haut, nous forçâmes facilement la banquise, et, dans la matinée du 17 juin, la *Sofia* mouilla dans le port de Julianehaab. Le gouverneur de la colonie, M. Carl Lytzen, nous reçut très aimablement. Ce fonctionnaire fit tous ses efforts pour nous rendre service pendant les quatre jours que l'expédition resta à Julianehaab. Cette relâche fut nécessitée par le nettoyage de la chaudière et de la machine.

Julianehaab est situé à peu de distance au sud des mines de cryolithe d'Ivigtut. Cet établissement minier est en communication fréquente avec l'Europe et l'Amérique. Aussi, dès que la *Sofia* eut mouillé à Julianehaab, j'expédiai à Ivigtut un exprès en kayak, porteur de lettres annonçant notre heureuse arrivée au Grönland, pour le cas où quelque navire partirait ce jour-là à destination de l'Europe ou de l'Amérique. Comme je l'appris plus tard, l'exprès arriva cinq heures après le départ d'un courrier. En 1883 les navires qui entretiennent des communications entre Ivigtut et l'Europe ou l'Amérique avaient fait des traversées très malheureuses. Tous avaient subi une longue détention au milieu des glaces, et plusieurs avaient éprouvé des avaries. Deux étaient même en réparation dans le port d'Ivigtut. En essayant de forcer la banquise que la *Sofia* venait de traverser, ces bâtiments avaient eu leurs coques éventrées par les glaces. L'un d'eux fut le sujet d'une mésaventure si plaisante, que je ne puis la passer sous silence.

Un voilier américain à destination d'Ivigtut, où il devait prendre une cargaison de cryolithe, avait été bloqué par les glaces près de la côte. Sous l'action du vent « le champ » fit éprouver au navire une pression si violente que de larges voies d'eau se déclarèrent à bord. Le bâtiment était lesté de 200 tonnes de pierres. Un instant, le capitaine pensa maintenir le navire à flot en faisant fonctionner les pompes; mais, en dépit des efforts de l'équipage, l'eau montait toujours dans la cale. Dans ces conditions, le capitaine résolut d'abandonner son bâtiment, supposant bien qu'il coulerait dès que la glace qui l'enserrait se retirerait. Les canots furent halés sur la glace jusqu'à l'eau libre, et tout l'équipage gagna dans ces embarcations la colonie de Frederiksdal. Peu après que le capitaine eut quitté son navire, seize Eskimos occupés à chasser le phoque dans

Julianehaab.
(Dessin exécuté d'après une photographie prise le 18 juin 1885 par M. Kjellstrom.)

ces parages aperçurent le bâtiment. Aussitôt ils ramèrent dans notre direction et montèrent à bord, joyeux à la pensée de pouvoir babiller quelques instants et d'être régalés de café et de petits verres; les équipages ont l'habitude de gratifier de friandises les indigènes qu'ils rencontrent sur les côtes de Grönland. A leur grand étonnement, les Eskimos ne découvrirent personne à bord; par contre, ils trouvèrent des approvisionnements de toute sorte, épars de tous côtés. Tout de suite ils prirent possession du navire, sans songer au danger qu'ils courraient si le bâtiment, lesté de pierres et à moitié plein d'eau, était séparé subitement des glaçons qui le maintenaient à flot. Une fois leur curiosité satisfaite, nos gens se demandèrent comment ils pourraient conduire à la colonie cette belle prise. Ils se tirèrent d'affaire mieux qu'on ne pourrait le penser. Les plus hardis grimpèrent dans la mâture pour établir les voiles; toutes furent hissées, à l'exception des perroquets; ces matelots improvisés n'osèrent pas se hasarder à pareille hauteur. Les autres se mirent aux pompes. Lorsque la pression des glaces cessa, la voie d'eau se ferma, et, quand la glace eut complètement disparu, les Eskimos avaient pompé avec une telle ardeur que le navire put flotter. Poussés par un bon vent, ils firent alors route vers Frederiksdal. Le capitaine et l'équipage du bâtiment étaient arrivés depuis quelque temps dans cette colonie, après avoir erré à l'aventure au milieu des récifs et des glaçons, toujours enveloppés dans un épais brouillard. Ils avaient à peine achevé de conter aux indigènes leur mésaventure, et causé avec eux de la position des glaces cette année-là, qu'un voilier fut signalé. L'arrivée d'un navire, surtout lorsqu'il est le premier de la saison, est toujours un grand événement dans une colonie du Grönland : tout le monde accourut sur le port, l'équipage américain comme les indigènes. Les Eskimos, avec leurs yeux perçants, reconnurent bientôt que le bâtiment n'était pas un de ceux qui relâchent d'habitude dans la colonie. On se perdait en conjectures, quand le capitaine s'écria : « *Goddam!* je crois que c'est mon navire ». Immédiatement l'Américain sauta dans un canot et rama vers son bâtiment pour savoir par quel hasard il arrivait toutes voiles dehors droit dans le port. Il trouva les Eskimos à l'œuvre. L'un d'eux était dans la cuisine et surveillait attentivement la cuisson d'une grande marmite de légumes; un autre distribuait du café; un troisième faisait l'inventaire de la menuiserie, etc. Ces agréables occupations furent brusquement interrompues par l'arrivée de l'équipage, qui reprit possession de son navire sans opposition de la part des indigènes, après que le capitaine eut donné aux sauveteurs une petite récompense pour les payer de la peine qu'ils avaient prise de pomper. Bientôt on apprit aux Eskimos qu'en vertu des lois européennes ils avaient droit à une rétribution beaucoup plus importante. Il s'éleva alors un débat intéressant sur le montant de la récompense que les indigènes devaient recevoir. Il faut espérer que les autorités danoises auront protégé les intérêts des Eskimos et que quelques-uns de ces braves gens acquerront ainsi une fortune telle qu'aucun Eskimo n'en eût jamais rêvé de pareille. « Mais que feront-ils de cet argent? » me disaient toujours en terminant les personnes qui me parlaient de cette affaire; on ne savait rien à cet égard.

En nous rendant à Ivigtut, nous passâmes devant le navire auquel cet accident était arrivé. Nous l'ignorions alors, et nous nous étonnâmes qu'il ne répondît pas, suivant l'usage, au salut de la *Sofia*. La raison en était toute simple: les Eskimos, lorsqu'ils avaient pris possession du navire, avaient déchiré le pavillon américain pour s'en faire des foulards. A Ivigtut je rencontrai le capitaine. Il paraissait un peu confus de son aventure; mais je dois dire à sa louange que son rapport de mer était véridique, bien que sa véracité eût pour conséquence le payement d'une indemnité importante aux sauveteurs. Vraisemblablement ce fut une compagnie d'assurances qui paya les frais.

De Julianehaab je fis, accompagné du docteur Nathorst et de M. Kolthoff, une excursion dans le fjord qui s'ouvre au nord de la colonie. Ainsi que de nombreux fjords de la côte occidentale, il porte le nom de Kangerdluarsuk, nom qui signifie « le bras du fjord le plus avancé dans l'intérieur des terres. » Les côtes du Kangerdluarsuk sont un des gisements de minéraux les plus intéressants du monde entier. Ce gisement a été découvert par Giesecke, à qui on doit les premières recherches minéralogiques et géologiques faites au Grönland. Le nom de ce savant est pour toujours inscrit en première ligne dans la liste des explorateurs des régions arctiques. Aucun Européen n'a exécuté, le long des côtes du Grönland, d'aussi longs voyages que lui. L'été en oumiak, l'hiver sur des traîneaux tirés par des chiens, il a parcouru la côte depuis Aluk, à l'est du cap Farewell, jusque par delà les colonies danoises les plus septentrionales. Aussi

Carl-Ludwig Giesecke.
(D'après un portrait de Sir Henry Raeburn, de Dublin.)

il est de mon devoir de donner quelques renseignements sur sa vie aventureuse, empruntés à l'excellente biographie due au professeur F. Johnstrup et contenue dans la préface de l'ouvrage *Gieseckes mineralogiske Reise i Grönland*. Copenhague, 1878.

Carl-Ludwig Giesecke est né à Augsbourg en 1761 (d'après d'autres documents en 1775). Son père, qui portait le nom de Metzler, était un tailleur aisé de la ville. En sortant de l'école, Giesecke étudia d'abord le droit à l'université bavaroise d'Altdorff. Il abandonna bientôt cette étude pour s'occuper de poésie et de théâtre. Il prit alors le nom de Giesecke. En 1790 il parut sur une scène de Vienne, et, après avoir composé plusieurs pièces, reçut le titre de « poète de théâtre ». Une grande partie du livret de *la Flûte enchantée* est son œuvre, bien que le directeur Schikaneder s'en soit attribué l'honneur. Giesecke excellait dans les rôles comiques, surtout en parodiant les Anglais. A la longue, le théâtre l'ennuya également, peut-être parce qu'il n'avait pas réussi à y occuper une situation en vue, peut-être aussi par suite d'un changement dans sa situation de fortune. Pendant le reste de sa vie il paraît s'être trouvé dans une bonne position, et le numéro du *Hamburger Correspondent* du 31 mars 1819 parle de lui comme d'un homme fort à son aise. Il quitta Vienne en 1804 et, à partir de cette époque, s'occupa exclusivement d'histoire naturelle, notamment de minéralogie. Dans ce domaine il acquit bientôt une grande réputation, qu'il devait non pas à ses publications — car, comme naturaliste, il avait publié peu ou même rien avant son retour du Grönland, — mais à son coup d'œil et à son instinct de collectionneur; peut-être aussi devait-il sa réputation à son amabilité dans ses rapports avec les savants qu'il visita au cours de ses nombreux voyages dans les différentes parties de l'Europe. D'après les étiquettes de quelques échantillons minéralogiques du Musée national de Stockholm, il a parcouru, semble-t-il, la Suède dans les premières années du siècle. Au commencement de 1805 il se fixa à Copenhague, où on l'appelait, à tort ou à raison, je ne sais, « le Conseiller prussien des mines ». La Commission du commerce des Ferö le chargea d'étudier ces îles. Du 4 août au 14 septembre 1805 il visita une partie de cet archipel et en rapporta à Copenhague une très belle collection.

L'année suivante, Giesecke partit pour le Grönland. Il fit ce voyage à ses frais, mais fut puissamment aidé dans cette exploration par la Compagnie de commerce, ainsi que le prouve la lettre de recommandation qu'il en reçut. Ce document contient les passages suivants :

Ses observations durant ce voyage (les observations de Giesecke) devant être utiles au commerce du pays, ainsi que nous avons lieu de l'espérer, nous désirons lui donner toute l'assistance possible pour qu'il réussisse dans son entreprise. Nous comptons que les employés de la compagnie, non seulement pour obéir à nos ordres, mais encore par égard pour la haute situation du voyageur, s'efforceront de lui être utiles, et de lui rendre agréable son séjour au Grönland.

Nous prions les gouverneurs des colonies où l'ingénieur s'arrêtera : de lui fournir le logement le plus commode qui se puisse trouver dans la localité; de lui procurer, aux frais de la compagnie, les bateaux et les hommes dont il aura besoin; de lui délivrer, sur sa demande écrite, les marchandises qui lui seront nécessaires; enfin, de l'héberger aux frais de la société, comme il est coutume de le faire pour les officiers en mission. Les employés devront, autant que possible, le recevoir chez eux, pour ne pas l'obliger à avoir une installation spéciale. Les frais de réception seront supportés par la société.

Primitivement le voyage de Giesecke ne devait durer que deux ans et demi. Mais, les croiseurs anglais ayant pris le navire qui rapportait en Europe les collections qu'il avait formées pendant les deux premières années de son séjour, il résolut de recueillir de nouveaux échantillons dans les localités qu'il avait déjà visitées et de prolonger son séjour au Grönland pendant deux nouvelles années. Son retour fut ensuite différé par la guerre qui désolait alors l'Europe et qui entravait les communications entre le Grönland et le Danemark. L'ancien auteur dramatique, l'homme du monde, habitué aux salons de la société éclairée, paraît s'être fort bien accommodé de cette existence presque solitaire dans de misérables villages habités seulement par quelques fonctionnaires danois et des indigènes à moitié sauvages. Les Eskimos sont, il est vrai, toujours gais et insouciants lorsqu'ils ne sont pas exposés à trop de privations. D'après le journal de Giesecke, l'humeur capricieuse des indigènes paraît avoir mis sa patience à une rude épreuve. Dans une partie du Grönland, les Eskimos conservèrent longtemps un bon souvenir de Giesecke; mais lui et le capitaine Graah étaient, disaient-ils, de trop grands *Nalegak*, en d'autres termes des maîtres trop exigeants. Giesecke séjourna au Grönland huit étés et sept hivers. Pendant ce temps il accomplit les explorations suivantes :

En 1806, dans les districts de Frederikshaab et de Julianehaab, il visita le détroit voisin de la pointe méridionale du Grönland, découvrit le gisement d'eudialyte dans le Kangerdluarsuk et hiverna à Godthaab.

Durant l'été de 1807 il fit, en oumiak, le voyage de Godthaab à Disko, et se rendit ensuite à Upernivik, à bord d'un navire de la compagnie. De là il poussa, en canot, jusqu'à Tasiusak, puis revint à Godhavn. En automne il visita l'île Disko, notamment, Ritenbenk, Jakobshavn, Christianshaab et Egedesminde. Il passa l'hiver de 1807 à 1808 à Godhavn.

L'été de 1808, il alla, en canot, de Godhavn à Godthaab pour visiter les environs de cette colonie, particulièrement intéressants aux points de vue géologique et historique.

En 1809 il parcourut la côte de Godthaab à Julianehaab, étudia les couches de cryolithe d'Ivigtut et retourna hiverner à Godthaab.

En 1810 il poursuivit ses recherches dans le district de Godthaab et passa l'hiver à Godhavn.

En 1811 il alla de Godhavn à Umanak, sur des traîneaux tirés par des chiens, pour étudier les intéressantes formations situées aux environs de cette localité. Durant ses excursions en traîneau sur la couche de glace crevassée qui recouvrit le fjord jusqu'au 12 juin, nombreux furent les incidents dramatiques. Il découvrit le gisement de plantes fossiles crétacées situé dans la presqu'île Nuarsoak. Le voyage qu'il fit en oumiak pour revenir à Godhavn, où il hiverna, fut particulièrement dangereux.

Pendant l'hiver de 1812 il entreprit un second voyage à Umanak, et, l'été, il fit en oumiak le tour du fjord de Disko. Il passa également cet hiver à Godhavn.

En 1813 il continua ses recherches dans les environs du fjord de Disko, puis revint enfin en Europe.

En examinant une carte, le lecteur se rendra compte des distances énormes que Giesecke a parcourues, tantôt dans une embarcation en peau — et cela souvent à une époque avancée du mois d'octobre, — tantôt dans des traîneaux tirés par des chiens, pendant les froides journées d'hiver.

A cette époque la vie au Grönland était particulièrement difficile. La guerre entre le Danemark et l'Angleterre empêchant toute importation d'Europe, les Européens manquaient des choses les plus nécessaires, et pendant bien des hivers ils durent se contenter, en fait de vivres, des ressources du pays. A l'époque où Giesecke séjourna à Godhavn, la chasse à la baleine était en pleine activité; il y prit part avec le plus grand intérêt, semble-t-il, ainsi qu'aux distractions exotiques qu'offre ce pays. Comme toutes les personnes qui ont séjourné longtemps au Grönland, il quitta ce pays à regret, pour revenir en Europe. Le 16 août 1813 il prit passage à bord du brick le *Hvalfisk*, le même sur lequel j'ai fait, en 1870, mon premier voyage au Grönland.

Le 19 septembre, Giesecke arriva à Leith. Depuis sept ans et demi il avait quitté l'Europe; n'étant pas attiré dans une ville plus que dans une autre par l'attrait de retrouver un domicile, il débarqua dans ce port pour savoir ce qu'étaient devenues les collections qu'il avait envoyées en 1807. Il sut alors qu'elles avaient été prises par un croiseur et vendues à Édimbourg. Achetées pour 40 livres sterling par un collectionneur de minéraux, elles avaient été étudiées et décrites en grande partie par le minéralogiste Allan et le chimiste W. Thomson. Cette circonstance mit Giesecke en relations avec divers savants de la Grande-Bretagne, et en 1814 il fut nommé professeur de minéralogie et de chimie à l'université de Dublin. Il mourut dans cette ville, le 5 mars 1833, après avoir été comblé de distinctions par les savants et les gouvernements de différents pays. Il ne paraît pas exact qu'il ait été créé baron irlandais, ainsi que le disent plusieurs de ses biographes.

Un des plus intéressants gisements de minéraux qu'ait découverts Giesecke au Grönland est situé sur les rives du Kangerdluarsuk, vers lequel nous nous dirigions. Là se trouve la roche la plus riche en silicate de soude que l'on connaisse. La plupart des géologues la croient venue au jour à l'état liquide. Je pense, au contraire, que l'on est en présence de débris d'anciens tufs volcaniques modifiés, tombés dans un lac dont les eaux contenaient une forte proportion de sel (chlorure de sodium) et peut-être aussi de la soude. Quoi qu'il en soit, cette roche renferme de nombreux minéraux rares, recherchés par les collectionneurs et les savants. Le plus curieux est l'eudialyte, silicate d'un rouge foncé ou d'un rouge cerise, cristallisant en beaux cristaux rhomboédriques. Il contient 15 pour 100 de zircone, qui ne se trouve guère que dans le zircon, minéral très rare, dont les variétés nobles étaient, dans l'antiquité, recherchées comme pierres précieuses. Cette substance sert à recouvrir les cylindres de craie employés dans la lampe Drummond. C'est même là son seul emploi industriel. Sa consommation ne s'élève annuellement qu'à quelques grammes, qui sont fournis par les gisements de Brevig en Norvège, de Ceylan, de la montagne d'Ilmen dans l'Oural, et de quelques localités d'Amérique. Si, un jour, cette matière est employée sur une plus grande échelle, et si l'on ne découvre pas de nouveaux gisements d'un minéral riche en zircone, le Kangerdluarsuk deviendra le siège d'une exploitation importante. Dans cette localité, l'eudialyte forme de grandes masses, notamment dans l'îlot rocheux situé au fond du fjord. On y trouve encore de l'arfvedsonite — minéral baptisé ainsi en l'honneur du propriétaire de mines suédois, Arfvedson, qui a découvert le lithium, — la sodalite, la steenstrupine, la rinkite, l'astérophyllite, etc.

Le voyage en chaloupe à vapeur de Julianehaab au Kangerdluarsuk fut particulièrement intéressant. Tout d'abord, en doublant la presqu'île sur laquelle Julianehaab est bâtie, nous traversâmes une longue file d'isbergs. Les uns ressemblaient à des palais fantastiques, les autres à des forteresses; ceux-ci étaient d'un blanc éclatant comme du marbre absolument pur, ceux-là d'un bleu d'azur; toutes ces glaces donnaient je ne sais quel air de fête à ce paysage mélancolique, formé par la mer et de tristes rochers dénudés. Ces énormes glaçons amortissaient le roulis et servaient, en quelque sorte, de balises sur ce fjord dont l'hydrographie n'a pas été faite. En effet, lorsque la mer est couverte d'isbergs, tous les bancs sont reconnaissables de fort loin à la masse de glaçons, plus ou moins grands, qui y sont échoués. Au milieu de pareilles masses de glaces, un grand danger menace le petit kayak de l'Eskimo tout comme le plus solide navire. Malheur au bâtiment qui se trouve près d'un isberg lorsqu'il chavire, s'écroule ou *vêle*[1]. A ce point de vue, notre navigation présentait d'assez grands dangers ; de sourdes canonnades produites par la chute de fragments de glace éclataient de temps en temps, et de hautes vagues, isolées, troublaient brusquement la surface unie du fjord, faisant onduler avec une majestueuse lenteur les minarets de glace qui n'étaient pas trop fortement ensablés.

Le zoologiste composa une très belle collection d'oiseaux, et, une fois à terre, les chasseurs fournirent le cuisinier d'une bonne provision de lagopèdes. Nos guides eskimos étaient ébahis de la justesse du tir de Kolthoff, surtout lorsque, d'un coup bien ajusté, il fit tomber dans l'embarcation un bourgmestre (*Larus glaucus*) qui passait au-dessus de nos têtes.

Dans l'intérieur du fjord nous abordâmes quelques instants à un endroit où de nombreuses familles indigènes avaient dressé leurs tentes d'été pour chasser et pêcher aux environs. Cette petite colonie ne s'attendait guère à la visite d'étrangers, et tous, hommes, femmes et enfants, étaient revêtus de vêtements fort sales. Le beau sexe tint à nous prouver que, même en venant ici, il n'avait pas renoncé à ses moyens de séduction. Quelques heures après avoir établi notre campement sur la rive septentrionale du fjord, juste en face de la petite île d'eudialyte, nous vîmes arriver un oumiak chargé d'une troupe de femmes. Toutes étaient soigneusement habillées ; quelques métisses, aux beaux yeux bruns et à la mine fraîche et pleine, paraissaient même assez jolies et ressemblaient presque à des Européennes. Le type eskimo pur est, au contraire, très laid, non seulement aux yeux des Européens, mais encore des indigènes, à ce que l'on assure. Fait assez curieux, les Eskimos reconnurent immédiatement que les deux Lapons qui nous accompagnaient dans cette excursion n'étaient pas de la même race que nous, et désormais ils les considérèrent comme des compatriotes. Tout d'abord Lars ne fut guère flatté de cette observation ; un peu plus tard, charmé par une belle brune aux yeux doux, il découvrit qu'il

1. On dit qu'un isberg « vêle » lorsqu'il s'en détache des blocs plus ou moins gros. (*N. du trad.*)

était « cousin » des indigènes, et à partir de ce moment il fut toujours un aimable cavalier pour les beautés indigènes que nous rencontrâmes.

Le fjord était si poissonneux que l'on pouvait mettre la marmite au feu avant d'aller à la pêche. Le ressac rejetait sur le rivage des monceaux de capelans[1], et, au fond du fjord, la rive était couverte d'une telle quantité d'œufs de ces poissons, qu'à une certaine distance elle semblait constituée par un sable fin d'un gris clair.

Une fois arrivés au fond du fjord, le temps devint pluvieux. Dès lors nous fûmes moins tourmentés par les moustiques. Ces insectes rendent très désagréable un séjour au Grönland; souvent même ils interdisent tout travail en plein air, du moins pour le nouvel arrivant. Les piqûres des moustiques, lorsqu'on y est exposé pour la première fois, produisent sur la peau, outre des boutons douloureux, des suppurations. Ces diptères sont venimeux; cela provient vraisemblablement de ce que, lorsqu'ils n'ont pas l'occasion de piquer des hommes pour sucer leur sang, ils s'abattent sur les monceaux de matières animales en décomposition autour des colonies. Une fois que l'on a subi de nombreuses piqûres, cette inoculation vous préserve, semble-t-il, pour le reste de votre séjour. Une friction des piqûres avec du vinaigre très fort diminue l'enflure, la démangeaison et la douleur. Celui qui a été exposé aux attaques des moustiques du Grönland comprend facilement que cette plaie soit une des causes qui aient fait avorter l'essai de colonisation entrepris par des Suédois en Pennsylvanie. Ces insectes obligèrent nos compatriotes à abandonner une forteresse bâtie par le gouverneur Johan Printz, et qui était nécessaire à la sûreté des colons. La garnison donna à ce fort le nom caractéristique de *Myggenborg*.

Le 20 juin nous revînmes à la colonie, rapportant une magnifique collection de beaux minéraux, dont une partie orne déjà les salles du Musée royal. En descendant le fjord, quelques Eskimos nous escortèrent sur un long parcours dans leurs légères embarcations. De temps à autre ils passaient fièrement devant notre petit vapeur, qui

---

1. *Mallotus villosus.* (*N. du trad.*)

Femmes et enfants groenlandais de Julianehaab.
(Dessin exécuté d'après une photographie prise le 20 juin 1883 par M. Kjellström.)

n'était pas précisément un bon marcheur, en exécutant une fantasia avec leurs harpons. Pour les récompenser de leur adresse, nous leur donnâmes du beurre, du biscuit de mer et autres friandises, enfin quelques petits verres. Assez imprudemment je remis une bouteille encore à moitié pleine à l'un des plus vaillants, en lui faisant signe de partager avec ses camarades. Notre compère, au lieu de suivre ma recommandation, rama en riant à l'écart et d'un trait avala tout le contenu. Je craignais d'abord que notre homme ne se fût complètement enivré et ne fût plus capable de calculer ses mouvements pour diriger son kayak. Je reconnus bientôt qu'il n'y avait aucun danger à redouter. Après cette libation, l'indigène en question n'était que plus joyeux et plus ardent à faire montre de son adresse comme harponneur, et il continua à ramer avec autant d'assurance qu'auparavant. S'il avait été à terre, il n'aurait certainement pas pu se tenir sur ses jambes. J'ai entendu raconter des faits analogues sur les Kirghiz des steppes de l'Asie centrale. Un de ces hardis cavaliers ne peut-il se tenir debout après de copieuses libations : une fois en selle, il ne tombe jamais.

L'extrémité du Kangerdluarsuk-fjord est entourée par trois hautes montagnes : l'Iviangusat (875^m), le Nunasarnausak (764^m) et le Kitdlavat (1249^m)[1]. Cette dernière montagne est appelée, par les Danois, Redekammen, à cause de la ressemblance que son sommet, découpé en pics isolés, présente avec un peigne. Carl Giesecke gravit, accompagné du commerçant danois Sören Graae, un des sommets méridionaux du Redekammen, le 16 août 1806. Pour y laisser trace de son passage, il y bâtit un *ruhebank* sur lequel il grava un C. Soixante-dix ans plus tard, ce même sommet a été gravi par Steenstrup et Kornerup ; à côté du C de Giesecke encore parfaitement conservé, ils tracèrent un K et une S ; enfin ils surmontèrent le *ruhebank* d'un cairn. Tous ces explorateurs ont été frappés par le grandiose panorama qui se déroule du sommet de cette montagne. Pour que le lecteur puisse juger du style de Giesecke, j'emprunte à son journal la description qu'il a faite de cette montagne :

---

[1]. D'après les mesures faites par MM. K.-J.-V. Steenstrup et A. Kornerup au cours de l'exploration qu'ils ont exécutée dans ces parages. (*Meddelelser om Grönland*, 2ᵉ partie, Copenhague, 1887.)

Lorsque j'étais au sommet, sous l'influence d'un vent d'ouest il commença à neiger sur les montagnes et à pleuvoir dans les vallées. Les nuages passaient devant le soleil, et la neige tombait en même temps que le soleil luisait : ces effets de lumière ne peuvent se décrire, pas plus que la vue grandiose que nous embrassions. Nous apercevions l'*inlandsis*, la mer couverte d'isbergs et ruisselant d'une lumière aveuglante, et les sombres précipices escarpés du Kangerdluarsuk. En face de nous s'élevaient les murs blancs de granit du Kirkefjeld, crevassés de petits lacs d'une eau laiteuse provenant de la fonte des neiges, et sillonnés de cascades formées par les émissaires de ces nappes d'eau. Quelques-uns de ces ruisseaux sautaient la falaise d'un bond; d'autres dessinaient des astragales blanches sur la paroi rocheuse. Le lièvre blanc, le renard bleu, la perdrix et le grand hibou sont les seuls habitants de ces rochers arides. En descendant par la face méridionale du Redekamme, je passai, non sans peine, des rochers crevassés, des précipices; finalement, après avoir suivi le chemin d'une cascade, j'arrivai à ma tente, fatigué et mouillé, à dix heures du soir. A mon retour, les Eskimos étaient occupés à manger un mélange de camarines, d'huile et d'intestins de lièvre, qu'ils n'avaient pris soin ni de cuire ni de laver; ils m'offrirent la viande de l'animal. Il ne faut point disputer des goûts[1].

1. *Gieseckes mineralogiske Reise i Grönland*, Copenhague, 1878, p. 29.

CHAPITRE III

Ivigtut. — Tentatives d'exploitation minière au Grönland. — La cryolithe; historique de ce minéral. — Tentative infructueuse pour relâcher à Egedesminde. — Godhavn et Disko. — Le Waigat. — Mirages. — Hans Hendrik. — L'Aulaitsivik-fjord. — Arrivée dans le Tasiusarsoak. — Un journaliste grönlandais.

Le 21 juin, de très grand matin, nous revînmes à Julianehaab. Après un dîner fort gai, donné en notre honneur par le gouverneur de la colonie, la *Sofia* leva l'ancre, à sept heures du soir, à destination d'Ivigtut. Cette localité est le siège d'une exploitation de cryolithe, située à cent milles au nord de Julianehaab. Nous devions embarquer, dans cet établissement, du charbon et différents autres approvisionnements que les navires de la compagnie minière avaient transportés là pour le ravitaillement de l'expédition. Pendant la nuit nous naviguâmes au milieu d'isbergs, tous plus beaux les uns que les autres; la mer était unie comme un miroir, l'air absolument calme et la température aussi élevée que celle d'une belle nuit de juin en Suède. D'un point du chenal situé à environ trente milles de Julianehaab, nous aperçûmes l'*inlandsis*. Elle apparaissait entre les montagnes comme un gigantesque mur rectiligne d'un bleu azuré; aucune crevasse n'était visible. « Il sera facile de marcher là-dessus, s'écria un de nos matelots. — Tu le verras quand tu y seras », répondit le Lapon Lars. L'*inlandsis* n'est visible que de quelques points de la côte occidentale du Grönland : aussi beaucoup d'Européens qui ont habité longtemps le pays ne l'ont-ils jamais vue et en ont-ils seulement entendu parler.

En naviguant à travers l'archipel côtier du Grönland, un géologue est frappé de la ressemblance qu'il présente avec le *skärgård* de Norvège. Au Grönland comme en Norvège, les montagnes du littoral sont constituées par des gneiss ; dans les deux pays, elles sont également effilées au sommet, arrondies à la base par le passage des glaces, et découpées par des vallées étroites et des fjords qui pénètrent à une grande distance dans l'intérieur des terres. La seule différence entre les deux pays, c'est que la côte du Grönland est complètement déboisée. Ici pourtant, la température est quelquefois en été assez élevée, plus élevée même que celle de certaines nuits que nous avons passées pendant la belle saison sur les côtes de la Norvège septentrionale. Par suite, l'aridité du Grönland doit être attribuée, croyons-nous, à ce que les essences vivaces du Nord n'ont pas encore eu le temps de se développer sur cette terre. La présence de nombreux isbergs nous rappelait, du reste, qu'au Grönland dure encore une période géologique qui, depuis longtemps, a pris fin en Scandinavie ; elle nous prémunissait également contre les conclusions prématurées que nous serions tentés de tirer de la température d'une belle journée. En tout cas, il est difficile d'indiquer les causes qui empêchent certaines essences de pousser au Grönland et d'y former, dans les vallées abritées, des forêts touffues comme celles de la Sibérie. Sur les rives de la Lena et de la Chatanga, exposées aux rigueurs du climat sibérien, ces essences n'avancent-elles pas au delà du 70° et du 71° degré de latitude nord, c'est-à-dire à une latitude plus septentrionale que la presqu'île Nuarsoak.

Sur un point du chenal entre Julianehaab et Ivigtut, un énorme isberg avait barré la passe étroite que nous devions suivre. En pareille circonstance, dans ces parages dont l'hydrographie est inconnue, on n'hésite pas à passer au milieu des récifs, la sonde à la main et en redoublant d'attention ; si l'on marche avec prudence, cette manœuvre est plus facile que ne le pensent les marins habitués à naviguer dans des mers dûment levées et balisées.

Le 22 juin, à onze heures du matin, la *Sofia* arriva à Ivigtut. Elle y mouilla seulement sur l'ancre de bâbord, par un fond de 90 brasses. Ce dernier renseignement indique aux marins que ce port n'est pas très sûr. Les mouillages aussi mauvais sont rares sur la côte du Grönland. Mais ici l'emplacement du port a été choisi à cause du voisinage de la mine, qui est exploitée depuis un certain temps.

Ivigtut.
(Dessin exécuté d'après une photographie prise par M. Kjellström le 25 juin 1885.)

Plusieurs expéditions furent autrefois envoyées au Grönland pour y chercher des métaux précieux[1]. A en juger par les documents officiels, la reine Élisabeth et ses ministres fondaient de grandes espérances sur la prétendue découverte faite par Frobisher[2] (1576-1578) de riches mines dans ces pays lointains. Ces espérances furent trompées. Ces documents montrent également les grandes difficultés que présentait alors l'analyse des minerais et l'incertitude de leurs résultats. A cette époque, de simples mineurs, des forgerons, des apothicaires et des charlatans étaient seuls chargés d'étudier les minerais.

Lindenov et Hall (1605, 1606, 1607 et 1612) paraissent également avoir cherché au Grönland des minerais précieux. La relation de ces voyages mentionne à différentes reprises une « mine » d'argent. Cette mine d'argent ne donna pas plus de métal précieux que celles de Frobisher[3].

Après l'expédition de Hall jusqu'au milieu de ce siècle on ne s'occupa plus d'exploitation minière au Grönland. Dans son entreprise de colonisation, si féconde en résultats, Hans Egede n'avait en vue aucun gain. Il désirait néanmoins se procurer de l'or et même beaucoup d'or, pour subvenir aux frais de ses missions. Dans ce dessein, il entreprit, au Grönland même, des expériences d'alchimie. Il fut entraîné dans cette voie par la lecture d'ouvrages sur cette science; il ne lut et relut avec attention pas moins de soixante auteurs différents, les compara entre eux; cependant les expériences échouèrent. Egede attribue cet échec à ce qu'il ouvrit trop tôt la cornue où les réactions avaient lieu — il y avait cinquante jours que l'expérience était commencée[4]. Giesecke s'occupa au Grön-

---

1. Cet historique des recherches et des exploitations minières au Grönland a été rédigé sur des documents disséminés dans des ouvrages très rares, et sur des renseignements qui m'ont été communiqués par M. Rosing, de Copenhague.
2. La mine d'or de Frobisher était située sur la rive occidentale du détroit de Davis, par 62° 1/2 environ de latitude nord. Cette localité a été visitée par l'explorateur américain Charles-F. Hall en septembre 1861 et en juillet 1862.
3. Baffin, un des compagnons de Hall dans son dernier voyage, s'exprime ainsi à propos du minerai : « It was a kinde of shining stone, which... was found of no value, but was like unto Muscovie fludde (du mica) », Purchas, III, 1625, p. 833.
4. Hans Egede, *Omstændelig og udförlig Relation*, Copenhague, 1738, p. 215. Egede entreprit ses travaux d'alchimie pour donner à la Providence l'occasion de faire un miracle, en fournissant aux missions du Grönland tout l'argent dont elles auraient besoin. On ne peut faire un crime à cet homme pieux de sa tentative de fabriquer de l'or ; en cela il

land d'études exclusivement scientifiques, et n'y chercha point de mines.

Le premier essai sérieux d'exploitation minière au Grönland fut fait par le conseiller de commerce Jacob H. Lundt. En 1850 il entreprit dans ce pays un voyage à bord de son navire, la *Fortune*, et en revint avec une collection de minerais des environs de Julianehaab. Il rapportait, en outre, cinq tonnes de graphite, extrait d'une couche découverte quelque temps auparavant par Rink dans la presqu'île Nuarsoak. La découverte de ce graphite était très intéressante pour les géologues ; au point de vue pratique, elle était beaucoup moins importante. Le minerai avait un très bel aspect, mais il était *trop dur* pour atteindre le prix élevé qu'on pensait en demander. Ce premier échec ne découragea pas Lundt et ses associés. L'année suivante, en 1851, il entreprit un nouveau voyage au Grönland, à bord de la goélette *Fürklöveren*. Outre l'équipage, l'expédition comprenait Lundt, le fabricant Ibsen, l'orfèvre Prahl, le *candidat* Friis et six mineurs norvégiens. Cette fois, on se proposait d'attaquer un filon de cuivre situé dans le voisinage de Julianehaab. La mine fut ouverte en grande pompe le 19 octobre 1851, et baptisée du nom de Mine du Roi Frédéric VII. Cette exploitation ne fut guère rémunératrice, non plus que celle d'un autre filon de cuivre découvert par l'Eskimo Josua, aux environs du cap Désolation, entre Julianehaab et Frederikshaab, et auquel huit ou dix hommes travaillèrent, sous la direction du *candidat* Friis en 1853 et 1854. En 1854 arrivèrent un des compagnons de Lundt lors de son premier voyage, l'Anglais Tayler, et quelques travailleurs nor-

---

obéissait à un préjugé qui, pendant dix siècles après Geber, a été partagé par des savants comme par des ignorants. Pour se moquer de ces recherches il n'y avait alors que les « hommes soi-disant pratiques », comme ceux qui, de nos jours, ont douté ou doutent encore de l'exécution des canaux de Suez ou de Panama, de l'établissement des câbles sous-marins ou de la possibilité d'atteindre par mer le Ienissei.

Aux siècles passés les ignorants se sont préoccupés de la quadrature du cercle et de la division de l'angle en trois parties égales, deux problèmes de mathématiques pures, sans aucun intérêt pratique, et cela autant que de la recherche de la pierre philosophale. Mes explorations arctiques fournissent deux documents nouveaux à l'historique de ces insanités. En 1875, dans l'une des parties les plus sauvages de la *toundra* de Sibérie, un indigène m'offrit de me donner la solution de la quadrature du cercle moyennant une grosse rémunération, et, quelques semaines plus tard, à Ienisseisk, un constructeur de canots me montra une prétendue solution de la division de l'angle en trois parties égales.

végiens. Tayler se proposait de chercher du zinc et de la galène argentifère dans la mine d'où l'on tire actuellement la cryolithe. Son voyage fut très fructueux pour la minéralogie — il découvrit plusieurs minéraux intéressants, sans valeur industrielle il est vrai, — mais il ne réussit à extraire qu'une petite quantité de minerai; encore fut-elle perdue, les deux navires qui la rapportaient, le *Fürklöveren* et l'*Aarhus*, ayant fait naufrage sur la côte du Grönland. Toutes les espérances de rapporter de ce pays des minerais d'or, d'argent, de cuivre, de zinc ou de plomb étaient déçues. Juste à l'époque où tombaient les dernières illusions sur la richesse aurifère du Grönland, on commençait à extraire dans ce pays un minéral dont la valeur avait été jusque-là négligée.

Depuis longtemps déjà ce minéral avait attiré l'attention des savants et des indigènes. Dans la nomenclature scientifique, sa blancheur lui avait fait donner le nom de *cryolithe* (pierre de glace). Comme je l'ai déjà dit, ce filon est l'unique gisement minéral du Grönland qui soit exploité, et la colonie qui s'est groupée autour est la seule localité du pays peuplée exclusivement d'Européens. La cryolithe intéresse tout particulièrement les savants par sa composition, sa cristallisation compliquée et surtout par les problèmes que soulève sa formation. Les anciens Grönlandais l'employaient pour la fabrication de leurs quelques ustensiles de ménage, si soigneusement travaillés et si judicieusement conçus. Un résumé de la découverte de ce minéral et une courte description de son aspect et de ses propriétés pourront donc intéresser les lecteurs.

Dans son étude sur les minéraux du Grönland, David Cranz s'exprime ainsi : « Des Grönlandais nous ont apporté du sud du pays, comme une rareté, de grands morceaux d'une roche blanche, à moitié translucide. Cette roche se brise comme le spath; elle est si tendre qu'on peut la couper avec un couteau ou la pulvériser avec les dents. » Cette description s'applique, sans aucun doute, à la cryolithe; elle prouve que cette belle roche blanche avait déjà attiré l'attention des Eskimos. La lecture du journal de Giesecke me confirme dans cette opinion. « Les indigènes, écrit-il, appellent cette pierre *orsuksitsät* (*orsok* = lard), à cause de sa blancheur qui la fait ressembler à du lard, et s'en servent comme pesons pour leurs instruments de pêche. » Actuellement les Eskimos emploient la cryolithe à un tout autre usage. Ils la réduisent en poudre et la mélangent ensuite au tabac à priser, cette addition augmentant, disent-ils, la force du tabac. Cet effet doit être attribué à ce que cette poudre est formée de petits fragments anguleux, qui irritent la muqueuse nasale.

Les savants ne connurent qu'en 1799 l'existence de la cryolithe

Mine de cryolithe à Ivigtut.
(Dessin exécuté d'après une photographie prise par M. Kjellström le 25 juin 1883.)

par les travaux du minéralogiste brésilien d'Andrada et par ceux du Danois Peter-Christian Abildgaard. Le premier publia une description exacte de ce minéral et lui donna le nom de *cryolithe*; le second en fit l'analyse chimique, mais le résultat auquel il arriva était erroné. D'après ses recherches, ce minéral devait contenir de l'acide fluorhydrique, de l'alumine et de l'alcali végétal (potasse). Peu de temps après, Klaproth prouva que le minéral contenait de la soude et non de la potasse; en 1823 seulement, Berzelius fit la première analyse exacte de ce minéral.

Lorsque la cryolithe fut apportée pour la première fois en Europe, on ignorait la position exacte du gisement de ce minéral. En 1809 Giesecke visita le gisement d'Ivigtut et le décrivit. La cryolithe forme, dit-il, une puissante couche incluse dans le gneiss, présentant une surface délitée et inégale, affleurant du sud-est au nord-est sur une longueur de cent brasses et sur une largeur de cinquante. » A partir de cette époque, la cryolithe, qui jusque-là avait été une rareté minéralogique payée au poids de l'or par les collectionneurs, devint commune. De nouvelles recherches sur les conditions dans lesquelles ce minéral avait dû se former ne furent entreprises qu'en 1852, époque à laquelle H. Rink publia une courte description de son gisement. A cette date on n'avait pas encore essayé d'employer ce minéral dans l'industrie. Mais, peu de temps après, on commença à s'occuper de cette question, lorsque le chimiste français Sainte-Claire Deville essaya de développer l'emploi de l'aluminium. La cryolithe est le seul minéral encore connu, tant soit peu abondant, qui, réduit par le sodium, donne de l'aluminium métallique. On crut alors que ce minéral deviendrait une source importante de revenus pour le Grönland. Ces espérances furent trompées. On reconnut bientôt que les propriétés de ce nouveau métal ne lui assuraient pas un emploi aussi étendu qu'on l'avait tout d'abord pensé. De plus, en dépit du génie fécond en ressources de Sainte-Claire Deville et de ses collaborateurs, et malgré l'appui pécuniaire de Napoléon III, on ne parvint pas, par l'emploi de la cryolithe, à diminuer suffisamment les frais de fabrication de l'aluminium pour qu'il fût d'un usage industriel.

Plus heureux fut l'essai d'extraire de la cryolithe la soude et différents sels d'alun employés dans la teinturerie, essai qui avait été commencé dès 1849 par le célèbre chimiste danois Julius Thomson. Sous la direction de MM. Tietgen et Thhd Weber et Cie il se fonda à Copenhague une Société pour l'exploitation de la cryolithe. La Compagnie de commerce du Grönland lui concéda la mine, moyennant une redevance calculée sur le nombre de tonnes de minéral extrait. Depuis un certain nombre d'années, cette société exploite avec succès ce gisement et exporte, principalement en Amérique, une grande quantité de cryolithe. D'après ce que l'on raconte, elle a ainsi réalisé un gain important et payé à la Compagnie de commerce des sommes assez rondes.

Depuis l'ouverture de la mine à Ivigtut on a découvert dans cette localité un grand nombre d'autres minéraux rares, sans emploi industriel il est vrai, mais très intéressants pour les minéralogistes. Ce sont des composés du fluor, tels que l'arksutite, la thomsenolithe, la gearksutite, la pachnolithe, la ralstonite, etc. Très importante est l'étude de la formation de la cryolithe pour la question encore obscure de l'apparition des roches cristallines. Ce gisement a été très soigneusement étudié par le professeur Johnstrup. De cet examen ce savant a conclu que la cryolithe est d'origine plutonienne, c'est-à-dire qu'elle est arrivée à la surface à l'état fluide. Cette théorie me paraît en contradiction trop flagrante avec les lois de la chimie et de la physique pour pouvoir être acceptée. La cryolithe est, à mon avis, de formation aqueuse et résulte de l'action de sources chaudes et de gaz fluorés sur l'argile. Mais nous sommes là dans un chapitre de l'histoire de la formation de notre globe, et l'interprétation que j'en donne s'écarte entièrement des théories acceptées.

Pour terminer ce sujet, je dois ajouter que, il y a une quarantaine d'années environ, on a trouvé une petite quantité d'un minéral fluoré se rapprochant de la cryolithe, sur la montagne d'Ilmen, dans l'Oural, et tout récemment au Pike's Peak (Colorado). Dans ces deux localités, les conditions de gisement sont presque les mêmes qu'au Grönland.

A Ivigtut l'expédition fut reçue très cordialement. Avant que la *Sofia* eût jeté l'ancre, deux capitaines danois vinrent à bord nous donner les instructions nécessaires pour mouiller et amarrer le bâtiment au quai de chargement. Pendant tout notre séjour nous fûmes les hôtes du directeur de l'exploitation, M. Haureberg, et les autres fonctionnaires s'efforcèrent de nous prêter la plus large assistance.

Cette colonie est la seule du Grönland où presque tous les Européens qui y habitent sont célibataires, et ceux qui sont mariés n'ont point avec eux leurs femmes. Dans le voisinage de la colonie, aucune famille indigène n'est établie. Le beau sexe n'est donc point représenté à Ivigtut. Le mouvement du port, l'activité qui y règne, comme dans tous les centres industriels, activité qui contraste si fort avec la vie nonchalante et insouciante des Grönlandais, l'absence des femmes, tout contribue à donner à Ivigtut un aspect bien différent de celui des autres stations de la côte. Mais là, comme partout ailleurs au Grönland, l'hospitalité s'exerce largement.

Désireux de commencer le plus tôt possible l'exploration des gla-

La montagne de Kunak (1306ᵐ) sur les bords de l'Arsukfjord, à l'ouest d'Ivigtut.
(Dessin exécuté d'après une photographie prise par M. Kjellström le 23 juin 1883.)

ciers, je ne restai à Ivigtut que le temps nécessaire pour prendre, dans les approvisionnements que le docteur Dickson y avait envoyés, un supplément de vivres et un chargement complet de charbon. Dans ce port nous embarquâmes deux Eskimos avec leurs kayaks, pour nous piloter à travers le *skärgård*, et un matelot norvégien que les mauvais traitements avaient forcé à déserter d'un navire américain. L'équipage, qui aurait été trop faible après le départ de l'expédition chargée de l'exploration de l'*inlandsis*, se trouva ainsi renforcé, et, de plus, nous eûmes la satisfaction d'obliger un compatriote.

Dans la matinée du 25 juin, tout était paré à bord. Notre départ fut cependant retardé de quelques heures par les prophéties des habitants d'Ivigtut. Sous peu, nous assuraient-ils, éclaterait une violente tempête du sud-est, une de ces tempêtes pendant lesquelles le vent descend en ouragan de l'*inlandsis*, et qui sont dangereuses même pour les navires mouillés dans le port, assez peu sûr du reste, comme je l'ai déjà dit. La tempête n'éclata pas, et à sept heures et demie du soir nous levâmes l'ancre pour faire route au nord, à travers l'archipel. Dans la nuit nous rencontrâmes une grande quantité de *drifis* à travers lesquels nous dûmes nous frayer un passage. Vers minuit la *Sofia* donna sur un gros glaçon ; le choc fut si violent que la muraille du navire fut toute bossuée près de la prise d'eau de tribord, à côté de la cale aux provisions. Immédiatement la coque fut soigneusement examinée et les pompes prêtes à fonctionner. Malgré la violence du choc, aucune voie d'eau ne s'était déclarée : nouvelle preuve de la résistance du fer suédois.

Jusqu'à hauteur de Frederikshaab, des masses compactes de *drifis* nous obligèrent à ralentir la marche du bâtiment. En vue de cette station, les pilotes indigènes quittèrent la *Sofia* et partirent dans leurs kayaks. Au delà, les glaces étaient assez clairsemées. Plus loin, elles avaient même presque complètement disparu, mais il s'était levé un épais brouillard, qui nous obligea à naviguer avec la plus grande circonspection dans ces parages dont l'hydrographie n'a point été faite. Le 26 juin nous arrivâmes au milieu de l'archipel qui entoure la côte au sud d'Egedesminde. Ce *skärgård* présente la ressemblance la plus frappante avec certaines régions déboisées de l'archipel côtier de la Scandinavie ; la seule différence entre les deux paysages, c'est que, en Suède, la mer n'est plus parsemée d'isbergs. Malheureusement la vue était masquée par une brume épaisse, et l'on ne distinguait les contours des terres que dans leur voisinage immédiat. Ce brouillard était d'autant plus désagréable qu'il n'existe aucune carte marine tant soit peu exacte de cette partie de la côte du Grönland. Nous essayâmes sans succès de découvrir le chenal conduisant à la colonie, et, sans résultats également, nous fîmes vibrer le sifflet à vapeur et tirâmes des salves de notre petite artillerie, pour attirer l'attention de quelque pêcheur indigène qui aurait pu nous piloter au milieu des récifs. Nous sûmes plus tard que des Eskimos nous avaient vus, mais qu'ils n'avaient pas osé venir à bord d'un bâtiment dont la forme était si différente de celle des navires de la compagnie : sa faible hauteur au-dessus de l'eau, son petit gréement et sa marche rapide contre le vent les avaient effrayés. Ne voulant pas m'aventurer dans des parages remplis de récifs et que nous ne connaissions pas, j'ordonnai au capitaine de sortir du *skärgård* et de faire route vers

Isbergs rencontrés par la *Sofia* près de Godhavn.
(Dessin exécuté d'après une photographie de M. Kjellström prise le 27 juin 1883.)

Godhavn, autre colonie danoise, située à environ 40 milles au nord d'Egedesminde. Godhavn est bâtie sur la côte méridionale de l'île Disko, cette île si intéressante pour les géologues, et qui, dans les légendes des indigènes, est entourée d'une auréole fabuleuse. J'avais l'intention de débarquer sur la côte de Disko le docteur Nathorst et ses compagnons. Les membres de l'expédition chargés d'étudier la géologie et la faune de cette partie du Grönland ne perdraient point ainsi de temps, et ensuite nous pourrions organiser tranquillement à Egedesminde la caravane pour l'exploration de *l'inlandsis*.

Sur la côte méridionale de Disko, l'air était également embrumé ; il tombait une neige serrée qui masquait toute vue, et, avant d'arriver à Godhavn, nous dûmes mouiller plusieurs heures à Fortunebay, ancienne station des baleiniers, aujourd'hui déserte.

Godhavn est le siège de l'inspectorat du Grönland septentrional et par suite la capitale de cette région. Son commerce a considérablement diminué, depuis que l'on ne chasse plus la baleine dans ces parages. Près d'un siècle avant que les Danois se fussent établis à Godhavn, cette localité, qui portait alors le nom de Port-Lievely, servait de mouillage de ralliement aux baleiniers anglais et hollandais[1]. Les indigènes de cette région furent longtemps païens ; les « Relations » de Hans Egede nous les montrent plus sauvages et plus farouches que leurs congénères des autres parties de la côte occidentale. Ils étaient surtout de fanatiques *angekoks*[2]. D'après une légende indigène, un puissant sorcier, Tornarsuk, aurait transporté là l'île Disko, en la remorquant du Grönland méridional. A l'appui de ce dire, les indigènes montrent les touffes d'angélique qui croissent dans cette île, alors qu'on n'en trouve aucune sur la partie du continent située vis-à-vis — observation de géographie botanique assez ingénieuse pour des sauvages, soit dit en passant. Que les auteurs des légendes n'ont-ils connu l'existence de beaux fruits des régions méridionales pétrifiés dans les roches noires de l'île Disko ! On montre encore en différents points de la côte les trous dans lesquels étaient fixés les câbles ayant servi à remorquer l'île. La vue des paysages grandioses de cette côte a eu une puissante influence même sur l'imagination d'une peuplade barbare.

Godhavn occupe une presqu'île qui devient une île à marée haute. Cette langue de terre, couverte de mamelons de gneiss, est le prolongement de la puissante formation gneissique sur laquelle

---

1. Les noms de Disko, Waigat et Fortuynbay sont indiqués pour la première fois, du moins dans les ouvrages que j'ai pu consulter, sur une carte sur cuivre (*Nieuwe kaart van Oud en Nieuw Groenland*) contenue dans l'ouvrage de C.-G. Zorgdrager, *Bloeyende Opkomst der aloude en hedendaagsche Groenlandsche Visschery*, Amsterdam, 1720. Zorgdrager (mort en 1690) était un habile baleinier, dont les intéressants écrits sur la chasse à la baleine ont été coordonnés pour la publication par Abraham Moubach. Des éditions allemandes de cet ouvrage parurent en 1725 et 1750. Ces éditions contiennent un appendice sur les pêcheries de Terre-Neuve, écrit d'après un mémoire du Français Denys.

2. Sorciers. (*N. du trad.*)

Montagne de basalte devant Godhavn.
(Dessin exécuté d'après une photographie de M. Kjelström prise le 28 juin 1883.)

reposent les basaltes de l'île Disko. Ici, comme autour de la plupart des autres établissements danois, s'étendent des rochers arides, couverts des reliefs de la pêche et de la chasse, et semés d'immondices et de débris apportés par les hommes et les animaux. Des hauteurs voisines la vue s'étend, dans deux directions, sur la pleine mer, parsemée de nombreux isbergs plus beaux les uns que les autres. Au nord, au contraire, le regard s'arrête sur de noires montagnes de basalte, sculptées de la manière la plus fantastique par

Vue prise sur la côte de l'île Disko au pied du Skarfvefjell.
(D'après un dessin de Th. Nordström, 1870.)

les agents atmosphériques : ici les falaises s'élèvent en murs babyloniens, là elles se hérissent de colonnes, plus loin elles sont niellées de grottes, et toutes sont blanchies par une nappe de neige d'où s'écoulent, pendant le court été des régions arctiques, nombre de cours d'eau. Quelques-uns de ces torrents sautent d'un bond les escarpements, en traçant une parabole de cristal ; d'autres se précipitent dans de profondes et étroites crevasses, au fond desquelles la masse écumante de l'eau se détache comme une plaque d'argent au milieu des noirs rochers. Dans les vallons abrités entre ces murs de basalte, comme par exemple dans le Lyngmark, tout près de la colonie, un joli tapis de fleurs et de verdure charme la vue du botaniste.

Là également, le minéralogiste trouve de beaux minéraux, la chabasie, la levyne, la stilbite, l'heulandite, etc. A dix-neuf milles à l'ouest de Godhavn est situé Ovifak, où en 1870 j'ai découvert les célèbres blocs de fer natif qui ont fait l'objet de si nombreuses discussions. Se dirige-t-on, au contraire, vers l'est, en suivant la côte, on arrive au Skarfvefjell, le Staffa du Grönland, peuplé de milliers d'oiseaux. Partout ce ne sont que piliers, grottes et arcades taillés dans le basalte.

D'après le facies des couches de basalte, au point où elles se terminent sur le bord de la mer, à Godhavn, cette formation se serait étendue jadis beaucoup plus au sud, probablement jusqu'aux îles du Prince-Royal (Kronprinsens öar), situées à mi-chemin entre Godhavn et Egedesminde. Si l'on veut évaluer le nombre d'années qui a été nécessaire à ce grand travail d'érosion, en calculant le cube des blocs qui tombent chaque année de la falaise et celui des matériaux que les eaux y enlèvent pour les déposer ensuite en mer, on arrive à un chiffre de plusieurs millions d'années. Ce phénomène s'est accompli après la dernière partie de l'époque tertiaire, c'est-à-dire à un âge relativement rapproché de nous, géologiquement parlant. Les essais qui sont faits pour déterminer la longueur d'une période géologique en se servant de nos unités de temps habituelles, que cela soit des années ou des siècles, conduisent, comme on le voit, à des chiffres aussi grands que ceux que l'on obtient lorsqu'on évalue la distance d'une étoile en prenant pour unité de longueur une mesure terrestre.

Après avoir embarqué du charbon à l'approvisionnement que la Compagnie de commerce du Grönland avait mis à ma disposition à Godhavn, je fis lever l'ancre dans l'après-midi du 28 juin. De Godhavn la *Sofia* fit route à l'est, en longeant la côte méridionale de l'île Disko, jusqu'au détroit qui sépare cette île du continent. Ce détroit porte encore aujourd'hui le nom de *Waigat* (le Trou du Vent), que les baleiniers hollandais lui ont donné autrefois. En 1870, pendant plusieurs semaines j'avais navigué dans ce détroit, tantôt en baleinière, tantôt en oumiak. J'avais toujours été favorisé par un temps magnifique et j'en avais conclu, peut-être à la légère, que ce nom n'était guère justifié. Le Waigat pourrait être très justement appelé le « détroit des Isbergs »; presque en tout temps, de nombreuses montagnes de glace y dérivent, venant des glaciers de Karajak, d'Ingnerit et de Kangerdlugsuak, situés au nord, et de ceux de Jakobshavn et de Torsukatak, situés au sud. De tous les glaciers de la côte occidentale, ce sont ceux-là qui forment, dit-on, la plus grande quantité d'isbergs. Pour cette raison, les navires de la Compagnie de commerce évitent le Waïgat lorsqu'ils vont de Godhavn à Umanak. Au contraire, un naturaliste a de nombreuses raisons pour naviguer dans ce détroit; une faune très riche habite le fond de cette passe, et, au point de vue géologique, ses rives offrent un très grand intérêt.

Le temps était magnifique, et le paysage particulièrement grandiose. A l'est apparaissait la nappe bleuâtre de l'*inlandsis*, dont nous allions prochainement pénétrer le mystère. Par delà, le glacier s'étendait-il jusqu'aux montagnes de la côte de l'Österbygd, ou cachait-il des vallées dépouillées de neige et plus ou moins verdoyantes? Au nord s'élevaient les hauts escarpements basaltiques de l'île Disko, dont les flancs contiennent les vestiges d'un passé si éloigné de nous que, comparativement, les pyramides d'Égypte sont des monuments récents. Tout autour s'étendait la nappe de la mer, hérissée de centaines d'isbergs gigantesques. Un mirage très intense — le plus intense que j'aie observé dans les régions polaires — exagérait les dimensions de ces montagnes de glace et embellissait leurs formes. Les îles situées au-dessous de l'horizon étaient visibles, quelques-unes sous la forme d'une image double renversée l'une au-dessus de l'autre. Un même isberg réfléchissait sur le ciel deux ou trois images; dans le sens vertical, l'allongement était si considérable qu'à distance les moindres glaçons semblaient des cathédrales gigantesques hérissées de tours. A chaque minute, ces montagnes de glace s'élevaient et s'abaissaient; à chaque instant leurs formes changeaient. Au moment où elles avaient les contours les plus pittoresques, subitement une nouvelle image apparaissait au-dessus de la première, renversée et s'appuyant sur le sommet de la première figure. Une petite brise froide venait-elle à souffler sur la mer, immédiatement la double image disparaissait ou s'éloignait pour figurer à l'horizon un isberg minuscule. Quelques instants après, cette nouvelle figure commençait à grandir et atteignait finalement son premier développement, puis décroissait encore.

Devant Skandsen, petit établissement situé sur la côte méridionale de l'île Disko, près de l'entrée du Waigat, nous rencontrâmes un bateau. Il était commandé par l'Eskimo Hans Hendrik [1], celui-là même qui avait accompagné les expéditions d'Elisha Kent Kane et de Charles-F. Hall dans le détroit de Smith. Captivé par les charmes d'une beauté grönlandaise, cet indigène avait passé neuf hivers consécutifs sur le cap York. Je voulais me renseigner auprès d'Hendrik sur l'état des glaces dans ces parages, en vue de l'exploration que le docteur Nathorst devait y entreprendre. Je désirais, en outre, qu'il nous recommandât aux indigènes établis dans cette localité. Je hélai donc le bateau et invitai Hans à venir à notre bord, invitation qu'il accepta immédiatement. Hans Hendrik est maintenant vieux, et sa démarche ne rappelle guère le jeune conquérant des beautés indigènes dont le portrait se trouve dans les *Arctic Explorations* d'Elisha Kent Kane (Philadelphie et Londres, 1856, 1, p. 24). Il faut dire que depuis le 10 juillet 1855, date à laquelle il abandonna sa demeure de Fiskernäss pour suivre Kane dans son exploration, il a mené une dure existence, tout entière faite de dangers, de fatigues et de privations. Le sentiment de sa valeur a donné à Hans une certaine dignité. Je lui fis bon accueil et le traitai de mon mieux; néanmoins la conversation était languissante, Hans éprouvant une grande difficulté à s'exprimer dans un idiome européen. Le café et le vin lui délièrent enfin la langue : l'entretien devint alors plus animé. Les souvenirs de sa jeunesse passée au cap York étaient encore très vifs, et ses yeux s'animèrent à la seule pensée de visiter de nouveau cette localité; mais il n'y retournerait qu'en été, ajouta-t-il prudemment. L'Éden des Eskimos, comme Kane appelle le cap York, ne lui avait probablement pas laissé de très agréables souvenirs. Hans avait demeuré neuf ans sur ce promontoire et s'y était marié. On pouvait y débarquer en juillet, disait-il, et des indigènes vivaient aux environs dans l'abon-

---

1. Kane l'appelle inexactement Hans Christian.

dance. Ces Eskimos, nous raconta-t-il, possédaient des instruments en pierre ; ils avaient également un peu de fer, provenant de deux blocs situés sur la montagne Sarvalik ou Savilik, près du rivage. De ces deux blocs, l'un avait « le volume d'une tente, l'autre celui d'un chien ». Les indigènes en détachent des esquilles et les façonnent en les polissant entre deux pierres. Ross et Sabine s'expriment à ce sujet presque dans les mêmes termes.

Après avoir causé quelque temps avec Hans et être convenu que la *Sofia* irait le chercher quelques jours après à Godhavn pour qu'il l'accompagnât dans son voyage dans la baie de Melville, nous nous séparâmes. La *Sofia* continua sa route vers le Waigat, et ensuite se dirigea vers Ujaragsugsuk, station sur la côte orientale de l'île Disko. Là descendirent MM. Nathorst et Hamberg, accompagnés de deux Eskimos engagés à Godhavn. Une baleinière et quatorze jours de vivres étaient mis à la disposition de ces naturalistes. Le débarquement achevé, la *Sofia* sortit du Waigat et fit route vers Egedesminde. Afin de pouvoir trouver facilement notre route, au cas où nous serions enveloppés par des brouillards, qui sont souvent persistants dans cette région, j'avais engagé à Godhavn, outre les Eskimos de la caravane Nathorst, deux autres indigènes, qui devaient nous piloter jusqu'à Egedesminde. Le 29 juin, la *Sofia* mouilla dans ce port. M. H. Hörring, directeur du commerce, et M. Andersen, inspecteur du Grönland septentrional, nous accueillirent très aimablement.

Notre relâche fut de courte durée. Dès le 30 juin nous nous mîmes en route pour l'Aulaitsivikfjord, accompagnés de M. Hörring, qui désira profiter de notre voyage pour visiter l'*inlandsis*. Nous nous arrêtâmes quelques instants à Kangaitsiak, petite colonie danoise située sur la rive septentrionale, à l'entrée du fjord. Nous voulions nous renseigner, auprès du marchand qui y est établi, sur l'état des glaces dans le chenal et pour embarquer un pilote indigène.

L'Aulaitsivikfjord a une longueur de 130 kilomètres. Sa faible largeur, dans sa partie moyenne, lui donne l'aspect d'un fleuve. A son extrémité il s'arrondit en un large bassin, le Tasiusarsuak (le Grand Lac), au fond duquel débouche un bras de l'*inlandsis*.

Les mouvements de la marée, dont l'étroitesse du chenal augmente l'amplitude, déterminent, dans la passe d'accès du Tasiusarsuak, de violents courants qui se renversent toutes les six heures. Ici, de même que dans presque tous les fjords du Grönland, le chenal est profond et les hauts fonds sont rares. Les courants ne pouvaient donc être dangereux pour un navire muni d'une forte machine

Egedesminde.
(Gravure exécutée d'après une photographie prise le 11 août 1883 par M. Kjellström.)

comme l'était la *Sofia*, à moins que de gros blocs de glace ne fussent entraînés par le tourbillon, ou qu'ils ne formassent un barrage à travers la passe. Une pareille embâcle se produit quelquefois, et, par derrière la banquise, l'eau s'élève de plusieurs mètres au fond de la baie. Aussi les Eskimos s'aventurent-ils rarement dans ce fjord et cherchent-ils à dissuader les étrangers de le visiter. A ce propos, ils leur racontent avec force détails l'accident arrivé, il y a quelques années, à un *oumiak*. Le bateau, entraîné par le tourbillon, avait sombré; tout l'équipage, hommes, femmes, enfants, « même les chiens », avait péri. En 1870, lors de ma première excursion dans ce fjord, l'histoire me fut contée. Les observations faites par moi à cette époque prouvaient que, depuis une cinquantaine d'années, la branche de l'*inlandsis* qui débouche au fond du fjord avait notablement avancé. Craignant que des modifications survenues dans l'état du glacier n'eussent augmenté les difficultés de la navigation dans l'Aulaitsivikfjord, j'avais avant mon départ demandé à

L'Aulaitsivikfjord.
(Gravure exécutée d'après un croquis pris par M. Th. Nordström en 1870.)

ce sujet des renseignements à Copenhague, mais il me fut impossible d'en obtenir aucun. Depuis 1870 aucun Européen ne s'était aventuré dans ces parages. Néanmoins, sachant que la zone de l'*inlandsis* voisine de l'Aulaitsivikfjord était d'un parcours relativement facile, je choisis le Tasiusarsuak comme point de départ de notre exploration.

Notre pilote de Kangaitsiak s'était tout d'abord engagé à conduire notre navire jusqu'au Tasiusarsuak; mais, une fois arrivé dans la région des courants, notre homme hésita et nous déclara finalement qu'il n'avait jamais visité cette partie du fjord, assertion que nous sûmes plus tard ne pas être complètement exacte.

Quoi qu'il en soit, tout alla bien, et, dans la matinée du 1ᵉʳ juillet, la *Sofia* mouilla dans une anse bien abritée, au nord du glacier qui débouche dans le Tasiusarsuak. En l'honneur du premier navire qui y ait ancré, ce havre fut baptisé par nous du nom de Port de la *Sofia*. Au point où le navire se trouvait, la profondeur était de sept brasses, et le fond argileux ; à l'entrée elle n'était que de trois mètres et

L. Möller, rédacteur de l'*Atuagagliutit*.

(Gravure exécutée d'après une photographie de M. Kjellström.)

demi. Le Port de la *Sofia* est entouré de collines de gneiss hautes de 175 à 300 mètres, d'aspect assez triste. Leurs pentes étaient couvertes, en certains endroits, de petits taillis touffus, ailleurs d'un tapis de camarines, de saules, de mousses et de lichens, émaillé de jolies fleurs. D'un escarpement tombait une pittoresque cascade dont la température était de $+12°,5$ C.

Outre le directeur Hörring, l'employé Olsen et de nombreux pseudo-pilotes que j'avais engagés en diverses localités, nous étions accompagnés par toute une troupe d'Eskimos, les uns pur sang, les autres métis. Au nombre de ces derniers se trouvait même un correspondant de journal, Lars Möller, rédacteur de l'*Atuagagliutit* (la Lecture), journal illustré eskimo publié à Godthaab. Lars Möller était en outre tout à la fois poète et imprimeur. C'est un homme intelligent, instruit et un assez bon dessinateur. Il désirait envoyer à son journal des correspondances et des croquis relatifs à notre expédition. Par reconnaissance, je reproduis ici le portrait du seul journaliste qui m'ait jamais accompagné dans mes expéditions polaires. Peut-être aussi le portrait d'un littérateur eskimo intéressera-t-il le lecteur. Plus loin je donnerai des échantillons de son talent de dessinateur. Si ses descriptions sont aussi exactes que ses dessins, je me repens beaucoup de n'avoir pas lu ses articles.

CHAPITRE IV

L'*inlandsis*. — La période glaciaire en Scandinavie. — Anciennes explications des phénomènes glaciaires. — Explorations de l'*inlandsis* avant 1885. — Claus Enevold Paars, 1728. — Lars Dalager, 1751. — J.-J. Hayes, 1860. — E. Whymper et R. Brown, 1867. — Nordenskiöld et Berggren, 1870. — Nordenskiöld et Palander, 1875. — Jensen, Kornerup et Groth, 1878.

Avant de raconter les explorations entreprises sur l'*inlandsis* antérieurement à 1885, j'indiquerai brièvement les observations et les théories qui ont conduit les géologues à admettre l'existence de la période glaciaire. Je dirai comment les naturalistes sont arrivés à prouver que des masses de glace épaisses de plusieurs centaines de mètres ont recouvert autrefois des pays fertiles aujourd'hui, et comment ils ont été amenés à croire que le Grönland présente actuellement l'aspect qu'offraient jadis la Scandinavie et l'Angleterre. Cette ressemblance, purement hypothétique, constitue le grand intérêt des explorations sur l'*inlandsis* du Grönland.

Emanuel Svedenborg attira, le premier, l'attention sur la nature particulière des formations détritiques de la Suède. Un travail de sa jeunesse, *Om watnens högd och förra werldens starcka ebb och flod, bewis utur Sverige*, imprimé à Upsal et à Stockholm en 1719, et un mémoire plus récent, *Miscellanea observata circa res naturales*, Lipsiæ, 1722, contiennent une description des *âsar* sablonneux, des couches de cailloux roulés et des bancs coquilliers d'Uddevalla; d'après ce géologue, ces formations seraient dues à de puissants courants d'eau qui auraient sillonné la presqu'île Scandinave. Ces travaux nous paraissent aujourd'hui bien naïfs; mais, si l'on se rappelle combien étaient peu avancées, il y a deux siècles, les connaissances géologiques, on ne peut refuser à l'auteur un talent particulier d'observation et un véritable coup d'œil de naturaliste. Les études de Svedenborg déterminèrent, en Suède, la publication d'autres travaux et d'autres théories du même genre. A l'étranger, les savants ne firent guère attention aux travaux de Svedenborg ; la géologie était encore trop peu développée pour que l'on étudiât les formations détritiques. Les observations faites sept ans plus tard sur ce même sujet par M. de Lasteyrie passèrent également inaperçues. Pendant un voyage en Scandinavie (1799 et 1800), ce naturaliste reconnut que la face nord des roches de la côte occidentale est généralement polie, et que leur face méridionale se trouve au contraire hérissée de saillies. M. de Lasteyrie remarqua en outre que le poli est particulièrement bien conservé sur les rochers qu'une couche de terre protège contre le délitement[1]. Sans avoir eu connaissance de ces travaux, J. Esmark affirma, en 1824, que les blocs épars en Scandinavie ont été transportés par des glaciers[2] qui recouvraient jadis des pays aujourd'hui dépouillés de glace, et qui avaient érodé et poli les roches sous-jacentes. Cette conception hardie du naturaliste norvégien, admise aujourd'hui par tous les géologues, ne fut pas accueillie par le monde savant. Pendant quelques années, on ne tint pas compte, non plus, des observations sur les phénomènes erratiques faites par le célèbre naturaliste Alexandre Brongniart, lors du voyage qu'il entreprit (1824) en Suède avec Berzelius. Dans un travail spécial, Brongniart décrit les *âsar*, les polis des roches, leurs stries, et fait remarquer que ces stries et le plus grand nombre des *âsar* sont orientés du nord-est au sud-ouest[3].

Après que N.-G. Sefström eut publié, en 1836, ses observations[4],

---

[1]. Dans le *Journal des connaissances usuelles*, vol. V, 1827, p. 6. Je n'ai pu me procurer ce travail et le cite d'après un extrait qu'en a donné A. Brongniart.

[2]. J. Esmark. *Bidrag til vor Jordklodes Historie. Magazin for Naturvidenskaberne*, 2e année, vol. I. Kristiania, 1824, p. 28. — Dès 1740, Daniel Tilas avait prouvé que les blocs erratiques des environs d'Âbo proviennent de rochers situés à 70 ou 80 kilomètres au nord-est, dans le voisinage de Nystad. Son travail, inséré dans les *Svenska Vetenskaps-Akademiens Handlingar*, 1740, p. 198, est accompagné d'une carte, *la première publiée pour expliquer les phénomènes erratiques*.

[3]. *Notices sur les blocs de roches des terrains de transport en Suède* (Annales des Sciences naturelles, t. XIV, Paris, 1828).

[4]. Elles parurent en 1836, dans *Svenska Vetenskaps-Akademiens Handlingar*.

qui furent d'abord inexactement interprétées, les géologues reconnurent enfin dans ces terrains les traces d'une révolution survenue à une époque rapprochée de la nôtre. Sefström expliquait les polis des rochers et les formations détritiques par un phénomène diluvien. Un puissant torrent, charriant du sable et des pierres, profond d'au moins 250 mètres, aurait traversé la Scandinavie du nord-ouest au sud-est. Dans sa course, il aurait désagrégé des roches appartenant à des formations de tout âge, entraîné leurs débris, poli et strié la face nord des blocs restés en place, en leur donnant la forme arrondie qu'ils ont conservée depuis. L'impétuosité du courant était telle, suivant l'opinion de Sefström, rapportée par Berzelius, *que, dans un coude du torrent, ces blocs auraient été projetés par-dessus les rochers de la rive méridionale; la face sud de ceux-ci se serait trouvée ainsi protégée contre l'usure et aurait pu conserver ses angles saillants.* Les *âsar* sablonneux, d'autre part, se seraient déposés dans des eaux tranquilles au sud de collines qui avaient brisé la force du courant. De nombreuses marmites de géants ont été formées par ce puissant tourbillon de pierres roulées; prenant en considération le temps nécessaire à leur creusement, Sefström conclut que ce courant a persisté pendant une durée assez longue.

C'est seulement dans ces derniers temps que les naturalistes ont porté leur attention sur ces phénomènes. La croyance au déluge de Noé, enracinée dans les traditions populaires, a exercé sur cette doctrine géologique autant d'influence que la légende de la géhenne sur la théorie ultra-plutonienne. Un examen un peu réfléchi de la question aurait dû cependant montrer combien la théorie du courant de pierres était en désaccord avec les lois de la physique du globe. Comment admettre, en effet, l'existence d'un courant assez puissant pour entraîner des blocs gros comme des maisons, et assez considérable pour couvrir jusqu'à une hauteur de 250 mètres, non seulement la Scandinavie, mais encore d'autres pays éloignés? Peu après la publication de la théorie de Sefström, N. Nordenskiöld observa que les roches portent en Finlande les mêmes traces qu'en Suède; la largeur du courant d'eau devait donc être doublée. En même temps on découvrait partout des formations analogues à celles dont Sefström attribuait l'origine à un torrent chargé de pierres roulées : W. Boehtlingk en signalait dans la Laponie et dans la presqu'île de Kola; Agassiz, Buckland et W. Kemp en Écosse, et Hitchcock aux États-Unis et au Canada.

Pendant que ces études étaient poursuivies en Suède, les glaciers des Alpes étaient étudiés attentivement en Suisse. On découvrit alors qu'ils polissent et strient le sous-sol rocheux sur lequel ils reposent, qu'ils transportent d'énormes blocs de pierre, et déposent, en certains endroits, des monceaux de blocs et de sable, comme l'aurait fait en Suède le prétendu courant de pierres roulées[1].

Cette découverte fit révoquer en doute l'hypothèse de Sefström, accueillie jusque-là avec tant de faveur. Elle fut remplacée par la théorie glaciaire basée sur les observations de Charpentier et d'Agassiz, etc. D'après ces naturalistes, la forme des rochers serait le résultat de l'action des glaciers, et la plus grande partie des couches détritiques le produit mécanique de cette action, et cela non seulement dans le voisinage des glaciers actuels, mais encore dans toute la Scandinavie, l'Allemagne septentrionale, certaines régions de l'Angleterre et du nord de l'Amérique. Une puissante couche de glace aurait jadis recouvert tous ces pays.

De nombreux naturalistes entreprirent avec ardeur les études de

---

1. Partout dans les Alpes abondent les preuves d'un allongement considérable des glaciers à une époque antérieure, du striage et du polissage qu'ils font subir aux roches sous-jacentes. Néanmoins longtemps les nombreux naturalistes qui étudiaient les glaciers n'ont point fait attention à ces traces de leur action mécanique. Ainsi G.-S. Gruner, dans sa description des glaciers de la Suisse, publiée en trois volumes en 1760-62, ne fait aucune allusion à ces phénomènes, du moins autant que j'en puis juger par la traduction française de Kéralio, imprimée à Paris en 1770. Pourtant J.-J. Scheuchzer avait déjà prouvé le mouvement des glaciers. En 1778, pour la première fois, l'attention de Saussure fut attirée par un moine du Saint-Bernard, Murrith, sur les rochers polis que l'on observe près des glaciers, et par le docteur Butini, sur les stries que l'on remarque dans les mêmes localités. Ces phénomènes paraissent avoir échappé jusque-là à cet observateur attentif. Pour les expliquer, de Saussure imagine une théorie absurde que lui a suggérée Butini. Le naturaliste genevois avait pourtant constaté le mouvement des glaciers et donné une explication exacte de la formation des moraines. En 1802 Playfair racontait, sans s'y arrêter autrement, que de gros blocs erratiques ont été transportés dans le Jura par d'anciens glaciers. En 1821 Venetz reconnut que, dans leur mouvement de progression, les glaciers polissent le sol sur lequel ils reposent. En 1834 Charpentier développa les théories de Playfair et de Venetz et vérifia leur exactitude. En 1840 Agassiz montra que les glaciers strient également les roches sous-jacentes, et que des roches striées se trouvent en dehors du domaine des glaciers actuels; il en conclut qu'une longue période caractérisée par des froids rigoureux, une « époque glaciaire », avait suivi l'époque tertiaire.

détail nécessaire pour donner une base certaine à la nouvelle science. La liste de tous les travaux publiés sur ce sujet remplirait un volume. Parmi les naturalistes qui ont étudié les formations glaciaires dans les pays du Nord, je citerai Sven Lovén, H. v. Post, A. Erdmann, Otto Torell, J.-G. Forchhammer, H. Rink, J. Steen-

Otto Torell.
Né à Varberg (Suède) le 5 juin 1828.

strup, J.-F. Johnstrup, B.-M. Keilhau, Th. Kierulf, Forbes, Daubrée et Desor[1]. Entre tous, Torell a une place à part. En 1857 il visita l'Islande, en 1858 le Spitzberg, et en 1859 le Grönland ; en 1861 il retourna au Spitzberg. Il désirait connaître les glaciers des régions polaires et leurs phénomènes actuels pour pouvoir étudier en parfaite

1. Otto Torell a publié une relation étendue des recherches de ce genre exécutées dans les régions septentrionales, sous le titre de : *Undersökningar öfver istiden. Öfversigt af K. Vet.-Akad. Förhandl*, 1872 et 1875.

connaissance de cause les terrains auxquels on attribuait en Suède une origine glaciaire. Les études magistrales de Rink sur les glaciers et les fjords à isbergs [1] du Grönland ont donné une base certaine à la théorie glaciaire scandinave.

Comme cela arrive toujours, les partisans de la nouvelle théorie

Henri Rink.
Né à Copenhague en 1819.

l'exagérèrent au début. En dépit des sages avertissements de Lyell et de Murchison, certains géologues affirmèrent que la terre entière avait été couverte de glaciers. On croyait trouver des traces d'anciens glaciers jusque dans les régions tropicales, au niveau même de la mer, à l'embouchure de l'Amazone par exemple ; et dans les pays qui avaient eu une période glaciaire, toutes les accumulations de graviers étaient regardées comme d'anciennes moraines. Il a fallu

1. Fjords dans lesquels se forment les isbergs et qu'ils suivent pour déboucher dans la mer.

en rabattre de ces exagérations; maintenant on peut regarder comme démontré que l'Europe et l'Amérique septentrionale ont été jadis couvertes de glaciers comme l'est aujourd'hui le Grönland. La plus grande partie de la couche détritique superficielle de ces régions a été formée pendant cette période, et de cette époque également datent la dispersion des blocs erratiques et le polissage des roches.

En terminant, il est bon de faire remarquer que la plupart des géologues qui ont publié des travaux sur cette importante question n'ont jamais visité une de ces *inlandsis* dont ils décrivent les effets mécaniques. Dans bien des cas, leurs théories sont l'œuvre de l'imagination. Pour cette raison, une exploration de l'*inlandsis* du Grönland intéresse beaucoup plus les géologues que les géographes. Une pareille expédition doit offrir pour des naturalistes le même intérêt que, pour des archéologues, une visite à une cité lacustre préservée de tout contact avec la civilisation, ou à une cité de la Grèce ancienne, s'il en existait encore une intacte.

Un exposé détaillé des différentes théories glaciaires serait ici hors de propos; mais, avant de poursuivre la relation de notre voyage, je tiens à faire connaître brièvement mon opinion sur plusieurs points importants de cette théorie. Mes idées sont très différentes de celles admises généralement; aussi n'est-il pas inutile de dire qu'elles sont basées sur des observations faites pendant douze étés et plusieurs hivers passés dans les régions polaires, et de rappeler que j'ai fait trois longues expéditions sur les *inlandsis* du Spitzberg et du Grönland et de nombreuses excursions sur les glaciers de ces différents pays. Personne n'a de l'*inlandsis* une connaissance plus complète que moi.

La plupart des phénomènes dits « glaciaires » datent d'une époque pendant laquelle les pays couverts aujourd'hui de forêts, de prairies et de champs cultivés étaient ensevelis sous une couche de glace épaisse de plusieurs centaines de mètres. La période glaciaire ne s'est pas étendue sur toute la surface du globe, et elle n'a point encore pris fin. Elle dure actuellement encore, non seulement dans les régions avoisinant les pôles et au Grönland, mais encore dans certaines parties de l'océan Atlantique où des isbergs arrivent en plus ou moins grande quantité. Comme le montre la carte suivante, des blocs erratiques sont transportés, aujourd'hui, bien au sud des pays dans lesquels on trouve des traces de la période glaciaire scandinave.

A mon avis, le développement de la période glaciaire doit être

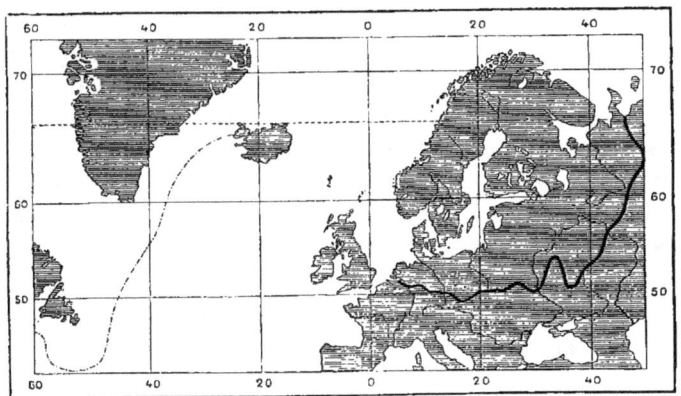

Carte montrant l'étendue du *drift* glaciaire pendant la période glaciaire et l'époque actuelle.

———— Limite méridionale des blocs erratiques en Europe, d'après O. Torell.
—·—·—·— Limite méridionale de l'aire de dispersion des isbergs dans l'océan Atlantique pendant les mois de mai et de juin, d'après A.-K. Johnston.

ainsi compris : des glaciers ont couvert le nord-ouest de l'Europe tout d'abord, ensuite le nord-est de l'Amérique, enfin le Grönland, si même l'*inlandsis* actuelle du Grönland n'est pas le dernier vestige de la coupole glaciaire qui a occupé le Canada oriental et le nord-est des États-Unis. Aucune *inlandsis* n'a jamais couvert les *toundras* de la Sibérie et du nord-est de l'Europe.

Des froids excessifs empêchent la formation d'une *inlandsis* : par suite, il n'existe aucune carapace glaciaire dans le voisinage des pôles du froid de la Sibérie et de l'Amérique. Les glaciers n'atteignent un grand développement que dans des régions humides, dont la température hibernale, dans les localités situées au bord de la mer, n'est que de quelques degrés inférieure à zéro. Aucune *inlandsis* ne se trouve donc dans l'intérieur des grands continents, ni dans les régions voisines du pôle, à moins que ces dernières ne soient entourées par une mer libre de temps à autre.

La plupart des stries que portent les rochers de la Scandinavie ont été burinées par les glaciers. Un grand nombre aussi ont été produites par des isbergs et des *drifs* dérivant le long des côtes ou dans les fjords. D'autres encore ont dû se former d'une tout autre manière, par exemple par les glissements alternatifs, déterminés par les variations de température, entre la roche et la couche argileuse qui la couvrait; bref, elles auraient une origine identique à celle des stries que l'on observe souvent sur la surface séparative de deux roches d'espèces différentes. *Pour cette raison la seule présence de stries sur des rochers n'est pas une preuve suffisante de l'existence antérieure, dans la contrée, de glaciers ou d'une mer remplie d'isbergs.*

Les géologues n'ont point encore donné une explication satisfaisante de la formation des *âsar*. Jusqu'ici, ni sur la côte du Grönland, ni sur celle du Spitzberg, aucune trace d'*âsar* n'a été trouvée; leur origine glaciaire me paraît donc bien problématique. Vraisemblablement ces amoncellements de cailloux sont le produit du délitement de la roche en place; ils se sont formés dans les mêmes conditions que les autres formations du même genre signalées dans de nombreuses localités des régions tropicales; dans la plupart des cas, il ne faudrait sans doute pas chercher bien loin pour retrouver la roche d'où dérivent ces formations.

De nombreux blocs prétendus erratiques sont également situés près de la roche mère; suivant toute vraisemblance, ils proviennent de la roche sous-jacente attaquée par le délitement[1] et

---

1. Voici une preuve curieuse que des phénomènes échappent souvent à l'attention d'habiles naturalistes lorsqu'ils sont en contradiction avec les dogmes de la science. Près des mines de cuivre de Falun se trouve une zone étendue — Broddbo, célèbre dans l'histoire de la minéralogie — où la fumée des nombreuses cheminées voisines empêche l'existence de toute végétation. Toute cette zone est couverte d'énormes monceaux de pierres roulées. Comme aucun lichen ne recouvre ces cailloux, il est facile de reconnaître à première vue les roches qui les composent. La plupart appartiennent à une roche particulière contenant un grand nombre de minéraux caractéristiques qui ne se trouvent que dans la pegmatite granitoïde de Falun. C'est là une preuve certaine que ces pierres sont en place, ou du moins qu'elles ne viennent pas de loin. Cependant beaucoup de géologues et de minéralogistes ont visité cette localité, et pas un n'a douté des théories qui attribuaient aux blocs erratiques une provenance lointaine.

ont été transportés ensuite dans les environs ; on peut du reste s'en assurer par un examen rapide du terrain. D'autres blocs ont, par contre, parcouru des distances plus ou moins grandes. Les uns ont été portés par les glaciers, — et dans ce cas ils n'ont été déplacés que de quelques dizaines de kilomètres ; — les autres, charriés d'abord par les glaciers, l'ont été ensuite par des isbergs, à des centaines de kilomètres ; enfin une dernière sorte de blocs ont été entraînés par des glaces côtières. De nos jours, un pareil transport de blocs erratiques a lieu sur la côte orientale du Grönland. Dans ces parages, le fond de la mer est tapissé d'une telle quantité de grosses pierres que l'emploi de la drague et du chalut y est impossible. Au contraire, sur la côte occidentale, où les isbergs sont en beaucoup plus grande quantité, et les *drifts* moins compacts que sur la côte orientale, ces blocs sont rares au fond de la mer. *Les drifts sont donc, semble-t-il, des agents de transport plus puissants que les isbergs.* Les pierres que charrient les *drifts* proviennent des plages, où elles sont roulées et polies par le ressac. Par suite, la majeure partie des véritables blocs erratiques qui ont été transportés au loin sont des cailloux roulés.

Au Grönland et au Spitzberg j'ai trouvé des *krosstensgrus*[1], non seulement au milieu de terrains glaciaires, mais encore dans des plaines situées à la base des montagnes ; dans ces dernières localités, elles constituaient une nappe de cailloux qui avait été apportée là par les torrents issus, au printemps, des montagnes voisines. Ce terrain n'avait pas ensuite été remanié par les eaux. Contrairement aux affirmations des géologues scandinaves, cette formation n'a pas partout une origine glaciaire.

Nos *âsar* et la plupart des formations auxquelles nos glacialistes trop enthousiastes attribuent une origine morainique, ne sont pas des moraines. Les terrains laissés à découvert par une *inlandsis* en retraite sont couverts d'innombrables blocs erratiques (à en juger par leur constitution, la plupart ne viennent pas de très loin), mais on n'y observe point de moraines, c'est-à-dire d'amas de pierres et de graviers. Il n'existe également aucune moraine sur l'*inlandsis*, si

---

1. Couches d'argile et de gravier mêlés de pierres à angles saillants. (*N. du trad.*)

ce n'est au voisinage des pointements rocheux qui apparaissent sur le glacier. *Les moraines sont donc des formations caractéristiques* plutôt *de glaciers alpins* que de vastes coupoles glaciaires. A une très faible distance du bord de l'*inlandsis* on chercherait en vain un caillou de la grosseur d'un pois.

Dans de nombreuses localités, des marmites des géants ont été très certainement creusées par des cours d'eau issus des glaciers ; mais le plus souvent l'existence de ces cavités est indépendante de celle de glaciers. Les marmites des géants sont généralement le résultat de l'action d'eaux mêlées de graviers et soumises à des remous, comme par exemple ceux que déterminent une cascade ou le ressac, ou encore le vent dans une cuvette remplie d'eau, creusée dans un bloc granitique[1]. Les pierres roulées que l'on trouve fréquemment au fond des marmites des géants n'ont été que des agents secondaires dans la formation de la cavité. Le mouvement rotatoire de l'eau a creusé la roche et arrondi la pierre qui se trouvait fortuitement dans le creux. Avec un balai, un peu de sable et beaucoup de patience, on peut creuser un trou dans un bloc de granit. Se sert-on, pour cette expérience, d'un morceau de granit au lieu de sable, elle ne réussit pas, car c'est l'eau mélangée de particules arénacées et non la grosse pierre qui fait l'office de burin.

Cette longue digression prouve au lecteur que je ne suis pas un *ultra-glacialiste* ; pourtant, plus que tout autre savant, j'ai étudié les glaciers et les formations glaciaires. A mon avis, dans cette question comme dans beaucoup d'autres, la vérité est entre les théories extrêmes. Entraîné par mon ardeur à combattre les exagérations des glacialistes, j'ai trop réduit l'importance de l'action des glaciers sur la surface du sol[2]. Me basant sur les théories exposées dans le

---

1. Au Spitzberg j'ai vu des marmites de géants, de la capacité de plusieurs litres, creusées dans des blocs épars sur le sommet du Grytberg, haut de 500 mètres et situé sur la pointe nord-ouest de la Terre du Nord-Est. Très certainement, elles avaient été formées par l'action du vent.

2. J'ai écrit ce passage peu de temps après mon retour du Grönland. J'étais alors per-

plan de voyage, je doutais de l'existence d'un continent entièrement couvert de glaciers, étant données les conditions atmosphériques actuelles de notre globe.

Avant de raconter mon voyage dans ce désert de glace, je résumerai les tentatives faites précédemment pour pénétrer dans l'intérieur de ce continent inconnu. Je considère comme un devoir de rappeler les noms des hardis voyageurs qui se sont aventurés avant moi sur l'*inlandsis*.

Un an après que le gouvernement danois eut pris la direction du commerce du Grönland[1], il organisa à grands frais plusieurs expéditions qui eurent mission de traverser, de l'ouest à l'est, la péninsule en partant de Godthaab. Sur la côte orientale, qu'on avait si souvent essayé d'atteindre par mer, était située, croyait-on, l'ancienne *Österbygd*.

Pour équiper ces caravanes, onze chevaux furent envoyés de Danemark (1728). Le gouverneur de la colonie, Claus Enevold Paars, devait, avec ces animaux, traverser l'*inlandsis* jusqu'à la côte orientale. Cette expédition avait un but non seulement géographique, mais encore militaire, à en juger par sa composition. Peut-être voulait-on établir sur la côte orientale un poste pour soumettre les Normands « rebelles » que l'on pensait retrouver dans l'*Österbygd*. La caravane comprenait, outre le gouverneur, un lieutenant, plusieurs sous-officiers, des artificiers, des hommes d'armes et vingt-cinq soldats. La plupart des membres de l'expédition emmenaient avec eux leurs femmes et leurs enfants : tout ce monde devait accompagner le gouverneur dans sa nouvelle province. Ces préparatifs n'aboutirent point, et aucune tentative ne fut faite pour traverser l'*inlandsis*. Cinq chevaux périrent pendant la traversée ; les autres moururent au Grönland, faute de soins. La vue de ces animaux

suadé que tout l'intérieur du Grönland était couvert de glaciers. Depuis, pour des raisons que j'expliquerai plus loin, je doute de nouveau de l'existence de cette carapace de glaces, et je pense que peut-être la région visitée par nous n'est qu'une large bande de glaciers qui s'étend à travers la péninsule entre le 69ᵉ et le 70ᵉ degré de latitude nord.

1. Pendant quelques années, une compagnie fondée en 1721, à Bergen, sur l'initiative de Hans Egede avait le monopole du commerce au Grönland. En 1726, cette société fut dissoute après avoir subi de grandes pertes. Le gouvernement danois prit alors en main l'affaire pour ne pas laisser péricliter la colonisation et l'œuvre des missions.

frappa d'étonnement les indigènes, surtout lorsqu'ils les virent attelés « comme des chiens ». Un Eskimo qui avait visité Copenhague, Pok, le même dont nous reproduirons plus loin les impressions de voyage, stupéfiait tous ses camarades par la hardiesse avec laquelle il s'approchait de ces grands animaux. N'osait-il pas monter dessus et galoper! Des soldats et des déportés envoyés au Grönland eurent une conduite si scandaleuse avec les paisibles indigènes que l'on dut les rapatrier[1].

Ainsi se termina la première expédition équipée en vue de visiter l'intérieur du Grönland. Elle comptait un personnel beaucoup plus nombreux que toutes celles qui furent entreprises plus tard ; mais, à ce que l'on sait du moins, elle ne visita point l'*inlandsis*[2]. Cent cinquante ans s'écoulèrent avant que le gouvernement danois organisât une nouvelle exploration. Pendant ce temps, quelques audacieux seuls tentèrent de pénétrer dans cette région inconnue.

Le premier voyageur qui ait essayé de parcourir l'*inlandsis* est un négociant danois, du nom de Lars Dalager. Dalager, qui a rendu de grands services à l'œuvre de la colonisation du Grönland, a, dans un intéressant travail, résumé les observations qu'il a faites pendant son long séjour dans ce pays. Son livre nous fait connaître les mœurs des Eskimos avant qu'elles aient été modifiées par l'influence du christianisme et de la civilisation. Cet ouvrage, publié à Copenhague, sans indication de date, porte le titre : *Grönlandske Relationer : Indeholdende Grönlændernes Liv og Levnet, Deres Skikke og Vedtægter, samt Temperament og Superstitioner,... sammenskrevet ved Friderichshaabs Colonie i Grönland Anno 1752 af Lars Dalager, Kjöbmand.*

« Pour remplir la dernière demi-feuille de son livre », Dalager

---

1. Les Eskimos étaient fort étonnés de ce qu'une femme reçût la bastonnade pour quelque infraction à la discipline. Les païens manifestaient leur étonnement de voir des chrétiennes aussi dévergondées.

2. Dans son ouvrage (*Nachrichten von Island, Grönland und der Strasse Davis*, Francfort et Leipzig, 1747, p. 177), le bourgmestre Johan Anderson mentionne une tentative faite jadis pour pénétrer sur l'*inlandsis*. A une époque que l'ouvrage n'indique point, un capitaine de navire essaya d'atteindre la côte orientale en traversant les glaciers sur des patins. Cet audacieux perdit un de ses compagnons dans une crevasse ; après cet accident, il battit en retraite. D'après l'ouvrage de Cranz (*Historie von Grönland*, p. 392), le major Paars a réellement essayé d'explorer l'*inlandsis*.

raconte en ces termes son excursion sur les glaciers, la première faite par un Européen sur l'*inlandsis* du Grönland.

Le 28 août 1751, après avoir envoyé le grand canot au nord de l'*isblink*, pour recueillir du bois flotté, je le suivis dans mon embarcation jusqu'au pied du glacier. Pensant que l'exercice me ferait du bien, je me proposais de chasser. Un Grönlandais m'ayant dit avoir vu, du sommet d'une haute montagne, les rochers du Vieux-Sorcier, situés sur la côte orientale, je résolus de traverser les *glacières* et de visiter l'*Österbygd*.

Comme jadis Moïse, je désirais voir un pays nouveau. L'indigène en question, sa fille et trois jeunes Grönlandais m'accompagnaient. Tous les six, nous partîmes du fond du fjord ouvert sur le flanc méridional de l'*isblink*.

Le 2 septembre, de bon matin, nous fîmes nos préparatifs de départ. Nous emportions des sacs de provisions et quelques couvertures pour nous protéger du froid pendant les nuits. Notre guide se chargea de tous ces bagages et prit en outre sur son dos sa fille, ce qui constituait pour lui une lourde charge. Chacun de nous portait sur la tête un kayak et était armé d'un fusil et d'un bâton. L'Eskimo marchait en tête pour nous guider, et moi à l'arrière-garde. Nous pûmes d'abord parcourir rapidement un demi-mille, dans une vallée unie, le long d'un cours d'eau. Plus loin nous escaladâmes une montagne escarpée assez élevée. Chargés comme nous l'étions de nos kayaks, nous fîmes, pendant l'ascension, de nombreuses chutes.

Finalement, au coucher du soleil, nous arrivâmes de l'autre côté de la montagne, après n'avoir guère avancé, dans la journée, plus d'un mille et demi. En toute conscience, je me serais fait payer pour dix milles si j'avais dû être rétribué à raison du chemin parcouru, comme cela est la coutume dans l'île de Seland. Sur le versant de la montagne où nous nous trouvions, s'étendait un grand fjord; pour atteindre son extrémité supérieure, une journée, et même une longue journée, aurait été nécessaire à un rameur en kayak. Jadis ce fjord communiquait avec la mer; dans le cours des siècles, le glacier a avancé d'un demi-mille, et maintenant, lorsque les Grönlandais vont chasser sur cette nappe d'eau, ils doivent traverser le glacier.

Le soir nous bivouaquâmes. Le 3 septembre au matin, nous nous embarquons dans nos kayaks et traversons le fjord, large de trois quarts de mille, pour aller atterrir sur la rive septentrionale. Là les embarcations sont abandonnées sur le rivage, après avoir été lestées de pierres pour qu'elles ne fussent pas entraînées par les vagues. Nous chargeons ensuite nos sacs et faisons route à travers les montagnes vers le nord-est. Le soir nous atteignîmes le glacier.

Le 4 septembre nous nous dirigeâmes vers le premier pointement rocheux qui surgit au milieu du glacier, distant d'environ un mille. Jusqu'à ce rocher, le glacier était uni comme les rues de Copenhague, un peu plus rapide toutefois, mais ici il n'était pas besoin de marcher dans le ruisseau pour se garer des voitures de la poste. Une heure après le lever du soleil, nous atteignîmes le sommet de la montagne, où nous passâmes toute la journée à chasser des rennes. Nous ne réussîmes à en tuer qu'un seul. Cette capture fournit aux Eskimos l'occasion de faire un festin ; mais, comme il n'y avait dans les environs ni arbrisseaux ni herbe, il fut impossible de faire griller pour moi un morceau de viande, et pour dîner je dus me contenter de mes provisions. Du fromage et quelques biscuits humectés d'eau composèrent mon repas.

Dans la matinée du 5 septembre nous partîmes pour l'Omertlok, la plus haute montagne qui s'élève sur l'*inlandsis*. Elle n'était distante que d'un mille du point où nous étions, cependant il ne nous fallut pas moins de sept heures pour y arriver, tant le glacier était accidenté et coupé de crevasses.

A onze heures nous atteignîmes le pied de la montagne. Après un court repos, nous en commençâmes l'ascension, et vers quatre heures du soir nous arrivâmes au sommet.

Là nous fûmes ébahis par l'immensité du panorama. Le glacier s'étendait comme une mer de glace sans fin depuis la côte jusqu'à l'*Österbygd*, hérissé de montagnes couvertes de neige. Tout d'abord il me sembla que nous n'étions qu'à quatre ou six milles de l'*Österbygd*. Mais, étant données les dimensions qu'avaient les montagnes de Godthaab à la distance où nous en étions, mon opinion se modifia à cet égard. Nous restâmes sur le sommet jusqu'à sept heures du soir. Pendant ce temps j'observai à la lunette toute la région que nous dominions ; puis je fis un discours aux Eskimos sur les anciens habitants de l'*Österbygd*. Au coucher du soleil nous descendîmes pour passer la nuit au-dessous du sommet. L'esprit occupé par une foule de pensées et le corps glacé par le froid, je pus à peine fermer l'œil.

Le 6 septembre, au lever du soleil, je tuai un renne près de notre campement. Comme, depuis cinq jours, je n'avais mangé que des mets froids, je bus une certaine quantité du sang encore chaud de l'animal, ce dont je me trouvai très bien. Les Grönlandais firent un plantureux déjeuner et emportèrent une épaule ; le reste du renne fut abandonné aux oiseaux, les difficultés de la route nous empêchant de nous charger d'un gibier aussi lourd.

J'aurais désiré continuer notre voyage pendant un jour encore, pour pouvoir évaluer, tout au moins approximativement, la distance qui nous séparait de l'*Österbygd* ; mais le mauvais état de nos chaussures nous obligea à battre en retraite. Nous marchions presque pieds nus. Chacun de nous avait emporté deux bonnes paires de bottes, mais elles furent bientôt mises en lambeaux par les aspérités de la glace et des pierres, et il nous était impossible de les raccommoder, la jeune fille qui nous accompagnait ayant perdu ses aiguilles. Quelles que fussent nos souffrances, cela nous amusait fort de voir nos doigts de pied sortir des bottes.

Je m'aperçois maintenant que j'ai oublié de décrire la partie de l'*Österbygd* que nous avons vue du sommet de la montagne. N'ayant pas avec moi de boussole, je ne puis indiquer aucune direction exacte.

Le point que nous avons atteint est situé par 62° 17' de lat. nord. De là les montagnes de la côte orientale les plus voisines me paraissaient situées au nord-est ou à l'est-nord-est ; elles semblaient beaucoup plus basses que celles qui s'élevaient au sud-ouest ; elles étaient donc recouvertes d'une couche de glace moins épaisse que les autres sommets. Dans la région où l'on place le détroit de Frobisher, le terrain ressemblait à une plaine de glace ; à peine y distinguait-on deux ou trois petits monticules perçant la croûte cristalline. Au nord-est, ou peut-être un peu plus loin, au nord-ouest, s'élèvent, comme je l'ai déjà dit, au milieu de l'*inlandsis*, plusieurs pics, quelques-uns complètement dépouillés de neige ; une longue crête rocheuse, entourée de deux montagnes de glace, attirait surtout notre attention.

A mon avis, le glacier qui nous empêche de communiquer avec l'*Österbygd* peut être traversé ; il ne me paraît pas aussi dangereux qu'on le dit, et les crevasses n'y sont pas très profondes. Dans l'intérieur de quelques-unes de ces fentes, on peut marcher comme dans une vallée, et la plupart n'ont pas une profondeur dépassant quatre à cinq brasses. Beaucoup de ces crevasses peuvent être franchies d'un bond, ce que nous faisions à l'aide de nos fusils. D'autres, il est vrai, paraissent des gouffres sans fond ; mais, comme elles ne s'étendent pas sur une très grande longueur, on peut les contourner. La marche sur le glacier n'est donc pas très difficile ; néanmoins la traversée de cette plaine glacée est impossible, car dans une pareille expédition on ne peut emporter la quantité de vivres nécessaire à l'alimentation de la caravane. En outre, dans cette région, le froid est très vif, et un homme ne pourrait le supporter pendant les nombreuses nuits qu'il devrait passer sur le glacier. Bien que tous nos campements fussent établis sur le rocher et que nous fussions tous habitués au froid, nous étions gelés quelque temps après nous être couchés. Je portais deux gilets épais et un vêtement en peau de renne ; la nuit, je me couvrais, de plus, d'un chaud pardessus, et m'enveloppais les pieds d'une peau d'ours, malgré ces précautions j'avais toujours froid. Jamais en hiver, pendant les nuits que j'ai passées en plein air au Grönland, la température n'a été aussi basse que durant ces nuits du commencement de septembre, sur le glacier.

Le 7 nous atteignîmes le fjord sur le bord duquel nous avions abandonné nos kayaks.

Dans la matinée du 8 nous traversâmes ce fjord et arrivâmes à notre campement. Après cette pénible excursion, je laisse à penser avec quelle volupté je bus une bouteille tout entière de porto. Le lendemain je dormis jusqu'à midi.

Le 10 nous étions de retour à la colonie, où nos bateliers avaient porté une provision de bois.

Après le voyage de Dalager, qui, en son temps, n'attira guère l'attention, on ne s'occupa plus de sitôt de l'exploration de l'intérieur du Grönland. La plupart des Européens qui ont visité plus tard le Grönland n'ont jamais vu l'*inlandsis*, ou du moins ne l'ont entrevue qu'en naviguant le long de la côte. Un très petit nombre d'entre eux se sont avancés à l'extrémité inférieure de cet immense glacier, et jusqu'en 1860 aucune tentative n'a été faite pour pénétrer dans l'intérieur du pays. Quelquefois pourtant un Eskimo entraîné par l'ardeur de la chasse poursuivait un renne jusque sur l'*inlandsis*[1]. Pareille expédition était regardée par les indigènes comme une terrible aventure à laquelle nul n'avait envie de s'exposer.

Le célèbre Américain J.-J. Hayes fit, après Dalager, la première[2] tentative d'exploration dans l'intérieur du Grönland. Accompagné de cinq hommes au nombre desquels se trouvait le Danois C. Petersen,

---

1. La seule relation qui ait été publiée d'une pareille chasse se trouve dans l'ouvrage de Paul Egede : *Nachrichten von Grönland aus einem Tagebuche geführt von* 1721 *bis* 1788. Copenhague, 1790, p. 171. Cette chasse fut entreprise en 1738 sur le glacier qui couvre l'intérieur de l'île Disko, en compagnie d'un Eskimo armé d'un arc et de flèches.

2. Au nombre des explorations sur l'*inlandsis*, on compte quelquefois le voyage entrepris en 1830 par O.-V. Kielsen, de la colonie d'Holstensborg jusqu'à la lisière du glacier. Le seul résultat de cette expédition fut de constater que, dans la partie du Grönland située par 67° de latitude nord, l'extrémité inférieure de l'*inlandsis* se trouve à 150 kilomètres environ de la côte. Il ne fit malheureusement aucune tentative pour s'avancer sur le glacier. (Voir Rink, *Grönland*, t. II, Copenhague, 1857, p. 97.)

il partit du Port-Foulke (78° 18′ de lat. N. et 72° 51′ de long. O. de Greenwich) et gravit une branche de l'*inlandsis* baptisée par Kane du nom de glacier du Frère John. Le 23 octobre 1860, après une nuit passée au pied du glacier, la caravane en commença l'escalade. Le premier jour, elle parcourut une distance de neuf kilomètres ; le lendemain elle avança de quarante-huit, et le troisième jour de quarante-deux. Elle pénétra ainsi à cent kilomètres environ dans l'intérieur des terres[1]. Une tourmente l'obligea à battre en retraite. Le point atteint par la caravane est situé à une altitude de 1520 mètres. L'extrémité inférieure du glacier était très crevassée — Hayes faillit tomber dans une crevasse ; — plus loin elle était moins accidentée. Lorsque les explorateurs rebroussèrent chemin, la température était de — 36°,8. La même année (1860), le docteur John Rae essaya, dans les environs de Julianehaab, d'atteindre l'*inlandsis* ; une chute de neige l'arrêta avant qu'il arrivât à sa lisière. Cette excursion est racontée dans l'ouvrage de Zeilau, *Fox-Expeditionen i Aaret 1860 over Færöerne, Island og Grönland*, etc. Copenhague, 1861, p. 155.

En 1867 le célèbre alpiniste anglais Edw. Whymper et le docteur Robert Brown visitèrent le Grönland[2]. Eux aussi désiraient s'assurer si une région libre de neige et de glace ne s'étendait pas au milieu de la péninsule. Le 27 avril 1867, les explorateurs anglais s'embarquèrent pour Egedesminde sur un navire de la Compagnie de commerce. La traversée dura six semaines. Une fois à Egedesminde, ils durent y rester huit jours avant de pouvoir partir pour Jakobshavn, localité qu'ils avaient choisie comme point de départ de

---

1. Dr J.-J. Hayes, *La mer libre du pôle*, Hachette et Cie, Paris, 1869, p. 134-144. Par suite d'une erreur, Hayes avait exagéré le chiffre de la distance qu'il avait parcourue sur le glacier, ainsi que cela résulte d'une rectification insérée plus tard dans les *Proceed. of the American Philosophical Society*, déc. 1861.
2. La seule relation détaillée de ce voyage que Whymper ait publiée, à ma connaissance, a paru seulement en 1884, dans une revue assez rare dans les bibliothèques scientifiques : les *Good Words, edited by Donald Macleod D. D.*, 1884, p. 38-43 et 96-103. Cette relation contient plusieurs gravures très exactes. Depuis, ce travail a été reproduit dans différents autres recueils, tels que l'*Ausland*, 1884. Le docteur Brown a, au contraire, publié dès 1871, dans les *Mittheilungen* de Petermann, un récit de ce voyage et un résumé des diverses tentatives faites précédemment pour pénétrer dans l'intérieur du Grönland.

leur exploration sur *l'inlandsis*. Le 15 juin enfin, ils arrivèrent à destination. De Jakobshavn, Whymper entreprit diverses excursions dans la direction de *l'inlandsis*. Il visita d'abord le fjord Illartlek, situé à 20 milles au nord de Jakobshavn, puis, dans le fjord de Jakobshavn, une localité qui porte le nom de Kaja (voir la carte de notre voyage de 1870). Sur la branche de *l'inlandsis* qui débouche à Kaja, les crevasses interdisaient toute escalade; celle de l'Illartlek était, dans sa partie inférieure, également très accidentée; mais, plus loin, les crevasses étaient recouvertes d'une couche de neige sur laquelle la marche semblait relativement facile. Whymper se décida alors à remonter cette branche de *l'inlandsis*. Comme moyen de transport il avait fait choix de traîneaux tirés par des chiens. La caravane s'organisa à Jakobshavn, mais non sans grandes difficultés. Une épizootie ayant récemment décimé les meutes, il fallut plusieurs semaines pour réunir le nombre d'animaux nécessaire. D'autre part, les chiens grönlandais refusaient de manger le pemmican de la baie d'Hudson que les explorateurs avaient acheté en Angleterre; on dut alors se procurer la nourriture à laquelle ces animaux étaient habitués. Whymper avait également apporté d'Europe du bois pour construire les traîneaux; mais, à son arrivée à Jakobshavn, une violente épidémie de pneumonie régnait dans la colonie, et tous les menuisiers étaient occupés à la fabrication des cercueils. L'expédition dut, par suite, se servir des traîneaux grönlandais, véhicules peu propres à une excursion sur *l'inlandsis*. Le 20 juillet seulement, les préparatifs furent terminés. Deux jours furent encore perdus à attendre le beau temps. A cette époque avancée de l'été, le glacier n'était plus d'un parcours aussi facile que quelques semaines auparavant; partout la neige était fondue et partout la glace était à vif et coupée de crevasses. Les dépressions de *l'inlandsis*, remplies d'eau, formaient des lacs, et le glacier était hérissé d'aspérités; sa surface ressemblait à celle d'une mer battue par la tempête. Les crevasses étaient toutefois assez petites, et les aiguilles de glace (les *hummocks*) ne dépassaient pas une hauteur de quelques pieds; « l'aspect de *l'inlandsis* rappelait celui de l'Aletsch ou de la Mer-de-Glace de Chamonix à la fin de l'été ». Si des traîneaux ne pouvaient circuler sur un pareil terrain, un piéton passait facilement partout[1]. Whymper n'en voulut pas moins pousser en avant; mais, deux des traîneaux ayant été brisés, il dut battre en retraite, après s'être avancé seulement à quelques milles sur le glacier. Brown a donné la relation suivante de cette exploration[2] :

Le 26 juillet, en dépit de la tempête, et bien que le succès de l'expédition ne fût rien moins qu'assuré, nous résolûmes de faire une tentative d'exploration sur le glacier. Nous nous levâmes à huit heures du matin et commençâmes immédiatement les préparatifs de départ. Depuis la veille, les traîneaux se trouvaient sur le glacier en partie chargés et tout attelés. Les chiens poussaient des gémissements plaintifs, comme s'ils eussent eu le pressentiment de ce qui allait nous arriver. Au moment du départ, à une heure de l'après-midi, nous étions déjà découragés et nous n'eûmes pas besoin d'aller bien loin pour voir quel serait le résultat de l'entreprise. La glace était hérissée d'aspérités et déchirée de crevasses; à mesure que nous avancions, les difficultés augmentaient. Quelques semaines auparavant, alors qu'une épaisse couche de neige recouvrait le glacier, la marche aurait été très facile; maintenant, à la fin du mois de juillet, extraordinairement chaud cette année-là dans ces pays septentrionaux, la glace était partout à vif. Dans toutes les directions, de gros torrents formés par la fonte des neiges coulaient entre les monticules de glace ou se précipitaient bruyamment dans les crevasses.

Whymper et moi, nous allions reconnaître la route, puis nous revenions sur nos pas pour aider au halage des traîneaux dans les endroits difficiles. A quelques milles de l'extrémité inférieure du glacier, la semelle d'un traîneau s'étant brisée, nous dûmes faire halte. Notre situation devenait critique. Les Grönlandais hochaient la tête et assuraient qu'il était impossible d'aller plus loin. Fleischer, Amak et moi, nous partîmes alors en reconnaissance, après avoir pris soin de nous attacher à une corde. A un quart de mille du point où le gros de la caravane avait fait halte, la glace était moins inégale, mais, un peu plus loin, elle se trouvait encore plus accidentée. Bientôt nous perdîmes de vue nos camarades. Plus nous avancions, plus nombreux étaient les monticules du glacier, et plus difficile était la marche. Quoi qu'il en soit, nous avancions assez rapidement; à quelque

1. En lisant la relation de ce voyage, on pourrait croire qu'il a été entrepris dans la même région que celle que Berggren et moi avons explorée en 1870. L'extrémité inférieure de l'*inlandsis*, que nous avons parcourue en 1883, était également hérissée d'aspérités; plus loin, le glacier était moins inégal.
2. Dr Robert Brown, *Das Innere von Grönland*. Petermanns Mittheilungen, 1871, p. 585.

distance de là les montagnes qui entourent l'*inlandsis* disparurent derrière nous comme les contours d'une côte s'effacent aux yeux du marin lorsqu'il fait route vers la pleine mer; nous n'avions plus devant nous qu'un horizon brumeux. Cependant je n'avais pas encore perdu tout espoir et j'essayai de remonter le moral des Eskimos. Mais, à tous mes encouragements, mes compagnons répondaient, en hochant la tête : *Aiopok* (cela va mal). *Aiopok* était le seul mot que je pouvais tirer d'eux. A chaque pas, pour ainsi dire, ils s'arrêtaient, découragés. Après avoir parcouru un mille, nous aperçûmes devant nous un *nunatak*[1]. Ce rocher, aujourd'hui complètement entouré par le glacier, était encore, au commencement de ce siècle, habité et baigné par la mer. De hautes aiguilles de glace entouraient le lac qui baigne ce *nunatak*[2]. Là nous nous arrêtâmes. Mes compagnons refusèrent de me suivre vers le fjord de Jakobshavn pour reconnaître l'aspect de cette partie du glacier; Amak, qui n'était pourtant pas un poltron, s'écria : *Namik, namik,* — *aiopok seko* (Non, non, il y a par là de mauvaise glace). Nous battîmes alors en retraite pour rejoindre nos compagnons et décider ce que nous ferions. Poursuivre notre route aurait été impossible, même si tous les membres de la caravane avaient été animés de la même ardeur que nous, ce qui n'était pas le cas, soit dit en passant. Nos traîneaux grönlandais, construits en bois de pin, ne pouvaient servir sur un pareil terrain; du reste, l'un était brisé, et il était impossible de le réparer. Pour cette année, au moins, tout espoir de visiter l'intérieur du Grönland devait être abandonné. Nous renonçâmes alors à ce projet et reprîmes avec ardeur les travaux que cette excursion avait interrompus.

Quelques jours avant le départ de cette expédition, un indigène avait cru apercevoir trois hommes sur le glacier. Cette apparition impressionna vivement les Eskimos; les uns voyaient dans ces trois hommes les âmes errantes des anciens Normands, les autres des camarades enlevés par les mauvais génies de la montagne. Pendant le reste de son séjour au Grönland et pendant un second voyage qu'il entreprit dans ce pays en 1872, Whymper gravit plusieurs montagnes situées sur la lisière de l'*inlandsis* du sommet desquelles la vue s'étendait sur l'intérieur du pays. Il escalada notamment le Kelertinguit, montagne située dans le fjord d'Umenak, et dont la

---

1. Pic rocheux s'élevant au milieu de l'*inlandsis*. (*N. du trad.*)
2. Pour se rendre compte de la progression de cette branche de l'*inlandsis* et suivre le voyage de Whymper, on peut consulter avec intérêt la carte du fjord de Jakobshavn dressée par le lieutenant R.-R.-J. Hammer (*Meddelelser om Grönland*, vol. IV, pl. 2). (*N. du trad.*)

hauteur atteint 2074 mètres. Favorisé par un temps clair, il avait eu une vue très étendue sur l'*inlandsis*. Vers l'est, le glacier formait une sorte de mur dont la crête était située en dessous de l'horizon du sommet du Kelertinguit. Whymper évalue à cent milles anglais la distance de cette montagne à la crête de ce mur, et à 3000 mètres la hauteur de ce mur. Ces chiffres sont inexacts, pour deux raisons. D'abord, Whymper n'avait dans les environs aucun point de comparaison pour évaluer la distance; en second lieu, dans cette appréciation il n'a pas tenu compte de la réfraction *toujours très forte* sur la glace pendant une chaude journée d'été[1]. Les observations que Whymper a faites sur mes voyages au Grönland ne méritent pas une réfutation. Les conjectures d'un alpiniste n'ont aucune valeur scientifique, et de nombreuses expéditions devront être envoyées dans l'intérieur du Grönland avant que l'on puisse résoudre les problèmes dont la solution est attendue impatiemment. Pendant la campagne de 1883, à partir de notre neuvième campement, nous perdîmes de vue les montagnes de la côte. De leurs sommets la vue ne s'étendait donc pas au delà de ce point.

En 1870 j'ai fait, accompagné du Dr Berggren, la première exploration importante qui ait été entreprise sur l'*inlandsis*. Au cours de cette expédition nous réussîmes à nous avancer à une certaine distance de la côte, et pendant les quelques jours que nous passâmes sur le glacier, nous fîmes de curieuses observations scientifiques. Cette année-là, j'étais allé étudier au Grönland l'emploi des chiens comme bêtes de trait, ayant l'intention de me servir de ces animaux pour haler les traîneaux dans une expédition que je projetais. Je voulais essayer d'atteindre le pôle en avançant sur la glace au nord du Spitzberg. Les conversations que j'eus avec les indigènes de plusieurs colonies me persuadèrent que *les chiens ne peuvent être employés comme bêtes de trait dans les régions polaires, où il est*

---

1. Par une journée ensoleillée, la réfraction est tellement intense sur l'*inlandsis* que le glacier semble former une sorte de cuvette.

nécessaire d'emporter avec soi toute la nourriture dont ils ont besoin. Cette enquête achevée, je me proposai d'entreprendre différentes études scientifiques au Grönland. La libéralité de M. Oscar Dickson me permit de m'adjoindre plusieurs collaborateurs et d'organiser une petite expédition. Trois savants m'accompagnèrent : un botaniste, le D^r Sv. Berggren, aujourd'hui professeur de botanique à l'école supérieure de Lund, un géologue, le D^r Th. Nordström, et un zoologiste, le Dr Öberg.

Je projetais avant tout reprendre les projets de Whymper et pénétrer dans l'intérieur de la péninsule, mais je ne voulais me lancer dans cette entreprise que muni d'un bon outillage et accompagné de solides compagnons. Avant mon départ, désirant recueillir des renseignements sur l'*inlandsis*, je communiquai mon projet à MM. Rink et Olrik, tous deux anciens inspecteurs du Grönland septentrional, à mon ami Otto Torell, qui avait l'expérience des expéditions de ce genre, et à différentes autres personnes, qui, ayant visité le Grönland, croyaient connaître l'*inlandsis*, telles que Carl Petersen, le compagnon de Penny, de Kane et de Mac Clintock. Tous considérèrent mon projet comme inexécutable; j'hésitai donc à me lancer dans cette entreprise, qui pouvait être infructueuse et me faire perdre un temps précieux que j'aurais consacré à des études d'un autre genre dont les résultats étaient certains. Je n'avais certes pas la prétention de réussir là où le célèbre alpiniste Whymper avait échoué; d'autre part, je ne voulais pas abandonner complètement mes projets : je résolus alors de faire simplement une excursion sur l'*inlandsis*[1].

Le 15 mai je quittai Copenhague à bord d'un des plus anciens bâtiments de la flotte de commerce du Grönland, le brick le *Hvalfisk*, commandé par le capitaine Seistrup. Le 2 juillet seulement, nous arrivâmes à Godhavn, après avoir essuyé une terrible tempête près du cap Farewell. Je voulais louer deux baleinières avec leurs équipages, pour exécuter dans le courant de l'été plusieurs excursions sur différents points de la côte du Grönland nord occidental. Les négociations engagées à ce sujet ne réussirent pas. A cette époque

1. Voir A.-E. Nordenskiöld, *Redogörelse för en expedition till Grönland år 1870. Öfversigt af K. Vet.-Akad. Förh.*, 1870, p. 975.

de l'année, les meilleurs chasseurs et la plupart des indigènes ont coutume d'abandonner la colonie pour aller *à la campagne* avec toutes leurs familles. Ils vont s'établir sous la tente dans quelque coin écarté des fjords, et passent là plusieurs semaines à chasser, à pêcher et à se chauffer au clair soleil de l'été.

Après avoir perdu une semaine en négociations infructueuses, je m'embarquai à bord d'un *jakt*[1] de la compagnie pour gagner Egedesminde. Là, disait-on, il me serait plus facile d'engager les équipages dont j'avais besoin.

La traversée ne dura qu'une demi-journée, tout le temps agrémentée par les chants d'un quatuor de passagers grönlandais. Les indigènes chantaient en eskimo des mélodies européennes. Grâce à l'obligeance du gouverneur d'Egedesminde, M. Bollbroe, nous pûmes, quelques heures après notre arrivée, commencer nos travaux. Nous achetâmes une baleinière; M. Bollbroe nous en prêta une seconde, et son intervention nous facilita l'engagement des hommes qui nous étaient nécessaires.

Öberg resta avec une embarcation dans les environs d'Egedesminde pour draguer et étudier la faune de ces parages. Berggren, Nordström et moi, nous fîmes route au sud, par Manermiut et Kangaitsiak, pour atteindre le plus septentrional des long fjords étroits qui échancrent la côte entre Egedesminde et Holstenborg.

Le 12 juillet nous couchâmes à Manermiut, le 13 à Kangaitsiak, le 14, le 15 et le 16 sur des îles de l'Aulaitsivikfjord. Le 17 enfin, nous atteignîmes le glacier qui descend au fond du bras septentrional de l'Aulaitsivikfjord. Nous avions choisi cette localité comme point de départ de notre excursion sur l'*inlandsis*.

La journée du 18 fut occupée par les préparatifs du voyage et par une reconnaissance préliminaire du terrain; le 19, de bon matin, nous nous mîmes en route. Nous traversâmes en canot une baie dans laquelle débouchaient plusieurs torrents issus de l'*inlandsis*, tout chargés d'argile. Au delà s'étendait, jusqu'à la lisière du glacier, un terrain assez accidenté. L'*inlandsis* se terminait par un escarpement, à pic en certains endroits, ailleurs mamelonné et couvert d'une mince couche de débris pierreux. La

---

1. Espèce de sloop de construction scandinave. (*N. du trad.*)

hauteur de la tranche terminale du glacier ne dépassait pas quelques centaines de mètres; au delà de ce point, le glacier avait une altitude beaucoup plus grande. Presque partout l'escarpement terminal défiait toute escalade. Après bien des recherches, nous découvrîmes une crevasse étroite, et, en en gravissant les parois à l'aide d'une corde, nous atteignîmes le sommet du mur de glace. Cette corde avait une longueur de cent brasses; son poids nous obligea à en couper la moitié à la première halte. A l'exception du vieux patron de notre canot, tous les indigènes qui nous avaient accompagnés nous aidèrent à transporter nos bagages au pied de l'*inlandsis*, un rude labeur sur ce terrain bossué de monticules et crevassé de vallons; après la halte de midi, ces indigènes nous suivirent même à une petite distance sur le glacier. Seuls Berggren, les deux Eskimos (Isak et Sisarniak) et moi, nous continuâmes la route. Ce jour-là l'étape fut courte.

Une poussière terreuse parsemée de cailloux à angles saillants noircissait la lisière de l'*inlandsis*. Dans cette région le glacier était peu accidenté, simplement coupé de crevasses profondes qui s'ouvraient perpendiculairement à la direction de la rive; c'était une crevasse de ce genre dont nous avions escaladé les parois pour atteindre le sommet du mur de glace terminal. Afin de ne pas effrayer les Grönlandais par la vue de ces gouffres dangereux, j'abandonnai ce terrain relativement facile pour marcher au sud le long de la ligne des crevasses. Plus loin seulement, nous comptions faire route vers l'est. Nous réussîmes ainsi à éviter les crevasses; mais dans cette direction le glacier était très accidenté. Nous comprimes alors le sens de la pantomime à laquelle les Eskimos s'étaient livrés pour nous dissuader de notre projet. Tout en babillant sans trêve ni merci dans un langage incompréhensible pour nous, ils élevaient les mains au-dessus de la tête, puis les abaissaient jusqu'au niveau du sol. Par ces gestes, ils voulaient décrire le labyrinthe de pyramides de glace au milieu duquel nous nous trouvions. Ces pyramides ne dépassaient guère une hauteur de 12 mètres, et leurs faces avaient une inclinaison de 25 à 30 degrés. Sur un pareil terrain, la marche n'était guère rapide avec nos traîneaux lourdement chargés. En gravissant ces protubérances du glacier, nous devions haler de toutes nos forces les véhicules, puis à la descente les retenir pour qu'ils n'arrivassent pas brisés en mille morceaux au pied de la pyramide.

Dès le lendemain je reconnus l'impossibilité de transporter plus loin les trente jours de vivres dont nous étions munis et la nécessité de charger les bagages sur nos épaules. J'abandonnai donc le traîneau avec une partie des provisions, et nous plaçâmes le reste dans nos sacs. Ainsi équipés, nous pûmes marcher assez rapidement, bien que le terrain fût d'un parcours aussi difficile que la veille. Plus loin, le glacier était moins accidenté, mais il était coupé de grandes et profondes crevasses que nous devions sauter. Cet exercice gymnastique n'était point facile, chargés comme nous l'étions; malheur à celui qui eût fait un faux pas! La traversée de cette région dangereuse dura deux heures. Nous rencontrâmes encore par la suite plusieurs zones de crevasses, mais elles étaient beaucoup moins larges. Nous nous trouvions alors à une hauteur de 232 mètres. Plus loin, dans les régions qui n'étaient pas crevassées, l'*inlandsis* ressemblait à une mer fouettée par la tempête et dont les vagues auraient été subitement congelées. A première vue on reconnaissait que le glacier s'élevait vers l'intérieur; de distance en distance, la pente était interrompue par des dépressions ovales remplies par des nappes d'eau sans émissaire apparent, qu'alimentaient de nombreux affluents. La traversée de ces rivières n'était point dangereuse, mais souvent le passage de ces torrents nous faisait perdre autant de temps que celui des crevasses. Si ces cours d'eau étaient moins nombreux que les crevasses, les détours auxquels ils nous obligeaient étaient par contre beaucoup plus longs.

Pendant toute la durée de notre excursion sur l'*inlandsis*, le temps fut clair; à divers moments, pas un nuage ne tachait l'azur du ciel. Pour des gens chaudement vêtus comme nous l'étions, la chaleur était très sensible. A l'ombre, près de la glace, le thermomètre ne s'élevait guère au-dessus de zéro; placé à une certaine hauteur, il marquait $+ 7°$ à $+ 8°$, et au soleil il variait de $25°$ à $+ 30°$ C. Les nuits étaient très froides; immédiatement après le coucher du soleil, les flaques d'eau éparses sur la glace gelaient. Nous n'avions pas de tente, et pour quatre hommes nous ne possédions que deux sacs de couchage. Dans ces sacs ouverts à chaque extrémité, deux personnes pouvaient se placer bout à bout. Reposant directement sur la surface inégale du glacier, ce lit n'était rien moins que confortable; après quelques heures de sommeil, on était réveillé par des douleurs dans les membres ankylosés; et comme un simple prélart isolait le sac de la glace, le matelas était toujours très froid. Au retour de notre excursion, pour que Nordström pût se figurer les souffrances que le froid nous avait fait endurer, les Eskimos se secouaient le corps d'un frisson violent. La basse température nous obligea à abréger autant que possible la durée des haltes durant la nuit; à midi, au contraire, comme nous pouvions nous chauffer au soleil, nous nous arrêtions plus longtemps. Je mis à profit ces haltes pour déterminer, toutes les vingt-quatre heures, la latitude et la longitude des points où nous nous arrêtions et calculer ainsi les distances parcourues.

A une encablure de la lisière du glacier, on ne trouve pas une pierre sur la surface de l'*inlandsis*, mais partout elle est criblée de trous cylindriques

Extrémité inférieure de l'*inlandsis*. Vue prise d'une montagne voisine.
Gravure exécutée d'après un dessin de M. Sv. Berggren, pris le 18 juillet 1870.

Arcade de glace donnant passage à un torrent coulant sous l'*inlandsis*.
Gravure exécutée d'après un dessin de M. Sv. Berggren, pris le 25 juillet 1870.

Roches moutonnées dans l'Aulaitsivikfjord.
Gravure exécutée d'après un dessin de M. Sv. Berggren.

Crevasse de l'*inlandsis* rencontrée à environ 20 kilomètres de la côte.
Gravure exécutée d'après un dessin de M. Sv. Berggren, pris le 25 juillet 1870

profonds de 30 à 60 centimètres, dont la largeur varie de quelques millimètres à 60 centimètres. Ces trous sont très rapprochés les uns des autres, et entre eux il n'y a place ni pour mettre le pied ni, à plus forte raison, pour dérouler le sac-lit. Chaque nuit nous couchions sur cette glace poreuse; pendant que nous dormions, la chaleur de nos corps en fondait une certaine quantité, et le matin nous nous réveillions au milieu de flaques d'eau. Comme compensation à ces inconvénients, ces trous contenaient une excellente eau.

Ces cavités ne communiquaient point les unes aux autres. Au point extrême de notre course sur l'*inlandsis*, comme à la lisière inférieure du glacier, le fond de tous ces trous était couvert d'une couche de poussière grise, épaisse de plusieurs millimètres. Cette substance, très intéressante à plusieurs points de vue, a reçu le nom de *cryokonite* (κρύος, glace, et κόνις, poussière).

Le 21, à midi, nous avions atteint un point situé par 68° 21′ de latitude nord à 24 kilomètres à l'ouest du fjord et à une hauteur de 406 mètres au-dessus de la mer. A la halte que nous fîmes l'après-midi, les Eskimos enlevèrent leurs chaussures pour examiner leurs pieds; c'était mauvais signe. Isak nous annonça alors, en fort mauvais danois, que lui et ses camarades étaient d'avis de battre en retraite. Les représentations que nous leur adressâmes n'eurent aucun succès, et force nous fut de les laisser retourner en arrière et de continuer seuls notre route.

Nous passâmes la nuit dans cet endroit. Les provisions furent partagées; les Eskimos en emportèrent une quantité suffisante pour pouvoir atteindre le campement situé au pied du glacier, au cas où ils ne retrouveraient pas le dépôt laissé en route. Quant à nous, nous ne nous chargeâmes de vivres que pour cinq jours. Le reste et un excellent appareil de chauffage au photogène furent abandonnés sur la glace. Pour pouvoir reconnaître au retour l'emplacement de ce dépôt, nous suspendîmes un morceau de couverture à un bâton; malgré cette précaution, nous ne pûmes le retrouver lorsque nous battîmes en retraite.

Ces préparatifs terminés, Berggren et moi, nous poursuivîmes notre route vers l'intérieur du pays, pendant que les Eskimos rebroussaient chemin.

Près de cette halte, le glacier formait une sorte de cuvette sillonnée de nombreux cours d'eau. Afin d'éviter ces torrents, nous suivîmes à droite le bord de la dépression, mais là nous tombâmes au milieu de longues et larges crevasses parallèles, orientées du nord-nord-est au sud-sud-ouest, beaucoup plus dangereuses à traverser que les torrents. Le 22, à midi, nous nous arrêtâmes pour faire le point. Le temps était magnifique et le soleil éclatant. Nous nous trouvions par 68° 22' de latitude nord, à 37 kilomètres à l'est du campement établi sur les bords du fjord et à une altitude de 580 mètres.

Pendant toute notre excursion sur le glacier, les seuls animaux que nous vîmes furent deux corbeaux qui planèrent au-dessus de nos têtes au moment où les Eskimos nous abandonnèrent. Près de l'extrémité inférieure de l'*inlandsis* nous trouvâmes des traces de lagopèdes. Aucun être vivant n'animait cette solitude, mais elle était peuplée de bruits. Appliquait-on l'oreille sur la glace, on entendait un grondement souterrain produit par l'écoulement des cours d'eau, et de temps en temps éclatait une détonation aussi violente qu'un coup de canon, indice de la formation d'une crevasse.

Les observations astronomiques terminées, nous continuâmes notre route sur un terrain relativement facile. Dans la soirée, nous aperçûmes une colonne de vapeurs que formait un large torrent en tombant dans une crevasse. Les eaux avaient creusé là un trou qui atteignait probablement le sous-sol sur lequel reposait le glacier; en cet endroit la tranche de glace avait peut-être une puissance de 300 mètres. Quand on jetait un coup d'œil dans cet abîme, le regard se perdait dans une cavité obscure, éclairée à son orifice par les reflets azurés de la glace.

Le lendemain 23, à midi, nous étions, par 68° 22' de latitude nord, à 54 kilomètres du fjord et à une altitude de 551 mètres. Nous nous trouvions ainsi à 29 mètres plus bas que la veille. Au delà de cette dépression, le glacier s'élevait par une pente très marquée.

Nos provisions étant fortement entamées, nous dûmes songer au retour. Avant de battre en retraite, nous nous dirigeâmes vers un monticule de glace qui s'élevait au milieu de l'*inlandsis*. De là, pensions-nous, la vue devait être très étendue. Pour pouvoir marcher rapidement, nous laissâmes au point où nous avions passé la nuit nos provisions et nos sacs-lits; puis, après avoir repéré notre route sur les monticules de glace environnants, afin de retrouver sûrement notre chemin, nous partîmes en forçant le pas.

Ce monticule était beaucoup plus élevé et plus éloigné que nous ne nous l'étions figuré. L'immense panorama que l'on embrassait de ce point sur l'*inlandsis* nous récompensa des fatigues de la course. A perte de vue s'étendait le glacier, s'élevant par une pente continue vers l'intérieur du pays; aucun pointement rocheux n'était visible; vers le nord, vers l'est et vers le sud, l'horizon était limité par une ligne de glace aussi nette que celle de la mer. Les observations que nous aurions faites sur l'*inlandsis* en poursuivant notre route, au cas où nous eussions eu assez de temps et de vivres pour entreprendre une plus longue course, n'auraient pas été plus complètes que celles que nous pouvions faire de ce point; même si

Rivière tombant dans une crevasse de l'*inlandsis*.
Gravure exécutée d'après un dessin de M. Sv. Berggren, pris le 25 juillet 1870.

Campement sur les bords d'un lac de l'*inlandsis*.
Gravure exécutée d'après un dessin de M. Sv. Berggren, pris le 27 juillet 1870.

Jet d'eau intermittent observé sur l'*inlandsis* à environ 45 kilomètres de la côte.
Gravure exécutée d'après un dessin de M. Sv. Berggren, pris le 27 juillet 1870.

Vue prise sur l'*inlandsis* à environ 50 kilomètres de la côte.
Gravure exécutée d'après un dessin de M. Sv. Berggren, pris le 23 juillet 1870.

nous avions eu des approvisionnements à notre disposition, il aurait été inutile de continuer notre marche. Le point où nous avons rebroussé chemin est situé à une altitude de 658 mètres et à environ 56 kilomètres à l'est de l'extrémité supérieure du bras septentrional de l'Aulaitsivikfjord.

Avant de quitter notre bivouac nous avions soigneusement noté sa position et sa direction, néanmoins nous eûmes quelque peine à retrouver notre route. Le voyageur éprouve les plus grandes difficultés à s'orienter sans l'aide de points de repère élevés au milieu d'une plaine uniforme doucement ondulée comme celle de l'*inlandsis*.

Après quelques moments d'anxiété, nous découvrîmes enfin notre campement. Nous dînâmes, puis réduisîmes le plus possible nos charges, et partîmes immédiatement pour regagner la côte. Dans la nuit du 26, nous arrivâmes sur les bords du fjord.

Près du point où nous avions battu en retraite, nous fûmes arrêtés par un large et profond torrent coulant entre deux parois de glace absolument immaculées. Notre ligne de retraite était coupée, et notre situation devenait assez mauvaise. En allant, nous n'avions rencontré aucune rivière de cette importance; elle n'avait donc probablement qu'un cours de faible étendue. Nous suivîmes alors le torrent dans la direction du courant; bientôt après, nous le vîmes se précipiter dans une crevasse. Le lendemain, à la halte de midi, pendant que nous examinions l'horizon à la lunette, nous aperçûmes une seconde rivière, beaucoup plus intéressante. A peu de distance de notre campement s'élevait au-dessus du glacier un nuage de vapeur d'eau; nous y courûmes immédiatement, pensant voir une cascade qui, à en juger par la hauteur de la colonne de vapeur, devait être plus belle que celles que nous avions vues jusque-là. Nous nous trompions; la rivière, qui se précipitait dans une crevasse, était beaucoup moins considérable que celle qui nous avait barré la route la veille, et aucun nuage de poussière d'eau ne s'élevait au-dessus de la chute. Mais tout près sortait, par un trou du glacier, un jet d'eau intermittent dont le vent portait çà et là les molécules sur les monticules de glace voisins. Ainsi, au milieu de l'*inlandsis* jaillissait une source intermittente qui, autant que j'en puis juger par les descriptions, ressemble aux geysers de l'Islande.

Pour éviter la région accidentée qui, en allant, avait mis à une si rude épreuve nos forces, je suivis une direction plus septentrionale pour descendre de l'*inlandsis* dans la région dépouillée de neige qui sépare ce glacier de la baie de Disko. Sauf dans quelques endroits, l'*inlandsis* était de ce ctôé aussi unie qu'un parquet, mais dans cette direction elle était coupée de très larges crevasses. Finalement nous eûmes la chance d'arriver à un point où le glacier se terminait par une pente douce. On aurait pu la descendre en voiture à quatre chevaux.

Beaucoup plus difficile fut la traversée de la région qui s'étend au sud de la baie de Disko. Le sol était accidenté et sillonné de nombreux torrents issus du glacier; en les guéant, nous avions de l'eau au-dessus des bottes. Enfin, non loin de notre tente, nous fûmes arrêtés par un cours d'eau roulant une masse énorme de particules argileuses; après plusieurs tentatives sans résultat, nous dûmes renoncer à le passer. Nous fûmes alors forcés d'escalader l'extrémité inférieure de l'*inlandsis*, puis d'en descendre au delà du point d'où sortait la rivière; mais, cette fois, la descente ne fut pas aussi facile que la première fois.

Après cette intéressante excursion, je visitai la branche de l'*inlandsis* qui débouche dans le fjord de Jakobshavn. D'après Rink, ce courant de glace serait le glacier qui produirait le plus grand nombre d'isbergs sur la côte occidentale du Grönland et peut-être, par suite, dans tout l'océan Arctique. C'est dans cette localité que Helland, en 1875, et Hammer, en 1879 et 1880, ont mesuré la vitesse d'écoulement des courants de glace issus de l'*inlandsis*. Cette vitesse peut atteindre 16 mètres par jour. Rink évalue le volume de ce glacier à environ 4300 millions de mètres cubes; ce volume de glace correspond au débit annuel d'un cours d'eau large de 59 mètres et profond de 5 mètres, dont la vitesse d'écoulement serait d'un mille à l'heure.

Notre expédition se divisa ensuite en deux troupes. Berggren et Öberg allèrent recueillir dans la baie de Disko des collections botaniques et zoologiques, pendant que Nordström et moi, nous partions chercher des plantes fossiles dans les formations arénacées et argileuses de la région des basaltes. Les résultats que nous obtînmes dépassèrent nos espérances. L'exposé de ces travaux m'entraînerait hors du cadre de ma relation; du reste, ils ont été en partie décrits dans la *Flora Fossilis arctica* d'Oswald Heer (vol. III, Zurich, 1875[1]).

---

1. Heer a fait connaître ces résultats dans des brochures écrites en allemand, français, anglais et suédois, ainsi que dans différents articles de revues.

D'après H. Rink[1], l'ancien directeur du commerce du Grönland, en 1871 une expédition danoise commandée par M. A. Möldrup se serait avancée à quelque distance sur l'*inlandsis*. Elle serait partie du golfe Sud-Est, situé un peu au nord de notre point de départ. Ce renseignement est erroné. En 1871, sous l'intelligente direction de M. Krarup Smitt, inspecteur des établissements du Grönland septentrional, une expédition fut organisée pour explorer l'*inlandsis*; mais, à ce que l'on m'a assuré, elle n'eut aucun résultat. M. Möldrup n'a pas, semble-t-il, parcouru l'*inlandsis*; il a simplement vu le glacier du sommet d'une montagne située entre deux bras de l'*inlandsis*. Ces presqu'îles rocheuses, comme les pointements qui s'élèvent au milieu de la glace, sont appelées *nunatak* par les indigènes; c'est cette identité de noms qui a fait croire que l'expédition s'était avancée à une certaine distance sur le glacier.

Dans la chronologie des expéditions sur les glaciers polaires, après mon exploration de l'*inlandsis* du Grönland il faut placer celle que Palander et moi avons exécutée en 1872-1873, sur la Terre du Nord-Est, au Spitzberg. Cette dangereuse traversée d'une *inlandsis*, située près du 80° degré de latitude nord, n'est qu'un épisode d'un long voyage en traîneaux que nous entreprîmes de nos quartiers d'hiver établis à la Mosselbay. Dès le début du voyage nous étions affaiblis par un hivernage pendant lequel la nourriture était parcimonieusement ménagée et dans une région où le soleil disparaît de l'horizon durant quatre mois.

Le but de l'expédition polaire de 1872-1873 était d'atteindre une haute latitude, en avançant sur la glace au nord du Spitzberg. Comme point de départ nous avions choisi la côte septentrionale de cet archipel, ou, au cas où les navires pourraient avancer jusque-là, les Sept-Iles, situées près du 81° degré de latitude nord. Nous devions employer des rennes pour tirer les traîneaux chargés des bagages et des provisions. Dès l'automne de 1872 l'expédition se trouva

---

1. *Petermanns Mittheilungen*, 1885, p. 133.

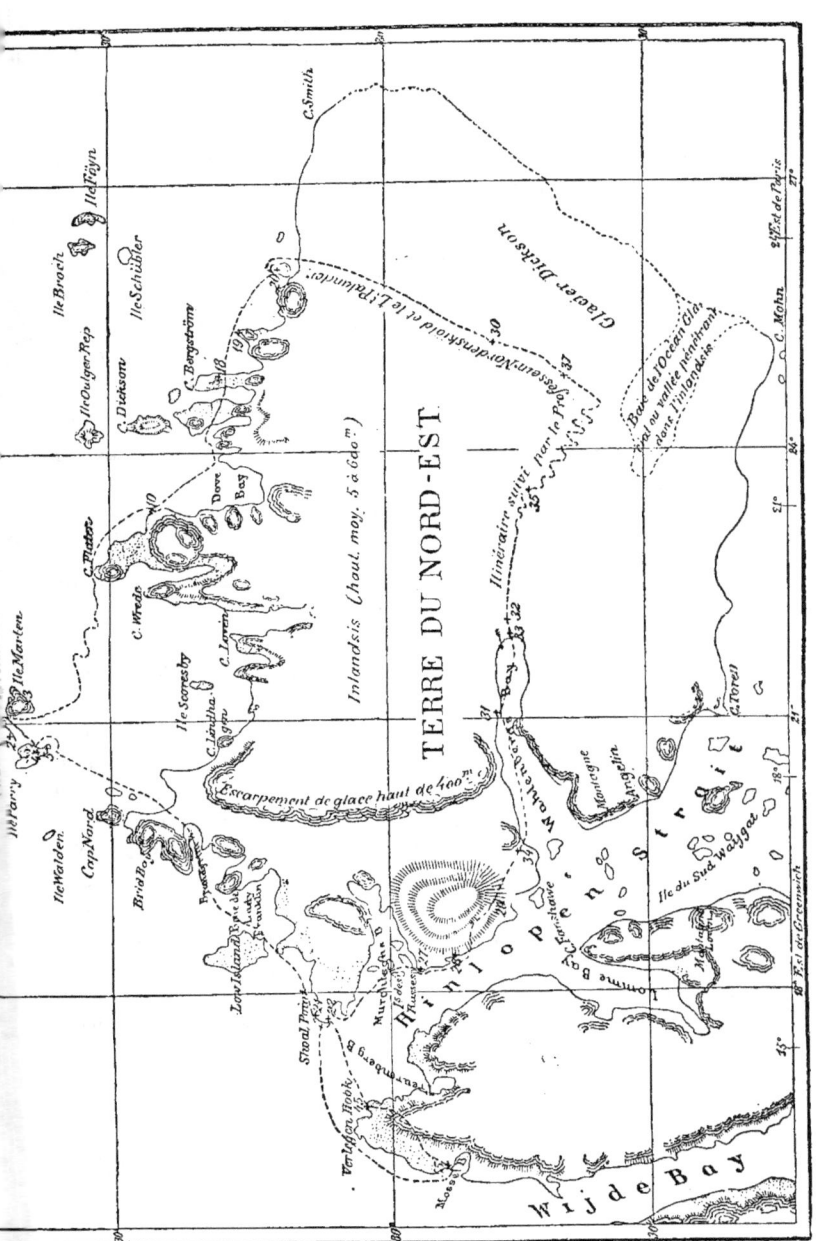

Itinéraire suivi sur la Terre du Nord-Est par l'expédition polaire suédoise de 1872-1875.
Carte extraite de l'ouvrage de A.-E. Nordenskiöld *Redogörelse för den sv. polarexp. år 1872-1875*. Sthlm, 1875.

dans une situation peu favorable à l'exécution de nos projets. Les glaces, très compactes cette année-là, nous empêchèrent d'atteindre les Sept-Iles, et nous dûmes hiverner beaucoup plus au sud, dans la Mosselbay. Les quarante rennes domestiques qui avaient été amenés au Spitzberg à grands frais s'échappèrent quelques jours après que nous les eûmes débarqués. Deux transports qui convoyaient le *Polhem*[1] furent bloqués avec lui ; par suite, les approvisionnements, qui étaient très abondants pour notre équipage, devinrent insuffisants pour le nombreux personnel que nous eûmes à nourrir. L'expédition en traîneaux fut, par suite, entreprise sans l'aide des rennes et dans de très mauvaises conditions[2]. Le 24 avril 1873 elle quitta ses quartiers d'hiver et s'avança péniblement jusqu'aux Sept-Iles. Là les inégalités de la glace nous obligèrent à battre en retraite. Le retour s'opéra en suivant la côte septentrionale de la Terre du Nord-Est jusqu'aux approches du cap Smith ; de là nous nous dirigeâmes à travers l'*inlandsis* vers la baie de Wahlenberg (*Wahlenberg-bay*), dans l'Hinlopen Strait. C'est cette dernière partie du voyage que je vais raconter maintenant :

La caravane comptait onze personnes : Palander, neuf matelots et moi. Nos bagages étaient chargés sur deux longs traîneaux. Comme l'indique la carte de la page précédente, nous nous engageâmes sur l'*inlandsis* de la Terre du Nord-Est, près du cap Smith, à un endroit où le glacier tombait dans la mer par une pente douce. Le halage des traîneaux sur cette pente fut beaucoup plus rapide et plus facile que nous ne l'avions espéré ; mais, un peu plus loin, une désagréable mésaventure arrivée à l'un de nous arrêta quelque temps notre marche. Cet incident montrait à quels dangers nous serions désormais exposés ; ces dangers, je les avais bien prévus, mais je ne les supposais pas aussi grands. A peine nous étions-nous avancés sur l'*inlandsis* d'environ un millier de toises, qu'un homme disparut à travers le glacier. En cet endroit la couche de neige était absolument unie, et la chute fut si rapide que notre camarade n'eut pas même le temps de pousser un cri d'alarme. Notre homme avait perforé la croûte de neige qui recouvrait une crevasse, et il était resté suspendu à la brassière

---

1. Le *Polhem* était le navire de l'expédition. (*N. du trad.*)
2. Voir à ce sujet A.-E. Nordenskiöld, *Redogörelse för den svenska polar-expeditionen 1872-1873. Bih. till K. Sv. Vet.-Akad. Handl.*, vol. II, n° 18, et F.-R. Kjellman, *Svenska polar-expeditionen 1872-1873*. Stockholm, 1875.

du traîneau au-dessus d'un gouffre profond qui n'était masqué que par une mince couche de neige. Quelques instants après, notre camarade était retiré de sa prison, sain et sauf, mais un peu étonné de sa mésaventure; jamais auparavant il ne s'était douté de l'existence de pareilles oubliettes. Si la brassière avait glissé de l'épaule de notre compagnon, il aurait été infailliblement perdu. Avant l'accident, plusieurs d'entre nous avaient marché sur le pont de neige sans qu'il se fût rompu.

Nous continuâmes notre route en redoublant de précautions; les bras-

Incident de voyage pendant la traversée de l'*inlandsis* de la Terre du Nord-Est.

sières furent désormais placées de manière à ne pouvoir glisser, au cas où pareil accident se serait reproduit, et l'homme qui marchait en tête fut muni d'une gaffe pour sonder les passages de mauvaise apparence. Pendant le reste du voyage, nous traversâmes de nombreuses crevasses, la plupart *couvertes*; dans beaucoup d'endroits leur existence ne nous était révélée que lorsque le pont de neige s'écroulait sous nos pieds ou que l'un de nous le crevait ou enfonçait jusqu'à mi-corps. Généralement nous ne faisions pas de culbutes dans les crevasses, car nous avions le temps de prendre pied sur le bord ou de nous accrocher aux traîneaux ou aux brassières des camarades. Néanmoins, quelquefois l'un de nous tombait dans le gouffre, mais jamais cet incident n'eut de suites fâcheuses. A ce propos, je ne saurais assez faire l'éloge de l'intrépidité, de l'entrain et de la bonne humeur de nos marins, dans une pareille expédition si contraire à leurs habitudes. Une fois, pourtant, un de nos hommes perdit patience. Tombé dans une crevasse étroite, il dut rester un bon moment comme pris au piège entre les parois de l'abîme. Son bonnet était tombé, et, tout le temps qu'il resta dans la crevasse, il reçut sur sa tête nue une douche d'eau glacée.

Pendant les premiers jours du voyage, un temps relativement clair nous permit de nous rendre compte de l'aspect du pays. Aucune chaîne de montagnes ne s'élevait au milieu du glacier; l'*inlandsis* se développait en une immense plaine, s'élevant vers le sud et vers l'ouest par une pente continue, mais trop peu sensible pour être perceptible à l'œil. Dans ces directions elle atteignait, semble-t-il, à une certaine distance, l'altitude de 600 à 900 mètres. Sur cette steppe glacée le moindre souffle de vent soulevait un nuage de fines particules neigeuses. Cette poussière pénétrante était pour nous aussi désagréable que les tourbillons de sable pour ceux qui traversent le Sahara. Le frottement continuel de ces particules neigeuses sur la surface de l'*inlandsis* avait poli la couche superficielle, constituée par une neige fortement tassée, et lui avait donné l'aspect d'un dallage de marbre ou plutôt d'un tapis de velours blanc. A chaque campement nous creusions pour la cuisine un trou profond dans le glacier; dans ces cavités, je pus étudier la transformation de la neige en glace.

A une profondeur d'un mètre à un mètre et demi, la neige se changeait en glace. On trouvait d'abord une couche de grands cristaux de glace, qui auraient fait l'admiration d'un cristallographe, plus bas une couche de névé, enfin de la glace dure et compacte. Cette glace était remplie de bulles d'air comprimé par la masse sus-jacente. Lors de la fonte, si la pellicule de glace ne peut résister à la pression, la bulle crève en faisant entendre un pétillement. Pendant l'été on entend souvent ce bruit particulier, sur les fjords parsemés de blocs provenant du *vêlage* des glaciers.

Du 2 au 17 juin, les tourmentes de neige furent presque continuelles. Lorsque le vent était fort et droit debout, nous devions rester blottis pendant plusieurs jours sous notre tente en fine toile de coton; d'autres fois, le temps était complètement *bouché*. Dans la région du glacier que nous traversâmes au début du voyage, où les seuls passages dangereux étaient les crevasses dont nous avons parlé plus haut, le brouillard ne retardait guère la marche de la caravane, qui se guidait à la boussole; mais plus loin il rendit souvent notre position critique. A une certaine distance de la côte, l'*inlandsis* était sillonnée de larges et profonds canaux, bordés d'escarpements presque à pic. Sur un pareil terrain, les brumes étaient très incommodes; nous ne pouvions choisir les parties du glacier où ces dépressions étaient le moins rapprochées les unes des autres; de plus, la lumière filtrant à travers ces brouillards ne permettait pas de distinguer un simple abaissement du sol d'un profond ravin. En cas de brouillard, lorsque nous trouvions devant nous un de ces canaux, il fallait descendre à bras un homme attaché à une corde pour qu'il reconnût la profondeur du ravin. Souvent notre camarade devait se faire remonter avant d'avoir atteint le fond de la dépression, et souvent, quand nous avions fait un long détour pour éviter cet obstacle, nous nous apercevions que le fossé n'avait aucune profondeur et qu'il aurait suffi de descendre à un ou deux mètres plus bas pour en atteindre le fond.

Sous beaucoup de rapports, la mer de glace que nous traversions différait de l'*inlandsis* que j'avais visitée en 1870 au Grönland. Ici nous nous trouvions sur un glacier recouvert d'une couche de neige qui ne fond pas en été; au contraire, au Grönland, dès le commencement de juillet, la couche de neige superficielle disparaît presque entièrement dans la zone voisine de la côte. Nous ne vîmes sur le glacier de la Terre du Nord-Est aucun de ces lacs pittoresques, aucun de ces beaux torrents, aucune de ces magnifiques cascades ou sources intermittentes qui avaient fait notre admiration pendant notre exploration de l'*inlandsis* du Grönland. L'aspect du glacier nous fait même supposer qu'en été rien de pareil ne doit exister au Spitzberg. Sur cette terre polaire, la fonte des neiges est trop peu importante pour donner naissance à des lacs et à des rivières.

Les crevasses de l'*inlandsis* du Grönland sont beaucoup plus larges que celles du glacier de la Terre du Nord-Est, mais ne présentent pas d'aussi grands dangers; du moins il en était ainsi lorsque nous visitâmes le Grönland, à une époque où la couche de neige superficielle avait fondu. Sur la Terre du Nord-Est, presque toutes les crevasses étaient recouvertes d'un pont de neige fragile. A chaque pas il fallait s'attendre à tomber dans quelque trou. Berggren et moi, nous avions pu parcourir l'*inlandsis* du Grönland sans corde. Au contraire, ici tous les hommes devaient marcher attachés aux traîneaux; il était même nécessaire de sonder le terrain sur lequel le campement était établi, et de marquer par des bâtons autour de la tente l'espace sur lequel les hommes avaient la permission de marcher sans corde.

La plupart des crevasses s'ouvraient rectilignes et parallèles entre elles; quelques-unes cependant étaient courbes et avaient une direction oblique à la ligne de fracture générale : par suite certaines parties du glacier se trouvaient déchirées par deux systèmes de crevasses perpendiculaires l'un à l'autre. Ces régions étaient particulièrement dangereuses. Lorsqu'on jetait un coup d'œil dans l'ouverture d'une crevasse, le regard se perdait dans un gouffre d'un bleu foncé, tapissé de cristaux semblables à ceux qui se forment sur les côtés des glaçons[1] entassés en *toross*[2]. Comme je l'ai déjà dit, la neige présentait une surface plane durcie par les tempêtes et polie par le frottement des tourbillons de neige que chasse la plus légère brise.

Halte dans un canal de l'*inlandsis* de la Terre du Nord-Est.
Gravure exécutée d'après un dessin de M. A.-E. Nordenskiöld.

S'il ne tombe pas de neige et si le vent est faible, ce tourbillon ne s'élève pas à plus de quelques mètres au-dessus du sol. Cette neige pulvérulente s'amoncèle en couche légère au-dessus des crevasses, tombe en cascades du haut des escarpements, et en quelques minutes comble les cavités du glacier. Ainsi, tous les matins au réveil, les traces de nos pas de la veille avaient disparu autour de la tente, et les traîneaux étaient enfouis sous une épaisse couche de neige. Le glacier de la Terre du Nord-Est n'est pas percé de ces trous cylindriques, profonds de 30 à 60 centimètres et remplis d'eau, que nous avions observés en si grande quantité sur l'in-

---

1. A.-E. Nordenskiöld, *Voyage de la Vega*, traduit par MM. Ch. Rabot et Ch. Lallemand. Librairie Hachette et Cie, p. 385 et 425.
2. Amoncellement de blocs de glace de forme plus ou moins régulière produit par le brisement des banquises. (*N. du trad.*)

landsis du Grönland. Par suite nous ne pûmes recueillir ni *cryokonite*, ni algues microscopiques, comme Berggren en avait ramassé sur les glaciers du Grönland.

A quelque distance de la côte, l'*inlandsis* du Grönland forme de larges cuvettes remplies de petits lacs sans émissaire apparent, alimentés par de nombreux ruisseaux. L'*inlandsis* de la Terre du Nord-Est ne renferme au contraire aucune nappe d'eau ; mais, près du cap Mohn, elle est sillonnée de canaux, la plupart parallèles entre eux, et distants les uns des autres, en certains endroits, de 100 mètres environ. La largeur de ces canaux varie de 10 à 32 mètres, et leur profondeur *maxima* atteint 15 mètres. Nos traîneaux n'auraient pu descendre l'escarpement vertical de ces fossés sans être

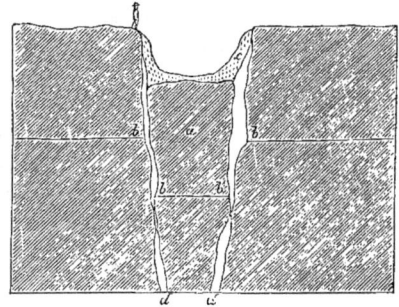

Coupe d'un canal de l'*inlandsis*.

a, masse de neige ayant changé de niveau ; — *b, b'*, hauteur de la faille ; — *c*, neige ; — *d*, crevasses latérales.

déchargés ; la traversée de cette région aurait été par suite impossible, si en certains endroits le canal n'eût été entièrement comblé par des amoncellements de neige, sur lesquels les traîneaux pouvaient être facilement halés. Ces « ponts » existaient *toujours* aux points où les canaux formaient un zigzag. L'existence de crevasses parfois très larges et remplies de neige à la base des berges du canal rendait ces passages dangereux ; ajoutez à cela que dans certains endroits l'amoncellement de neige n'était qu'un *pont* fragile. Un jour, au moment où la caravane allait s'engager sur une de ces voûtes, la neige s'effondra. Quelques secondes plus tôt, et nous aurions été tous engloutis. Le canal était de plus sillonné de dangereuses crevasses transversales, également remplies de neige, dont l'existence n'était révélée que par quelque trou bâillant le long de la berge. Comme le montre la gravure de la page 144, nous campâmes souvent dans ces canaux pour nous abriter contre le vent.

Sur plusieurs points le glacier était percé de cavités entourées de tous côtés par des escarpements à pic, plus profondes que les canaux, mais d'une étendue moins considérable. Nos matelots donnaient très justement à ces dépressions le nom de *docks du glacier*. La figure précédente montre la coupe d'un canal de l'*inlandsis*.

L'*inlandsis* de la Terre du Nord-Est, à l'époque de notre voyage, était recouverte d'une épaisse couche de neige qui m'empêcha d'étudier le mode de formation de ces canaux. Dans mon opinion, ces déchirures du glacier ne sont point des lits de torrents à sec. Si ces canaux servaient à l'écoulement des eaux de fonte, il devrait en exister dans toutes les régions de l'*inlandsis*. Or on n'en observe aucun dans certaines parties du glacier. D'autre part ces dépressions sont beaucoup trop profondes pour avoir été creusées par les eaux provenant de l'ablation ; au Grönland, où la fonte des neiges est bien plus importante qu'au Spitzberg, les torrents qui sillonnent l'*inlandsis* sont loin d'être aussi profonds que ces canaux. Il n'est donc guère probable qu'ils servent à l'écoulement des eaux, d'autant plus que dans cette zone septentrionale du Spitzberg les neiges ne doivent fondre qu'en petite quantité. Vraisemblablement ces canaux sont des failles qui se produisent dans la glace, comme dans les couches solides de notre globe, sous l'influence de contractions et de dilatations dues à des variations de température.

Lorsque nous battîmes en retraite vers l'ouest, une courte éclaircie nous permit de reconnaître qu'au sud l'*inlandsis* était encore plus accidentée que dans la région septentrionale. Du point où nous nous trouvions, situé à 407 mètres au-dessus de la mer, le glacier s'abaissait pour former en contre-bas une large plaine bordée au sud par de brusques escarpements. A l'aide d'une lunette nous y distinguions de gros blocs de glace éboulés du sommet des terrasses environnantes. Nous ne pûmes nous assurer si cette plaine, dont l'altitude était très faible, était une partie du glacier ou un profond golfe de la côte couvert de glaces.

Cet obstacle nous obligea à modifier nos projets. Primitivement nous avions l'intention de quitter la Terre du Nord-Est au cap Mohn, pour suivre la côte méridionale jusqu'au cap Torell, et de traverser ensuite l'Hinlopen Strait pour revenir à la Mosselbay en visitant l'*inlandsis* du Spitzberg occidental. Au lieu de cela, nous obliquâmes à l'ouest vers la baie de Wahlenberg. Dans cette direction, le glacier était également très accidenté ; — son altitude variait entre 450 et 600 mètres. Après un voyage pénible nous fûmes très surpris, le 15 juin, d'arriver à l'extrémité orientale de la baie de Wahlenberg. Cette baie s'étend à l'est beaucoup plus loin que ne l'indiquent les anciennes cartes. La descente du glacier au niveau de la mer, une descente de 600 mètres, fut très facile; ce fut seulement en goûtant l'eau que nous nous aperçûmes que nous avions quitté le glacier pour la banquise.

L'expédition que je viens de raconter est très importante; jamais auparavant on n'avait exploré une *inlandsis* située à une latitude aussi septentrionale, et jamais jusque-là on n'avait traversé un de

Lieutenant en premier J.-A.-D. Jensen.
Né le 24 juillet 1849.

ces déserts de glace. L'*inlandsis* de la Terre du Nord-Est nous donne une idée de l'aspect que présentent vraisemblablement les continents ou les grandes îles situées au nord du 80e degré de lat. N., qui peuvent conduire dans la direction du pôle, comme par exemple la Terre de François-Joseph.

La plus importante des expéditions organisées par le gouvernement danois pour étudier l'*inlandsis* du Grönland est celle entreprise en 1878 par le lieutenant J.-A.-D. Jensen, le *candidat* A. Kornerup et l'architecte Groth. Après avoir donné quelques renseignements sur l'équipement de la caravane et rendu compte de plusieurs reconnaissances préliminaires, le lieutenant Jensen décrit son voyage en ces termes[1] :

Le 13 juillet nous hissâmes tous nos bagages sur le glacier, chargeâmes les traîneaux, dressâmes la tente, puis abandonnâmes tout notre matériel sur la glace pour revenir passer la nuit dans notre grande tente établie au

Docent Andreas Kornerup.
Né le 7 février 1857, mort le 3 septembre 1881.

pied de l'*inlandsis*. Une petite pluie fine et serrée nous empêcha de partir ce jour-là. Dans la matinée du dimanche 14 juillet, il plut également; en-

1. *Meddelelser om Grönland*, I, Copenhague, 1879, pages 51 et suivantes. Les bagages de la caravane étaient placés sur trois traîneaux, longs de 5 mètres et demi, larges de 78 centimètres, dont les différentes parties étaient assemblées par des courroies. Aucun clou n'entrait dans leur construction. Les approvisionnements avaient été calculés pour un voyage d'une durée de trois semaines. Les bagages comprenaient : un appareil de chauffage au pétrole — cet appareil, qui n'était guère pratique, dut être remplacé par une lampe à alcool; — une tente pour quatre hommes, garnie d'un plancher en toile vernie, pesant 9 kilogrammes et demi; un tapis en caoutchouc, épais de 2 millimètres, pour placer sous les sacs-lits; des vêtements de rechange, des tuniques grönlandaises en peau d'eider, des mocassins garnis de semelles en fil de caret, une trousse de médecin, un fusil, une hache, etc. Le tout pesant 200 kilogrammes.

suite le ciel s'éclaircit, et vers midi la caravane se mit en marche. Outre l'Eskimo Habakuk, qui devait nous accompagner durant tout le voyage, trois autres indigènes s'étaient engagés à nous aider à haler nos bagages sur la pente initiale du glacier; ils ne vinrent point au rendez-vous et nous dûmes les remplacer par un homme et trois femmes de l'équipage de nos canots. Pour ces auxiliaires nous emportâmes quelques vivres et une tente supplémentaire. Nous pliâmes la tente, chargeâmes les bagages sur les traîneaux, et, à deux heures de l'après-midi, la caravane se mit en route. Sur la carte de la page 151, notre itinéraire est indiqué par une ligne pointillée et nos campements par les dates.

Avant de nous diriger à l'est, nous fîmes d'abord un crochet vers le sud pour contourner une région tourmentée du glacier. Nous reconnûmes bientôt quelles difficultés présentait un pareil voyage; bien que cette partie de l'*inlandsis* fût peu accidentée, et que, pour nous aider à haler les traîneaux, nous eussions un renfort de quatre personnes, cependant nous étions à tout moment obligés de prendre quelques instants de repos. Notre inexpérience dans l'art de charger les traîneaux nous causait en outre mille soucis. A chaque bond que faisaient ces véhicules, quelque objet tombait, et il fallait s'arrêter pour tout remettre en place. Enfin les semelles de nos souliers en fil de caret n'étaient guère pratiques; après une marche de quelques heures, elles étaient en lambeaux, et, pour ainsi dire à toutes les haltes, nous devions les raccommoder. Nous pensions ce soir-là atteindre le *nunatak a*; les quatre Grönlandais qui devaient nous accompagner seulement pendant les premiers jours du voyage, et pour lesquels nous n'avions pas de sacs-lits, n'auraient point eu ainsi à passer une nuit sur la glace. Mais, à huit heures du soir, les indigènes, fatigués, demandèrent à coucher où nous étions. Du reste un épais brouillard nous empêchait d'aller plus loin.

Dans notre tente la température se maintint assez élevée; mais, dans celle des Eskimos, qui n'était point garnie d'un plancher, le froid fut très sensible. Le lendemain, les préparatifs du départ furent longs. Le brouillard étant non moins épais que la veille, nous dûmes nous diriger à la boussole, ce qui ne laissait pas d'être assez difficile sur un terrain aussi accidenté et aussi coupé d'obstacles que celui au milieu duquel nous nous trouvions. Près du campement, une large et profonde rivière nous arrêta. Ne pouvant ni la sauter ni la guéer, nous la longeâmes dans la direction du courant et arrivâmes bientôt à une crevasse, où elle se précipitait en formant une magnifique cascade. Vers midi le brouillard masquait toute vue dans un rayon de quelques mètres; juste à ce moment, nous étions dans une région du glacier très tourmentée, dont nous ne savions comment sortir. Doutant de pouvoir aller loin par un pareil temps, nous fîmes halte pour attendre une éclaircie. Afin de ne pas exposer les Eskimos à passer une seconde nuit sur le glacier, nous levâmes le camp dans l'après-midi, et allâmes nous établir à la base méridionale du *nunatak a*. Là nous dressâmes la tente, à la grande joie des indigènes, qui étaient tout heureux de se trouver sur le

Aiguilles de glace sur l'*inlandsis*.
(Gravure exécutée d'après un dessin de M. A. Kornerup.)

rocher. Le 16 juillet, nous continuâmes notre route sur l'*inlandsis*, le long du versant méridional du *nunatak*. De ce côté le glacier était très incliné, très accidenté, et déchiré de nombreuses crevasses. Dans l'après-midi, les Eskimos, rebutés par les fatigues de cette marche, battirent en retraite. Seul Habakuk resta avec nous. Nos hommes pouvaient facilement être de retour avant la nuit à l'extrémité inférieure du glacier; néanmoins, par mesure de prudence, je leur donnai une tente et des vivres pour un jour. Peu après qu'ils nous eurent quittés, un brouillard épais s'éleva, et, ne pouvant retrouver leur chemin, les Eskimos durent rester toute la nuit sur le glacier.

Pour reconnaître le terrain, Kornerup et moi, nous escaladâmes une colline

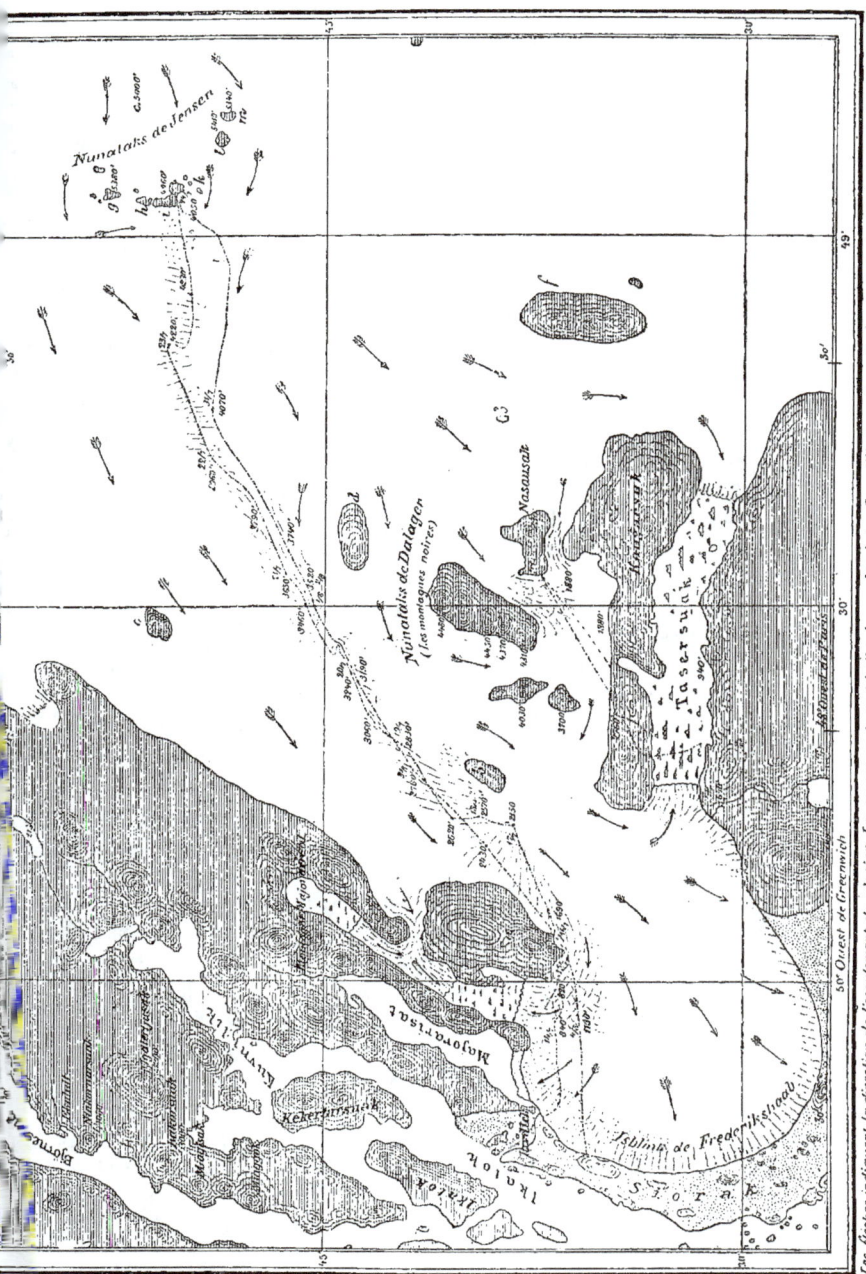

sur le bord de l'*inlandsis*, puis nous nous dirigeâmes tous vers l'est, en gravissant une pente rapide sillonnée de crevasses. A sept heures du soir, nous atteignîmes un plateau uni; cette nuit-là également nous campâmes au pied du *nunatak a*. Ayant trouvé une corne de renne sur la glace, près de notre campement, nous pensions que quelques-uns de ces animaux se trouvaient dans les environs. Si nous avions réussi à abattre pareil gibier, nos provisions eussent été considérablement augmentées. Près de la tente nous vîmes quelques lagopèdes; ils étaient très farouches et nous ne pûmes arriver à portée. Sur ce point, situé à une altitude de 528 mètres, nous laissâmes un dépôt de vivres, dont un cairn marquait l'emplacement. A partir du 17 juillet nous marchâmes toujours sur la glace jusqu'aux pics dont l'escalade était le but de notre voyage. Les inégalités de l'*inlandsis* dans le voisinage du *nunatak b* nous empêchèrent d'aller établir un dépôt sur ce pointement rocheux, comme nous l'avions projeté.

L'*inlandsis* présentait une surface ondulée s'élevant en longues terrasses. A distance elle paraissait unie, mais en réalité elle était très accidentée, tout particulièrement sur les pentes. Les crevasses qui la déchiraient avaient des dimensions très variables; les unes mesuraient à peine quelques pieds dans tous les sens; les autres, larges de plus de dix-huit mètres, s'étendaient sur des centaines de mètres. Dans certaines régions les crevasses n'étaient séparées les unes des autres que par de minces crêtes beaucoup moins larges que l'ouverture de ces gouffres; ajoutez à cela que le glacier était hérissé de monticules de glace dont quelques-uns atteignaient une hauteur de trois mètres. Au milieu de ce dédale d'aiguilles et de pyramides de glace l'emploi de la corde était impossible. Souvent nous nous engagions sur d'étroites arêtes bordées de chaque côté par des crevasses; un traîneau venait-il à glisser, celui qui le halait devait immédiatement se jeter à terre pour ne pas tomber dans le précipice. Si la crevasse qui s'ouvrait devant nous pouvait être sautée d'un bond, un de nous la traversait d'abord, pendant qu'un camarade maintenait le traîneau; après quoi le premier tirait vigoureusement à lui le véhicule. L'opération n'était pas sans dangers. Quelquefois le traîneau, n'étant pas lancé avec une vitesse suffisante, tombait dans la crevasse; d'autres fois, au contraire, animé d'une trop grande impulsion, il allait rouler dans une crevasse située au delà. En pareille circonstance nous devions prendre de minutieuses précautions pour ne pas être entraînés dans le gouffre et pour ne pas perdre nos bagages. La gravure de la page 150 représente très exactement l'aspect de cette zone de l'*inlandsis*.

Dans les régions du glacier où la pente était modérée, les crevasses étaient parallèles, très larges et souvent très longues, mais généralement espacées à une certaine distance les unes des autres. Les parois de ces gouffres étaient d'un bleu azuré dont aucune description ne peut rendre la délicatesse. En certains endroits, au contraire, les crevasses étaient rares ; là l'eau de fonte, ne trouvant point d'émissaire, se répandait en petits lacs à la surface du glacier ou courait en nombreux ruisselets qui se réunissaient les uns aux autres pour former un gros torrent. Ces cours d'eau coulaient dans des vallées creusées dans la glace et allaient se perdre dans les crevasses. Les rivières nous obligèrent à de longs détours. Quand elles n'étaient pas trop profondes, nous les guéions, préférant nous mouiller plutôt que de perdre un temps précieux à chercher un passage. Les aspérités et les aiguilles qui hérissaient le glacier déchiraient nos chaussures et, dans nos chutes fréquentes, nous blessaient cruellement les mains.

A partir de l'altitude de 625 mètres, les inégalités du glacier étaient en partie recouvertes de neige. Cette neige ne portait pas et rendait le halage des traîneaux particulièrement pénible. Dans cette zone, les crevasses étaient recouvertes de *ponts*, que nous traversions pour éviter de longs détours. Quelques-uns de ces *ponts* résistaient au poids de la caravane ; d'autres au contraire s'effondraient dès que l'on mettait le pied dessus. Par prudence nous nous attachâmes alors tous les quatre à une corde, et, en guise de bâtons ferrés, nous employâmes les piquets de la tente. Un de nous marchait en tête — celui-là ne halait aucun traîneau ; — les autres venaient ensuite, espacés à une distance de quatre à cinq brasses, chacun sondant soigneusement le terrain avec son bâton ferré. Quelqu'un faisait-il une chute, les autres s'arrêtaient jusqu'à ce qu'il fût remis sur pied ; un autre tombait-il dans une crevasse, nous allions à son secours et l'en retirions. En certains endroits, le glacier était déchiré dans tous les sens par des crevasses toutes couvertes d'une mince couche de neige ; et à chaque instant nous risquions de tomber dans un de ces gouffres. Ailleurs nous enfoncions jusqu'aux genoux dans une neige molle et imprégnée d'eau. A son extrémité inférieure et près des rives, l'*inlandsis* avait une couleur foncée, due à une couche de particules d'argile et de sable qui remplissait toutes les cavités de la glace. Une plus longue description de l'*inlandsis* est inutile ; à chaque pas, l'aspect du glacier variait et les accidents qui le hérissaient prenaient des formes nouvelles.

C'est sur un pareil terrain que nous devions avancer. Nous découvrîmes toujours des passages plus ou moins praticables ; nous préférions faire un long détour plutôt que de nous engager au milieu de crevasses et de monticules de glace. A travers ce dédale, il n'était point aisé de choisir sa route, car il n'y avait sur le glacier aucune colline du sommet de laquelle il fût possible de reconnaitre à distance l'aspect de l'*inlandsis*. Rencontrions-nous un terrain difficile, nous abandonnions nos traîneaux pour aller à la recherche d'un passage facile.

Le cinquième jour du voyage, le 18 juillet, Habakuk laissa tomber un piquet de tente dans une crevasse. Cet accident était très regrettable, car un autre piquet avait déjà été brisé. Tout d'abord il ne s'émut pas de cette perte; mais, lorsqu'il vit le souci qu'elle nous causait et que l'un de nous se fit descendre dans la crevasse pour essayer de trouver le bâton, il fut pris de découragement et ne parla rien moins que de revenir en arrière pour ne pas augmenter nos embarras. Nous réussîmes à lui remonter le moral, puis nous nous remîmes en route. Le soir, quand nous dressâmes la tente, nous remplaçâmes le piquet manquant par une *ski*[1]. Les *ski*, pas plus que nos *snowshoes*, ne nous étaient d'aucune utilité, car, chaussés de ces raquettes, nous ne pouvions haler les traîneaux. Pour empêcher ces véhicules d'enfoncer dans la neige, nous essayâmes d'ajuster ces patins sous la semelle de nos traîneaux, mais cet essai ne réussit guère. Plus tard, lorsque nous n'eûmes plus d'esprit-de-vin, les *ski* nous servirent de combustible.

Dans la matinée du 21 juillet, Habakuk, fatigué et découragé, manifesta la volonté de battre en retraite. Au réveil, pour la première fois, nous avions enfin aperçu les pics qui étaient le but de notre voyage. Du moment que les *nunatak* étaient en vue, notre compagnon ne s'expliquait pas notre désir d'aller plus loin, et il voulait revenir en arrière. Nous étions maintenant éloignés de toute terre, et je n'aurais jamais voulu le laisser partir seul. En cas de tourmente ou de brume, il aurait été infailliblement perdu. Après de longs pourparlers et après lui avoir promis monts et merveilles, Habakuk se décida à nous suivre ; mais, à partir de là, il devint excessivement triste. Plus qu'aucun de nous il souffrait d'une ophtalmie, et son mouvement de découragement doit être attribué à ces souffrances. Tous nous portions des conserves bleues; néanmoins, dès le septième jour du voyage, les premiers symptômes du mal s'étaient manifestés. Je ne puis indiquer avec certitude la cause de la violente ophtalmie dont nous étions atteints ; si nous fûmes éprouvés plus que ne le sont d'habitude les explorateurs polaires, il faut, je crois, l'attribuer à l'intensité de la lumière solaire, beaucoup plus vive ici, par 62° 3/4 de latitude N., qu'entre le 78e et le 80e degré de latitude N., zone dans laquelle les voyageurs arctiques ont entrepris des expéditions au printemps. Cette ophtalmie peut entraîner la perte complète de la vue; pareil accident n'arriva heureusement à aucun de nous. Si un tel malheur nous avait frappés, notre situation eût été bien aven-

1. Longs patins en bois employés dans les pays scandinaves. (*N. du trad.*)

turée. Tous nous étions sérieusement atteints; il nous semblait sentir dans les yeux un corps étranger, et cette sensation était accompagnée de douleurs particulièrement vives la nuit; de plus, il nous était très pénible de fixer un objet. Dès les premières atteintes du mal, nous appliquâmes sur nos yeux malades des compresses de glace et réussîmes ainsi à arrêter son développement. Cette ophtalmie ajoutait aux difficultés du voyage, et elle ne disparut que quelques jours après notre retour sur la terre ferme.

Lignes de crevasses parallèles sur l'*inlandsis*.
(Gravure exécutée d'après un dessin de M. A. Kornerup.)

Les premiers jours du voyage, le temps fut beau; toutefois l'atmosphère était très souvent embrumée, ce qui ne laissait pas d'être désagréable par une température voisine de zéro. Presque toutes les nuits, le thermomètre s'abaissait de plusieurs degrés au-dessous du point de congélation. Les gelées avaient l'avantage de durcir la neige et de consolider les *ponts*, et sur cette couche résistante les traîneaux avançaient rapidement. Quand la nuit avait été froide, nous nous mettions en marche de bon matin, parfois dès trois heures, pour pouvoir marcher pendant quelques heures, avant que le soleil n'eût ramolli la neige.

Le 23 juillet, lorsque nous levâmes le camp, situé à une altitude de 929 mètres; le temps était magnifique et la neige durcie par la gelée. Vers midi, le ciel se couvrit, et, quelques heures après, éclata une tempête du sud-sud-est. Nous n'en continuâmes pas moins la marche; mais bientôt une large rivière dont nous ne pouvions distinguer la fin nous arrêta. Les rives du torrent étaient formées de minces couches de glace poreuse, et il était assez difficile de reconnaître les limites respectives du glacier et de la rivière. Un de nous, en puisant de l'eau, eut la mauvaise chance de tomber dans le torrent. Nous dûmes, par suite, immédiatement camper. Notre petite tente, solidement fixée au glacier, résista parfaitement à la tempête, qui dura toute la nuit. Le lendemain, le vent tomba, mais le temps était encore menaçant. Nous fîmes alors un dernier effort pour arriver le jour même au but de notre voyage. Jusque-là nous avions marché dans la direction du plus septentrional des *nunatak* (le *nunatak g*). La glace étant très accidentée dans les environs de ce pointement rocheux, et le temps ayant toujours mauvaise apparence, nous résolûmes d'atterrir le plus tôt possible et de nous diriger vers le *nunatak i*, qui était plus rapproché, mais moins élevé que le pic *g*.

Dans ces parages, la marche fut très pénible. Tout d'abord nous traversâmes une large zone criblée de petits trous cylindriques séparés les uns des autres par de minces parois de glace, et tapissés d'une couche d'argile et de sable; ce sont ces particules qui, en absorbant la chaleur, creusent ces cavités cylindriques dans le glacier. Ces trous, tous remplis d'eau, étaient profonds d'environ 60 centimètres et larges de 30 à 45 centimètres. La mince couche de neige qui recouvrait le glacier empêchait de voir ces cavités et de les éviter. Plus loin, l'*inlandsis* était hérissée de monticules de glace hauts d'un mètre cinquante à trois mètres, très rapprochés les uns des autres, entre lesquels serpentaient des cours d'eau. Encouragés par l'espoir d'arriver enfin au terme de notre voyage, nous triomphions de tous les obstacles. Le glacier, dont la pente était très faible depuis une certaine distance, était maintenant presque horizontal; plus loin, à trois kilomètres du *nunatak*, il s'abaissait même vers l'est, et cette pente facilitait particulièrement la marche. Nous nous rapprochions de plus en plus du but. Déjà les escarpements du pic nous renvoyaient l'écho du bruit causé par la chute des traîneaux du haut des monticules de glace. Bientôt commença une course échevelée : chacun de nous voulait toucher le premier cette terre qu'aucun homme n'avait encore foulée. Le 24 juillet, à cinq heures de l'après-midi, après onze jours de marche, nous atteignions enfin le pied du *nunatak*.

Ce fut pour nous un jour de fête; mais nous ne sûmes comment le célébrer, l'état de nos approvisionnements ne nous permettant pas d'extra. Quoi qu'il en fût, nous étions fort joyeux, heureux d'avoir vaincu tant de difficultés et d'avoir atteint le but de notre expédition. Après notre pénible voyage des jours précédents, ce rocher nous semblait un paradis perdu au milieu des glaces. La vue des quelques plantes qui apparaissaient au milieu des pierres nous enthousiasmait, et nous éprouvions un bien-être inexprimable à reposer nos yeux malades sur ces rochers noirs. Bien que situé à une altitude d'environ 1250 mètres, le *nunatak* abritait plusieurs plantes, mais nous n'y trouvâmes aucun arbuste. Notre provision de combustible ne put ainsi être renouvelée. Nous ne vîmes pas non plus de gibier, comme nous l'avions espéré; nous ignorions, il est vrai, au début du voyage, que ces pics s'élevaient à une hauteur de 1250 à 1550 mètres.

Le jour de notre arrivée au *nunatak*, nous n'étions guère capables de

Rivières sillonnant l'*inlandsis*.
A l'arrière-plan, les *nunatak g, h* et *i*.
(Gravure exécutée d'après un dessin de M. A. Kornerup.)

gravir la montagne, haute de 500 mètres, au pied de laquelle notre campement était établi; du reste, eussions-nous pu la gravir, cette ascension n'aurait guère été intéressante à cause des brouillards. Dans ces conditions, nous attendîmes le lendemain pour en faire l'escalade; nous nous proposions, en outre, de grimper sur un autre pic plus élevé, et ensuite, si nous le pouvions, d'avancer vers l'est. Cette dernière partie du programme ne put être mise à exécution. Le lendemain il s'éleva une tourmente du sud-est accompagnée d'une chute de neige fine, qui tombait en flocons serrés : ce jour-là nous dûmes rester blottis sous la tente.

Notre situation était critique. Pour atteindre le *nunatak*, alors que le temps était presque toujours beau, une marche de dix jours avait été nécessaire; le retour devait donc être aussi long, et, vu l'état de nos provisions, nous aurions dû dès le lendemain battre en retraite. Mais nous étions fermement résolus à ne renoncer qu'à la dernière extrémité à notre projet de gravir le *nunatak*, pour nous rendre compte de l'aspect de l'*inlandsis* vers l'est. Si nous ne pouvions faire cette ascension, toutes les fatigues, toutes les souffrances endurées jusque-là devenaient inutiles. Nous prîmes alors le parti de nous rationner au strict nécessaire et d'attendre le beau temps. Pendant toute la semaine que nous restâmes campés au pied du pic, chacun dut se contenter chaque jour de trois biscuits de mer; lorsque les angoisses de la faim devenaient trop vives, nous ajoutions à ce maigre ordinaire un peu de viande et de gruau cuits à un bout de bougie. En guise de beurre, nous étendions sur notre pain une mince couche d'extrait de viande de Liebig. Notre ration journalière n'était que de 575 grammes; dans les expéditions de ce genre, elle est ordinairement de 1750 grammes. Nous n'avions plus ni eau-de-vie ni alcool à brûler. La provision de thé et de café était encore suffisante, et nous en prenions plusieurs fois par jour, lorsque le mauvais temps nous permettait d'allumer un feu de bivouac avec nos *ski*. Les jours se succédaient sans amener de changements dans l'état de l'atmosphère. Nous suivions les mouvements du baromètre avec la plus grande anxiété; montait-il, immédiatement la gaieté nous revenait; descendait-il, au contraire, nous redevenions tristes et abattus. A chaque accalmie nous nous reprenions à espérer; enfin la tourmente cessa; mais un autre danger nous menaçait.

Pendant l'ouragan, une énorme masse de neige était tombée; peut-être rendrait-elle le retour impossible ou du moins très difficile; nous craignions maintenant d'être obligés d'abandonner les traîneaux et revenir sur nos *ski*. Le séjour sous la tente fut très pénible, l'eau pénétrant de tous côtés dans notre abri. Néanmoins nous ne perdîmes pas courage, et, pour passer le temps, nous fabriquâmes un jeu de cartes. A chaque embellie nous faisions quelque excursion sur notre rocher; plusieurs fois nous en atteignîmes le sommet, et nous y élevâmes une pyramide de pierres sèches dans laquelle fut placée une bouteille cachetée renfermant une courte relation de notre voyage. Durant ces excursions, nous fîmes une petite provision d'oseille sauvage, mais c'était un aliment fort peu nourrissant. Notre tente, soigneusement assujettie et abritée du vent par la montagne, résista parfaitement à l'ouragan. De grosses pierres durent être placées sur les traîneaux et les bagages pour les empêcher d'être enlevés par l'ouragan.

Le campement était situé sur le rocher, tout près du glacier, dans une vallée dont le côté oriental était occupé par le *nunatak* et le versant occidental par l'*inlandsis*. La pente que le glacier formait en s'abaissant dans cette vallée était de 19° environ ; plus haut, elle était moindre. Enfin, après sept jours de détention, le temps parut changer dans l'après-midi ; immédiatement nous partîmes pour le sommet du pic. Le ciel était encore très embrumé, et la vue très limitée. Si le temps le permettait, nous étions résolus de battre en retraite le lendemain, même au cas où nous n'eussions pu avant le départ avoir une vue étendue sur l'*inlandsis*. Affaiblis par un jeûne prolongé et craignant de manquer de vivres, nous ne pouvions différer plus longtemps de nous mettre en route. Le lendemain, heureusement, le ciel était clair ; immédiatement je grimpai à la pyramide. A perte de vue la plaine de l'*inlandsis* s'étendait vers l'est en s'élevant par une pente continue. Elle semblait atteindre à l'horizon une hauteur supérieure à celle à laquelle je me trouvais et qui était de 1557 mètres. Aucun *nunatak* n'était visible à l'horizon dans la direction de l'est. Comme nous l'avions déjà pensé, les montagnes que Dalager avait vues et qu'il supposait situées sur la côte orientale étaient les pics que nous avions atteints. Le coup d'œil était grandiose sur le groupe de ces *nunatak* noirs se dressant au beau milieu du glacier éblouissant (ils sont désignés sur la carte par les lettres g, h, i, k, l et m). A l'est, la surface du glacier était, en plusieurs endroits, très tourmentée, vraisemblablement par suite des inégalités du sous-sol. Arrêtée par les *nunatak* comme par une digue dans son mouvement d'écoulement vers l'ouest, l'*inlandsis* présentait de ce côté une surface très tourmentée. La mer de glace venait se briser comme un énorme flot solidifié contre cette rangée de pics, et atteignait presque leur sommet, puis elle passait entre les rochers ainsi qu'une énorme cascade subitement congelée et s'abaissait ensuite vers l'ouest. Au pied de cette chute de séracs s'étendait un grand lac en partie rempli d'isbergs. Le *nunatak* sur lequel je me trouvais avait une circonférence d'environ 10 kilomètres. Après avoir fait différentes observations, je redescendis au campement, où mes compagnons avaient été retenus par les préparatifs du départ. A dix heures du matin, le 31 juillet, nous battîmes en retraite vers la côte, quittant à regret ce stérile rocher où nous avions passé une semaine entière.

Ayant reconnu du sommet du pic le terrain environnant, nous pûmes éviter la région accidentée du glacier qui nous avait coûté tant d'efforts à l'aller. A peu de distance du *nunatak* nous traversâmes un torrent en faisant passer nos traîneaux sur un pont volant construit à l'aide de bâtons et de courroies ; puis nous trouvâmes une zone de glacier plat le long d'une large moraine, longue de plus deux kilomètres, qui s'étendait des *nunatak* vers le sud-ouest. Dans l'après-midi il neigea de nouveau et les brouillards nous enveloppèrent ; le mauvais temps continua même une partie de la journée du lendemain mais, nous n'en avançâmes pas moins rapidement. Quelque faible que fût la pente du glacier vers l'ouest, elle facilitait beaucoup la marche. Dans les endroits où l'inclinaison était forte, les traîneaux glissaient comme sur un plan incliné; nous devions même prendre des précautions pour qu'ils ne nous entraînassent pas et ne nous fissent pas tomber dans des crevasses, ce qui arriva pourtant à diverses reprises. Dans l'après-midi, des nuages épais voilèrent les sommets des *nunatak*, présage certain du mauvais temps, et, le lendemain, s'éleva une violente tempête du sud-sud-est accompagnée d'une neige fine et serrée. Toute la journée nous fûmes obligés de rester sous la tente. La veille, alors que le ciel était déjà embrumé, la tente avait dû être dressée au milieu de crevasses masquées en partie par la neige; pour éviter un accident, nous sondâmes soigneusement le terrain et traçâmes autour de notre abri une ligne de démarcation qu'il était défendu de dépasser. A huit heures du soir, le ciel se découvrit un instant; puis la tourmente recommença, soufflant cette fois par rafales de l'est-sud-est. Cette tourmente avait tous les caractères des tempêtes du sud-est dont le capitaine Hoffmeyer a expliqué l'origine. Cette tempête ne détermina pas, ici comme sur la côte, une élévation de température (le thermomètre marquait — 2° C.). Comme nous nous trouvions à l'altitude de 1027 mètres, cette observation vérifie la théorie d'Hoffmeyer[1]. Pendant toute la durée de la tempête, les particules de neige et de glace chassées par le vent produisaient dans l'air un bruissement. Ce fut la seule nuit pendant laquelle nous souffrîmes du froid dans nos sacs-lits. Le 3 août, à deux heures du matin, le vent tomba; immédiatement nous nous remîmes en route.

Les jours suivants, le beau temps nous permit d'accélérer la marche; le 4 août, notamment, l'étape fut de 28 kilomètres, la plus longue que nous ayons faite pendant le voyage. A mesure que nous approchions de la côte, nous reprenions courage, même Habakuk, qui jusque-là avait été très triste. Dans l'après-midi nous arrivâmes au dépôt de vivres que nous avions laissé sur le *nunatak a*; nous espérions atteindre le même soir notre grande tente; c'était compter sans les brouillards. Le lendemain également, les brumes masquaient toute vue; néanmoins nous résolûmes d'essayer d'arriver l'endroit où était mouillé notre *oumiak*. Nos vivres étaient presque épuisés et je craignais que les Eskimos, fatigués de nous attendre, n'eussent battu en retraite, pensant que nous étions tous morts en route. Redoutant pareille éventualité, j'avais pris garde, avant de partir, de ne leur donner aucune indication sur la durée probable de notre expédition. Les Grön-

1. On peut consulter à ce sujet le travail du capitaine Hoffmeyer, *Le fœhn du Grönland*.

landais n'ont guère de patience et, sans réfléchir, font tout ce qu'il leur passe par la tête. Les personnes qui connaissent leur caractère jugeront si mes craintes n'étaient pas fondées. Avant le départ, pour parer à toute éventualité, Habakuk avait porté son kayak près du point où nous avions commencé l'escalade du glacier, afin de pouvoir aller chercher du secours à la colonie voisine si ses camarades avaient décampé avant notre retour. Peut-être cette précaution avait-elle été inutile et les Eskimos étaient-ils venus chercher l'embarcation pour chasser le phoque. J'espérais toutefois qu'ils l'avaient rapportée à la même place, s'ils avaient abandonné le campement.

Il s'agissait maintenant de trouver notre route à travers un épais brouillard qui masquait toute vue dans un rayon de vingt pas, et au milieu d'une région très crevassée. Pour éviter cette zone dangereuse, un long détour fut nécessaire. Depuis la veille dans l'après-midi, les brumes nous empêchaient de reconnaître notre position, et pour retrouver notre campement, nous dûmes nous fier à notre instinct de voyageurs.

Le dernier jour du voyage fut presque le plus pénible de toute l'exploration. Partout l'*inlandsis* était déchirée de crevasses. Cette partie du glacier n'étant pas recouverte de neige, nous marchions sans corde, pour pouvoir avancer rapidement. Tout à coup, en me retournant, je vis sur le bord d'une crevasse le bonnet d'Habakuk et point d'Habakuk. Immédiatement nous courûmes à la fente. Notre compagnon était tombé dans le gouffre à une profondeur de trois mètres : heureusement un étranglement des parois l'avait arrêté dans sa chute ; mais le malheureux était plus mort que vif. Tout de suite nous lui jetâmes une corde, qui était toujours placée sur la bâche d'un traîneau, prête à être lancée comme les ceintures de sauvetage à bord d'un navire ; mais il ne réussit pas à s'attacher, et l'un de nous dut descendre dans la crevasse pour lui prêter aide. Non sans peine nous parvînmes à le hisser avec son traîneau. Lorsqu'il fut hors du gouffre, Habakuk revint à lui, et, après un moment de repos, il put nous suivre ; quelques heures plus tard, il avait oublié sa mésaventure.

Dans l'après-midi, toujours enveloppés par le brouillard, nous arrivâmes dans une zone toute fissurée, la plus difficile certainement que nous ayons rencontrée durant tout le voyage. Cette marche à travers ce dédale de crevasses et de pyramides de glace, au milieu duquel il était impossible de s'orienter, terminait dignement notre pénible exploration de trois semaines.

Après plusieurs heures nous entrâmes enfin dans une région plus facile. La rapidité de la pente et les particules terreuses qui souillaient la glace nous firent supposer que nous nous trouvions près de l'extrémité inférieure du glacier. Nous abandonnâmes alors nos traineaux pour aller à la découverte, car il eût été très pénible de les remonter sur cette pente au cas où nous aurions dû revenir en arrière. Deux d'entre nous partirent en reconnaissance; afin de ne pas se perdre, les deux troupes se signalaient mutuellement leur position par des coups de sifflet.

Les éclaireurs revinrent bientôt, annonçant que nous nous trouvions dans une région inconnue. La nouvelle n'était pas précisément agréable pour des gens qui, après de longues privations, espéraient satisfaire leur appétit et coucher le soir sous une tente bien chaude. Nous ne savions dans quelle direction était situé notre campement; toutefois, étant données la hauteur des montagnes voisines et la direction que nous avions suivie la veille, nous pensions être allés trop loin vers l'ouest.

Après en avoir délibéré, nous descendîmes la pente de l'*inlandsis*. Au pied de l'escarpement terminal, Kornerup et Groth restèrent avec les traineaux, pendant que Habakuk et moi suivions la lisière du glacier dans la direction du nord-est. Sur ce terrain, qui ne nous était pas tout à fait inconnu, mon compagnon s'orientait avec une merveilleuse sagacité. La marche était très pénible; nous ne pouvions suivre le glacier — en certains endroits sa pente atteignait 50°, — et à sa base, des moraines d'argile et de sable détrempées empêchaient d'avancer rapidement. Après deux heures de marche, nous n'apercevions pas encore le campement et j'allais battre en retraite, pensant que nous nous étions trompés de direction, quand tout à coup Habakuk, qui, pendant tout le voyage, avait été triste et silencieux, pousse un cri de joie; du haut d'un monticule il avait, à travers les brumes, aperçu la tente. Ses cris attirèrent l'attention des Eskimos, qui, immédiatement, mirent l'*oumiak* à l'eau pour venir nous chercher. Les Grönlandais nous souhaitèrent la bienvenue en poussant des hourras et en nous pressant les mains avec effusion; ces braves gens nous croyaient morts depuis longtemps. Plusieurs Eskimos suivirent aussitôt Habakuk pour aller à la recherche de Kornerup et de Groth. A dix heures du soir mes compagnons arrivèrent à la tente, où ils reçurent le même accueil cordial que nous.

Nous étions de retour tous bien portants, heureux d'avoir échappé aux nombreux dangers que nous avions courus pendant cette exploration.

Dans les régions de l'*inlandsis* que j'ai visitées, il n'y a aucun *nunatak*[1]; aussi me paraît-il intéressant de joindre à la relation

1. Ce vocable eskimo désigne non seulement les pics isolés au milieu de l'*inlandsis*, mais encore les masses rocheuses qui s'élèvent sur la lisière du glacier et qui ne sont qu'en partie entourées de glace.

précédente la description de la faune et de la flore d'une de ces oasis du désert glacé du Grönland.

Vus du glacier, les noirs *nunatak* schisteux, mouchetés de plaques de neige, font une impression de profonde tristesse. Partout de la neige, de la glace, des éboulis et des rochers; pourrait-on du reste s'attendre à voir autre chose à l'altitude de 1357 mètres et à 40 kilomètres dans l'intérieur du Grönland? Quel n'est donc pas l'étonnement du voyageur, lorsqu'en s'élevant sur le *nunatak*, il y découvre des plantes et même des êtres vivants. Près des flaques d'eau, dans les fentes du rocher, dans les graviers humides, de petites plantes s'abritent sous des mousses, comme pour se protéger contre les rigueurs de ce climat rigoureux. La *Luzula hyperborea* et la *Carex nardina* sont les plantes les plus communes. Cette dernière est sporadique et rare, notamment dans le Grönland méridional. Sur le bord des ruisseaux, l'*Oxyria digyna* pousse en abondance. Nous fîmes une provision de feuilles de cette plante, qui sont un excellent remède contre le scorbut; pendant le retour elle nous fut très utile, une nuit que nous souffrions de la soif. Nous vîmes encore, disséminés en petits groupes, le *Trisetum subspicatum* et la *Poa trichopoda*. Au milieu des mousses et des pierres apparaissaient d'autres fleurs, souvent à moitié enfouies sous la neige. Le plus grand nombre étaient blanches (plusieurs espèces de saxifrages et le *Cerastium alpinum*), une bleu foncé (*Campanula uniflora*) et plusieurs jaunes (*Potentilla nivea* et *Ranunculus pygmæus*).

De petites plantes, telles que le *Silene acaulis*, la *Saxifraga oppositifolia* et la *Cassiope hypnoides*, réunies en touffes, produisaient un très joli effet par leurs nuances vives. Dans les endroits humides, au pied du pic, poussait l'*Armeria sibirica*, et, sur le point culminant du *nunatak*, le *Papaver nudicaule* montrait ses fleurs bleuâtres. Je ne vis aucune plante annuelle.

La présence d'animaux sur ce rocher isolé au milieu du glacier est encore plus difficile à expliquer que celle des plantes. A notre grand étonnement nous y trouvâmes un petit oiseau, une larve de papillon et deux araignées!

L'oiseau était, autant que nous pûmes en juger, un *Saxicola* (*œnanthe*) ou une espèce voisine. Il était très farouche; certainement il avait été entraîné jusque-là par la tourmente. Les *Saxicola* pondent sur la côte et y sont communs.

D'après la détermination du professeur Schiödte, le papillon appartient au groupe des *Noctua*, dont on trouve de nombreuses espèces sur le littoral. Comme le *Saxicola*, il avait été sans doute poussé là par l'ouragan.

Les deux arachnides sont fort intéressantes. Elles étaient très alertes, et lorsque nous voulûmes les capturer, elles se réfugièrent sous les pierres. D'après la détermination du *candidat* W. Sörensen, ce sont deux femelles, l'une adulte et l'autre jeune, qui devaient prochainement muer. Elles appartiennent sans doute au genre des *Lycosa* (*sensu stricto*, Thorell.), et doivent se rapporter à une espèce nouvelle. Si elles ont le *nunatak* pour habitat, elles y trouvent sans doute quelque nourriture; nous n'y découvrîmes toutefois ni moustique, ni podure, ni autres petits animaux. Pendant notre séjour sur le *nunatak* le mauvais temps persistant entrava nos recherches. Si tant est que ce rocher abrite d'autres animaux, l'ouragan dut les empêcher de sortir de leurs retraites.

La flore que décrit M. Kornerup ne doit pas être confondue avec la flore glaciaire que découvrit le Dr Berggren, mon compagnon de voyage en 1870, et qu'a fait connaître le professeur Wittrock dans un intéressant travail[1].

1. Voir A.-E. Nordenskiöld, *Studier och forskningar föranledda af mina resor i höga norden*, p. 63-124.

NORDENSKIÖLD, GRÖNLAND

Port de la Sofia
Campement 1883

Campement 1870

TASIUSARSOAK

Les hauteurs et les profondeurs sont exprimées en mètres.

Nº 1

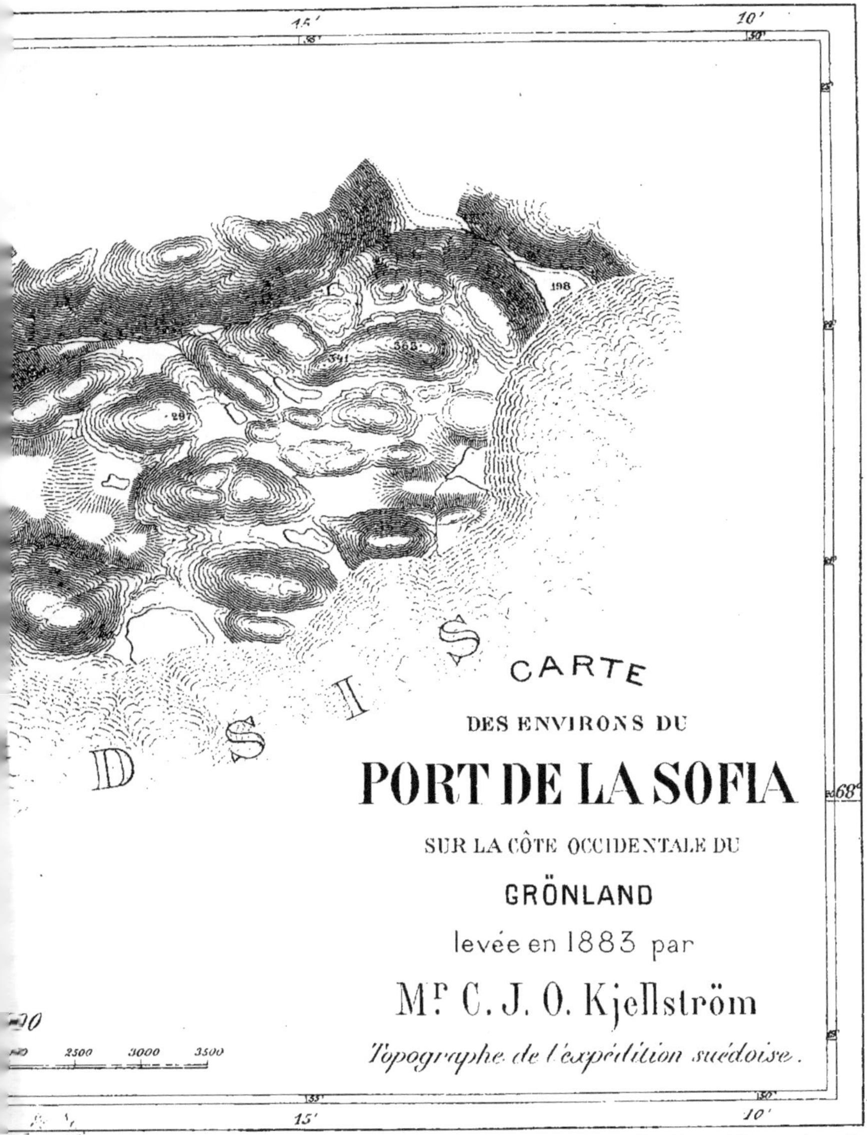
15'
10'
198
363
341
287
CARTE
DES ENVIRONS DU
PORT DE LA SOFIA
SUR LA CÔTE OCCIDENTALE DU
GRÖNLAND
levée en 1883 par
Mr. C. J. O. Kjellström
Topographe de l'expédition suédoise.
68°
2500
3000
3500
15'
10'

Fotolitografi, Generalstabens Litogr. Anstalt.

CHAPITRE V

Port de la *Sofia*. — Flore et faune de cette localité. — Préparatifs pour l'exploration de l'*inlandsis*. — Escalade du glacier. — Équipement de l'expédition. — Aspect de l'*inlandsis*. — Difficultés pour trouver un campement. — *Neige rouge*. — Découverte d'ossements de renne sur le glacier. — Nous perdons de vue les montagnes de la côte. — Méthodes employées pour déterminer la longueur des étapes et l'altitude. — État sanitaire de la caravane. — Nous croyons apercevoir des montagnes à l'est. — *Cryokonite*. — Trous formés par la *cryokonite* sur le glacier. — Le mauvais état de la neige arrête notre marche. — Reconnaissance des Lapons. — Retour des Lapons; relation de leur voyage. — La caravane bat en retraite. — Retour au Port de la *Sofia*. — Course de patineurs à Jokkmokk.

Le chapitre précédent contient le récit de toutes les explorations faites avant 1883 sur l'*inlandsis* du Grönland. A ces relations il serait intéressant de joindre un résumé des importantes études entreprises à la lisière de cet immense glacier par MM. Rink, Helland, Steenstrup et Hammer; à mon grand regret, les développements que comporte ce sujet m'obligent à supprimer ces détails et à n'indiquer que les titres des mémoires dus à ces explorateurs[1]. Ceci dit, je reviens au récit du voyage.

Comme je l'ai raconté précédemment, la *Sofia* traversa sans incident la passe de l'Aulaitsivikfjord, que les indigènes regardent très justement comme dangereuse. Le 1ᵉʳ juillet, au matin, elle ancra dans le pittoresque mouillage ouvert à la lisière de l'*inlandsis*, que j'ai appelé *Port de la Sofia*. Cette anse me paraissant très sûre, je

---

1. H. Rink : plusieurs travaux publiés dans différentes revues. — A. Helland : *Om de isfyldte Fjorde og de glaciale Dannelser i Nord-Grönland*. *Archiv for Mathematik og Naturvidenskab*, vol. 1. Kristiania, 1876, p. 58. — Hammer : *Undersögelser ved Jakobshavns Isfjord og nærmeste Omegn i Vinteren*, 1879-1880. *Meddelelser om Grönland*, IV, p. 1. — K.-J.-V. Steenstrup, *Bidrag til Kjendskab til Bræerne og Bræ-Isen i Nord-Grönland*. Ibid., IV, p. 69.

fis débarquer tout l'équipage, sauf une bordée, pour aider au transport des bagages de la caravane qui devait explorer l'*inlandsis*. Pendant mon absence il se produisit dans le mouillage un incident dont je parlerai plus loin. Il montre les dangers que présente un ancrage, même bien abrité, lorsqu'il est situé près d'un bras de l'*inlandsis*.

En traversant le chenal qui donne accès dans le Port de la *Sofia*[1],

Le Port de la *Sofia*. Vue prise de la tente des Eskimos.
(Gravure exécutée d'après un dessin de L. Möller.)

nous aperçûmes plusieurs îlots couverts de nids d'eiders. La position écartée de ces rochers avait protégé jusque-là les oiseaux contre les rapines des naturels; maintenant l'heure du pillage était arrivée. A la vue de ces milliers d'eiders, les yeux ordinairement si doux des Eskimos s'allumèrent de regards de convoitise, et dès que l'ancre eut mordu le fond, tous les indigènes du bord, suivis d'une partie de l'équipage, se précipitèrent dans les canots pour aller dépouiller les nids de leur contenu. De cette expédition les pillards rapportèrent 1447 œufs et une bonne provision d'édredon. Une grande quantité des œufs étaient malheureusement trop vieux pour être mangés. En examinant le duvet, l'entomologiste fit une belle récolte. Les eiders déposent leur ponte dans de grands nids formés

1. Ce chenal est étroit et peu profond.

Bloc erratique sur la lisière de l'*inlandsis*.
(Gravure exécutée d'après une photographie prise par M. Kjellström le 6 août 1883.)

Bloc erratique sur la lisière de l'*inlandsis*.
(Gravure exécutée d'après une photographie prise par M. Kjellström le 6 août 1883.)

de cette espèce de duvet que les *fångstmän* appellent « du vivant ». On peut dire en effet que le duvet est «vivant», car chaque nid abrite une nombreuse colonie de parasites microscopiques. Pendant la couvée ces animalcules doivent tourmenter les oiseaux dans leur lit chaud et moelleux.

Dès notre arrivée, nous nous occupâmes des préparatifs de départ; entre-temps, les naturalistes étudièrent les environs du mouillage, qui sont du plus haut intérêt. Le Port de la *Sofia* est presque entièrement entouré par des collines de gneiss dont la hauteur *maxima* ne dépasse pas 400 mètres; ces mamelons stériles sont moutonnés et ponctués de blocs erratiques de différentes dimensions, dont

Bloc erratique sur la lisière de l'*inlandsis*.
(Gravure exécutée d'après un dessin de M. Sv. Berggren, 1870.)

quelques-uns sont, semble-t-il, dans un état d'équilibre fort peu stable. Presque tous ces blocs, ou du moins les plus gros, sont constitués par le même gneiss que le sol sur lequel ils reposent; ce fait paraît indiquer qu'ils ne viennent point de très loin. A peu de distance de la limite inférieure de l'*inlandsis*, le mouvement dans les couches profondes du glacier serait donc très faible, contrairement à l'opinion des géologues.

Sur les hauteurs, les stries glaciaires avaient disparu principalement sous l'action érosive des agents météoriques et des lichens. On n'en voyait que dans les fonds de vallées, sur les rochers débarrassés depuis peu de la couche de *slam* glaciaire qui les recouvrait. Nous ne découvrîmes ni moraine importante ni *âsar*. Les vallées qui débouchaient plus en aval dans le fjord étaient remplies de puissantes couches de *slam* argileux renfermant des concrétions formées

Pente initiale couverte d'argile et moraines latérales de l'*inlandsis*.
(Gravures exécutées d'après des photographies prises par M. Kjellström le 6 août 1883.)

autour de fossiles marins[1]. Dans mon opinion, une partie de ces argiles ont dû se déposer sous une branche de l'*inlandsis* flottant à la surface de la mer.

Près du mouillage, les montagnes étaient découpées par de profondes vallées parsemées de petits lacs peu profonds. Ces vallées étaient recouvertes d'un épais tapis moelleux de mousses et de lichens, reposant sur une trame de bouleaux nains et de saules couchés sur le sol. Une multitude de fleurs, fort jolies pour la plupart, émaillaient ce tapis. Le Dr Berlin m'a communiqué la note suivante sur cette flore. Pour que le lecteur puisse facilement se rendre compte de la végétation du Port de la *Sofia*, on n'a pas suivi dans cette nomenclature une classification rigoureusement scientifique.

1° Plantes arbustives.

Salix glauca L. Forme des buissons, hauts de soixante centimètres au maximum, sur les pentes, généralement dans le voisinage des ruisseaux.

Betula nana L. Le bouleau nain couvre de larges surfaces sur les pentes inférieures des montagnes et dans les vallées dont le sol est sec.

Empetrum nigrum L. Croît dans les mêmes localités que les plantes précédentes.

Ledum palustre L. Se rencontre principalement dans les anciens marais.

Vaccinium uliginosum L., v. *microphyllum* Lge. Abondant sur les pentes humides des montagnes.

Vaccinium vitis idæa L., v. *pumilum* Horn.

Azalea procumbens L., *Andromeda tetragona* L., *Andromeda hypnoides* L. Sur les plateaux secs et couverts de lichens.

Juniperus communis L., v. *nana* (Willd.). Genévrier nain. Rare. Le Grönland est la limite septentrionale de son aire d'habitat.

Plus en avant dans l'intérieur du pays, notamment sur le bord des lacs, des saules, hauts d'un pouce tout au plus (*Salix herbacea* L.), formaient

---

1. Ces concrétions et d'autres du même genre avaient attiré jadis l'attention des Eskimos encore païens; c'était, à leurs yeux, une preuve de la véracité des récits du déluge que leur faisaient les missionnaires. (Voir P. Egede, *Nachrichten*, p. 92, 157 et 250.) Les subfossiles que j'ai recueillis en 1870 dans cette argile, sur la presqu'île entre l'Aulaitsivikfjord et le golfe du Sud-Est, ont été décrits dans le *Redogörelse för en expedition till Grönland*, 1870, p. 49. Les *Meddelelser om Grönland*, vol. IV, 1883, p. 235, contiennent l'énumération des subfossiles recueillis sur différents points de la côte nord-ouest du Grönland par M. K.-J.-V. Steenstrup, le Dr Pfaff, etc.

des taillis d'une verdure sombre; dans la plupart des localités ces taillis étaient clairsemés, néanmoins ils donnaient au paysage un aspect verdoyant, notamment dans les endroits pierreux et humides, exposés au nord, où les herbacées étaient très rares.

2° Monocotylédones herbacées.

Sur le rivage on observait :

La *Glyceria vaginata* Lge, sur de petits monticules; la *G. arctica* Hook. et la *G. vilfoidea* (And.) Th. Fr. Clairsemées.

La *Carex glareosa* Wng et la *C. capitata*, formant de petits monticules.

Dans les endroits marécageux on rencontrait :

La *Carex rigida*, Good. Se trouve presque partout.

La *C. Goodenowii* Gay, v. *Groenlandica* Lge, la *C. aquatilis* Wng (rare), la *C. rariflora* Sm. et la *C. pulla* Good.

L'*Eriophorum angustifolium* Roth, l'*E. Scheuchzeri* Hoppe.

Sur les pentes des montagnes on remarquait :

L'*Hierochloa alpina* (Liljebl.) R. et S. Quelques exemplaires.

La *Calamagrostis phragmitoides* Hn., en groupes, la *C. purpurascens* R. Br., la *C. lapponica* Hn.

L'*Agrostis rubra* L. Commune. Forme des tapis de verdure où se trouvent en quantité les monocotylédones herbacées indiquées ci-après et des plantes dicotylédones à fleurs.

Le *Trisetum subspicatum* (L.) Beauv.

La *Festuca rubra* L., *F. ovina* L. Cette dernière est commune sur les gazons.

La *Poa pratensis* L., la *P. alpina* L., la *P. flexuosa* Wng, la *P. glauca* Vahl (en groupes), la *P. laxiuscula* (Bl.) Lge.

La *Carex scirpoidea* Mich., dans les endroits secs, la *C. alpina* Sw., la *C. holostoma* Drej. (ces deux plantes dans les localités humides), la *C. lagopina* Wng et la *Kobresia scirpina*, disséminées.

La *Luzula spicata* (L.) DC., la *L. confusa* Lindeb.

Sur les rives des torrents argileux issus du glacier on apercevait :

Le *Juncus arcticus* et le *J. castaneus* Sm.

3° Plantes aquatiques :

Batrachium confervoides Fr.
Hippuris vulgaris L., v. *maritima* (Hell.), en fleurs.
Myriophyllum spicatum L.
Utricularia minor L.
Menyanthes trifoliata L., en fleurs.

Potamogeton pusillus L.
Sparganium hyperboreum Læst.
Isoëtes echinospora Dur.

4° Plantes dicotylédones à fleurs.

Fleurs blanches :
Arabis Holboellii Horn., *A. alpina* L.
Cochlearia groenlandica L.
Draba hirta L.
Cerastium alpinum L.
Stellaria longipes Gold., *S. humifusa* Rottb. Formant de petites pelouses sur le bord de la mer.
Alsine biflora Wng.
Potentilla tridentata Sol.
Saxifraga cæspitosa L., *S. cernua* L., *S. nivalis* L., *S. tricuspidata* Rottb., avec des fleurs pourpres.
Vaccinium uliginosum L., v. *microphyllum* Lge.
Andromeda tetragona L., *A. hypnoides* L.
Ledum palustre L., v. *decumbens* Ait.
Diapensia lapponica L.
Euphrasia officinalis L.
Pedicularis lapponica L.
Tofieldia borealis Wng[1].

Fleurs rougeâtres :
Wahlbergella affinis (Vahl) Fr., *W. triflora* (R. Br.) Fr.
Menyanthes trifoliata L.
Pyrola grandiflora Rad. (Les fleurs ont un parfum agréable.)

Fleurs rouges :
Viscaria alpina (L.) Don.
Silene acaulis L.
Sedum villosum L.
Saxifraga oppositifolia L.
Artemisia borealis Pall. (Fleur brune).
Vaccinium vitis idæa L., v. *pumilum* Horn.
Azalea procumbens L.
Pedicularis hirsuta L.
Armeria sibirica Turcz.

1. Plante monocotylédone rangée ici comme plante florifère. (*N. du trad.*)

Bivouac de la caravane à la lisière de l'*inlandsis*.
(Gravure exécutée d'après un dessin de L. Möller.)

Fleurs jaunes :

Ranunculus reptans L., *R. lapponicus* L.
Papaver nudicaule L.
Draba aurea Vahl.
Potentilla nivea L.
Rhodiola rosea L.
Arnica alpina Olin.
Pedicularis euphrasioides Steph., *P. flammea* L.

Fleur bleue :

Campanula rotundifolia L.

Fleurs violettes :

Chamænerium latifolium (L.), Sp.
Pinguicula vulgaris L.

Dans les lacs nous recueillîmes plusieurs mollusques fluviatiles (une Limnée et un Planorbe), des coléoptères et quelques crustacés. Ici, comme sur toute la côte occidentale du Grönland, les moustiques bourdonnaient en essaims compacts. Outre ces diptères on ne trouvait que quelques autres insectes. Si ce n'est sur les îles situées à l'entrée du port, où s'étaient établies des colonies d'eiders, la faune ornithologique était pauvre, surtout pour une région arctique.

Kolthoff a observé les espèces d'oiseaux suivantes :

Falco candicans Gmel., *F. peregrinus* L., *F. æsalon* Cuv.
Saxicola œnanthe L.
Linota linaria L.
Emberiza lapponica L., *E. nivalis* L.
Phalaropus angustirostris Schnitz (hyperb.).
Larus glaucus Brünn.
Anser albifrons Bechst.
Fuligula glacialis L.
Somateria mollissima L.
Uria grylle L.
Colymbus septentrionalis L.

Plus en aval dans le fjord, Kolthoff a aperçu de plus le *Corvus corax* L. et le *Larus tridactylus* L.

Nous ne vîmes aucun mammifère, pas même un phoque ; nous trouvâmes seulement des pistes de lièvres, de renards et de rennes.

Le 2 juillet nous continuâmes nos préparatifs de départ. Comme la veille, il souffla ce jour-là, du sud-est, une brise qui avait tous les caractères du *fœhn*. Aux yeux de l'équipage, ce vent chaud, qui arrivait en droite ligne du glacier, était une preuve certaine de l'existence d'un « pays vert » par delà l'*inlandsis*. Je ne crus pas utile d'expliquer à mes gens les causes de la température élevée de cette brise, et de leur démontrer leur erreur ; mes explications auraient pu ralentir leur ardeur. À bon droit, des ignorants pouvaient être étonnés de la haute température du vent qui soufflait du glacier. Le tableau suivant est instructif à cet égard :

			Therm. sec	Therm. humide
1ᵉʳ juillet	9 h. du s.	. . . +	9°,8	+ 5°,9 C. Brise soufflant de l'*inlandsis*.
2	—	minuit. . . . . +	6°,6	+ 5°,0 C. Brise de l'ouest.
2	—	2 h. 30 du s.. . +	14°,2	+ 7°,9 C. Brise soufflant de l'*inlandsis*.

Dans la journée du lendemain, les préparatifs furent terminés, et l'on débarqua les charrettes destinées au transport des bagages jusqu'au front du glacier. À six heures du soir, la caravane se mit en route pour atteindre le point où nous devions prendre pied sur l'*inlandsis*. Ce point n'était éloigné du rivage que de trois ou quatre kilomètres, y compris les détours ; mais, sur toute cette distance, le sol était accidenté, couvert ici de pierres, là d'un épais tapis de mousse, dans lequel enfonçaient les roues des petites charrettes. Le halage de nos véhicules, lourdement chargés, fut très pénible, et nous n'arrivâmes à la base du glacier que le lendemain à midi. L'endroit où nous devions gravir l'*inlandsis* était situé au-dessous d'un petit lac cerné en partie par les escarpements du glacier. Cette nappe d'eau, alimentée par de nombreux torrents issus de l'*inlandsis*, avait pour émissaire une belle rivière qui se précipitait en cascade à peu de distance de sa sortie du lac. Nous passâmes ce cours d'eau au-dessus de la chute qu'il formait, les uns à gué, les autres dans un petit canot Berton. Les rapports entre les Eskimos et l'équipage de la *Sofia* étaient si cordiaux que nos matelots portèrent sur leur dos les indigènes pour leur éviter de mouiller leurs *kamikkes*[1] en guéant la rivière. Ainsi chargés, les matelots sautèrent à travers le torrent en poussant des hourras et en chantant, comme ils l'avaient fait lorsqu'ils avaient passé les bagages. En traversant la rivière au-dessus de la cascade, le canot Berton dans lequel je m'étais embarqué chavira, et j'eus la mauvaise chance de prendre un bain froid. Pour que pareil accident ne se renouvelât pas, le bac fut établi dans un endroit où le courant était moins violent.

De l'autre côté de la rivière se trouvait une moraine curieuse par ses petites dimensions. L'escalade du glacier ne présenta aucune difficulté. A la lisière de l'*inlandsis*, les charrettes furent abandonnées et les bagages chargés sur des traîneaux. Nous nous mîmes ensuite en route; dans la journée nous ne parcourûmes que quelques kilomètres, les accidents du glacier rendant la marche très pénible.

La caravane qui avait pour mission d'explorer l'*inlandsis* se composait de neuf hommes, outre le chef de l'expédition. C'étaient le Dr Berlin[2], l'adjudant Kjellström, le second maître Johannesen, les matelots Andersson et Jonsson, les *fångstmän* Sevaldsen et Kræmer, et les Lapons Lars Tuorda et Anders Rossa.

Les premiers jours, nous eûmes de nombreux compagnons. Le directeur Hörring, le marchand Olsen, le journaliste Lars Möller et la plus grande partie de l'équipage de la *Sofia* nous suivirent sur le glacier, sans compter les Eskimos que nous avions engagés à Egedesminde et l'équipage indigène du sloop du directeur. Dans la région de l'*inlandsis* voisine des montagnes, qui était hérissée d'accidents de toute sorte, ce renfort ne nous fut pas inutile pour haler les traîneaux.

Le 5 juillet au matin, les éclaireurs reconnurent l'impossibilité de marcher droit vers l'est. Il fallut alors revenir en arrière jusqu'à

---

1. Bottes en peau des Eskimos. (*N. du trad.*)

2. Tout d'abord le Dr Berlin ne devait nous accompagner que quelques jours; mais au second campement j'acceptai avec reconnaissance l'offre qu'il me fit de nous suivre dans notre exploration. Dans la nuit il retourna à bord de la *Sofia* chercher des vêtements de rechange, sa trousse de chirurgie et une provision supplémentaire de médicaments. Le lendemain matin, il était de retour à notre campement. La vigueur que M. Berlin montra en toute circonstance, et la confiance que sa présence au milieu de nous inspira à tous les membres de notre petite troupe, contribuèrent dans une large mesure au succès de notre expédition.

la lisière du glacier, puis en suivre la rive dans la direction du nord et du nord-est jusqu'à ce que nous trouvassions un terrain favorable pour pénétrer vers l'est. Dans la région où nous nous trouvions, le glacier était néanmoins coupé de ravins et de profondes crevasses ; l'aide des matelots et des indigènes qui nous accompagnaient nous permit de traverser sans difficulté ces obstacles. Dans la journée nous réussîmes à faire une assez longue étape, et, le soir, nous campâmes à l'altitude de 290 mètres[1], près d'une pointe rocheuse faisant saillie sur le glacier. Les Eskimos, rebutés par les dangers et les difficultés que présentait la marche sur l'*inlandsis*, refusèrent de nous accompagner plus loin. Pourtant jusque-là le voyage ressemblait plus à une joyeuse partie de chasse qu'à une dangereuse exploration. Il en fut bientôt autrement lorsque nos camarades nous quittèrent, et que nous fûmes réduits à nos seules forces.

Le 6 juillet au matin, le Lapon Lars Tuorda fut envoyé en reconnaissance. Le glacier, annonça-t-il au retour, était encore trop accidenté pour que nous pussions avancer droit vers l'est, mais, après un jour de marche dans la direction du nord, il serait possible, pensait-il, de faire route vers l'intérieur du pays.

Désireux de ne pas retenir trop longtemps la *Sofia* dans le Tasiusarsoak, je résolus de renvoyer le soir même les matelots qui nous avaient accompagnés jusque-là. Comme quelques heures suffisaient à un bon marcheur pour franchir la distance que nous parcourions en huit heures en halant nos traîneaux, ces hommes devaient nous suivre jusqu'à la fin de l'étape et ensuite revenir à notre deuxième campement sur l'*inlandsis*. Le lendemain ils pouvaient donc être de retour à bord. Ces matelots abandonnèrent tous leurs bagages, et nos approvisionnements furent chargés sur six traîneaux, auxquels s'attela toute la caravane.

---

[1]. Les altitudes ont été déduites des observations de trois baromètres anéroïdes comparées à celles exécutées à Egedesminde sur un excellent baromètre de mer que j'y avais laissé. Pour obtenir la plus grande exactitude possible, les anéroïdes ont été, à notre retour, vérifiés sous la machine pneumatique. Les altitudes indiquées dans ce travail ont été soigneusement calculées par le Dr Jäderin ; la plupart sont un peu plus élevées que celles que j'avais données, avant l'achèvement des calculs, dans mes rapports adressés au Dr Dickson. (Voir E. Jäderin, *Geografiska ortbestämnigar*, etc., *under 1883 års expedition till Grönland. Ofvers. af K. Vet.-Akad. Förh.*, 1884, p. 49.)

Cette région de l'*inlandsis* était d'un parcours très difficile. A peu de distance de notre deuxième campement je reconnus qu'il nous serait impossible de traîner tout notre approvisionnement lorsque nos compagnons nous auraient abandonnés. Nous allégeâmes alors nos bagages de dix jours de vivres et de différents objets qui ne me paraissaient pas absolument indispensables, tels que le

Deuxième campement de la caravane sur l'*inlandsis*.
(Gravure exécutée d'après une photographie prise par M. Kjellström le 5 juillet 1883.)

canot Berton. Tous ces approvisionnements furent déposés sur un point du glacier facilement reconnaissable, si toutefois il y en a sur cette immense plaine blanche. Cela fait, nous poursuivîmes notre route. Nous eûmes dès ce jour l'occasion d'admirer la sûreté de coup d'œil du Lapon Lars. Au milieu des innombrables monticules de glace, tous semblables les uns aux autres, qui hérissaient le glacier, il retrouvait toujours la route qu'il avait reconnue à l'avance, et appréciait de loin avec une merveilleuse sagacité les difficultés que présentait un passage. En place d'un bâton ferré, Lars portait une lance dont le manche gardait les empreintes des dents des nombreux ours qu'il avait tués. Soit avec cette arme, soit avec son fusil, Lars n'avait pas abattu moins de vingt-cinq ours, et ses yeux s'enflammaient à la seule pensée qu'il pourrait se mesurer avec un ours blanc. Cette satisfaction lui fut malheureusement refusée pendant l'expédition.

Le soir nous campâmes pour la troisième fois sur le glacier. Dès l'arrivée à la halte, le souper fut préparé pour ceux de nos compagnons qui allaient battre en retraite, et après un repas joyeux les deux troupes se séparèrent. Nous étions maintenant réduits à nos seules forces, et au début cet isolement nous parut pénible.

Nos effets de campement comprenaient une tente en coton, munie d'une douzaine de piquets en fer, un sac-lit, une couverture et un matelas en caoutchouc pour chaque homme, des soufflets pour gonfler ces matelas, des assiettes et des tasses en fer-blanc étamé, enfin des lampes à alcool pour la cuisson des aliments. Les appareils que nous avons employés dans cette expédition sont beaucoup plus pratiques que ceux au pétrole, à l'huile ou au suif dont je m'étais servi dans mes précédentes explorations. Théoriquement l'alcool donne moins de chaleur que les graisses peu oxygénées ou que les hydrocarbures exempts d'oxygène; mais par cela même on n'a pas à craindre avec lui les pertes de chaleur qu'entraînent la formation du noir de fumée ou la mise en liberté de produits nauséabonds de distillation. De plus l'alcool est un combustible facilement maniable, et la lampe peut brûler sans inconvénient dans la tente. Ces avantages me déterminent à recommander aux futurs explorateurs l'appareil très simple que j'ai fait construire à Stockholm et dont je me suis servi pendant cette expédition. Outre les effets de campement, nous emportions des vêtements de rechange, des gilets en peau de chevreau, une blouse blanche en toile à voiles et un bonnet de nuit en laine pour chaque homme, seize paires de bottes en toile à voiles avec une provision de *Carex vesicaria*, des chaussures en feutre et des crampons à glace en nombre suffisant pour tous les hommes. Comme armes, nous avions un fusil de chasse, un fusil de munition et deux lances lapones; en fait d'instruments, des boussoles, des lunettes, deux chronomètres, un cercle de Pistor et Martin, un petit sextant pour remplacer le cercle en cas d'avarie, un horizon artificiel à mercure, trois anéroïdes, des thermomètres, des bâtons aimantés (pour l'étude de la poussière argileuse répandue sur le glacier), une planchette pour le topographe, un appareil photographique et un chalumeau. Ajoutez à cela des tubes en verre, des bocaux, un paquet de papier buvard et des tables nautiques. Nos bagages contenaient en outre : une pharmacie de voyage, une provision de tabac et de cigares, des marteaux, des haches, des scies, des tarières, des limes, des aiguilles, du fil, une provision d'allumettes, une corde en chanvre de Manille, commandée chez le fournisseur du Club Alpin de Paris et dont la résistance avait été éprouvée à Stockholm, une paire de rames destinées à diriger nos matelas en caoutchouc, que nous pensions utiliser en guise d'embarcations au cas où nous aurions à traverser quelque nappe d'eau. De plus, nous emportions des vivres et de l'alcool pour quarante jours. Tous ces bagages étaient placés sur six traîneaux du même modèle que ceux employés par les dames de la halle de Stockholm. Les brassières de ces véhicules avaient été soigneusement fabriquées pour pouvoir soutenir le poids d'un homme si l'un de nous tombait dans une crevasse. Chacun était armé d'un bâton ferré en frêne et muni de conserves bleues; enfin chaque Lapon emportait une paire de *ski*.

L'ordinaire de l'expédition avait été réglé de la manière suivante : Le matin, une forte portion de café, du pain, du beurre et du fromage. Au dîner, $0^l,042$ d'eau-de-vie, du pain, et soit du jambon, soit du *corned beef* ou des sardines. Au souper, de la viande conservée provenant d'Australie ou de la fabrique de Wikström de Stockholm.

La ration journalière de chaque homme se composait de :

Pain.	531 grammes.
Beurre.	83
Fromage.	42
Jambon fumé.	106
Viande conservée.	255
Café.	34
Sucre.	26
Eau-de-vie.	39

En place de jambon ou de viande conservée, nous mangeâmes

à différentes reprises des sardines ou du pâté de foie; mais les hommes se fatiguèrent vite de ces deux aliments. Le café fut remplacé plusieurs fois par du chocolat ou de la soupe faite avec de l'extrait de viande et des légumes secs. Cinq hommes de la caravane ne buvaient aucun spiritueux. Comme je n'avais pas compté

La cuisine sur l'*inlandsis*.
(Gravure exécutée d'après une photographie prise par M. Kjellström le 25 juillet 1883.)

sur ces habitudes de sobriété, je ne pus leur donner en échange un supplément de vivres.

Pour la cuisson des mets (deux fois par jour du café et une fois de la viande conservée) nous employions à peine $0^l,70$ d'alcool par jour.

La ration journalière était suffisante, mais non surabondante.

Pendant toute la durée de l'exploration, les fonctions de cuisinier furent remplies avec beaucoup de zèle par Kræmer, un vieux matelot qui, après avoir mené une vie aventureuse dans l'Atlantique et le Pacifique, était devenu un paisible *fångstman*. Ordinairement, à huit heures du matin j'éveillais le cuisinier et remontais le chronomètre. Immédiatement notre homme se mettait à la besogne; une demi-heure après, le déjeuner était servi. On lavait ensuite la marmite et la vaisselle, on pliait les sacs et les matelas, on abattait la tente, puis on chargeait les traîneaux, et la caravane se mettait en route. Au moment du dîner on ne dressait pas la tente, et la halte était aussi courte que possible, pour que les hommes, trempés de sueur, ne prissent pas froid. Le soir, dès l'arrivée au bivouac, la

Détermination du point sur l'*inlandsis*.
(Gravure exécutée d'après une photographie prise par M. Kjellström le 16 juillet 1883.)

tente était immédiatement dressée; après quoi, on préparait le souper. Pendant ce temps chacun vaque à ses occupations. Le docteur recueille à la surface du glacier des algues microscopiques ou soigne les yeux des hommes atteints d'ophtalmie; Kjellström photographie, dresse notre itinéraire ou fait le croquis du terrain avoisinant, et, si le ciel est clair, je prends des hauteurs solaires. De leur côté, les Lapons font une reconnaissance dans la direction que nous devons suivre le lendemain. Le reste de l'équipage installe le campement, gonfle et étend les matelas. Entre-temps un homme examine avec inquiétude son lit. A l'aide de la loupe du docteur, il cherche les trous microscopiques qu'une pointe de glace ou les clous d'un soulier a percés dans un des compartiments de son matelas. Pareil instrument entre les mains d'un matelot ou d'un Lapon ne doit pas être, je pense, d'un secours bien efficace. La déchirure découverte, notre homme s'efforce de la boucher à l'aide de caoutchouc fondu ou d'un morceau de sparadrap. Ces trous, laissant échapper l'air qui remplissait le matelas, l'homme qui couchait dessus avait le désagrément de dormir sur un lit qui ne l'isolait que très imparfaitement de la glace. Heureusement les matelas étaient divisés en plusieurs compartiments étanches ; par suite un seul trou n'amenait pas leur dégonflement complet. Une fois gonflés, ils sont étendus dans la tente, tout près les uns des autres. Les préparatifs du couchage terminés, on mange ensuite le souper avec appétit et beaucoup d'entrain. Puis chacun enlève ses vêtements mouillés, ses bottes en toile à voiles, les suspend au toit de la tente pour les faire sécher, et se glisse dans son sac-lit. La conversation est tout d'abord très animée, on parle du « pays vert », de la Suède, des incidents de la journée, on pronostique le temps pour le lendemain ; peu à peu la causerie cesse, et chacun s'endort, oubliant le glacier, les torrents, les crevasses, les trous de *cryokonite*, les dangers et les labeurs de la journée.

Notre matériel ne pesait pas moins de 840 kilogrammes. Nous eussions pu facilement traîner ce poids sur une route unie, sur un glacier plat ou sur un champ de neige durcie par la gelée. Mais, sur un glacier aussi accidenté que l'*inlandsis*, nous ne pouvions haler en même temps tous nos traîneaux, et pour les amener au même endroit nous devions au début faire trois fois le même chemin. Les étapes étaient par suite très courtes ; d'après les indications du podomètre, nous ne parcourûmes, le 7 juillet, que quatre kilomètres, le 8 quatre et demi, et le 9 quatre.

Outre les monticules de glace et les crevasses, nous avions encore à passer des cours d'eau rapides, coulant entre des rives escarpées. Plusieurs de ces torrents nous obligèrent à de longs détours ; d'autres, au contraire, purent être traversés promptement sur des ponts improvisés avec trois bâtons ferrés. A Stockholm j'avais eu la précaution de faire éprouver la résistance des bois de frêne employés pour la fabrication de ces bâtons. S'ils eussent été moins solides, ils n'auraient pu nous servir à établir des ponts volants, et nous aurions dû faire de longs détours pour contourner les rivières.

Ces jours-là, nous trouvâmes en plusieurs endroits des ossements de renne. On pouvait croire, en voyant ces débris, qu'un « pays vert » existait bien par delà les glaciers et que la route à travers ce désert glacé était jalonnée par les ossements d'animaux qui avaient péri en le traversant. Mais la vraisemblance n'est pas toujours la vérité comme nous pûmes en faire l'expérience à diverses reprises pendant le voyage.

L'*inlandsis* présente plusieurs aspects très différents. Devant le glacier se trouve une moraine, d'un relief très faible, constituée par de l'argile mêlée de quelques blocs. Lorsque le glacier se retire, cette argile est délayée et entraînée par la pluie et les torrents glaciaires. Seuls les grands blocs restent en place, épars sur le terrain que la glace a laissé à découvert. Rarement ces pierres sont transportées à plus de quelques centaines de mètres de leur lieu d'origine; cela tient vraisemblablement, comme je l'ai déjà expliqué, à ce que, dans les parties profondes et encaissées par des montagnes, le glacier est agité par des mouvements aussi peu sensibles que ceux qui se font sentir dans les profondeurs des lacs et de la mer. Au delà de la moraine, l'*inlandsis* s'élève par une pente crevassée couverte d'une mince couche de particules argileuses. Le glacier ne présente cet aspect que dans le voisinage immédiat des rives; à quelques centaines de mètres de sa lisière, on ne trouverait pas un caillou de la grosseur d'une tête d'épingle. Plus loin l'*inlandsis* est accidentée par des bombements hérissés de pyramides et de crêtes de glace[1] (*toppis*), qui atteignent une hauteur de 6 mètres. Au milieu de ces séracs très rapprochés les uns des autres, que découpent de profondes crevasses, les traîneaux ne passaient que très difficilement. Ces bombements du glacier étaient encore accidentés par des monticules de glace (*tufis*), hauts de

1. D'après la description de M. Nordenskiöld, ces pyramides de glace doivent ressembler aux séracs de nos glaciers. Elles semblent toutefois avoir une stabilité beaucoup plus grande que ces accidents des glaciers alpins. (*N. du trad.*)

60 centimètres à 2 mètres. Sur un côté ces monticules présentaient une paroi arrondie de glace pure; sur un autre, un escarpement souillé de *cryokonite*. L'intervalle qui séparait chaque *tufis* étant trop étroit pour que les traîneaux pussent y passer, l'expédition éprouva de grandes difficultés dans ces zones. Aux régions accidentées faisaient suite des dépressions en forme de cuvettes, dont quelques-unes étaient occupées par un lac. Ces cuvettes étaient également accidentées par des monticules (*tufis*) en forme de *d*, séparés les uns des autres par des espaces plans, et sillonnées de nombreux cours d'eau. Plusieurs de ces rivières, qui étaient très rapides et très grosses, n'étaient guère moins difficiles à traverser que les crevasses; mais en général, dans ces dépressions, le halage des traîneaux était relativement facile. Au delà du treizième campement, à l'altitude de 11 à 1200 mètres, l'*inlandsis* était recouverte d'une couche de neige trop mince toutefois pour niveler les accidents du glacier. Plus loin une nappe de neige imprégnée d'eau rendait la marche très pénible, notamment dans les dépressions. Ces dépressions étaient occupées par des lacs circulaires alimentés par de nombreux et puissants cours d'eau, autour desquels s'étendait un véritable marais de neige. Au milieu de ces plaines détrempées s'élevaient des monticules isolés, les uns de glace vive, les autres recouverts de neige sèche. Quelques-uns portaient également une calotte de neige spongieuse, moins épaisse il est vrai que celle qui couvrait les fonds. A 50 kilomètres à l'est de notre dernier campement, à l'altitude de 1600 mètres, commençait une zone de neige sèche. Cette région présente, semble-t-il, le même aspect que l'*inlandsis* de la Terre du Nord-Est au Spitzberg, traversée par Palander et moi en 1875. Ce fut le manque d'eau qui, dans ce désert de neige, fit le plus souffrir les Lapons durant leur *raid* en patins.

Les crevasses, partout très nombreuses, l'étaient surtout dans les parties bombées du glacier; dans ces régions elles s'ouvraient à quelques mètres les unes des autres. La plupart étaient orientées suivant des directions parallèles; en différents endroits cependant nous trouvâmes des systèmes de crevasses dont les lignes de fracture étaient perpendiculaires l'une à l'autre. La plupart des crevasses formaient un gouffre béant; d'autres étaient au contraire remplies d'eau jusqu'à leur orifice¹. Plusieurs fois nous vîmes deux crevasses, l'une vide, l'autre pleine d'eau, se touchant et à la même hauteur.

Pendant tout le voyage, nous trouvâmes difficilement des emplacements commodes pour camper. Un jour le glacier était très accidenté et il était impossible de découvrir un espace plan correspondant aux dimensions de la tente; une autre fois, sa surface était tellement criblée de cavités que sous notre abri il n'y avait pas moins de plusieurs centaines de petits trous et une demi-douzaine de grands, dont la profondeur variait de 30 centimètres à 1 mètre, tous remplis d'eau. D'autres fois nous dûmes camper sur une neige spongieuse; dans ce cas, malheur à celui qui mettait la jambe en dehors du matelas de caoutchouc, car il était trempé comme s'il avait pris un bain de pieds. Par exception notre campement du 9 juillet était très confortable; ce fut même le plus agréable de tout le voyage. La tente avait été dressée sur un replat du glacier, large de quelques dizaines de mètres, complètement plan et sans le moindre trou, près d'un lac alimenté par de nombreux cours d'eau. A peu de distance son émissaire, après un cours torrentueux, se précipitait dans une large crevasse avec un fracas de tonnerre qui troublait le silence de cette solitude. La rivière coulait entre deux berges escarpées, taillées dans une belle glace azurée, et serpentait en courbes élégantes à travers des parois polies et façonnées comme si elles avaient été travaillées par quelque habile praticien. Nos Lapons et nos matelots eux-mêmes étaient ébahis par la magnificence de ce chef-d'œuvre des agents de la nature. Nous prîmes une photographie de ce ravin, qui semblait taillé dans un marbre bleuâtre d'une admirable pureté, mais ni le dessin ni surtout une description ne peuvent rendre les teintes des berges de ce cours d'eau.

Le halage des traîneaux en deux convois nous faisant perdre beaucoup de temps et fatiguant les hommes, je résolus de changer l'ordre de marche et de demander à mes gens de les traîner tous en même temps. Tout d'abord, le halage fut très pénible, mais nous pûmes faire des étapes beaucoup plus longues qu'au début du voyage.

---

1. Elles formaient, en un mot, ce que dans la glaciologie alpine on appelle des « baignoires ». (N. du trad.)

Le 10 juillet nous parcourûmes, sans compter les détours, neuf kilomètres et demi, le 11 dix, et le 12 onze.

Quoique, dans cette région du glacier, la marche présentât moins de difficultés, cependant en certains endroits elle était encore très pénible. Le 11 par exemple, après avoir traversé une zone large de quatre kilomètres, relativement facile, bien que coupée de grandes et profondes crevasses, nous rencontrâmes un torrent. Non sans peine

Torrent sur l'*inlandsis*.
(Gravure exécutée d'après une photographie prise par M. Kjellström le 9 juillet 1883.)

nous le passons, et voici qu'à quelque distance de là une autre rivière, très large, dont la première était un affluent, nous barre la route. Impossible de traverser ce nouveau cours d'eau ; il faut alors revenir en arrière et passer une seconde fois la première rivière pour chercher ensuite une autre route vers l'est. Afin d'éviter le retour d'une semblable mésaventure, j'envoyai Lars reconnaître le terrain, pendant que je faisais une détermination astronomique. Au cours de cette halte, la rivière eut une crue subite; aussi nous applaudîmes-nous de l'avoir traversée à temps.

L'absence de Lars se prolongeant plus que de raison, je commençai à être inquiet. Dans la zone où nous nous trouvions, les crevasses étaient masquées par une couche de neige, et un accident pouvait très bien arriver, eût-on même bon pied et bon œil, comme notre Lapon. Enfin, après une longue et pénible attente, Lars revint. Au delà d'un monticule de glace voisin il avait trouvé, le long d'une large rivière, un terrain facile. La caravane se dirigea immédiatement vers ce point. A peu de distance de là cette rivière coulait dans un lit profondément encaissé que sa masse d'eau torrentueuse avait creusé dans la glace. Ce canal, qui décrivait de gracieux méandres, entre des parois blanches, bleues ou vertes, ressemblait à celui représenté dans la gravure précédente, mais il était plus sinueux. Quel dommage que notre photographe n'ait pas eu le temps d'en prendre une vue! Des taches pourpres produites par de la *neige rouge* mouchetaient sa rive méridionale en différents endroits. Pour cette raison, nous avons donné à cette vallée le nom de Karmindal. C'est le seul endroit de l'*inlandsis* où nous ayons trouvé de la neige ou de la glace rouge en certaine quantité; mais dans plusieurs localités nous vîmes de la neige jaune foncé. En général la glace de l'*inlandsis* avait une teinte grisâtre ou gris verdâtre, due à la *cryokonite* et à des organismes de différentes espèces. Le Dr Berlin recueillit une grande quantité de cette neige colorée dans des flacons que nous avions emportés à cet effet. Une fois la neige fondue, les particules organiques se déposaient au fond du tube en formant deux couches, l'une d'un gris clair, l'autre rougeâtre.

Nous avançâmes rapidement dans le Karmindal. A différentes reprises nos traîneaux manquèrent de dégringoler dans le torrent; s'ils avaient fait pareille chute, ils auraient été rapidement entraînés dans la crevasse où toute la rivière allait se perdre.

L'excellente piste que nous suivions avait une longueur de 4 kilomètres. A mesure que nous avancions, le ravin dans lequel coulait la rivière devenait de plus en plus profond, les parois de glace qui l'encadraient de plus en plus escarpées, et les banquettes des berges de plus en plus étroites; à un endroit même elles disparaissaient complètement. Au delà s'étendait un terrain très difficile, tout hérissé de monticules de glace et sillonné de rigoles dont les parois étaient noircies par une fine poussière. Ces rigoles, en certains endroits très rapprochées les unes des autres, paraissent avoir été formées par un affaissement partiel du glacier et ensuite approfondies par les eaux. Elles étaient trop étroites pour laisser passer nos traîneaux, et entravaient ainsi notre marche.

Entre le huitième et le neuvième campement (12 juillet), la surface du glacier était parsemée de graminées, de feuilles de bouleaux nains, de saules, d'airelle et de différentes autres plantes. Nous crûmes d'abord que le vent avait transporté là ces débris de l'intérieur du pays; c'était une erreur, car, au delà du neuvième campement, nous ne trouvâmes plus aucune feuille sur le glacier. En fait d'animaux, nous ne vîmes sur l'*inlandsis*, outre le vol d'oiseaux que nous aperçûmes au retour, que deux mouches, qui avaient été entraînées là par le vent, et un petit ver, qui vit sur les algues du glacier. En dépit des plus attentives recherches, nous ne découvrîmes à la surface de l'*inlandsis*, au delà de sa lisière, ni une pierre, ni même un gravier. Mais partout la glace était recouverte d'une fine poussière argileuse; il y en avait certainement plusieurs tonnes sur la superficie d'un kilomètre.

Comme l'indique le tableau suivant des altitudes de nos différents campements, l'*inlandsis* avait une pente assez forte :

Troisième campement.	332	mètres.
Quatrième —	390	
Cinquième —	417	
Sixième —	449	
Septième —	535	
Huitième —	598	
Neuvième —	771	

Le neuvième campement avait été installé sur le versant occidental d'un monticule de glace voisin d'un petit lac peu profond. Comme toutes celles que nous avions rencontrées jusque-là, cette nappe d'eau s'écoulait par une large rivière qui, après un cours de peu d'étendue, se précipitait dans une crevasse. De ce point la vue s'étendait à l'ouest jusqu'aux hautes montagnes de la côte, entre lesquelles on distinguait la mer; à l'est de ce monticule, au contraire, aucune terre n'était visible; de ce côté nous ne voyions que de la neige et de la glace. Par suite d'un effet de mirage, l'*inlandsis* semblait former autour de nous une large cuvette au milieu de laquelle nous marchions, et, à l'œil, il était impossible de reconnaître si nous montions ou descendions. Les hommes discutaient sans cesse à ce sujet, et ils jugeaient toujours du sens de la pente d'après le plus ou moins de facilité qu'ils éprouvaient à haler les traîneaux. Les Lapons, qui se regardaient comme responsables de la bonne direction de la caravane, m'annoncèrent avec inquiétude qu'ils n'étaient plus sûrs de retrouver au retour leur route, maintenant que les montagnes de la côte étaient hors de vue. Je les tranquillisai à cet égard en leur assurant qu'à l'aide de la boussole et du soleil il me serait facile de nous guider[1]. En allant, je déterminais la position de chaque campement; par suite, les distances indiquées sur la carte pour chacune de nos étapes sont rigoureusement exactes.

Le chemin que nous parcourions chaque jour, *y compris les innombrables détours que nous devions faire*, était évalué à l'aide de deux podomètres. Les chiffres indiqués par ces instruments étaient de 50 à 100 pour 100 plus élevés que ceux donnés par les observations astronomiques. On peut juger par là de la longueur des détours auxquels nous obligeaient les rivières et les crevasses. Pendant le voyage, chaque soir, M. Kjellström, l'habile topographe de l'expédition, dressait le croquis de l'itinéraire suivi dans la journée, tandis qu'il avait encore présent à l'esprit la configuration du glacier. Le calcul de mes observations astronomiques n'étant pas alors définitif, les distances furent fixées sur cette carte d'après les indications du podomètre. Une première vérification de mes observations me prouva que la longueur des étapes avait été singulièrement exagérée; néanmoins je fis reproduire en photolithographie cette belle et intéressante carte, en ayant soin d'indiquer qu'elle

---

[1]. Au retour, les Lapons retrouvèrent pourtant la route et l'emplacement de presque tous nos campements. Lars surtout avait une mémoire des localités vraiment extraordinaire.

n'était que provisoire. Plus tard elle a été jointe à une partie de l'édition du petit volume contenant mes rapports à M. Oscar Dickson. Différentes revues l'ont reproduite, mais sans mentionner son caractère provisoire.

Jusqu'au neuvième campement le temps fut toujours beau et le ciel clair. Une faible brise soufflait du sud-est. A l'ombre, le thermomètre, placé à un mètre au-dessus du sol, indiquait une température variant de $+ 2°$ à $+ 8°$; au soleil, il s'élevait à $+ 20°$.

La réverbération[1] continuelle de la lumière sur la neige nous incommoda bientôt, d'autant plus qu'au début du voyage nous avions négligé de porter des conserves bleues. Les premiers symptômes de l'ophtalmie se manifestèrent, comme d'habitude, par une irritation de la conjonctive. Le Dr Berlin combattit très judicieusement cette maladie, qui avait arrêté tant d'expéditions polaires, en prescrivant l'usage de lunettes bleues et des lotions d'une solution de sulfate de zinc.

Dans cet air sec et raréfié, les rayons solaires nous brûlaient la peau du visage et y déterminaient la formation d'ampoules ; une fois les cloches crevées, l'épiderme du nez, des oreilles et des joues s'en allait en lambeaux. Après que nous eûmes reçu plusieurs de ces coups de soleil, la brise fraîche du matin était particulièrement piquante sur la mince pellicule de peau qui se formait sous les ampoules. Le soleil des tropiques, du moins dans les régions situées au niveau de la mer, n'a pas une action aussi énergique. Durant le voyage, les membres de l'expédition n'eurent à souffrir que de l'ophtalmie, de ces coups de soleil et de quelques crampes. Tout le temps la santé des hommes fut excellente.

D'après les indications du podomètre, nous parcourûmes, le 13 juillet, treize kilomètres, le 14 dix, et le 15 quatorze (du neuvième au douzième campement) ; la somme des détours est comprise dans ces chiffres. Au delà du neuvième campement la pente était très faible ; plus loin elle se perdait dans une vaste plaine

---

[1]. Le centre du soleil s'abaissa pour la première fois au-dessous de l'horizon le 15 juillet (nous nous trouvions par 68° 20′ de lat. N. environ), et son bord supérieur, abstraction faite de la réfraction, le 21 juillet. Après le 15 juillet les nuits, à l'altitude de 1000 à 2000 mètres, devinrent très froides. Le thermomètre descendit de $- 15°$ à $- 18°$ C.

que je crus tout d'abord être la ligne de faîte de l'*inlandsis*. Contrairement à cette supposition, le sol continuait à s'élever au delà. Le neuvième campement était situé à une altitude de 771 mètres; le dixième, à 952 mètres; le onzième, à 940 mètres, et le douzième à 1014 mètres.

La caravane en marche.
(Gravure exécutée d'après une photographie prise le 18 juillet 1883 par M. Kjellström.)

Dans cette zone le glacier était sillonné de nombreuses rivières larges et rapides, toutes très difficiles à traverser. Il était moins accidenté que dans les parties que nous avions traversées jusque-là, mais il était criblé de trous de *cryokonite* qui rendaient la marche très pénible. Nos fatigues augmentèrent encore lorsque le temps changea. Le 15 juillet la pluie commença à tomber, poussée par un vent violent du sud-est. Elle continua toute la nuit et ensuite se changea en une neige fine et serrée dont les flocons obscurcissaient complètement le ciel. Chacun de nous était trempé; néanmoins nous ne perdîmes pas courage, pensant que cette pluie, amenée par un vent du sud-est, était un indice certain de l'existence d'un pays libre de glaces au centre du Grönland. A chaque éclaircie nous examinions attentivement l'horizon, espérant toujours voir surgir des montagnes au-dessus de la ligne du glacier. Tous nous avions le même désir de marcher en avant, le même enthousiasme que les Espagnols qui partirent jadis à la recherche de l'Eldorado; matelots et Lapons, tous étaient persuadés que par delà les glaciers s'étendait un « pays vert ». Entre le onzième et le douzième campement, à la halte de midi, nous crûmes voir au loin des montagnes. La masse noire que nous apercevions était parfaitement immobile et distincte des nuages que le vent chassait lentement devant elle : il n'y avait pas à en douter, croyions-nous, c'étaient bien des montagnes et non des brouillards. Nous les examinâmes à la lunette, nous les dessinâmes, puis, après une longue discussion, nous les saluâmes de hourras répétés. Quelques jours après, nous reconnûmes que nous avions été victimes d'une illusion produite par le reflet sur les brumes de petits lacs situés à une grande distance sur l'*inlandsis*; ainsi s'expliquait l'immobilité de l'image au milieu du tourbillon des nuages poussés par la tempête.

Dans la relation de mon voyage au Grönland en 1870, j'avais attiré l'attention du monde savant sur la *cryokonite*. Cette poussière argileuse se trouve dans des trous cylindriques, variant de 50 centimètres à 1 mètre de profondeur, disséminés sur toute la surface de l'*inlandsis*, aussi bien dans la partie du glacier voisine des montagnes qu'à 150 kilomètres dans l'intérieur des terres. Mon compagnon de route, le professeur Berggren, découvrit qu'une flore glaciaire composée de nombreuses plantes microscopiques se développait sur ces *slam*, et même qu'une partie de ces plantes reposait directement sur la glace. Ces plantes, si inférieures qu'elles soient, ont une grande importance dans l'économie de la nature. Par leur couleur foncée elles absorbent plus que la glace les rayons solaires, et arrêtent le développement du glacier en en facilitant la fonte. Peut-être cette flore microscopique a-t-elle contribué à faire disparaître la carapace de glace qui a jadis couvert la Scandinavie. L'étude que j'avais faite en 1870 de la *cryokonite* m'avait conduit aux conclusions suivantes, que je résume sous une forme didactique :

1° Cette poussière ne provient pas des montagnes voisines de l'*inlandsis*, car elle se rencontre à une hauteur beaucoup plus élevée que celle de ces montagnes, et se trouve en aussi grande quantité sur les sommets des pyramides de glace que sur leurs flancs ou dans les ravins qui les séparent.

2° Elle n'a pas été amenée à la surface du glacier par des torrents ; elle ne provient pas non plus des moraines de fond, dont l'existence est d'ailleurs hypothétique.

3° Cette poussière argileuse doit être un sédiment éolien, formé en grande partie de matières d'origine terrestre transportées par le vent à la surface de l'*inlandsis*.

4° Ce sédiment renferme, en outre, des substances d'origine cosmique, telles que de la magnétite et du fer natif attirable à l'aimant et qui, au chalumeau, donne les réactions du cobalt et du nickel. Ce *slam*, que j'ai appelé *cryokonite* (poussière de glace), a une très grande importance scientifique, surtout à cause de sa teneur en matières cosmiques.

Des explorateurs qui ont visité l'*inlandsis* après moi ont également reconnu la présence de la *cryokonite*, mais près de crêtes rocheuses. Comme la poussière trouvée là pouvait provenir des montagnes voisines, ces voyageurs n'ont accordé, par suite, aucune attention à mes observations et n'ont fait aucune recherche sur l'origine de cette substance. Les échantillons de la flore glaciaire qui, depuis mon voyage, ont été recueillis dans le Grönland méridional, notamment par le docteur N. O. Holst, n'ont pas été mieux étudiés. Le docteur Berlin a rapporté de différentes localités des spécimens de *neige rouge*. L'étude de cette collection ajoutera certainement à nos connaissances de cette flore glaciaire, et, de mon côté, j'ai repris l'étude de la *cryokonite*. Mes nouvelles recherches confirment complètement mes premières observations. Partout où la neige de l'hiver avait disparu, la surface du glacier était recouverte d'une fine poussière noirâtre ; si celle-ci avait été uniformément répandue sur l'*inlandsis*, l'épaisseur de la couche aurait varié de $0^m,001$ à $0^m,1$. Elle se trouve, semble-t-il, en aussi grande quantité à l'extrémité inférieure du glacier qu'à 100 kilomètres dans l'intérieur. Près des montagnes, elle est mélangée à des particules arénacées très fines, d'un gris clair, dont elle peut du reste être facilement séparée.

A une certaine distance de l'extrémité inférieure de l'*inlandsis*, on ne rencontre plus ces *slam*. En dépit de mes recherches attentives, je n'y ai trouvé ni graviers ni cristaux. Au contraire, la *cryokonite* renferme de très petits cristaux attirables à l'aimant, principalement de magnétite, et quelques-uns de fer natif cobaltifère, comme on peut s'en assurer en les broyant dans un mortier d'agate et en les essayant au chalumeau. Dans tous les endroits où la neige de l'hiver avait disparu, on trouvait la *cryokonite* répandue sur la surface du glacier. Cette poussière ne forme pas sur l'*inlandsis* une couche ininterrompue, mais elle a été accumulée par les ruisseaux dans des trous remplis d'eau qui criblent la surface du glacier. Le plus grand nombre de ces cavités sont cylindriques ; quelques-unes seulement ont la forme d'une demi-lune ; leur profondeur peut atteindre 1 mètre, et leur diamètre varie de quelques millimètres à 1 mètre et même plus. A leur extrémité inférieure est entassée une couche de *cryokonite*, épaisse de 1 à 2 millimètres, agrégée en boules par la présence d'organismes ou l'action du vent. Partout où la glace était à vif et n'avait point été ravinée par l'eau, les trous de *cryokonite* étaient très rapprochés les uns des autres ; on n'aurait pas trouvé un espace de quelques centimètres carrés qui n'en fût criblé. Au milieu de plusieurs grands trous s'élevait un cône de glace noirci par ces *slam* ; dans les bassins d'anciens lacs et dans les lits de rivières à sec, nous vîmes également des cônes couverts de *cryokonite*. Ces trous et ces cônes sont formés par l'action de la chaleur, qui agit différemment sur la glace suivant que la couche de poussière qui la recouvre est plus ou moins épaisse : le glacier est-il simplement saupoudré de *cryokonite*, la fonte est rapide, le noir absorbant plus que le blanc les rayons solaires, et un trou est rapidement creusé ; les *slam* sont-ils, au contraire, entassés sur un point, ils protègent la glace contre les rayons solaires, et cette partie du glacier s'élève bientôt en cône au milieu du reste de l'*inlandsis*, dont le niveau est abaissé par l'action de la fonte. A la surface de l'eau qui remplit certains trous de *cryokonite*, flotte une substance noirâtre, probablement des *slam* que les plantes glaciaires ont, à l'époque de leur développement, entraînés du fond de la cavité. La nuit, lorsque la température s'abaisse de quelques degrés au-dessous de zéro, l'eau qui remplit ces trous se couvre d'une couche de glace; mais, même par un froid très vif, elle ne gèle pas jusqu'au fond. Rarement la croûte cristalline qui recouvre ces cavités est assez résistante pour supporter le poids d'un homme, surtout si une nappe de neige fraîche arrête la formation de la glace, comme cela arriva pendant la seconde partie de notre voyage.

Lorsque mes premières observations eurent attiré l'attention des géologues sur la *cryokonite*, une vive discussion s'éleva sur la nature de cette substance et sur l'origine que je lui avais attribuée. J'avais affirmé que c'était un sédiment éolien d'origine inconnue, contenant des matières cosmiques; cette théorie a été vivement combattue, mais je n'ai pas toujours pu me rendre compte de la valeur des objections qui m'étaient faites. Des voyageurs qui ont visité le Grönland postérieurement à 1870 et qui ont jugé de l'aspect de l'intérieur de l'*inlandsis* par celui qu'elle présente à son extrémité inférieure, ont prétendu que la *cryokonite* est un *slam* argileux provenant de la moraine frontale ou une poussière transportée par le vent des *nunatak*. Suivant d'autres, ce sédiment viendrait de la moraine profonde et aurait été apporté à la surface du glacier par des cours d'eau sortis des profondeurs de l'*inlandsis*. Je ferai d'abord remarquer que des torrents ayant cette direction n'ont jamais été observés sur le glacier. Tout au contraire, l'eau provenant de la fonte s'écoule sous le glacier par les innombrables crevasses qui déchirent l'*inlandsis*. Sauf les deux sources jaillissantes comme des geysers que j'ai vues en 1870, je n'ai observé aucune masse d'eau s'élevant de l'intérieur du glacier. J'ajouterai à ce propos que le jaillissement de ces deux colonnes d'eau était produit par des cascades voisines et que ces eaux n'apportaient par suite à la surface du glacier aucun *slam* de la moraine profonde. Enfin, après avoir soumis la *cryokonite* à une analyse microscopique, des savants ont affirmé qu'elle était composée de débris pierreux provenant des montagnes voisines. Les résultats de ces analyses sont loin d'être concordants. Ainsi, d'après Lasaulx, la *cryokonite* contiendrait surtout du quartz, du mica (20 pour 100), de l'orthose, du grenat, de l'épidote et du titanite. Lorentzen, au contraire, n'y a trouvé que 15 pour 100 de quartz; de plus, il y signale du mica, du feldspath, de l'hornblende, du grenat, de l'augite et de l'hypérite. Des Cloizeaux y a découvert de l'amphibole (10 pour 100), du quartz, de l'orthose et du plagioclase. Et toutes les analyses de ces minéralogistes ont porté sur des échantillons absolument identiques recueillis pendant l'expédition de 1885[1]. La microscopie, aujourd'hui si perfectionnée, permettait d'espérer des résultats concordants. Je dois ajouter que le gneiss qui constitue les montagnes de la côte occidentale ne contient qu'en très petite quantité les minéraux dont les analyses ont révélé la présence dans la *cryokonite*. D'autre part, comme cette substance ne renferme aucune matière d'origine volcanique, il n'est point probable qu'elle ait été transportée, par les vents d'est, des volcans d'Islande sur les glaciers du Grönland. Si telle était l'origine de la *cryokonite*, elle devrait contenir des particules d'obsidienne.

La *cryokonite* n'est donc point une poussière locale. *En admettant qu'elle soit d'origine terrestre*, cette substance aurait été portée par les vents jusqu'à une sorte de réservoir permanent aérien comme celui qui, d'après Ehrenberg, produit la poussière des alizés. Cette hypothèse est confirmée par ce fait que des particules presque de mêmes dimensions, mais de densités différentes, se trouvent mélangées les unes aux autres, et que la poussière recueillie à l'extrémité inférieure du glacier n'est pas composée de plus gros grains que celle ramassée dans l'intérieur de l'*inlandsis*. Cette hypothèse me paraît également confirmée par la composition de la *cryokonite*, qui exclut la possibilité de la prédominance du quartz sur les autres substances. Les analyses prouvent en outre que la *cryokonite* a une composition constante : qu'elle ait été recueillie en 1870 ou en 1885, à la lisière du glacier ou dans l'intérieur, qu'elle ait été étudiée telle qu'elle a été ramassée ou après qu'on en a enlevé, à l'aide d'un électro-aimant, les silicates magnétiques.

Suivant toute vraisemblance il tombe également, dans d'autres régions que l'*inlandsis* du Grönland, une poussière analogue à la

---

1. Ces analyses ainsi qu'une étude détaillée sur la *cryokonite* et sur une substance recueillie sur la neige dans le Jemtland, dont je parlerai plus loin, feront l'objet d'un travail spécial dans les Mémoires de l'Académie royale des Sciences de Stockholm.

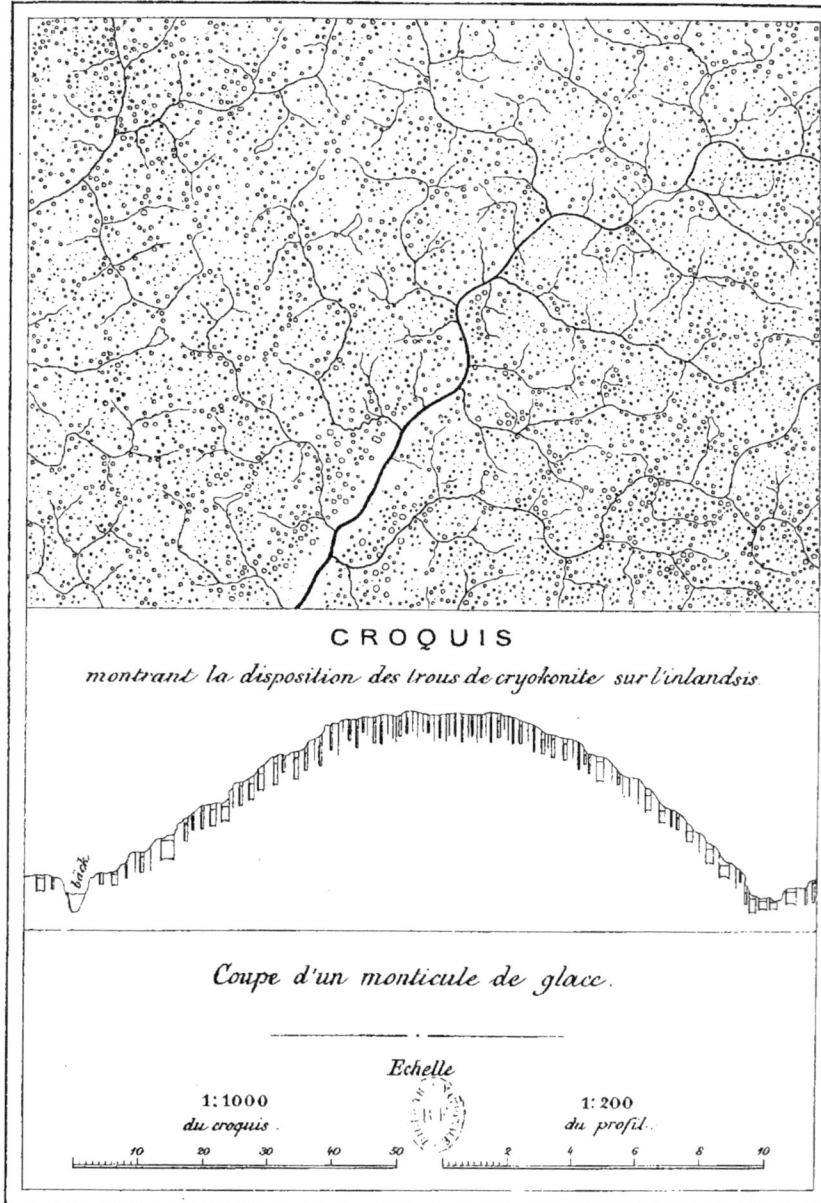

CROQUIS
montrant la disposition des trous de cryokonite sur l'inlandsis.

Coupe d'un monticule de glace.

Echelle
1:1000 du croquis.
1:200 du profil.

cryokonite. Les recherches que le Dr Fegræus a entreprises à mon instigation, en avril 1884, dans le Jemtland[1], sur les matières tombées en même temps que la neige, au moment de l'apparition des lueurs rouges qui coloraient le ciel, semblent le prouver. La fusion de la neige recueillie dans ces localités a laissé un résidu que M. Törnebohm a examiné au microscope. Ce résidu contient, outre des substances d'origine volcanique qui, d'après le professeur Brögger, proviendraient de l'éruption du Krakatau, une matière qui présente la plus grande ressemblance avec la *cryokonite* du Grönland. La question de l'origine de la *cryokonite* a donc pour les théories cosmogoniques une importance beaucoup plus grande que ne le supposent beaucoup de personnes.

La carte ci-jointe donne une excellente idée de l'aspect que présente la surface de l'*inlandsis*. A mon grand regret, ce dessin et cette coupe ne sont point la reproduction d'une photographie. Il ne nous a pas été possible de placer l'appareil photographique assez haut pour obtenir une vue de la surface même du glacier ; du reste, je ne dois guère le regretter, car les photographies des objets colorés principalement en bleu et en blanc ne sont jamais nettes. Cette carte et cette coupe, toutes deux d'une grande exactitude, permettent de comprendre les explications données plus haut. Ces planches offrent un intérêt à un autre point de vue. On a affirmé que certains corps célestes sont constitués par de la glace. Si cette hypothèse est vraie, et si l'atmosphère qui entoure une étoile fixe, une planète ou ses satellites, présente les mêmes conditions que celle qui enveloppe la Terre, l'*inlandsis* peut nous donner une idée de l'aspect de ces corps célestes.

Les trous de *cryokonite* étaient beaucoup plus dangereux que les crevasses. Les fissures du glacier pouvaient engloutir un homme ; mais, en les traversant, quelques précautions mettaient à l'abri de tout danger : si la crevasse n'était point comblée par un amas de neige, on la contournait ; et si elle était couverte d'un *pont*, nous diminuions les chances d'accident en faisant marcher en tête les traîneaux, que poussaient deux hommes ; lorsque l'un d'eux

---

1. Sur le Mullfjell et sur l'Åreskuta.

tombait dans le gouffre, il pouvait s'accrocher soit aux bretelles du traîneau, soit au traîneau même, ou encore s'arrêter à l'aide de son bâton ferré. Les trous de *cryokonite*, juste assez larges pour laisser passer le pied, étaient aussi rapprochés les uns des autres que les troncs d'arbres dans un bois épais. Lorsqu'une couche de neige masquait ces cavités, les hommes faisaient des culbutes à chaque pas, et cela au moment où ils s'y attendaient le moins et quand les muscles des jambes étaient tendus pour prendre un point d'appui sur un terrain que l'on croyait résistant. A tout moment un de nous enfonçait le pied dans un trou profond. Durant quatre jours à l'aller et trois jours au retour, nous cheminâmes sur un terrain criblé de trous de ce genre. Pendant cette période, chacun de nous tomba environ cent fois par jour, ce qui fait pour dix hommes, en une semaine, un total de sept mille chutes. Il est étonnant que, dans ces sept mille culbutes, l'un de nous ne se soit pas cassé une jambe. Un pareil accident aurait arrêté notre exploration, et s'il était arrivé loin du point de départ, il aurait eu les plus tristes conséquences, car le transport du blessé sur un terrain aussi accidenté que l'*inlandsis* eût été impossible.

Les trous de *cryokonite* nous étaient cependant utiles en nous fournissant une eau excellente, que nous bûmes en grande quantité sans éprouver aucun inconvénient, bien qu'elle fût très froide et que nous fussions souvent trempés de sueur.

Le 16 juillet, l'étape, y compris les détours nécessités par les accidents du glacier, fut de treize kilomètres, le lendemain de dix-huit et demi, et le 18 de dix-sept et demi. Sur cette distance, l'*inlandsis* s'élevait de 247 mètres, de l'altitude de 1014 mètres à celle de 1261 mètres. Maintenant que le glacier était plus uni, nous pouvions faire d'assez longues étapes. De nombreuses dépressions remplies de neige fondante rendaient cependant la marche pénible; mais les cours d'eau de cette région, moins profonds et moins rapides, étaient plus faciles à traverser. En différents endroits notre route fut coupée par de profondes crevasses couvertes de neige; la traversée de ces passages dangereux n'eut heureusement aucune suite fâcheuse.

Le 18 au soir, dès que la caravane fut arrivée au campement, le

Lapon Anders Rossa me demanda la permission d'aller reconnaître le terrain que nous devions parcourir le lendemain. Sans même prendre le temps de souper, il partit sur ses *ski*. Son absence ne dura pas moins de six heures. Au retour, il nous dit s'être avancé à 27 kilomètres vers l'est sans avoir distingué aucune terre dans cette direction. De ce côté, le glacier devenait de moins en moins accidenté et s'élevait par de longues pentes douces. Ainsi notre

Vue prise sur l'*inlandsis*. — Blocs de glace échoués sur les bords d'un lac.
(Gravure exécutée d'après une photographie prise par M. Kjellström le 18 juillet 1883.)

homme avait pu, avec ses *ski*, faire en six heures un trajet de 60 kilomètres, et cela après une journée de marche fatigante. Tout d'abord l'évaluation de la distance qu'Anders disait avoir parcourue me parut exagérée. Ma supposition était inexacte, car, après deux jours de marche, la caravane n'avait pas encore atteint la fin de la piste que les *ski* avaient laissée sur la neige. Cette observation devait servir à apprécier la justesse de l'estimation que les Lapons firent dans une autre course.

Ces jours durant, nous passâmes devant plusieurs lacs. En hiver quelques-uns de ces bassins doivent contenir une certaine quantité d'eau. On ne saurait expliquer autrement l'existence de glaçons épais échoués sur leurs bords. Ces lacs avaient des contours circulaires, et leurs rives étaient couvertes d'une couche de neige fondante, dans laquelle les traîneaux enfonçaient profondément.

Le 18 juillet la caravane avança de dix-sept kilomètres et demi, y compris les détours, le 19 de seize et demi, le 20 de sept, le 21 de sept et demi. Sur ces distances, le glacier s'élevait de 1195 à 1510 mètres. Les chiffres des distances parcourues indiquent par eux-mêmes l'état du glacier. Le 18 et le 19, nous pûmes marcher rapidement, notamment dans la matinée, alors que la neige fraîche était durcie par la gelée ; le 20 et surtout le 21, après qu'une pluie mêlée de neige fut tombée dans la nuit, nous ne fîmes, au contraire, que très peu de chemin. La neige fraîche et la vieille neige de l'hiver s'étaient transformées en bouillie glaciaire, dans laquelle les traîneaux restaient embourbés. Quatre hommes ne réussissaient qu'avec peine à les haler. Tous, nous étions trempés des pieds à la tête, et le soir il ne fut pas facile de trouver un endroit sec pour camper. Le 22, nous dûmes coucher sur de la neige à moitié fondue. Grâce aux matelas en caoutchouc, nous pûmes reposer sans trop souffrir de l'humidité ; nos lits formaient en quelque sorte des radeaux ; mettions-nous le pied en dehors du matelas, nous étions mouillés jusqu'à la cheville. Quelques semaines plus tard, lorsque la couche superficielle du glacier aurait été durcie par la gelée, ou au printemps, avant la fonte des neiges, la marche sur cette partie de l'*inlandsis* n'eût présenté aucune difficulté.

Le 21 juillet, dans l'après-midi, nous dûmes nous arrêter et camper. Partout la neige était détrempée, et sur cette bouillie glaciaire nous ne pouvions sans grandes fatigues haler les traîneaux plus de quelques centaines de mètres. Lars Tuorda partit alors en reconnaissance sur ses *ski*. Partout à l'est, le glacier était recouvert de neige fondante, nous annonça-t-il au retour, et il ne savait trop quel conseil nous donner.

Il ne pouvait être question de continuer la marche sans les traîneaux, qui contenaient tout l'attirail nécessaire à notre subsistance. Dans cette situation critique, je pris le parti de battre en retraite, après que les Lapons, montés sur leurs *ski*, auraient fait vers l'est une longue reconnaissance. Tout d'abord je ne voulais pas que cette course se prolongeât au delà de vingt-quatre heures. Mais Lars, qui avait le plus vif désir de découvrir le « pays vert », m'assura que ce délai n'était pas suffisant pour atteindre le centre du continent : trois ou quatre jours au moins, disait-il, seraient nécessaires pour mener à bien l'entreprise, et si je lui accordais ce laps de temps, il espérait bien, ajoutait-il, résoudre la question. Ce ne fut pas sans hésitation que je lui donnai l'autorisation demandée. Je remis avant le départ à Lars et à Anders les instructions suivantes :

*Instructions pour Lars et Anders pendant leur course en patins sur l'*inlandsis.

Lars et Anders, montés sur leurs *ski*, feront route vers l'est ; ils pourront obliquer à droite ou à gauche s'ils trouvent dans ces directions un terrain plus favorable à la marche.

Tous les trois milles, ils devront observer le baromètre et noter la direction qu'ils auront suivie.

La durée de leur reconnaissance est fixée à quatre jours ; néanmoins nous attendrons ici leur retour pendant six jours. Passé ce délai, c'est-à-dire le samedi 28 juillet, nous battons en retraite. Dans ce cas, nous laisserons sur le glacier un traîneau chargé de vivres, de *Carex vesicaria*, de matelas en caoutchouc et de sacs-lits.

Je recommande à Lars d'être prudent. Si les deux éclaireurs atteignent un pays libre de glace et de neige, ils devront prendre un ou plusieurs exemplaires de chaque espèce de fleurs et d'herbes.

Sur l'*inlandsis*, le 21 juillet 1883.

A.-E. Nordenskiöld.

Les Lapons, ayant eu la permission de choisir leurs vivres, prirent six livres de pain, deux boîtes de sardines, six livres de *corned beef*, deux livres de beurre, une livre de fromage, une demi-bouteille de cognac, douze cigares et six feuilles de tabac. Je leur remis en outre deux boussoles, un baromètre anéroïde et une montre.

Avant que nos Lapons partissent, je les avertis que probablement, pendant leur absence, je serais forcé de regagner le dix-septième campement. La neige tout autour du dix-huitième campement était si imprégnée d'eau qu'en cas de mauvais temps nous n'aurions pu nous en dépêtrer.

Le 22 juillet, à une heure du matin, j'éveillai le cuisinier. Le déjeuner fut servi entre deux heures et demie et trois heures; immédiatement après, les Lapons se mirent en marche.

Le reste de l'expédition passa la plus grande partie de la journée sous la tente, occupé à dresser l'inventaire des provisions. Nous avions encore des vivres pour vingt-deux jours. Ensuite nous fîmes la lessive dans un trou creusé dans la neige près de la tente. La caravane ne pouvant rester campée sur une neige aussi détrempée, nous commençâmes le lendemain à transporter nos bagages au dix-septième campement.

Ce jour-là, comme plusieurs autres fois auparavant, le ciel était couvert d'une mince couche de brouillard. Néanmoins nous ressentions sur le glacier une chaleur agréable, très vive même par instants. De temps en temps les brumes s'abaissaient au niveau de l'*inlandsis* : nous pouvions alors reconnaître qu'elles ne contenaient aucune humidité, car, dans ce milieu, nos vêtements mouillés séchaient rapidement. Nous étions probablement en présence d'un phénomène analogue à la *fumée du soleil* observée en Scandinavie, ou au *brouillard sec* décrit par Arago. Ce brouillard, qui paraît être formé de fines molécules d'eau en suspension dans un air relativement sec, serait un nouvel exemple de phénomène de surfusion. Les forces moléculaires, agissant à la surface de chaque particule d'eau, empêcheraient leur évaporation dans un milieu sec.

Le lendemain 24 juillet, nous achevâmes de transporter nos bagages au dix-septième campement. Je n'étais pas sans inquiétude sur le sort des Lapons; aussi fus-je très heureux de les voir revenir ce même jour, à midi, après une absence de cinquante-sept heures. Seul le manque d'eau et de combustible pour faire fondre la neige les avait forcés de revenir sitôt. Ils évaluaient à 250 kilomètres la distance qu'ils avaient parcourue dans la direction de l'est. A mon avis cette estimation est exacte, à quelques kilomètres près. Sur toute cette distance, l'état de la neige avait été très favorable au

Départ des Lapons du dix-huitième campement.

(Gravure exécutée d'après une photographie prise le 22 juillet 1885 par M. Kjellström.)

patinage. Pendant leur course les Lapons observèrent le baromètre toutes les trois heures. Le point où ils ont rebroussé chemin est, d'après leurs observations, situé à une altitude de 1947 mètres. Ce point se trouverait juste au milieu du continent grönlandais, par 68° 32′ lat. nord et 42° 51′ de long. ouest de Greenwich. Lars m'a conté leur excursion en ces termes :

« Arrivés à 50 kilomètres à l'est du dix-huitième campement, nous ne trouvâmes plus d'eau ; au delà, l'*inlandsis* était parfaitement unie, accidentée seulement tous les quarante ou cinquante kilomètres par une ligne de monticules. Dans ces parages, le thermomètre marquait — 5°. Jamais auparavant je n'avais rencontré meilleure neige pour la marche sur les *ski* ; par suite nous pûmes avancer sans difficulté, mais nous souffrîmes beaucoup de la soif. Au point où nous battîmes en retraite, nous fondîmes de la neige dans une boîte de conserves vide, que nous chauffâmes avec un tison provenant de nos bâtons. La surface du glacier était complètement unie, et durcie par le vent. A l'horizon aucune terre n'était visible ; dans toutes les directions l'*inlandsis* étendait sa surface plane recouverte d'une neige très fine. En faisant un trou dans le glacier, on trouvait d'abord de la neige pulvérulente sur une épaisseur d'un mètre, et, au-dessous, de la glace grenue. Entre les deux couches s'étendait un interstice tapissé de cristaux de glace, assez large pour qu'on pût y glisser la main. L'*inlandsis* s'élevait par étages ; après une longue plaine on trouvait un renflement du glacier, auquel faisait suite une nouvelle plaine, puis une ligne de hauteurs, et ainsi de suite jusqu'à la distance de 250 kilomètres. »

Pendant les deux jours et demi que dura leur voyage, les Lapons ne purent fermer l'œil. La seconde nuit ils s'arrêtèrent seulement quatre heures dans un trou creusé au milieu de la neige, le mauvais temps les empêchant d'avancer.

Le premier jour du voyage, l'atmosphère était absolument calme. Le dimanche soir, le vent soufflait du sud et se maintint dans cette direction jusqu'au moment où ils rebroussèrent chemin. A quarante kilomètres à l'ouest de ce point, le vent tourna quelque peu vers l'ouest. Pendant le retour, à soixante-dix kilomètres du campement, les Lapons aperçurent deux corbeaux, qui venaient du nord ; ils s'arrêtèrent alors immédiatement et les virent s'abattre sur la piste; après quoi les oiseaux s'envolèrent dans la direction d'où ils étaient venus.

Bien que Lars n'eût point découvert une oasis dans ce désert de glace, il n'en resta pas moins persuadé de l'existence d'un « pays vert » au milieu de l'*inlandsis*, et il en rêva souvent, une fois revenu de sa reconnaissance. Un matin, par exemple, il nous dit avoir eu un beau rêve pendant la nuit[1]. Il se figurait qu'après avoir continué sa course vers l'est, il avait rencontré des compatriotes. « Ils me reçurent cordialement, nous raconta-t-il, et me dirent en lapon : « *Cousin des « pays lointains*, pourquoi traversez-vous les glaciers, au lieu de « descendre la longue vallée boisée qui s'ouvre près de la tente? Cette « vallée suit la base des montagnes et s'étend loin vers le sud. »

Il se peut que le rêve de Lars soit une réalité, à cela près qu'il ne doit pas exister de bois dans le « pays vert ». Comme le montre la carte ci-jointe, on croyait jadis, sur la foi de renseignements donnés par les Eskimos, qu'au nord de la région de l'*inlandsis* explorée par nous, un long et étroit chenal sillonnait, de l'est à l'ouest, le continent grönlandais. Les indigènes racontèrent aux premiers colons danois que le Grönland septentrional n'est séparé du pays situé à l'ouest que par une étroite passe. Au delà de ce détroit, ajoutaient-ils, la côte du Grönland se recourbe vers le nord-est et l'est; dans ces parages elle est peu élevée et, comme aux environs du cap Farewell, couverte de gravier sur lequel poussent des broussailles; *dans cette région il n'y aurait aucune inlandsis*. Cette région septentrionale serait giboyeuse. Les indigènes de ce pays parlaient la même langue que les habitants des colonies danoises; ils étaient peu nombreux, personne n'ayant envie de vivre dans une contrée où, l'hiver, la nuit se prolonge pendant plusieurs mois. Ces Eskimos remplaçaient, dans la fabrication de leurs engins de chasse et de pêche, le bois et le fer par des dents de narval[2].

1. L'imagination des Lapons, si peu active en temps ordinaire, paraît être en travail constant pendant leur sommeil. Nos compagnons nous dirent souvent avoir eu des rêves. Anders, qui ordinairement était toujours très grave, nous réveilla souvent dans la tente par des cris de joie qu'il poussait en dormant.
2. Hans Egede, *Det gamle Grönlands nye Perlustration*, etc., Copenhague, 1741, p. 2, note et *carte*; — Crantz, *Grönland*, 1765, p. 27; *Anmærkninger til Crantz Historie*, Copenhague, 1771, p. 7 et 30; — Paul Egede, *Efterretninger om Grönland*, 1788, p. 122. — Öst, *Samlinger til Kundskab om Grönland*, 1830, p. 50.

Un détroit sépare réellement le Grönland de l'archipel polaire américain, et, à en juger d'après la description de la Terre de Grinnell faite par Greely, les renseignements que les Eskimos donnaient

Fac-similé de la carte du Grönland publiée par Paul Egede en 1788.

sur la côte septentrionale doivent être exacts. Mais le détroit qui déboucherait dans le fjord de Jakobshavn et qui mettrait en communication la mer de Baffin avec l'océan Glacial existe-t-il ? D'après les indigènes, ce passage aurait été barré, dans ces derniers siècles, par des masses de glace qui se seraient détachées des glaciers riverains de la passe. Bien des faits rendent ce renseignement plausible, comme, par exemple, la présence de corbeaux sur l'*inlandsis*, car à cette époque de l'année ces oiseaux ne s'éloignent guère de leurs nids qui sont placés sur la côte. Si ce détroit existe réellement, l'*inlandsis* aurait l'aspect que Lars avait entrevu en rêve, et mon hypothèse sur la nature de l'intérieur du Grönland serait peut-être exacte. Comme le géographe danois E. Erslev[1] l'a montré dans une conférence sur les résultats de notre exploration, la question ne sera résolue que par de nouvelles expéditions dirigées soit sur l'*inlandsis*, soit dans le fjord de Scoresby sur la côte orientale.

Après avoir laissé les Lapons se reposer de leur long et fatigant voyage, nous battîmes en retraite le 25 juillet. Le temps était devenu très mauvais, et la marche à travers le glacier, particulièrement pénible au milieu du brouillard impénétrable qui nous enveloppait. Si la neige était tombée en abondance et si elle n'avait pas été immédiatement durcie par la gelée, notre position aurait été critique. Maintenant que le soleil s'abaissait au-dessous de l'horizon pendant quelques heures, les soirées étaient à cette altitude très froides. Dans la nuit du 27 juillet, la colonne mercurielle du thermomètre qui servait aux observations s'abaissa au-dessous du dernier degré de l'échelle; je fis immédiatement mettre à l'air un autre instrument, et à cinq heures du matin ce thermomètre marquait — 11°. A ce moment, la température s'était déjà notablement élevée, aussi cette nuit-là je crois pouvoir évaluer le froid à 15 ou 18 degrés.

Je serai bref en racontant notre retraite. Elle fut du reste relativement facile. La plupart des torrents ne roulaient plus qu'une faible quantité d'eau, et les monticules de glace, dont la hauteur avait diminué sous l'action de la fonte, s'espaçaient maintenant à une certaine distance les uns des autres; mais les crevasses, élargies, étaient très dangereuses, dissimulées qu'elles étaient sous une couche de neige; plus larges et plus nombreux étaient aussi les

---

1. *Dansk geografisk Tidskrift*, 1884, p. 61.

trous de *cryokonite* et les moulins. Nombre de ces dernières crevasses doivent laisser comme trace de leur existence éphémère des marmites de géants creusées dans le sous-sol du glacier.

A plusieurs reprises pendant la retraite, notamment à l'ouest des quatorzième et seizième campements, nous vîmes plusieurs vols d'oiseaux, probablement des échassiers, qui émigraient vers le sud. Le 31 juillet, nous aperçûmes les montagnes de la côte,

Lac situé sur la lisière de l'*inlandsis*.
(Gravure exécutée d'après une photographie prise par M. Kjellström le 6 août 1883.)

et, le 5 août, enfin, dans l'après-midi, nous terminâmes notre exploration sur l'*inlandsis*. Au sommet de la pente terminale du glacier, nous abandonnâmes les traîneaux et la plus grande partie des bagages, et, ne prenant avec nous que le strict nécessaire, nous nous dirigeâmes vers la tente dressée sur les rives du Port de la *Sofia*. Des Eskimos que la Compagnie de commerce avait mis à notre disposition étaient restés là, pendant toute la durée de notre exploration, pour garder notre campement et les approvisionnements qui y avaient été déposés. Ces approvisionnements comprenaient des vivres pour quatorze jours et des vêtements de rechange, pour le cas où nous serions revenus complètement épuisés de notre expédition sur l'*inlandsis*.

Les Eskimos, qui nous croyaient perdus depuis longtemps, manifestèrent la joie la plus vive en nous voyant revenir tous en bonne santé. Ils nous racontèrent avoir usé plusieurs paires de bottes en grimpant sur les montagnes pour découvrir s'ils ne nous voyaient pas revenir. La perte de ces chaussures était à leurs yeux un grand

La lisière de l'*inlandsis*, vue du sommet d'une montagne.
(Gravure exécutée d'après une photographie prise le 6 août 1883 par M. Kjellström.)

malheur, digne d'attirer l'attention, et ils nous le contaient avec force gestes, en nous montrant les bottes en question comme pièces à conviction. La journée du dimanche 5 août fut entièrement consacrée au repos, un repos bien gagné après ce mois de rudes labeurs.

Le 4 et le 6 août, nous amenâmes au Port de la *Sofia* les bagages que nous avions abandonnés sur l'*inlandsis*. Le canot qui devait nous transporter était grand, mais néanmoins nous ne pouvions tous y prendre place avec nos nombreux bagages. La caravane dut par suite se diviser en deux bandes. L'une, composée de l'auteur de cette relation, du docteur Berlin, de Kjellström, des deux Lapons et

Transport des kayaks à travers la presqu'île de Sarpiursak.
(Gravure exécutée d'après un dessin de M. Th. Nordström, 1870.)

de trois Eskimos, traversa à pied la large presqu'île qui sépare le Tasiusarsoak du golfe du Sud-Est, puis s'embarqua à Ikamiut sur deux *oumiak* pour Egedesminde. L'autre caravane revint par mer à Egedesminde. Nous arrivâmes à destination le 9 août au soir, fatigués de notre marche, mais enchantés de l'excursion que nous avions faite en canot par un temps admirable. Le lendemain matin, 10 août, notre embarcation arriva également à la colonie.

Ikamiut, station de la côte occidentale du Grönland.
(Gravure exécutée d'après une photographie prise le 9 août 1883 par M. Kjellström.)

Les gravures des pages 213 et 217, exécutées d'après les dessins pris en 1870 par les docteurs Berggren et Nordström, lorsque nous revenions de l'*inlandsis* par cette même route, donnent au lecteur une excellente idée de l'ordre de marche d'une caravane d'explorateurs accompagnés d'Eskimos.

Le 16 août, dans la matinée, la *Sofia* arriva à Egedesminde, et, le même jour, à cinq heures du soir, elle leva l'ancre à destination d'Ivigtut, où elle arriva dans l'après-midi du 19.

Le chapitre suivant contient la relation de la croisière de la *Sofia* sur la côte nord-ouest du Grönland. En terminant le récit de notre exploration de l'*inlandsis*, je dois parler de la course de patineurs qui fut organisée en Suède après le retour de l'expédition, pour vérifier si les Lapons avaient pu parcourir 460 kilomètres en cinquante-sept heures, comme ils le disaient.

Ce n'est pas sans hésitation que j'avais publié le chiffre de la distance que les Lapons m'avaient indiqué. Je ne doutais pas de la véracité de leur récit et de l'exactitude de leur évaluation, mais je supposais que l'on ne croirait guère à la possibilité de parcourir sur des *ski* pareille distance en si peu de temps, d'autant plus que je n'avais trouvé dans les anciens auteurs aucun renseignement sur la vitesse des patineurs pendant de longs trajets. Pour lever tous les doutes à cet égard, M. Dickson me proposa d'organiser une course de patineurs, très certainement la première de ce genre dans les annales du sport. Cette course fut surveillée, sous la direction de M. Widmark, préfet du Norbottenslän, par une commission composée du lieutenant-colonel C. O. Bergman (président), des pasteurs J. Læstadius et C. Læstadius, du garde forestier A. Hullberg et de l'inspecteur R. Wästfelt.

Voici un extrait du programme : « La course aura lieu le 3 avril 1884. La piste partira des bords du Purkijaur et suivra le Randijaur, le Parkijaur, pour se terminer à Krutholm sur le Saggatjaur; elle a une longueur de 110 kilomètres. Les concurrents devront parcourir cette distance aller et retour, soit 220 kilomètres. » Sur sa plus grande étendue la piste passait sur des lacs; elle traversait également plusieurs langues de terre. Les coureurs pourraient se reposer quand bon leur semblerait, mais la durée des haltes ne serait pas déduite de la durée totale de la course. Le terrain choisi n'était pas particulièrement favorable à une course sur les *ski*. Le tableau suivant indique le temps employé par les différents coureurs pour parcourir la distance de 220 kilomètres. Lars Tuorda, celui-là même qui avait dirigé la reconnaissance dans l'intérieur du Grönland, franchit la distance en vingt et une heures vingt-deux minutes; tous les autres concurrents l'ont parcourue dans un temps relativement plus court que celui employé par les Lapons pour faire leur reconnaissance sur l'*inlandsis*.

Les Eskimos regardent prendre une hauteur solaire.
(Gravure exécutée d'après un dessin de M. Th. Nordström, 1870.)

Procès-verbal de la course de patineurs courue entre Jokkmokk et Qvikkjokk, les 3 et 4 avril 1884.

LONGUEUR DE LA COURSE, ALLER ET RETOUR, 220 KILOMÈTRES.

	DATE de naissance des coureurs.	HEURE du départ, le 3 avril.	ARRIVÉE au point extrême de la piste, 4 avril.	DÉPART du point extrême de la piste pour le retour, 4 avril.	RETOUR au point de départ, 4 avril.	TEMPS employé par les différents concurrents pour parcourir 220 kilomètres.
Lars Tuorda...............	25 déc. 1847.	6 h. du soir.	4ʰ 10ᵐ du matin.	3ʰ 9ᵐ 55ˢ du matin.	3ʰ 22ᵐ du soir.	21ʰ 22ᵐ
Pehr Olof Lâudta.........	12 fév. 1844.	Id.	4ʰ 10ᵐ —	4ʰ 55ᵐ 30ˢ —	3ʰ 22ᵐ 5ˢ —	21ʰ 22ᵐ 5ˢ
Apmut Andersson Arffman.....	25 fév. 1851.	Id.	4ʰ 10ᵐ 20ˢ —	5ʰ 9ᵐ 55ˢ —	3ʰ 55ᵐ 5ˢ —	21ʰ 55ᵐ 5ˢ
Nils Petter Nilsson Tuorda.......	17 sept. 1856.	Id.	4ʰ 10ᵐ 40ˢ —	5ʰ 1ᵐ —	3ʰ 50ᵐ —	21ʰ 50ᵐ
Johan Gustafsson Wajkjaur, colon.	7 juin 1856.	Id.	4ʰ 41ᵐ 45ˢ —	5ʰ 9ᵐ 55ˢ —	3ʰ 36ᵐ 5ˢ —	21ʰ 36ᵐ 5ˢ
Anders Katison.............	5 mai 1850.	Id.	4ʰ 10ᵐ 5ˢ —	4ʰ 57ᵐ 20ˢ —	4ʰ 8ᵐ —	22ʰ 8ᵐ
Aruma Ammasson Lâudta	7 avril 1853.	Id.	4ʰ 15ᵐ 30ˢ —	5ʰ 7ᵐ 50ˢ —	5ʰ 38ᵐ 5ˢ —	23ʰ 38ᵐ 5ˢ
Paulus Nils Jacobson, de Snavva..	15 janv. 1844.	Id.	5ʰ 21ᵐ —	6ʰ 51ᵐ —	6ʰ 55ᵐ —	24ʰ 55ᵐ
Nils Ribbja.................	16 oct. 1857.	Id.	5ʰ 23ᵐ —	6ʰ 41ᵐ 5ˢ —	8ʰ 21ᵐ —	26ʰ 21ᵐ
Johan Paulus Larsson (Suédois), de Krakfors.................	Inconnue.	Id.	5ʰ 45ᵐ 24ˢ —	6ʰ 41ᵐ —	8ʰ 34ᵐ —	26ʰ 34ᵐ

La question de la vitesse que l'on peut atteindre avec des *ski* étant très importante pour les futures expéditions polaires, je reproduis ici le rapport qui m'a été adressé sur cette course par le président de la commission.

Relation de la course de patineurs courue les 3 et 4 avril 1884 à Jokkmokk.

La veille de la course, les concurrents arrivèrent à l'église de Jokkmokk, venant de différentes directions. Quelques-uns, partis de Peuraur, d'Aktsik, de Snavva, d'Ultivitsch et du Stora Lule träsk, avaient, pendant la nuit, parcouru une distance de 60 à 90 kilomètres. Peu de temps avant le départ, Apmut Anderson Arrhman (de Peuraur) et Amma Ammasson Ländta (d'Aktsik) arrivèrent d'Arjeploug, à 160 ou 180 kilomètres de Jokkmokk, où ils étaient allés emprunter des *ski* en bois de pin, pour le cas où le temps deviendrait mauvais pendant la course. La sudation des matières résineuses qui se produit sur ce bois lubrifie la surface des *ski* et empêche la neige d'y adhérer; suivant l'expression des Lapons, les patins en bois de pin produisent la graisse nécessaire au glissement.

Les patineurs partirent tous en même temps, suivant le désir qu'ils nous avaient exprimé, et prirent leur course à travers les lacs dans la direction indiquée au programme. Sur le Randejaur, les concurrents étaient divisés en deux groupes : en tête marchaient les Lapons, en arrière les colons suédois. Ces derniers avaient donc l'avantage de trouver la piste déjà frayée par les Lapons. Un commissaire s'était rendu d'avance en traîneau sur les bords du Parkijaur. Les patineurs saluèrent de hourras les curieux réunis sur le Parkijaur et continuèrent sans s'arrêter jusqu'à Granudde, situé à 50 kilomètres environ de Jokkmokk. Le commissaire quitta le Parkijaur en même temps que les patineurs; le cheval attelé à son traîneau, qui passe pour le plus rapide du district, avait eu le temps de se reposer avant de partir : néanmoins les patineurs arrivèrent un quart d'heure avant lui à Granudde. Autour d'un brasier établi sur la glace, toute la population des environs était occupée à préparer du café. Lorsque les patineurs débouchèrent à dix heures et demie du soir, elle les salua de cris joyeux et leur offrit de se réconforter; les cafetières furent vidées plusieurs fois, et, après une halte d'une demi-heure, les coureurs se remirent en marche.

De là les patineurs continuèrent leur route vers Qvikkjokk, mais ils étaient maintenant réduits au nombre de onze. Les autres, reconnaissant la supériorité de leurs concurrents, qui ne leur laissait aucun espoir de gagner le prix, avaient jugé inutile de continuer.

A Qvikkjokk, le point extrême de la course à l'aller, un membre du comité et deux commissaires avaient pris des dispositions pour recevoir les coureurs. Sur la glace, au-dessous du presbytère, une tente avait été dressée et un feu allumé, autour duquel deux commissaires préparaient du café pendant que le troisième dormait. Tout à coup ils entendirent un bruissement dans la neige, et, à quatre heures dix minutes du matin, quatre patineurs arrivèrent au but marqué sur la glace. Aucun d'eux n'avait de vivres; s'ils avaient dû attendre la cuisson du bouillon et de la viande de renne préparés en vue du dîner de l'après-midi, moment auquel on pensait que les coureurs arriveraient, leur départ aurait été trop retardé. Aussi prirent-ils simplement du café et fumèrent-ils quelques pipes pour apaiser leur faim, puis ils repartirent après s'être reposés un instant.

Pawa Lars Tuorda et Pehr Olof Ländta étaient arrivés les premiers à Qvikkjokk. Tous deux avaient concerté d'effectuer ensemble le retour; mais, pendant que Tuorda allait voir un ami dans le village, Ländta se mit en route. Tuorda apprit le départ de son camarade seize minutes après; immédiatement il met ses patins, file comme une flèche sur le Saggatjaur, rejoint bientôt Ländta et même le devance. Pendant tout le reste du trajet, Tuorda conserva une forte avance sur son camarade.

Il avait été décidé à Qvikkjokk que les patineurs déjeuneraient à Niavvi, à 25 kilomètres de là. Depuis leur départ les coureurs n'avaient encore pris aucun repas solide. A Niavvi on n'avait préparé que des pommes de terre et du lait caillé. Les Lapons, estimant cette nourriture peu réconfortante après une pareille course, résolurent de ne manger qu'une fois arrivés à destination. Ils s'arrêtèrent 15 minutes à Niavvi et autant à Granudde.

Sur le Skalkajaur, un des patineurs qui, malgré les avertissements des Lapons, avait absorbé une certaine quantité de lait caillé, fut indisposé. Le lendemain, néanmoins, il assistait à la fête qui termina la course, et y fit preuve d'un fort bel appétit.

Pendant les vingt derniers kilomètres, les patineurs accélérèrent leur marche; l'effort qu'ils purent produire pour arriver au but avec une vitesse véritablement surprenante prouve une fois de plus leur force de résistance.

Le vendredi 4 avril, à trois heures douze minutes de l'après-midi, deux patineurs furent signalés à l'extrémité occidentale du Purkijaur. En dix minutes, Pawa Lars Tuorda et Pehr Olof Ländta parcoururent le lac, long de 2600 mètres, Lars arrivant premier à trois heures vingt-deux minutes, devançant Pehr Olof de cinq secondes. Le médecin qui assistait à la course leur ordonna immédiatement une boisson rafraîchissante; plus tard les vainqueurs furent solidement réconfortés par un bon repas.

À chaque instant, un coureur arrivait ; c'étaient alors d'interminables causeries pleines d'entrain sur les différents épisodes de la course. Aucun ne paraissait fatigué, et tous manifestaient la plus entière satisfaction de leur voyage, dont la durée avait été inférieure à leurs prévisions.

Ländta, qui reconnaissait loyalement la supériorité de Tuorda, racontait que, durant les vingt derniers kilomètres, il avait, à différentes reprises, essayé de dépasser son concurrent ; mais, gagnait-il un peu de terrain, Tuorda augmentait immédiatement sa vitesse sans le moindre effort, et le laissait de trois à cinq cents mètres en arrière. « Il n'est point fatigué, disait Ländta en parlant de Tuorda, et il pourrait encore patiner bien des milles. » Le vainqueur du troisième prix, Apmut Andersson Arrhman, qui avait des *ski* en bois de pin, se plaignit que son patin de droite fût plus lourd que celui de gauche. La *ski* de droite avait en effet un défaut qui devait retarder la marche. Juste sous la place du pied, le bois présentait une cavité longue de onze millimètres, large de trois et profonde d'un demi-millimètre, dans laquelle la neige adhérait. Si l'on tient compte de ce désavantage et si l'on se rappelle qu'Apmut avait fait, deux jours auparavant, une excursion jusqu'à Arjeploug, on reconnaîtra que ce patineur a fait preuve d'une grande force de résistance, car il atteignit le but sans paraître le moins du monde fatigué.

Nils Petter Nilsson Tuorda, le frère cadet de Pawa Lars, arriva en quatrième ligne. Il aurait pu disputer la victoire à son frère, si un étourdissement ne l'avait obligé à se reposer quarante minutes sur le Skalkajaur. Comme il avait eu plusieurs fois des accidents de ce genre, ses camarades l'avaient détourné de prendre part à la course.

La notable différence entre les heures d'arrivée des six premiers concurrents et les autres provient de ce que ces derniers, voyant qu'ils ne pourraient gagner les premiers prix, ne se hâtèrent pas au retour ; ils prirent deux ou trois heures de repos en différentes stations.

Les Lapons étaient habillés de chemises de laine, de pantalons et de tuniques en vadmel, et portaient des mocassins en cuir de renne. Les chaussettes étaient remplacées par du *Carex vesicaria*, suivant l'habitude du pays.

Les colons scandinaves étaient, comme les Lapons, vêtus de laine et de vadmel, mais, en place d'une tunique, ils portaient une veste. Pendant la course ils enlevèrent cette jaquette ; les Lapons se débarrassèrent également de leur tunique.

Le soir, les patineurs se couchèrent à neuf heures sur le plancher de la cuisine du presbytère.

Le lendemain, ils partirent tous, frais et dispos, pour Jokkmokk.

Pawa Lars Tuorda et Anders Rossa.

Les prix furent distribués dans la salle communale. Les vainqueurs exprimèrent leur reconnaissance de la libéralité des organisateurs de la course et de l'impartialité du jugement des commissaires.

C.-O. BERGMAN.

Pendant que j'exécutais sur l'*inlandsis* l'exploration que je viens de raconter, les autres membres de l'expédition étudiaient les rives du Waigat et certaines régions du Grönland septentrional. La relation de cette partie de notre voyage, contenue dans les deux chapitres suivants, est due au professeur A.-G. Nathorst.

CHAPITRE VI

Hans Hendrik. — Arrivée à Ujaragsugsuk. — Notre campement à Ujaragsugsuk. — Les chiens eskimos. — Magnifiques paysages du Waigat. — Recherches paléontologiques. — Découverte de souches d'arbres à pain, de tulipiers, de magnolias, etc. — Climat. — Excursion à Atanekerdluk. — Difficultés pour trouver un campement convenable. — Lœss. — Historique des recherches géologiques faites à Atanekerdluk. — Flore crétacée et tertiaire d'Atanekerdluk. — Recherches dans la presqu'île d'Atanekerdluk. — Emballage des collections. — Étude du ravin d'Atanekerdluk. — Découverte de onze nouvelles couches fossilifères. — Tempête. — Arrivée de la *Sofia*. — Instructions du professeur Nordenskiöld. — La *Sofia* se ravitaille en charbon à la houillère de Ritenbenk. — Nouvelles recherches à Atanekerdluk. — Départ pour Upernivik. — Oswald Heer; sa vie et son œuvre.

Dans l'après-midi du 28 juin, en nous dirigeant de Godhavn vers le Waigat, j'aperçus pour la première fois les falaises de Disko, si riches en plantes fossiles, que j'avais entrevues souvent dans les rêves de l'imagination. Embarqué à bord de la *Sofia* spécialement pour étudier ces formations, il me tardait de commencer mes recherches de paléontologie, bien que pendant tout le mois qu'avait déjà duré le voyage, j'eusse toujours eu occasion de faire d'intéressantes observations. Tout d'abord nous ne vîmes que les falaises de basalte de Disko; plus loin, à Puilasok, nous aperçûmes les couches de grès charbonneux qui, à partir de là, remplacent le long de la côte les basaltes. Nordenskiöld, ayant en 1870 recueilli dans ces localités une quantité de plantes fossiles, avait appelé mon attention sur ces couches; s'il en avait eu le temps, il aurait volontiers poursuivi ses premières recherches, m'enviant, disait-il, de pouvoir me consacrer à une étude aussi intéressante. De mon côté, je regrettais de ne pouvoir me joindre à la caravane qui allait explorer l'*inlandsis*, quoique dans ce cas j'eusse été obligé de renoncer à mes travaux géologiques. Personne n'est jamais content de son sort! Donc, avec Hamberg et deux Eskimos engagés à Godhavn je débarquai à Ujaragsugsuk, pour vivre désormais sous la tente, exposé aux vicissitudes de la vie nomade. Heureusement un beau soleil brillait au ciel et le temps était très calme. Durant notre traversée de Godhavn à Ujaragsugsuk, ce ne fut pas une petite besogne que de préparer nos bagages et nos vivres. Nordenskiöld eut l'obligeance de revoir la liste de nos provisions et y fit même ajouter différentes choses que nous avions oubliées.

Nordenskiöld a raconté plus haut (p. 98) notre rencontre avec Hans Hendrik à Skandsen. Comme le nom de Hans Hendrik reviendra souvent sous ma plume dans le récit de notre excursion au cap York, il me paraît intéressant de donner une courte biographie de cet Eskimo célèbre. La relation du voyage de Kane en 1853-1855 dans le détroit de Smith mentionne pour la première fois le nom de Hans. Agé alors de 19 ans, il avait été engagé par ce voyageur dans la colonie de Fiskernäs en qualité de chasseur et de conducteur de chiens. Dans cette exploration il déploya une grande énergie, et c'est à lui que l'expédition de Kane doit de ne pas avoir été plus éprouvée. En 1855 Kane, qui avait hiverné à Rensselaer Harbour, envoya Hans au village eskimo d'Etah pour aider les indigènes, décimés alors par la disette, à capturer des morses, mission dont il s'acquitta à la satisfaction générale. Durant son séjour à Etah, notre homme tomba malade et fut soigné avec le plus grand dévouement par les habitants. « Une fille de Shanghu se constitua sa garde-malade; ses bons soins et son caractère enjoué firent sur lui une excellente impression, dont aurait certainement pris ombrage certaine jeune femme qui demeurait près d'Upernivik. » Kane ne se trompait pas. Sous prétexte d'aller chercher de la peau de morse pour ses mocassins, Hans demanda, peu de temps après son retour à bord, la permission de se rendre au village eskimo de Peteravik, où Shanghu habitait alors avec sa jolie fille, Merkut. Quelques semaines plus tard on le vit, dit-on, se diriger en traîneau, avec une femme assise à côté de lui, vers le sud, dans la direction de Uwarrowsug-suk, dans le Murchison Sound. Kane ne revit plus Hans[1].

1. Dans son autobiographie (*Memoirs of Hans Hendrik, the arctic traveller. Written by*

Au mois de juin 1858, lorsque Mac Clintock doubla le cap York au cours du célèbre voyage pendant lequel il recueillit les premiers renseignements certains qu'on ait eus sur le sort de l'expédition de Franklin, plusieurs indigènes vinrent à bord. Hans, racontèrent-ils, était marié et habitait alors dans le Whale Sound; il désirait vivement, ajoutaient-ils, trouver l'occasion de revenir dans les établissements danois. Hans, ne possédant plus aucun chien, ne pouvait entreprendre seul pareil voyage; durant une famine, il avait été réduit à manger la peau de phoque de son kayak. Petersen, le voyageur danois qui avait accompagné Kane et qui suivait Mac Clintock dans cette nouvelle expédition, pria les indigènes de dire à Hans d'aller s'établir au cap York. Là, vraisemblablement, il pourrait être recueilli par des baleiniers et transporté ensuite dans les établissements danois. Hans paraît avoir suivi ce conseil, mais il fut ramené dans les colonies du sud d'une tout autre manière que ne l'avait pensé Petersen. Deux ans plus tard, en se dirigeant vers le détroit de Smith, Hayes rangea de très près la côte du cap York, supposant que Hans s'était établi dans ces parages pour pouvoir être recueilli par un bâtiment. (Hayes paraissait ignorer le renseignement donné par Mac Clintock.) La côte étant libre — on était alors à la fin d'août (1860), — le navire s'approcha de terre à une portée de fusil. Tout à coup Hayes aperçoit un groupe d'indigènes qui font des signaux pour attirer l'attention de l'équipage : immédiatement il débarque et trouve Hans sur le rivage. Hans le reconnut aussitôt, ainsi que l'astronome

himself; translated from the eskimo language by Dr Henry Rink. Londres, 1878), Hans Hendrik raconte d'une manière différente son aventure amoureuse. « J'entretins Shanghu, écrit-il, pendant quelque temps des produits de ma chasse et, après avoir passé plusieurs hivers chez les indigènes, je songeai à prendre femme parmi eux, bien qu'ils ne fussent pas baptisés. Je pensai d'abord à une jeune fille dont les bonnes manières me plaisaient, mais l'affaire ne réussit pas, son père ayant voulu que j'épousasse sa sœur, une veuve qui n'avait pas une très bonne réputation. Plus tard je me fiançai à une jeune fille que je résolus de ne jamais abandonner et de conduire dans les établissements danois. Quelques années après, ma femme fut baptisée et reçut la communion. J'étais très heureux d'avoir ramené une païenne dans les colonies danoises. » Cette femme doit être la belle Merkut dont je viens de parler. Bessels raconte, du moins, que la femme de Hans portait ce nom. Les indigènes d'Etah dirent à ce voyageur que dans un village voisin habitait une autre femme de Hans avec deux enfants. Cette femme était probablement la veuve dont il parle et à laquelle il a peut-être été marié; à ce sujet, Hans s'exprime en termes ambigus. Chez les indigènes établis au nord de la baie de Melville, les unions se dissolvent souvent par consentement mutuel.

Sonntag, qui avait pris part également à l'expédition de Kane. D'après la relation de Hayes, Hans paraît avoir beaucoup souffert dans ces parages. « Un séjour de six ans parmi les naturels de cette côte désolée l'avait abaissé au niveau de leur laideur répulsive. » Sa tente était assez grande pour abriter toute sa famille, qui comprenait, outre sa femme et son enfant, son beau-frère et sa belle-mère. « Veux-tu nous accompagner? demandai-je à Hans, raconte Hayes. — Oui, me répondit-il. — Désires-tu venir avec ta femme et tes enfants? — Oui. — Veux-tu venir sans eux? — Oui[1]. » Hans, sa femme et son enfant accompagnèrent Hayes, tandis que sa belle-mère et son jeune beau-frère étaient, malgré leurs supplications[2], laissés aux soins des autres indigènes; à bord du navire il n'y avait pas de place pour eux. Dans l'automne de 1861 Hayes débarqua Hans à Upernivik[3]. Pendant dix ans Hans mena ensuite une existence paisible. En août 1871 Hall lui proposa de l'emmener à bord du *Polaris* avec sa femme et ses trois enfants. Ce nouveau voyage fut beaucoup plus périlleux que les autres. Le *Polaris* hiverna par 81°36′; le 8 novembre 1871, Hall mourut. Le 12 août 1872, le navire abandonna le port d'hivernage pour faire route au sud; ce jour-là, la femme de Hans mit au monde un fils, qui fut appelé Charles Polaris. Jusqu'alors aucun être humain n'avait vu le jour à une latitude aussi septentrionale. Le 15 octobre, devant le cap Alexandre (détroit de Smith), le navire subit une forte pression des glaces; immédiatement des approvisionnements furent portés sur un glaçon; tout à coup ce *champ* se met en mouvement et entraîne vers le sud dix-neuf personnes, parmi lesquelles se trouvaient Hans et sa famille, sans que

---

1. J.-J. Hayes, *La mer libre du Pôle*, p. 65.
2. Hans Hendrik raconte cette entrevue en termes quelque peu différents. « Lorsque Hayes et Sonntag eurent débarqué, écrit-il, ils me témoignèrent le désir que je les accompagnasse, mais ils ne se souciaient guère que ma femme vînt avec moi. Je leur dis au contraire que je tenais à l'emmener. « Il vaudrait mieux laisser ta femme ici, me répon-« dirent-ils; l'hiver prochain tu pourras revenir la chercher. — Je n'ai guère envie de « l'abandonner, répliquai-je : il pourrait arriver malheur soit à elle, soit à l'enfant. — « Très bien, me dirent-ils. — J'emporterai en outre ma tente, et laisserai la seconde à « mes autres parents. »
3. Hans Hendrik, en racontant à Nordenskiöld qu'il était resté neuf hivers sur le cap York (voir p. 98), faisait sans doute entrer en ligne de compte le temps qu'il avait passé au nord de la baie de Melville avec les expéditions auxquelles il avait pris part. En réalité il a vécu dix ans dans ces parages.

les autres membres de l'expédition qui étaient à bord du *Polaris* pussent leur porter secours. Le *champ* sur lequel se trouvaient les naufragés dériva pendant tout l'hiver du 77° 55′ de latitude nord au 53° 55′; finalement, après un séjour de six mois et demi sur la glace, ces malheureux furent recueillis, le 30 avril 1873, par le vapeur américain *Tigress*. Ce navire les transporta à Terre-Neuve, d'où ils partirent pour Washington. Les naufragés devaient leur salut à

Hans Hendrik en 1853.
(D'après un portrait contenu dans l'ouvrage *Elisah Kent Kane's Arctic Explorations*, Philadelph., 1856.)

Hans Hendrik et à l'Eskimo Joe; sans les ours, les renards et les phoques que ces deux hommes réussirent à tuer, tous seraient morts de faim.

Après ce périlleux voyage, Hans Hendrik reprit encore une fois le chemin du détroit de Smith. En 1875 Nares, le chef de l'expédition polaire anglaise, alla relâcher à Pröven[1], où habitait Hans, pour le déterminer à l'accompagner. Après un court conciliabule avec sa femme, Hans accepta la proposition de Nares. Sa femme et ses enfants restèrent au logis pendant la durée de l'exploration. « C'est un chasseur très adroit et un excellent conducteur de chiens », écrit Nares. L'*Alert*, commandé par Nares, hiverna par 82° 26′ de lat. N. dans le Floeberg Beach; l'autre navire de la mission, la *Disco-*

1. Colonie située au sud d'Upernivik.

very, commandée par le capitaine Stephenson, par 81°43' de lat. N., dans le Discovery Harbour. Hans, qui était embarqué sur ce dernier navire, prit part, au printemps de 1876, à l'exploration de la baie de Lady Franklin, et accompagna plus tard le Dr Coppinger dans sa reconnaissance du fjord de Petermann et de la rive grönlandaise du bassin de Hall. Par son habileté comme chasseur et comme conducteur de chiens il contribua dans une large mesure au sauvetage de la caravane du lieutenant Beaumont, qui revint de la côte septentrionale du Grönland décimée par le scorbut. Au retour de l'expé-

Hans Hendrik en 1883.
(Gravure exécutée d'après une photographie prise par M. Kjellström en 1883.)

dition anglaise, Hans Hendrik fut débarqué le 25 septembre 1876 à Godhavn.

Rensselaer Harbour, où Kane hiverna, est situé par 78°38' de lat. N. De là, soit à pied, soit en traîneau, Hans a suivi la côte jusqu'au cap York. D'autre part, il a accompagné Morton dans son excursion au cap Constitution (80°54' de lat. N.), d'où cet explorateur crut apercevoir la mer libre. Pendant les expéditions de Hall et de Nares il a exécuté en outre différents voyages; Hans Hendrik a donc parcouru presque toute la côte du Grönland au nord de la baie de Melville, entre le cap York (76° de lat. N.) et le Repulse Harbour (82° 6' de lat. N.). Personne ne connaît donc mieux que lui ces parages, car les Eskimos qui se trouvent dans cette région ne poussent jamais aussi loin vers le nord.

Notre traversée jusqu'à Ujaragsugsuk fut assez longue. Nous avions quitté Godhavn le 28 à cinq heures du soir, et le 29, à quatre heures du matin seulement, nous arrivâmes à destination, notre entrevue avec Hans Hendrik nous ayant fait perdre un certain temps.

Ujaragsugsuk est un petit village eskimo où réside un marchand subalterne, un *utliggare*, comme on dit au Grönland. Ce marchand, de race métisse, parlait assez mal le danois. Son habitation était, cela va sans dire, la plus belle maison du hameau; elle ressemblait à une baraque de paysan islandais; à côté se trouvait un magasin construit dans le même style.

Autour étaient groupées quelques huttes d'Eskimos. A la fin de notre séjour, nous reconnûmes qu'un de ces taudis était une église; une simple croix placée sur le toit la distinguait des autres huttes. Un catéchiste résidait à Ujaragsugsuk. Il parlait le danois plus mal encore que le marchand. Nous ne pûmes visiter l'église, l'indigène qui avait la garde de la clef étant alors absent, du moins autant que nous comprîmes les explications qui nous furent données. Le village était construit sur une pointe protégée contre le ressac par une ligne de gros blocs épars le long du rivage. Ujaragsugsuk signifierait en eskimo « localité où se trouve une grande quantité de pierres », à ce que nous dit un Islandais, employé de la Compagnie de commerce.

Au moment de l'arrivée de la *Sofia* devant Ujaragsugsuk, tous les habitants étaient profondément endormis, et personne ne bougea lorsque le capitaine fit vibrer le sifflet. Le *fångstbåt* fut mis à la mer, les provisions embarquées; puis, après un chaleureux adieu que nous adressa Nordenskiöld, nous nous dirigeâmes vers la côte, pendant que la *Sofia* virait pour faire route vers Egedesminde. Entre-temps, les gens d'Ujaragsugsuk s'étaient éveillés, et lorsque nous abordâmes, le marchand vint à notre rencontre nous souhaiter la bienvenue.

Immédiatement nous débarquâmes les bagages et installâmes le campement sur la rive gazonnée d'un ruisseau qui débouche au nord-ouest du village. Nous avions une tente militaire, sans traverses s'appuyant sur le piquet central. Une tente de ce modèle n'est point pratique dans une région exposée à tous les vents comme les rives du Waigat, où les bourrasques subites sont fréquentes et où les inégalités du sol empêchent de tendre la toile également de tous côtés. Notre abri nous causa mille soucis. Bien meilleures sont les tentes dites d'officiers; les traverses qui s'appuient sur le piquet central donnent à la toile une grande résistance contre le vent et ont l'avantage de servir de portemanteaux pour faire sécher les vêtements. Pendant mes deux campagnes au Spitzberg j'avais une tente de ce modèle; Nordenskiöld en emporta également une dans son exploration sur l'*inlandsis*. Une fois les bagages à terre, il fallut les mettre à l'abri des chiens affamés qui rôdaient dans Ujaragsugsuk, comme dans tous les villages du Grönland septentrional. Dès que nous débarquâmes, ces chiens se jetèrent furieux sur nous, mais ils n'étaient pas aussi dangereux qu'ils le paraissaient, et pour les mettre en fuite il suffisait de faire mine de ramasser une pierre. Souvent, lorsqu'ils se battaient, ils recevaient une grêle de ces projectiles, puis le marchand sautait au milieu des combattants, en distribuant à droite et à gauche des volées de coups de fouet. Ces chiens ressemblent tout à la fois au loup et à l'hyène; la nuit, ils font grand bruit. Pour tenir fraîche notre provision de bière, nous l'avions placée, avec des boîtes de conserves, dans un trou que nous avions recouvert de blocs de glace. Les chiens n'ayant pas touché à notre magasin pendant quelques jours, nous crûmes pouvoir y déposer le beurre, que la chaleur gâtait dans la tente. Dès la première nuit qu'il fut là, ces animaux le découvrirent, et si Hamberg n'avait été réveillé par le bruit que faisaient les chiens en déplaçant les blocs, et n'était accouru immédiatement les chasser, c'en était fait de notre beurre. Le lendemain ils s'attaquèrent à nos boîtes de conserves, mais sans succès. Cette tentative d'effraction ne fut pas sans dommage pour eux, comme l'indiquaient les traces de sang éparses sur le sol; ils avaient également roulé par terre une bouteille de bière, sans toutefois la casser. Par contre, ces affamés réussirent à s'emparer de trois eiders que nous avions cachés sous un *oumiak* retourné la quille en l'air et placé à une certaine hauteur au-dessus du sol. Jamais nous n'avons pu nous expliquer comment ils avaient pu atteindre ces oiseaux. Durant nos absences, les chiens n'osèrent jamais pénétrer dans la tente, dont la porte était simplement fermée par des courroies : ils craignaient sans doute que quelqu'un de nous ne s'y trouvât:

La plage n'étant pas protégée, il était nécessaire après chaque excursion de haler à terre le *fångstbåt*. La manœuvre était assez pénible, surtout à basse mer, alors qu'il fallait le traîner sur une bonne longueur. Les indigènes nous aidaient dans ce travail, et pour les récompenser de leur bonne volonté, nous leur donnions du tabac et quelques petits verres. Ils étaient fort satisfaits de ces gratifications, du moins le soin avec lequel ils surveillaient nos allées et venues pour être toujours prêts à venir à notre secours me le fait supposer.

Le jour de notre arrivée à Ujaragsugsuk, nous fîmes simplement aux environs des reconnaissances. Dans cette région les terrains sédimentaires ont une puissance de 300 mètres environ; au-dessus s'étendent les basaltes, qui, en certains points, atteignent de grandes altitudes. L'Igdlorsuausak, situé au sud d'Ujaragsugsuk, dépasse 700 mètres (d'après Steenstrup et Hammer), et au nord-ouest un pic s'élève à 1516 mètres. Par un temps clair, les sommets de ces montagnes offrent un magnifique panorama sur le Waigat, la presqu'île de Nugsuak et le continent, où apparaissaient plusieurs lambeaux de l'*inlandsis*. Lorsque la mer était calme et que le glacier de Torsukatak avait récemment vêlé, le Waigat était presque entièrement rempli d'*isbergs*. Trempant dans une belle eau bleue, et éclairées par un vif soleil, ces montagnes de glace formaient le plus magnifique spectacle que l'on pût rêver. Au delà de ces glaçons rayonnants de lumière apparaissaient les montagnes neigeuses de la presqu'île de Nugsuak, et au milieu de ce paysage extraordinaire s'ébattaient souvent des troupes de baleines. Plusieurs isbergs de dimensions colossales restèrent échoués près d'Ujaragsugsuk pendant tout notre séjour dans ces parages. Lorsqu'en prenant le large je gouvernais pour nous approcher de ces énormes montagnes de glace, les Eskimos manifestaient la plus vive crainte; tout de suite leur entrain tombait, et ils ramaient vigoureusement pour s'éloigner de l'isberg. Le plaisir causé par la vue de ce beau paysage était gâté par les souffrances que nous infligeaient les moustiques. Dans ce bas monde le bonheur n'est jamais parfait! Dès le premier jour, l'emploi de la moustiquaire et des gants fut nécessaire pour nous protéger contre ces insectes, et lorsque le soleil était vif, ces diptères devenaient insupportables. Les moustiques me gênaient peu, et leurs piqûres ne produisaient que des boutons sur ma peau ; mais Hamberg avait l'épiderme beaucoup plus sensible que moi. Ces insectes étaient particulièrement gênants au moment des repas, alors que nous devions nous débarrasser de la moustiquaire. Toutefois ils étaient moins nombreux ici qu'au fond des fjords, et lorsqu'un vent frais soufflait, nous en étions débarrassés.

Nos deux Eskimos de Godhavn, Nils et Hans, se ressemblaient fort peu : le premier avait les traits d'un Scandinave, le second était un Eskimo pur sang, à en juger par sa chevelure et sa barbe noires. Le *fångstbåt* étant trop lourd pour eux, nous engageâmes à différentes reprises des indigènes d'Ujaragsugsuk pour nous aider à ramer et à recueillir des fossiles. La grande quantité de fossiles qui a été rapportée des régions arctiques a fait croire à tort que dans les gisements de ce pays on en ramasse partout sur le sol et en aussi grand nombre qu'on le veut. A Atanekerdluk il en était ainsi jadis, dans une certaine mesure. La limonite qui contient les empreintes de plantes se détache des schistes encaissants et couvre les pentes de ses débris plus ou moins gros. Avant que ce gisement fût exploré, les plantes fossiles jonchaient le sol. Depuis, cette localité ayant été souvent visitée par les géologues, des fouilles sont nécessaires pour faire une collection importante. A Patoot on peut encore recueillir en très grande quantité des plantes fossiles éparses sur le sol ; mais, autre part, on doit creuser pour mettre à jour des empreintes végétales. Dans les régions arctiques, la végétation ne masquant ni le sol ni les coupes de terrain, la découverte de couches fossilifères y est par suite beaucoup plus facile que dans tout autre pays. C'est là le grand avantage que présentent ces contrées pour faire des collections paléontologiques. Les couches sédimentaires de cette région ne contiennent pas une quantité de fossiles en rapport avec l'énorme puissance qu'elles atteignent, car les grès meubles qui constituent en grande partie les pentes conservent mal les empreintes. Ainsi il peut très bien arriver qu'une coupe d'une puissance de 500 mètres et plus ne contienne aucune strate renfermant des plantes fossiles. Un spécialiste reconnaît tout de suite les couches qu'il doit attaquer avec chance de succès, et ne perd pas son temps à étudier des terrains où il ne trouvera rien.

D'Ujaragsugsuk nos excursions s'étendirent au sud-est jusqu'à Isunguak, et au nord-ouest jusqu'à Unartoarsuk, localité située entre le gisement de charbon de Ritenbenk et Narsak. Tandis qu'à Isunguak les formations tertiaires s'élèvent jusqu'à l'altitude de 420 mètres, elles ne dépassent pas, à Ujaragsugsuk, la hauteur de 290 mètres; plus loin, vers le nord-ouest, elles s'abaissent encore, et à Unartoarsuk elles atteignent le niveau de la mer. La couleur foncée des schistes friables qui, à Ujaragsugsuk, à Naujat, à Atanekerdluk et à Patoot, recouvrent les grès fossilifères et les sidérites, permet de distinguer facilement les terrains tertiaires des couches crétacées. Jusqu'ici on n'a pas fait attention à ces schistes, et il reste à faire une étude stratigraphique de la formation charbonneuse dans toutes les localités du Waigat qui n'ont pu être encore visitées. Les couches tertiaires situées immédiatement au-dessus du crétacé sont particulièrement intéressantes. Un gisement que nous avons découvert le 2 juillet, au sud d'Igdlokunguak, a fourni notamment de magnifiques empreintes. Pour stimuler le zèle des indigènes dans la recherche des fossiles, nous décernions de petites récompenses à ceux qui découvraient les plus belles pièces. Nordenskiöld avait acheté à Godhavn, comme objets d'échange, des rubans, des couteaux, des pipes; cette pacotille nous fut très utile dans nos recherches. Nils remporta le premier prix; les autres reçurent également en récompense de petits cadeaux.

Parmi les fossiles que nous avons mis à jour dans cette localité, je dois citer une feuille empennée, longue de plus de trente centimètres (p. 239, fig. 4), presque semblable à celle de l'arbre à pain. Outre cette feuille, nous découvrîmes des fruits et des fleurs mâles qui paraissent se rapporter à ce végétal; il est donc permis de penser que jadis au Grönland a vécu une espèce rapprochée de l'arbre à pain (*Artocarpus incisa*), dont le principal habitat se trouve aujourd'hui dans les îles des mers du Sud et des Indes Orientales. L'exemplaire le plus complet de cette feuille qui ait été découvert est la plus grande empreinte de feuilles dicotylédonées rapportée des régions arctiques.

Dans ces mêmes couches nous trouvâmes une quantité d'autres plantes fossiles, telles que des feuilles de tulipier (*Liriodendron*),

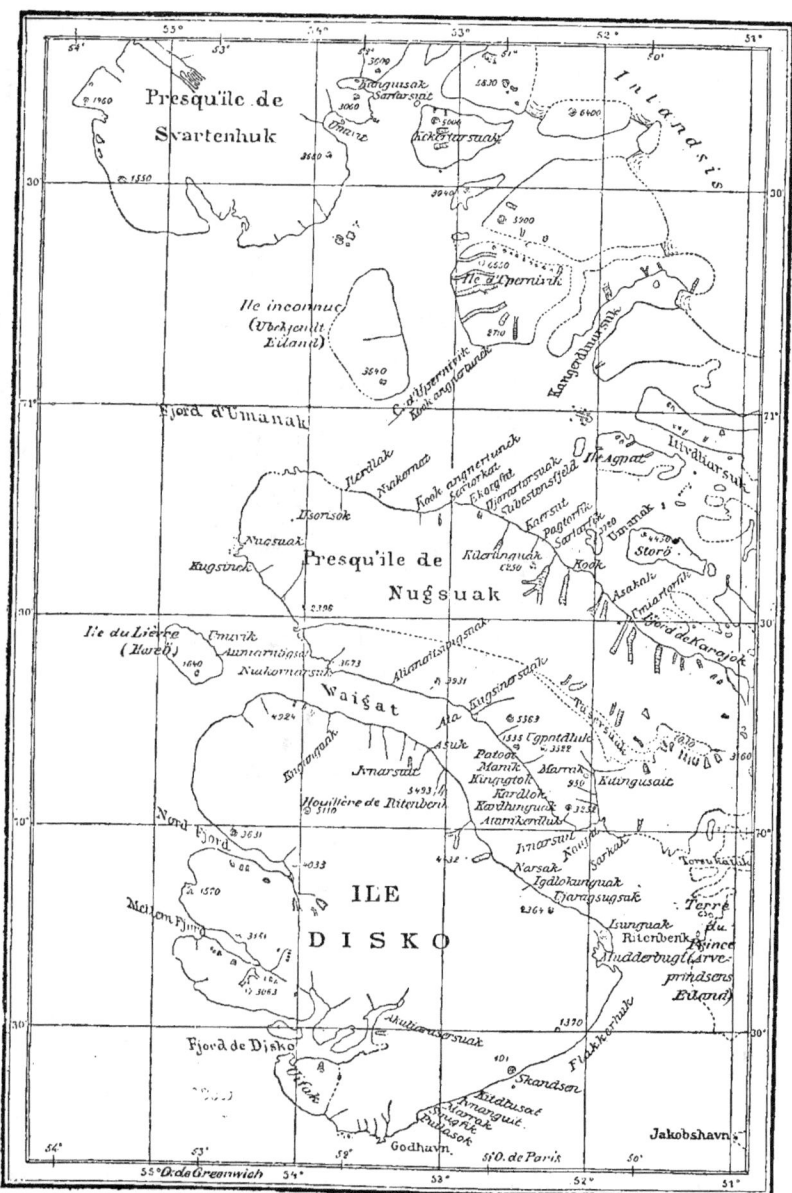

Les hauteurs sont exprimées en pieds danois. Le pied danois est égal à 0^m,31.
Carte de l'île Disko et de la côte avoisinante.
(Extraite des Meddelelser om Grönland, vol. V)

de magnolias, de lotus (*Nelumbium*) et de figuiers, des cônes de conifères, notamment de séquoias et du *Moriconia cyclotoxon* (p. 259, fig. 2), qui ressemble beaucoup au cyprès, enfin des écailles de cônes d'un genre de *Dammara* qui ne se trouve aujourd'hui que

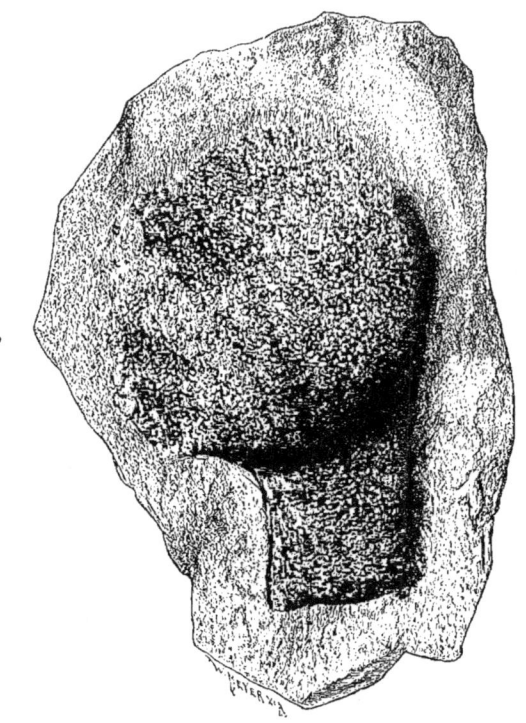

Fruit fossile de l'arbre à pain (grandeur naturelle).
(Dessin exécuté d'après nature.)

dans les Indes, dans les îles des mers du Sud et en Australie. A Ujaragsugsuk l'expédition suédoise de 1871 découvrit de beaux fragments de tronc d'une fougère arborescente, *Dicksonia punctata* (p. 259, fig. 1). L'étude de couches d'argiles traversées par des racines et des radicelles carbonisées était très importante pour connaître le mode de dépôt de ces formations. C'est une preuve que

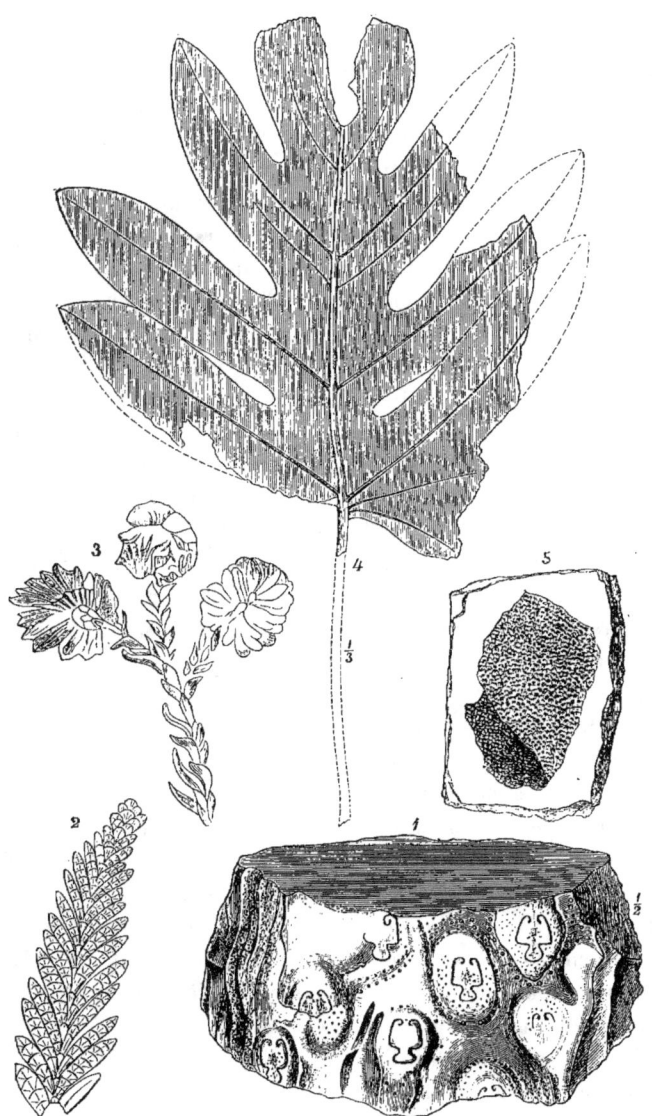

Flore jurassique de Disko.

Fragment de tige avec cicatrices foliaires d'une fougère arborescente (*Dicksonia punctata* Sthg) trouvé à Ujaragsugsuk (demi-grandeur naturelle). — 2. *Moriconia cyclotoxon* Deb., de la houillère de Ritenbenk (grandeur naturelle). — 3. Rameau de *Sequoia ambigua* Hr., var., trouvé à Ujaragsugsuk (grandeur naturelle). — 4. Feuille (réd. 1/3). — 5. Fragment mâle d'un arbre à pain (*Artocarpus*, n. sp.) d'Igdlokunguak (grandeur naturelle). Les figures 1, 2 et 3 sont extraites de la *Flora fossilis arctica*. Les figures 4 et 5 ont été dessinées d'après nature.

tout au moins les plantes palustres ont vécu là où les terrains fossilifères se sont formés. Heer avait donc raison de soutenir que ces couches s'étaient déposées dans des eaux douces et non en mer, comme des géologues l'affirmaient. Les collections recueillies à Ujaragsugsuk remplissaient trois grandes tonnes et une caisse.

Il nous aurait été facile de visiter plusieurs autres localités, si nous avions pu emporter notre tente et changer chaque jour de campement. Mais pour cela il nous aurait fallu un canot plus fort et un plus grand nombre de rameurs ; d'autre part, nous étions obligés de rester dans une localité déterminée, pour que la *Sofia* pût nous trouver lorsqu'elle viendrait nous embarquer. Après chaque excursion nous devions donc revenir à Ujaragsugsuk. Cette localité offrait, il est vrai, certains avantages. Nous pouvions nous procurer chez le marchand différentes denrées dont nous avions besoin, telles que du thé et de la poudre. De plus, ayant pris par mégarde des biscuits que nos dents ne pouvaient entamer, nous fûmes très heureux de pouvoir en acheter à Ujaragsugsuk de plus comestibles. Plusieurs fois les Eskimos nous vendirent de la morue ; nous mangeâmes aussi des capelans, qui frayaient alors sur la côte. A cette époque, ces poissons viennent si haut sur la plage qu'on peut les prendre dans des paniers que l'on promène sur le sable. Les Grönlandais, qui n'estiment guère ce poisson, le font sécher au soleil pour le donner l'hiver aux chiens, à ce que nous dit le marchand. Lorsque ces animaux apercevaient des capelans le long de la plage, ils se jetaient à l'eau pour les attraper, mais sans succès, nous sembla-t-il. Le capelan frais est un mets excellent. En fait de gibier, nous pûmes nous procurer des eiders. Le matin et le soir, ils passaient en bandes nombreuses le long de la côte, à portée de fusil du cap où nous nous embusquions derrière les gros blocs de pierre. Quand un eider tombait, Nils ou Hans mettait à l'eau son kayak pour aller chercher l'oiseau ; s'il n'était que blessé, notre homme le poursuivait alors à coups de harpon.

Pendant notre séjour à Ujaragsugsuk, le temps fut presque constamment beau ; un seul jour, le 5 juillet, il fut pluvieux et brumeux. La chaleur était alors très sensible, et chaque matin je pouvais me laver à grande eau dans le ruisseau voisin du village. Près de là se trouvait une source limpide, mais pas très fraîche. A cette époque de l'année, pareille eau était une véritable rareté. Tous les ruisseaux grossis par la fonte des neiges étaient chargés d'une énorme quantité de *slam* argileux, et lorsque l'on gravissait les montagnes en plein soleil, il était très pénible de ne pouvoir étancher sa soif, alors que des torrents bouillonnaient de tous côtés. Finalement il fallait se contenter d'une eau relativement propre. Aussi avec quelle volupté bûmes-nous au ruisseau transparent qui coulait dans un petit cadre de verdure à Unartoarsuk! Malheureusement nous ne visitâmes qu'une seule fois cette localité.

Pendant notre séjour à Ujaragsugsuk la végétation, dont l'évolution avait commencé pendant le mois de juin, fit des progrès très rapides. Le *Salix glauca* est la plus grande des plantes arbustives qui se trouvent dans ces parages, mais la plupart des exemplaires rampent sur le sol. Outre cet arbrisseau, il y a là des camarines, des romarins, des *Dryas* et des bouleaux nains; mais on n'y voit aucun bouleau arborescent, comme dans le Grönland méridional. Tous ces arbrisseaux, désignés en langue scandinave sous le nom général de *lyng* (bruyères) — la bruyère ne se trouve pourtant pas au Grönland, — fournissent le combustible nécessaire aux feux de bivouac pendant les excursions. Le 3 juillet nous vîmes pour la première fois en fleur l'*Epilobium latifolium*, la plus belle plante du Grönland septentrional; ces plantes ne s'épanouirent en grand nombre que quelques jours plus tard, lorsque nous allâmes à Atanekerdluk.

Le 2 juillet au soir, le vent *chaud* souffla de l'*inlandsis*. Le temps ne me paraissant pas menaçant, je pensai laisser pendant la nuit le canot à l'ancre, pour nous éviter la peine de le haler au rivage. Le marchand vint, au contraire, nous recommander de le tirer à la côte, une tempête étant imminente à son avis. Des nuages noirs qui se montraient alors sur l'*inlandsis* se rapprochèrent rapidement, et à peine eûmes-nous mis à terre le canot qu'un ouragan commença à souffler du sud-est. En même temps la température s'éleva sensiblement. Le vent fit une large déchirure dans notre tente.

Le tableau suivant, dressé d'après les observations météorologiques faites par Hamberg à Ujaragsugsuk et à Atanekerdluk, donne des indications sur la température lors de notre premier séjour dans le Waigat. Les chiffres des *minima* sont d'une rigoureuse exactitude, les *maxima* le sont moins. Il était très difficile de trouver pour le thermomètre un endroit abrité du soleil, et pendant que nous étions absents dans la journée, les rayons solaires frappaient probablement cet instrument.

Températures maxima et minima observées du 30 juin au 7 juillet 1883 à Ujaragsugsuk et du 8 au 15 juillet à Atanekerdluk, par A. Hamberg.

DATES	MINIMUM dans la nuit.	MAXIMUM dans la journée.	OBSERVATIONS
30 juin.	+ 6,8	+ 31,2	Soleil très vif.
1ᵉʳ juillet.	+ 4,8	+ 20,2	» »
2 »	+ 5,8	+ 26,2	» »
3 »	+ 9 a	+ 15,8 b	a. Le *minimum* se produisit le 2 au soir après qu'une fraîche brise se fut levée de l'est, c'est-à-dire de l'*inlandsis*. b. Minimum de la journée = + 5,2.
4 »	+ 5	+ 17	
5 »	+ 4,5	+ 10,7	Pluie et brouillard. *Minimum* de la journée = + 4.
6 »	+ 2,9	+ 15,5	
7 »	+ 7,9	—	Lueurs rouges dans le ciel au-dessus du Waigat.
8 »	+ 5,5	+ 24	Soleil très vif.
9 »	+ 12	+ 29	» »
10 »	—	+ 20	» »
11 »	+ 8	+ 23	» »
12 »	+ 7,5	+ 29	» »
13 »	+ 6,7	+ 12,8	
14 »	+ 6	+ 6,5	
15 »	+ 5,5	+ 8	

Comme l'indique ce tableau, les jours de soleil, la température était véritablement estivale. Un thermomètre à boule noire, placé complètement à l'abri du vent, marqua, le 29 juin, à deux heures et demie du soir, + 57°, et, le 1ᵉʳ juillet, il s'éleva à + 55°,6.

Le 7 juillet nous pliâmes bagages pour aller à Atanekerdluk, de l'autre côté du Waigat, laissant à Ujaragsugsuk nos collections et un kayak appartenant à un de nos Eskimos. Nous remîmes aux indigènes pour le capitaine de la *Sofia* des instructions dans lesquelles nous le priions d'embarquer nos bagages et lui indiquions la situation probable de notre campement. Pour aider nos rameurs dans la longue traversée du Waigat et dans les excursions que nous pouvions entreprendre d'Atanekerdluk, nous engageâmes deux habitants d'Ujaragsugsuk. Notre *fångstbåt* étant très lourd, et comme de plus nous traînions à la remorque trois kayaks, nous fûmes très heureux de trouver la mer complètement calme pendant notre tra-

Croquis des environs d'Atanekerdluk.
(D'après M. K.-J.-V. Steenstrup, *Meddelelser om Grönland*, vol. V.)

1. Gisement des plantes fossiles crétacées. — 2. Gisement de plantes fossiles crétacées, découvert par Nordenskiöld. — I et II. Principaux gisements de plantes fossiles tertiaires.
(Le pied danois vaut 0ᵐ,31.)

versée du détroit. Çà et là, à une grande distance de nous, quelques phoques montraient leurs gentilles têtes au-dessus de l'eau. Nous leur envoyâmes avec succès quelques coups de fusil : nous en eûmes la preuve, le lendemain, en trouvant échoué à Atanekerdluk un phoque dont la tête était percée d'une balle.

Atanekerdluk[1] est un monticule de dolérite basaltique, haut de 92 mètres, situé sur la côte méridionale de la presqu'île de Nugsuak, à laquelle il est relié par une langue de terre basse. Le nom d'Atanekerdluk a été étendu par les géologues à toute la contrée avoi-

---

1. D'après M. K.-J.-V. Steenstrup, cette localité s'appellerait Atanikerdluk. Le nom d'Atanekerdluk étant maintenant adopté par les naturalistes, un changement est aujourd'hui impossible.

sinante. Jadis un hameau indigène était établi sur cette pointe; on y voit encore des huttes, qui servent d'abri aux Eskimos lorsqu'ils vont à la chasse. Dans ces cabanes ouvertes à tout venant, nous trouvâmes des marmites et autres ustensiles de cuisine : heureux pays que celui-ci où le vol est inconnu ! Autour de ces huttes le sol était couvert d'un tapis de hautes herbes ; d'autres points de la presqu'île présentaient également des emplacements commodes pour dresser la tente. Une source d'excellente eau jaillissait sur cette langue de terre. Nous ne connûmes les ressources de la localité que peu à peu; comme je devais surtout travailler sur le continent près du ravin[1], le campement fut établi dans son voisinage. Si l'on doit faire un séjour dans ces parages, je conseillerai de s'établir à Atanekerdluk, eût-on même l'intention de faire chaque jour une longue excursion sur le rivage. Du reste, le trajet à la côte peut être abrégé en traversant dans un petit canot la baie qui sépare la presqu'île du continent. On pourrait encore conseiller de camper sur les tapis de gazon qui se trouvent à une altitude de 300 à 350 mètres.

Nous installâmes tout d'abord notre tente sur un terrain complètement nu, à l'ouest du ruisseau. Le voisinage de ce petit cours d'eau ne nous était d'aucune utilité. Le bruit du bouillonnement de ses cascades nous incommodait, et l'eau qu'il contenait, toute souillée d'argile, n'était pas potable. Nous essayâmes, mais sans résultat, de la filtrer dans des sacs en toile dont nous nous servions pour recueillir de la neige rouge. Comme il n'y avait point d'autre eau dans le voisinage, nous dûmes, pendant tout notre séjour dans cette localité, faire fondre des blocs de glace qui venaient échouer sur le rivage. A cette époque de l'année, les *drifis* qui dérivent dans le Waigat proviennent du *vêlage* du glacier ; la glace qui les compose étant le produit de la précipitation atmosphérique, l'eau qu'ils fournissent est excellente. Nous n'avions donc pas à nous plaindre. Du reste, par ces temps chauds, l'opération de la fonte était facile : il suffisait de placer un morceau de glace dans un récipient et de l'y laisser quelque temps. Mais sou-

---

1. Le ravin est indiqué par le mot *klyfta* sur la carte de la page 243. (*Note du trad.*)

Panorama d'Atanekerdluk (vue prise de la presqu'île).

(D'après un dessin de R.-R.-J. Hammer. — *Meddelelser om Grönland*, vol. V.)

I, II. Gisements de plantes fossiles tertiaires. — 2. Gisement de plantes fossiles crétacées découvert par M. Nordenskiöld. La crevasse (*klofta*) est visible à droite.

vent aucun glaçon n'échouait près de la tente; nous devions alors aller chercher la glace à une certaine distance.

Les tempêtes étant devenues fréquentes, des masses de poussière chassées par le vent pénétraient dans notre tente. Cet inconvénient nous obligea à changer de campement et à nous établir un peu à l'est, sur le rivage même, dans une hutte dont il ne restait que les quatre murs. Cet abri ne nous protégeait qu'insuffisamment, et, à la fin de notre séjour, les coups de vent étaient si violents que nous dûmes étayer le bas de la tente avec les rames de l'embarcation. Souvent, la nuit, nous étions obligés de nous lever pour assujettir la corde ou augmenter la charge de grosses pierres placée sur les piquets.

Pendant cette exploration des bords du Waigat, nous fîmes l'expérience du caractère des Eskimos. C'étaient des gens d'humeur facile et pleins de bonne volonté, mais sans aucune initiative, incapables de penser par eux-mêmes et d'entreprendre le moindre travail sans en avoir reçu l'ordre. La tente menaçait-elle d'être renversée, ils ne se levaient jamais pour aller la consolider avant que je l'eusse commandé. Il en était de même pour tout; jamais ils ne se levaient le matin, jamais ils n'allumaient le feu ni ne faisaient fondre la glace sans un ordre de notre part. A la longue, il devint très ennuyeux de leur rappeler continuellement ce qu'ils devaient faire. Pour excuser les Eskimos, je dois ajouter qu'ils ne savaient que quelques mots de danois et que nous n'avions pas une connaissance plus étendue de leur langue; par suite nous ne pouvions leur donner des instructions une fois pour toutes. Nous nous faisions comprendre d'eux par signes, et ces conversations mimées étaient beaucoup plus faciles qu'on ne pourrait le supposer. Pour le reste, nous n'avons eu qu'à nous louer de nos compagnons : ils étaient toujours de bonne humeur et d'une honnêteté à laquelle nous ne saurions trop rendre hommage.

Pour des géologues, la poussière pénétrante dont nous nous plaignions avait un grand intérêt. Ce phénomène explique en effet le mode de dépôt du *lœss*, ce sédiment éolien qui recouvre de vastes étendues de l'Europe centrale. A Atanckerdluk, au moment de la fonte des neiges, les torrents roulent une quantité considérable de *slam*; alimentés par une masse d'eau de plus en plus grande, ils débordent bientôt en déposant sur une large zone en dehors de leurs lits les particules qu'ils tiennent en suspension. Une fois la neige fondue et les torrents rentrés dans leurs lits, lorsque le temps est sec, le vent soulève ces *slam* et les transporte dans toute la région avoisinante. Le même phénomène doit se passer dans les autres localités des régions polaires constituées en majeure partie par des formations sédimentaires meubles. Par suite, je pense que le *lœss* de l'Europe centrale est un sédiment déposé par les torrents glaciaires, et qui, après que ces cours d'eau se sont retirés, a été transporté par le vent dans d'autres régions. Le *lœss* serait donc un sédiment d'origine tout à la fois diluvienne et éolienne. Une théorie analogue a déjà été formulée par quelques géologues allemands; mes observations dans les régions arctiques me font partager leur opinion.

La végétation était ici moins développée que sur l'île Disko, néanmoins nous vîmes plusieurs belles plantes qui fleurirent pendant les chaudes journées que nous passâmes à Atanekerdluk. L'*Epilobium latifolium*, notamment, croissait en grand nombre sur les bords du ruisseau; ces jolies fleurs, qui même dans les pays tempérés seraient admirées, traçaient le long du torrent une ligne rouge que l'on apercevait de très loin. Parmi les autres plantes de cette localité, il faut citer : l'*Artemisia borealis*; l'*Erigeron compositus*, dont les fleurs blanches, lorsqu'elles sont complètement écloses, ressemblent à la fraise d'un pasteur luthérien; l'*Arnica alpina*, aux fleurs jaunes, qui, bien éclairées, semblent de petits soleils, et la *Vesicaria arctica*, commune, du reste, sur les bords du Waigat. L'*Oxyria digyna* était très abondante. Nous mangeâmes des queues de cette oseille sauvage en guise de rhubarbe, essai culinaire que nous trouvâmes tout à fait de notre goût.

La flore d'Atanekerdluk est bien chétive en comparaison de la belle végétation dont les empreintes de plantes contenues dans les montagnes avoisinantes attestent l'existence aux âges passés. Atanekerdluk est le gisement le plus riche de plantes fossiles que l'on connaisse. On en parla pour la première fois à la suite de la découverte qu'y fit, vers 1850, le marchand Jens Nielsen, de limonites contenant des plantes fossiles tertiaires. Ces limonites se rencontrent à une hauteur de 250 mètres (gravure de la page 245, I), en petites couches lenticulaires ou en rognons, dans des formations meubles, les unes schistoïdes, les autres arénacées, toutes très friables. Une quantité de ces limonites, contenant des plantes fossiles, sont détachées de la montagne par le délitement de la roche encaissante, et recouvrent les pentes des falaises. Les empreintes sont particulièrement bien conservées sur la face délitée de la roche, où les plus fines nervures de la feuille sont très apparentes. La surface de la roche a une couleur d'un rouge sombre, tandis que les plans de cassure récents sont gris. Les premiers géologues qui ont exploré le gisement ont dû faire de magnifiques collections ; ils n'avaient alors qu'à examiner les pierres éboulées pour trouver des fossiles. Aujourd'hui il n'en est plus ainsi, bien que la dénudation continue toujours. En faisant des fouilles, on met à jour des couches nouvelles, mais elles sont constituées par des roches très friables, et les plantes qu'elles contiennent n'ont pas le bel aspect de celles que l'on trouve dans les limonites détachées de la montagne par les agents naturels.

Ces premières découvertes rendirent célèbre Atanekerdluk. Le premier volume de la *Flora fossilis arctica* (1868) de Heer contenait la description d'environ cent espèces nouvelles provenant de cette localité, la plupart recueillies par Rink et Olrik ; en outre quelques Anglais y avaient fait d'importantes collections. Plusieurs des expéditions envoyées à la recherche de Franklin relâchèrent à Godhavn et visitèrent Atanekerdluk. C'est ainsi que les amiraux Mac Clintock et Inglefield, le lieutenant Colomb, le docteur Lyall en rapportèrent des plantes fossiles. O. Torell recueillit également, lors de son voyage au Grönland en 1858, une petite collection d'empreintes de plantes. Le nombre des espèces déjà connues s'augmenta considérablement à la suite du voyage de Whymper et de Brown en 1867, et de l'expédition de Nordenskiöld en 1870. Plus loin je parlerai d'une découverte faite alors par notre compatriote et qui donna une nouvelle célébrité à Atanekerdluk. En 1871 un des membres de l'expédition suédoise envoyée au Grönland pour rapporter les blocs de fer natif découverts par Nordenskiöld à Ovifak, le docteur G. Nauckhoff, acheta d'un habitant de Godhavn une petite collection de plantes fossiles tertiaires, très bien conservées, provenant vraisemblablement d'Atanekerdluk. Ces empreintes étaient incluses dans une roche différente de la limonite et n'appartenaient pas aux espèces signalées dans cette dernière roche. M. K.-J.-V. Steenstrup a découvert plus tard que la couche tertiaire contenant ces fossiles se trouvait au-dessus de celle qui était déjà connue, à une

K.-J.-V. Steenstrup.
Né à Mou, près d'Aalborg (Danemark), le 7 septembre 1842.

altitude de 400 mètres (gravure de la page 245, II). Dans ce nouveau gisement comme dans l'ancien, ce naturaliste a recueilli une collection considérable pendant son séjour de plusieurs années au Grönland. La dernière partie de la *Flora fossilis arctica* de Heer donne la description de 143 espèces provenant de l'ancien gisement, et de 78 trouvées dans les couches supérieures. 54 espèces seulement sont communes aux deux localités : actuellement on ne

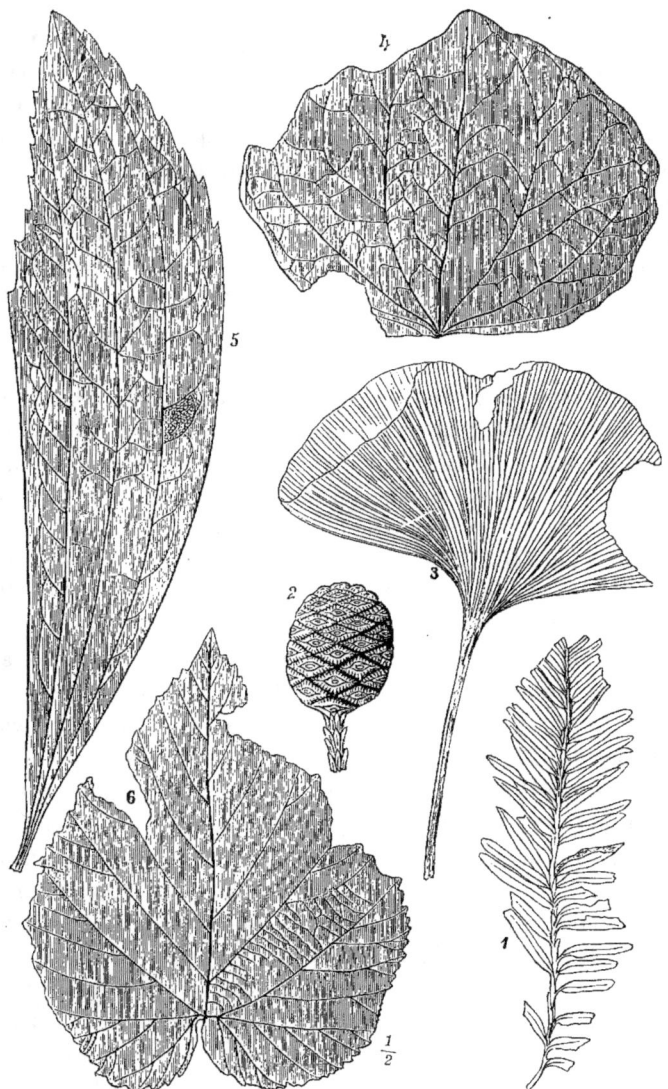

Plantes fossiles tertiaires d'Atanekerdluk.
(D'après la *Flora fossilis arctica*.)

1 et 2. Branche et cône de *Sequoia Langsdorfii* Brgn. sp. (grand. nat.). — 3. *Ginkgo adiantoïdes* Ung. sp. (grand. nat.) — 4. *Populus arctica* Hr (grand. nat.). — 5. *M'Clintockia trinervis* Hr (grand. nat.). — 6. *Vitis Olriki* Hr (demi-grand.).

connaît donc pas moins de 187 espèces de plantes fossiles tertiaires provenant d'Atanekerdluk. Ne pouvant donner ici un tableau complet de cette flore, je me bornerai à indiquer les plantes intéressantes. Les empreintes de conifères, les plus abondantes, proviennent du cyprès aquatique d'Amérique, et d'un séquoia (*S. Langsdorfii*, fig. 1, 2, p. 251), très rapproché du *redwood* d'Amérique. On en recueille, en outre, appartenant au *Ginkgo adiantoïdes* (fig. 3, p. 251), très voisin du *Ginkgo biloba*, qui vit actuellement au Japon et en Chine, et à différentes espèces de cyprès, de pins et de genévriers. Les troncs d'arbres en place contenus dans ces couches appartiennent peut-être à des cyprès de marais qui croissaient dans l'eau à une assez grande distance des berges. En creusant le sol, Nordenskiöld a mis au jour des racines d'une souche dressée qui était carbonisée ; j'en ai trouvé également une qui était creuse. Les empreintes de feuilles de tremble et de peuplier (fig. 4, page 251), très communes dans les limonites, se trouvent également dans les couches supérieures. De plus, on découvre des feuilles de saule, d'aune, de charme, de hêtre, de châtaignier, de chêne de différentes espèces, dont quelques-unes à feuilles toujours vertes. Dans les limonites on recueille encore en grande quantité des empreintes de feuilles de *Mac Clintockia* (fig. 5, p. 251), parfaitement conservées jusque dans leurs plus petits détails, de platane, de noyer, et, dans la couche supérieure, des feuilles de laurier. Pour compléter cette nomenclature, il faut ajouter à cette liste des feuilles de bois d'ébène, de frêne, de lierre, de vigne (fig. 6, p. 251) et de magnolias. Whymper a rapporté de l'île Disko de magnifiques exemplaires du fruit de ce dernier arbre, qui ressemble à une pomme de pin. Le *Cocculites Kanii*, qui n'est pas rare dans cette localité, avait de grandes feuilles semblables à du cuir. A cette énumération il faut encore ajouter le platane, l'aubépine, l'alisier, le *Rhamnus*, le *Rhus*, etc. Sur cette terre aujourd'hui glacée il y avait jadis une variété de plantes et d'arbres comme on n'en trouve actuellement qu'au Japon et dans le nord-est de l'Amérique.

Les lauriers, le *Magnolia Inglefieldi*, une espèce de *Prunus*, le *Cocculites* et plusieurs espèces de chênes *Ilex* étaient toujours couverts de feuilles vertes. S'appuyant sur l'étude de cette flore, Heer a évalué à environ $+12°$ la température moyenne de l'année dans cette partie du Grönland à l'époque tertiaire, et à $+5°$ les plus basses températures des hivers de cette époque. Aujourd'hui la température moyenne annuelle de cette région est de $-8°$, et celle de janvier d'environ $-15°$. Ces chiffres indiquent le changement de climat qui s'est produit dans cette région depuis l'époque tertiaire; nous verrons bientôt qu'auparavant la température était encore plus élevée au Grönland.

Atanekerdluk, déjà connu dans le monde scientifique par son

Souche engagée dans les couches d'Atanekerdluk.
(Gravure extraite de l'ouvrage *Redogörelse för en expedition till Grönland år* 1870, p. 82, par A.-E. Nordenskiöld.)

gisement de plantes fossiles tertiaires, acquit une nouvelle célébrité lorsque Nordenskiöld y eut découvert en 1870 une flore crétacée. Comme je l'ai déjà dit, les limonites contenant des empreintes de plantes tertiaires se rencontrent à une altitude de 550 mètres. A une hauteur d'environ 60 mètres, un peu au nord-ouest du ruisseau (2 de la grav. de la p. 245), Nordenskiöld trouva des schistes bitumineux contenant une flore très riche, complètement différente de celle de l'époque tertiaire. Heer, qui étudia également les plantes provenant de cet horizon, montra que, suivant toute vraisemblance, elles appartenaient au crétacé, au cénomanien. Nordenskiöld avait rapporté de ce gisement 55 espèces; après les recherches de Steenstrup dans cette localité, le nombre des espèces de cette flore s'éleva à 96. Steenstrup avait trouvé des plantes fossiles crétacées sur le rivage au sud du ruisseau et sur la côte de la petite presqu'île. Le nombre des espèces recueillies dans ces deux derniers gisements n'est donc pas considérable.

Il est très rare de rencontrer des couches fossilifères aussi riches et d'âge différent sur un espace aussi restreint qu'à Atanekerdluk. La flore crétacée découverte par Nordenskiöld n'a aucune espèce commune avec la flore tertiaire que j'ai fait connaître, et son facies est complètement différent. La flore crétacée de l'Atanekerdluk inférieur, ou flore d'Atane, comme on l'appelle communément du nom de son gisement, se compose surtout de cycadées, qui manquent complètement dans les couches tertiaires et qui aujourd'hui ne se trouvent que dans les régions tropicales ou subtropicales. Le *Cycas Dicksoni* est la plus curieuse des empreintes de cette flore qui ont été recueillies à Atanekerdluk avant notre exploration. Actuellement les *Cycas* ne se rencontrent que dans la partie du Japon située au sud du tropique. Les fougères sont très nombreuses et représentées par un grand nombre de genres, parmi lesquels je citerai celui des *Gleichenia*, qui est cantonné aujourd'hui dans l'hémisphère austral et qui ne dépasse pas au nord le Japon méridional. Les espèces de ce genre, reconnaissables aux ramifications dichotones de leur tige (voir la figure de la p. 253), étaient très abondantes au Grönland à l'époque crétacée, particulièrement dans les premiers âges. La présence des *Gleichenia* et du *Cycas Dicksoni* dans ces couches est une preuve des modifications survenues dans la végétation du globe et en même temps des migrations des plantes. Les conifères sont également représentés dans ces couches, les *Sequoia* notamment, par quatre espèces qui diffèrent notablement de celles du tertiaire. Parmi les *arbres feuillus* dont on trouve des débris à Atane, il faut citer plusieurs espèces de peupliers, de chênes, de figuiers (des feuilles et des fruits de ce dernier arbre sont figurés sur la gravure de la page 257, fig. 3), un tulipier, plusieurs magnolias (fig. 5 de la gravure de la page 257) et une quantité de légumineuses arborescentes des genres *Colutea*, *Cassia* et *Dalbergia*. Le tulipier — arbre ainsi appelé à cause de ses grandes fleurs semblables à celles de la tulipe — n'est représenté que par une espèce, le *Liriodendron Meekii* (fig. 1 et 2 de la gravure de la page 257), qui a déjà été rencontrée dans le crétacé de l'Amérique septentrionale. Il était alors très commun au Grönland. Avant notre expédition on connaissait de la flore d'Atane 177 espèces, recueillies dans ces différents gisements, y compris celui d'Igdlokunguak. D'après les études que Heer a faites de ces empreintes végétales, le Grönland avait à cette époque un climat subtropical avec une température moyenne annuelle d'au moins + 20°. Les caractères qui distinguent la flore

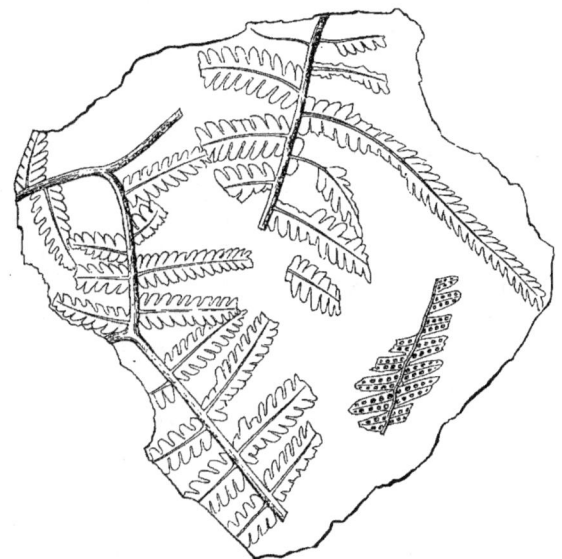

Gleichenia Zippei Cord. sp. trouvée à Pattorfik (grand. nat.).
Fragments de feuille stérile et de feuille fertile.
(D'après la *Flora fossilis arctica*.)

d'Atane de la flore tertiaire qui se développait par une température moyenne de + 12° sont très importants à observer pour l'étude des variations de climats; par suite il est du plus haut intérêt de connaître les flores qui ont vécu entre ces deux époques. Comme je le raconterai plus loin, on a découvert à Patoot une flore intermédiaire entre celle d'Atane et celle des terrains tertiaires. A Atanekerdluk je regardai comme une étude de la plus haute importance de rechercher si, entre les couches crétacées situées à une altitude de 60 mètres et les couches tertiaires que l'on rencontre à une hauteur de 550 mètres, on ne trouvait pas de strates contenant des plantes fossiles, et, au cas où j'en découvrirais, de déterminer leur âge. On pouvait s'attendre à retrouver là la flore de Patoot ou peut-être, sous les assises miocènes, des couches éocènes. Les pentes de la montagne sont entièrement couvertes d'éboulis, et ce n'était que dans le ravin (*klyfta* sur la carte de la page 243) creusé par le torrent à travers la montagne que l'on pouvait espérer découvrir des couches fossilifères en place.

Avant de commencer l'étude de ce ravin, je voulais examiner rapidement la côte extérieure de la presqu'île. Je pensais y trouver des exemplaires d'une fougère (*Pteris frigida*) que Steenstrup y avait découverte et que je désirais vivement étudier.

Le lendemain de notre arrivée à Atanekerdluk, le dimanche 8 juillet, en me promenant sur la presqu'île, j'eus la chance de faire sur la côte extérieure une très intéressante découverte. De ce côté s'étendaient des couches fossilifères dont on ne soupçonnait jusqu'ici ni le nombre ni la richesse. Dans un schiste bitumineux je trouvai notamment de grandes feuilles semblables à celles du platane, qui n'avaient pas encore été décrites. Malheureusement je ne pus atteindre un fragment de schiste inclus dans les basaltes, qui, à en juger de loin, devait renfermer des fossiles. La tempête arrêta bientôt nos recherches, et, comme je l'ai déjà raconté, nous dûmes chercher un abri contre le vent au milieu d'une hutte ruinée. Ce changement de campement occupa une grande partie de la journée; d'autre part, nos gens étaient trop fatigués d'avoir traversé, la veille, le Waigat à la rame, pour pouvoir travailler ce jour-là. Le lendemain, le *fångstbåt* me transporta aux gisements de fossiles de la presqu'île, qui sont accessibles par mer. Les schistes dont j'ai parlé plus haut renfermaient, comme je le supposais, de nombreuses empreintes de plantes; je rapportai notamment des exemplaires très bien conservés de la fougère que je cherchais. Pendant que j'étais occupé à ces études, les Eskimos coupaient, autour des ruines du hameau, des herbes sèches pour empaqueter les fossiles. Le 10 je continuai mes recherches dans ce gisement et dans celui que Nordenskiöld avait découvert sur le continent. Ce dernier est très riche

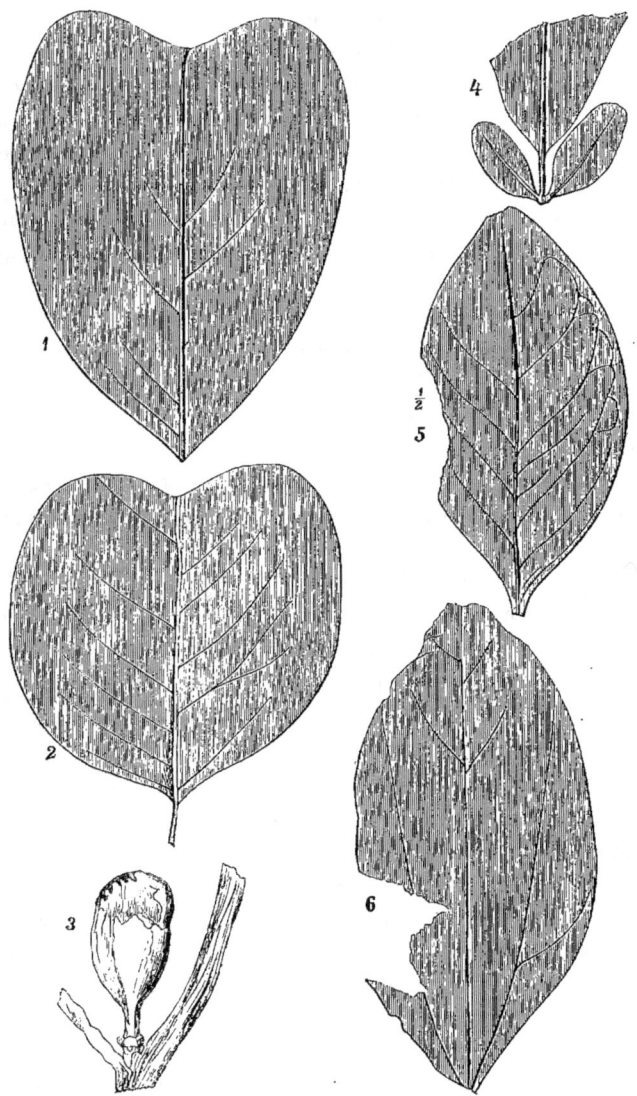

Flore crétacée d'Atanekerdluk.

1, 2. *Liriodendron Meekii* Hr (grand. nat.). — 3. Fruit de *Ficus atavinus* Hr (grand. nat.). — 4. Feuille appartenant à une espèce nouvelle, non encore déterminée (grand. nat.). — 5. *Magnolia Capellini* Hr (demi-grand.). — 6. *Sassafras*, n. v. (grand. nat.). (Les numéros 3 et 5 ont été dessinés d'après les planches de la *Flora fossilis arctica*; les autres d'après nature.)

en empreintes végétales. Comme nous ne projetions aucune excursion en mer, je renvoyai à Ujaragsugsuk dans leurs kayaks les deux Eskimos que j'avais engagés dans cette localité. Tout le reste de la journée et le lendemain furent employés à étiqueter et à emballer nos collections; encore ces deux jours de travail ne furent-ils pas suffisants pour mettre en ordre tous nos matériaux. La mission du paléontologiste ne consiste pas seulement, comme le croient les ignorants, à recueillir des fossiles, il doit encore indiquer soigneusement leur provenance — sans quoi, les échantillons n'ont guère de valeur — et les empaqueter, pour que les empreintes ne soient pas dégradées pendant le transport. Chaque échantillon doit être enveloppé d'herbe sèche, de mousse ou de papier, et chaque morceau séparé de son voisin par une couche de même nature. Quelque ennuyeux que soit un pareil travail, il est absolument nécessaire; au retour on est récompensé de ses peines en trouvant ses collections en bon état. Les fossiles que nous avions recueillis remplissaient cinq tonnes.

Durant ces trois jours, Hamberg avait profité du soleil pour faire presque tout le temps des observations actinométriques avec l'héliomètre Pouillet. Le 12, lorsque je commençai l'étude du ravin, il put m'accompagner et, comme à Ujaragsugsuk, il me prêta l'aide la plus empressée dans mes travaux de géologie. Ce jour-là, à mon grand étonnement, mes recherches présentèrent le plus haut intérêt. Dans cette localité que tant de géologues avaient auparavant étudiée, je n'avais espéré faire aucune trouvaille importante, et pourtant après avoir travaillé avec ardeur jusqu'à neuf heures du soir, je rapportai une très belle collection. Cette journée fut employée à faire une première reconnaissance du ravin jusqu'à hauteur des formations tertiaires. De la base au sommet de la falaise nous ne découvrîmes pas moins de neuf nouvelles couches fossilifères appartenant toutes à l'étage d'Atane. Il n'y a donc ici ni strates contenant la flore de Patoot, ni strates éocènes; les couches miocènes renfermant des empreintes de plantes reposent directement et d'une manière uniforme sur l'étage d'Atane. Quoique appartenant à la même période géologique, la flore découverte dans ces couches était très variée. Un petit nombre seulement d'espèces étaient communes à toutes les cou-

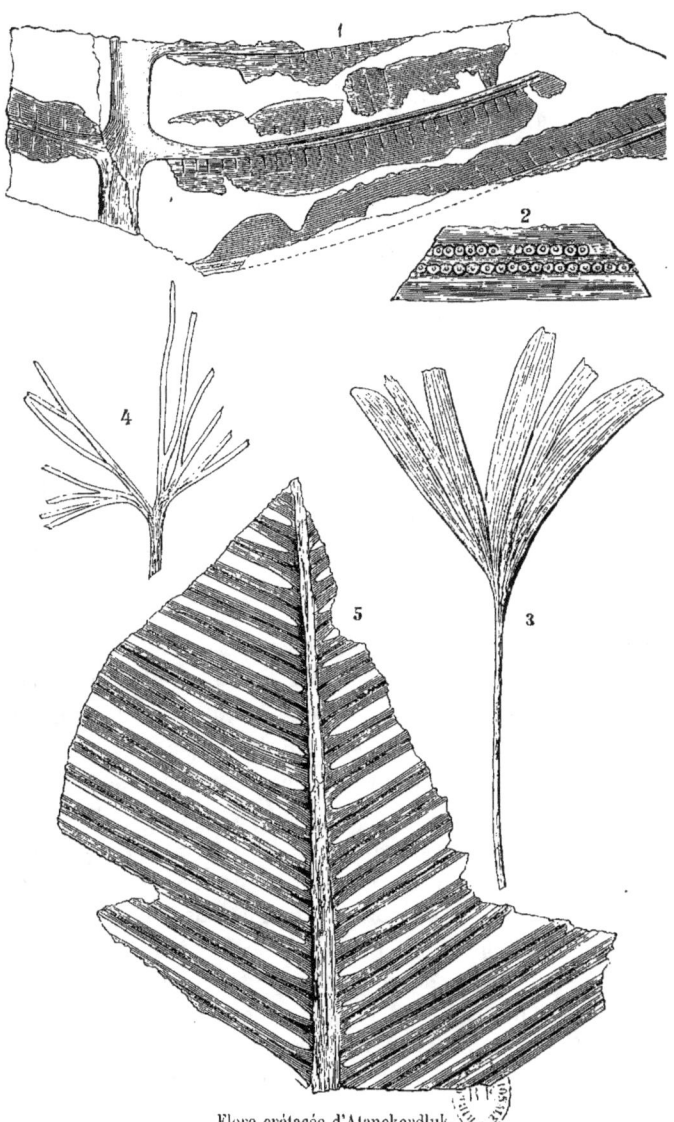

Flore crétacée d'Atanckerdluk.

1 et 2. Feuille stérile et fragment d'une feuille avec fructification d'une nouvelle espèce de fougère. — 3. *Ginkyo*, n. sp. fougère (grand. nat.). — 4. *Trichopitys* n. sp. (grand. nat.). — 5. *Cycas*, n. sp. (grand. nat.). (Dessins exécutés d'après nature.)

ches ; le plus grand nombre étaient localisées dans chaque horizon.

La prédominance, dans certaines couches, de plantes palustres et, dans d'autres, de plantes qui croissent sur les terrains secs doit être attribuée à ce que le sol était d'une nature très différente dans des localités rapprochées. Ainsi une couche contenait un grand nombre de feuilles de tulipier (fig. 1 et 2, p. 257) ; une autre renfermait en abondance des branches et des aiguilles de différentes espèces de conifères, notamment d'espèces qui, d'après les recherches microscopiques du professeur Schenk, de Leipzig, paraissent appartenir au genre *Sciadopitys*, cantonné aujourd'hui au Japon. Dans cette même couche je découvris des feuilles d'un *Gingko* (fig. 3 de la page 259) et d'un conifère du genre *Trichopitys* (fig. 4 de la gravure de la page 259), voisin des *Ginkgo*, et que l'on n'avait trouvé encore que dans des terrains inférieurs au jurassique moyen. Ces formations contenaient en outre quelques empreintes de feuilles appartenant à des arbres à feuilles.

Une autre couche fossilifère, située un peu au-dessus de celles que nous venons de décrire, était caractérisée par une fougère. Ses fructifications étaient parfaitement conservées, et rarement une feuille fossile en présente de semblables (fig. 1 et 2 de la gravure de la page 259). Les découvertes que nous fîmes dans d'autres couches furent également très importantes ; ces indications prouvent suffisamment que j'avais lieu d'être satisfait de ma journée.

Après avoir déterminé l'âge de toutes les couches de la falaise que coupait le ravin d'Atanekerdluk, j'étais très désireux d'examiner différents détails pour terminer l'étude de ce terrain. Malheureusement une très forte baisse du baromètre survenue dans la journée me faisait craindre l'arrivée prochaine du mauvais temps. Mes appréhensions n'étaient que trop justifiées. Le 15, à deux heures du matin, je fus réveillé par de violents coups de vent qui, à différentes reprises, firent sauter les piquets de la tente ; toute la matinée nous ne pûmes être tranquilles. Des nuages de poussière remplissaient l'air ; devant ces menaces de pluie, nous nous occupâmes de mettre à l'abri les collections. A peine nos précieux fossiles furent-ils en sûreté que la pluie commença, et toute la journée nous dûmes rester sous la tente, occupés à étiqueter les collections faites la veille.

« Nous bouchons les ouvertures de la tente et couvrons le sol de notre abri d'*Epilobium latifolium*; il est vraiment dommage de détruire ces jolies fleurs, mais la nécessité nous y oblige », écrivons-nous dans notre journal. Le 14, le temps n'était pas meilleur. A cette date notre carnet contient la mention suivante : « Pluie et tempête continuelles; à chaque instant nous devons consolider la tente. Ennuyé de ma reclusion, je vais dans la matinée visiter le gisement de fossiles découvert par Nordenskiöld, sans autre résultat que de revenir trempé comme une soupe. Dans la soirée, la pluie cesse : immédiatement je pars pour le ravin, où je trouve dans les limonites une belle collection de plantes crétacées. » Le dimanche 15 juillet, la pluie fut moins abondante, mais le vent soufflait toujours avec rage. Accompagné d'un Eskimo, je retournai au ravin, où je rencontrai une nouvelle couche de plantes fossiles; je trouvais les plus belles empreintes dans la couche la plus élevée, celle que j'avais étudiée le 12. J'y découvris de magnifiques empreintes de deux nouvelles espèces de *Cycas*. La plus grande de ces deux espèces, dont, faute de place, je ne puis reproduire qu'un fragment (fig. 5 de la page 259), a des feuilles dont les dimensions dépassent celles du *Cycas Steenstrupi*, avec laquelle elle présente d'ailleurs de grandes ressemblances. Les schistes contenant ces empreintes étaient gelés et enfouis sous un amoncellement de neige; pour le moment il était impossible d'y travailler longtemps. On peut s'étonner à bon droit de recueillir dans ce sol glacé des empreintes de plantes dont les représentants actuels ne se trouvent que dans les régions tropicales. La joie de faire ces découvertes me fit oublier le mauvais temps.

Les jours précédents, j'avais craint de voir arriver la *Sofia*. Désirant terminer tranquillement l'étude du ravin, j'étais enchanté que le navire n'eût pas encore paru. Maintenant que mon travail était terminé, je regrettais le retard de la *Sofia* et commençais à redouter que quelque accident ne fût arrivé à nos camarades. Notre séjour dans ces parages se prolongeant plus que nous ne l'avions compté, nos provisions étaient fortement entamées; et déjà nous avions songé à envoyer un de nos Eskimos acheter des vivres chez le marchand de Sarkak. Plusieurs fois des chasseurs de phoques étaient venus nous visiter et nous avaient vendu, entre autres choses, des œufs d'hirondelle de mer. Ces œufs étaient exquis, mais ils ne durèrent pas longtemps. Pour d'autres raisons encore, j'attendais avec impatience l'arrivée de la *Sofia*. Dans les derniers jours j'avais pris un fort mal de gorge, et j'étais très désireux de remplacer mon traitement à la poudre dentifrice par des remèdes plus efficaces. Enfin nos tonneaux n'étaient pas assez grands pour contenir toutes nos collections. Notre journal de la journée du 15 se termine par cette phrase qui indique nos préoccupations : « Les provisions seront bientôt épuisées; quelle peut être la cause du retard de la *Sofia*? » Dans la nuit, après quelques heures de sommeil, je dus me relever pour assujettir la tente; j'allais me rendormir lorsque le sifflet du navire se fit entendre. La *Sofia* était tout près du rivage, mais l'état de la mer empêchait de mettre à l'eau une embarcation. Nous fîmes signe au capitaine de s'abriter derrière la presqu'île, mais il ne comprit pas le sens de nos signaux, et alla au sud-est derrière la pointe d'Ivnarsuit. Impatients d'avoir des nouvelles de l'expédition, et surtout de l'exploration de l'*inlandsis*, Hamberg et moi partîmes au pas accéléré, et, après quelques instants d'attente sur le rivage, Forsstrand vint nous chercher dans une embarcation. Nous apprîmes alors la cause de la longue détention de la *Sofia* dans l'Aulaitsivikfjord et les dangers qu'elle avait courus en en sortant. L'exploration de l'*inlandsis* avait eu un heureux début; les nouvelles que l'on nous donnait n'étaient pourtant pas très rassurantes, puisque le médecin avait accompagné la caravane pour pouvoir donner ses soins en cas d'accident.

A bord le capitaine me remit des instructions de Nordenskiöld m'indiquant les études que l'expédition devait entreprendre en son absence. Ces instructions étaient ainsi conçues :

Pendant mon exploration sur l'*inlandsis*, le Dr A.-G. Nathorst aura le commandement de l'expédition de la *Sofia*. Je le prie d'exécuter, dans la mesure du possible, les travaux indiqués dans le plan du voyage. Le 14 août, la *Sofia* devra être de retour à Egedesminde pour rembarquer ma caravane. Les travaux de l'expédition dépendent trop du temps, de l'état des glaces et de circonstances imprévues, pour que je puisse donner des instructions détaillées sur la marche à suivre; je n'ai donc rédigé le programme suivant que pour indiquer mes *desiderata* :

8 *juillet*.		La *Sofia* sortira de l'Aulaitsivikfjord.
9	—	Arrivée à Godhavn, où l'on embarquera Hans Hendrik. Départ pour Ujaragsugsuk. Le navire prendra à bord le Dr Nathorst et M. Hamberg et les transportera sur l'autre rive du Waigat. Le Dr Nathorst séjournera sur cette côte du 10 au 14 juillet, pendant que la *Sofia* ira faire du charbon à Kudliset. Le bâtiment séjournera ensuite dans le Waigat pour que les spécialistes du bord puissent en étudier la faune marine et l'hydrographie.
15	—	La *Sofia* partira pour l'île du Lièvre (Harö), où le Dr Nathorst étudiera pendant trois jours les couches fossilifères. De l'île du Lièvre la *Sofia* traversera le détroit de Davis en faisant des dragages et des sondages, ou du moins elle avancera dans cette direction jusqu'à ce qu'elle rencontre des glaces.
19	—	Retour de la *Sofia* à l'île du Lièvre, où elle rembarquera le Dr Nathorst. Départ pour le cap York. Si l'expédition a besoin de charbon, elle relâchera à Upernivik, où elle pourra, suivant toute probabilité, se ravitailler en combustible.
22	—	Arrivée au cap York. Étude de la colline Sivalik. Le plus petit des météorites sera embarqué en entier, si c'est possible, sinon en morceaux; s'il est trop gros pour pouvoir être emporté même brisé, on en prendra des fragments. Les membres de l'expédition formeront une collection ethnographique, en donnant aux indigènes, en échange de leurs ustensiles de ménage et de leurs armes, les objets que j'ai achetés à Egedesminde. Je désire surtout des objets fabriqués avec du fer natif de Sivalik. Si le temps le permet, on recueillera de la *neige rouge* sur les Crimson Cliffs, à moins que l'on n'en ait récolté ailleurs une collection importante. Les naturalistes chercheront à obtenir des indigènes des renseignements sur l'expédition américaine qui, depuis deux ans, hiverne à la baie de Lady Franklin. Si la *Sofia* rencontrait des membres de cette expédition, on les prendrait immédiatement à bord.
28	—	Départ du cap York.
30	—	Arrivée à Omenak.
31 *juillet*-6 *août*.		— L'expédition recueillera des plantes fossiles dans les environs du fjord d'Omenak.
8 *et* 9 *août*.		Débarquement sur un point du Waigat où une exploration géologique pourrait être entreprise ultérieurement.

10 *août*. Le Dr Nathorst débarquera soit à Skandsen, soit à Puilasok ou à Sinigfik, pendant que le navire ira à Godhavn pour embarquer du charbon et pour le nettoyage de la machine.

14 — La *Sofia* partira de Godhavn, ira embarquer le Dr Nathorst, puis fera route vers Egedesminde. J'espère être de retour à cette époque. Si je n'étais pas arrivé à cette date, le navire m'attendrait jusqu'au 14 septembre. Passé cette époque, il reviendrait directement en Suède *sans visiter la côte orientale*.

Port de la *Sofia*, dans le Tasiusarsoak, le 5 juillet 1883.

A.-E. Nordenskiöld.

Post-Scriptum. — Pendant la durée de son commandement, le Dr Nathorst tiendra un journal qui me sera communiqué au retour. Les présentes instructions sont accompagnées d'une lettre de crédit pour les stations de la Compagnie de commerce du Grönland et d'une lettre pour le gouverneur d'Upernivik à l'effet d'obtenir du charbon.

A.-E. Nordenskiöld.

La détention de la *Sofia* dans l'Aulaitsivikfjord avait fait perdre bien du temps : par suite l'embarquement du charbon, qui, à la date du 15 août, aurait dû être terminé, n'était pas encore commencé.

J'avais besoin de plusieurs tonnes pour emballer les collections faites à Atanekerdluk, et d'autre part il était nécessaire de cercler de fer certaines caisses trop fragiles pour pouvoir supporter le transport. Comme nous devions prendre à Ritenbenk des travailleurs pour l'abatage du charbon à la houillère, je me rendis, à bord de la *Sofia*, dans cette localité, laissant notre tente à la garde de Nils et de Hans. Pendant mon absence ces deux indigènes devaient transporter sur le rivage les collections que nous avions dû laisser sur les pentes des montagnes. Le directeur de la colonie de Ritenbenk, M. Knuhtsen, qui avait pris passage à Godhavn à bord de la *Sofia*, avait déjà envoyé à la houillère des indigènes d'Ujaragsugsuk. Durant notre court séjour à Ritenbenk, le 16, nous fîmes en mer des dragages et à terre une collection d'insectes. De son côté, Kolthoff visita dans le voisinage une colonie de guillemots. Nous passâmes une soirée très agréable dans l'hospitalière maison du directeur de la colonie. Pour la première fois dans la saison, je vis à Ritenbenk des *Campanula rotundifolia* en fleur. Ces plantes, très communes dans cette localité, avaient des fleurs beaucoup plus grandes que les exemplaires qui vivent en Suède. Le 17, après avoir embarqué des indigènes pour travailler à la houillère — dans cette troupe les femmes étaient en majorité, — la *Sofia* fit route vers Atanekerdluk, où j'avais l'intention de séjourner tandis que le navire irait faire du charbon. Ayant exécuté pendant la traversée des dragages et des sondages, nous n'arrivâmes à Atanekerdluk qu'à une heure avancée de l'après-midi. Ces recherches hydrographiques nous prirent beaucoup de temps, car les appareils de sondage, étant placés à l'arrière, ne pouvaient être actionnés par le treuil à vapeur. Pour remédier à cet inconvénient, je les fis transporter à l'avant, où ils pouvaient être mus par le treuil; cette nouvelle installation présentant de très grands avantages, nous la conservâmes ultérieurement. Nous reconnûmes en outre que le plomb de la sonde était trop léger pour donner des résultats exacts lorsqu'il traversait des courants violents; nous résolûmes alors de chercher à nous en procurer un plus lourd à Upernivik. Des deux dragages que nous fîmes, un seul réussit; sur le fond argileux du Waigat la faune était riche, mais uniforme. Le câble de notre drague se brouillait souvent en formant des nœuds, et il s'ensuivait une perte de temps dont profitaient les animaux pour s'échapper. Peut-être faut-il attribuer ces désagréments à la construction de notre câble, formé de fils d'acier enroulés autour d'une âme en chanvre.

Kolthoff m'accompagna à Atanekerdluk pour faire, dans les environs, des collections entomologiques; puis la *Sofia* se dirigea vers la houillère de Ritenbenk. Le 18 juillet, mon compagnon fut très heureux dans ses recherches; il ne prit pas moins de huit papillons qu'il n'avait pu capturer jusqu'ici. Ce jour-là je comptais étudier avec soin les formations tertiaires; mais, en m'y dirigeant, je découvris une nouvelle couche de limonites, contenant des plantes crétacées, dont je fis une très belle récolte. Pour transporter au rivage toute cette collection, les indigènes firent deux fois le voyage. Pendant ce temps je grimpai jusqu'à une hauteur de 924 mètres à la recherche d'une strate de plantes fossiles qui devait se trouver dans ces parages. Bien que je n'eusse pas réussi à trouver ce gisement, je fus néanmoins très satisfait de l'excursion : je remplis mon herbier, et durant toute cette promenade un magnifique panorama sur le Waigat me fit oublier les fatigues de la marche. J'étiquetai mes collections jusqu'à minuit, puis j'envoyai Nils en kayak à Sarkak, pour y engager quatre indigènes qui accompagneraient Kolthoff dans le *fångstbåt* à l'embouchure de la rivière Kugsinek. La journée du lendemain fut presque entièrement consacrée à emballer les collections et à cercler de fer les caisses qui les contenaient. Dans la soirée j'allai visiter le gisement découvert le 15, la tempête m'ayant empêché ce jour-là de faire une collection dans cette localité, située sur une pente escarpée. Cette couche contenait également de belles plantes crétacées incluses dans des limonites. Kolthoff s'était mis en route dans l'après-midi. La tempête qu'annonçait une rapide baisse du baromètre éclata dans la nuit, et, le lendemain matin, le vent était si violent qu'il fut nécessaire de démonter la tente. Immédiatement je fis mettre les bagages dans les sacs, plier notre abri et couvrir le tout par le tapis en caoutchouc. A ma grande joie, la nuit précédente était la dernière que je devais passer sous cette tente, qui, comme je l'ai dit plus haut, n'est guère pratique dans les régions arctiques. Une fois tout en ordre, je grimpai dans le ravin, où je continuai avec succès mes recherches géologiques, en dépit de la violence du vent qui faisait ébouler du sable et de petites pierres. Vers dix heures du matin la *Sofia* vint s'abriter, chassée par la tempête de la côte méridionale du Waigat. On avait extrait et embarqué environ 150 tonnes de charbon, mais l'ouragan avait empêché de faire de l'eau à la houillère. Pendant l'embarquement du charbon, Forsstrand avait dragué, et Hamberg et le capitaine Nilsson avaient recueilli des fossiles. Le 20 au soir, Kolthoff revint de Sarkak, rapportant différents exemplaires de *Lestris pomarrhina* et un de *Larus leucopterus*. Là, comme dans toutes les localités fréquentées par les indigènes, la faune ornithologique est relativement pauvre. Le vent ayant molli, mes collections paléontologiques purent être transportées à bord. Avant de retourner à Sarkak, les Eskimos aidèrent à draguer dans la baie d'Atanekerdluk. Dans la matinée du 21, la *Sofia* repartit pour la houillère afin d'y faire de l'eau. Durant cette opération je cherchai la position d'un grès grossier contenant des plantes fossiles, dont les Eskimos avaient recueilli quelques exemplaires dans des blocs éboulés. J'avais enfin réussi à découvrir cette strate, lorsqu'un coup de vent m'obligea à retourner à bord, sans même avoir eu le temps d'achever de dégager une magnifique empreinte de feuille de platane que j'avais découverte. A une heure et demie de l'après-midi, la *Sofia* leva l'ancre pour faire route vers Upernivik.

La première partie de notre programme d'études paléontologiques dans le Waigat était terminée à mon entière satisfaction. Atanekerdluk, déjà connu comme gisement des flores tertiaire et crétacée, a acquis une nouvelle célébrité par mes découvertes. J'ai trouvé dans le ravin onze couches nouvelles de plantes fossiles et plusieurs autres dans la presqu'île, contenant toutes des espèces inédites. C'est peut-être le gisement le plus riche du monde en empreintes végétales. Je me réjouissais d'annoncer cette nouvelle à Heer, sachant l'anxiété avec laquelle il attendait le résultat de mes travaux; avant notre départ il avait insisté particulièrement pour que j'étudiasse toutes les strates du ravin d'Atanekerdluk. Je ne pensais guère alors qu'il ne serait plus là pour apprendre le succès de nos travaux.

Peu d'étrangers ont suivi avec autant d'intérêt que Heer les recherches des expéditions arctiques suédoises depuis leur début. Alors qu'un géographe méconnaissait l'importance scientifique de ces expéditions et cherchait à la diminuer, parce qu'elles ne résolvaient aucune question de pure géographie, Heer déclarait que ces explorations étaient plus utiles à la science que la découverte même du pôle. Avec un zèle infatigable, ce savant a étudié les collections de paléontologie végétale rapportées par les expéditions anglaises, danoises et suédoises, et ses magnifiques travaux nous ont fait connaître la végétation des terres arctiques aux époques passées. Une courte biographie de ce savant me semble donc ici à sa place.

Oswald Heer est né le 31 août 1809 à Niederutzwyl (canton de Saint-Gall). Son père, qui était pasteur, habita ensuite Glaris (1811) et Matt, dans le Sernfthal (1817). Tout enfant, Heer attira l'attention des savants par son goût pour les sciences naturelles. En 1828 il alla à l'université de Halle étudier la théologie; en même temps il s'occupa d'histoire naturelle sous la direction de Curt Sprengel, de Kaulfuss, de Germar, de Nitsch et de Kämpf. A l'université il se lia surtout avec des naturalistes, avec l'entomologiste Germar, avec Junghuhn qui, plus tard, étudia l'histoire naturelle de Java, avec Burmeister qui devint directeur du muséum de Buenos-Ayres. En 1831 il fut nommé pasteur à Saint-Gall. L'année suivante, un événement décida de la direction de la vie de Heer. Au moment de sa nomination comme pasteur à Schwanden, Escher-Zollikofer, de Zurich, l'invita à passer plusieurs années chez lui pour mettre en ordre ses belles collections entomologiques. Son père l'engageait vivement à accepter la chaire de Schwanden, mais l'amour des sciences naturelles l'emporta. Heer accepta la proposition d'Escher et vint s'établir à Zurich pour y rester ensuite toute sa vie. En 1834 il fut nommé *docent* à l'université; peu de temps après, professeur extraordinaire, puis professeur de botanique à l'université en 1852, et en 1855 au *Polytechnicum*. Au titre de professeur de botanique à l'université s'ajoutait la charge de directeur du jardin des plantes. Il résigna toutes ces fonctions en 1882, non point pour se reposer, mais pour pouvoir consacrer plus de temps à l'étude de la flore fossile du Grönland. Toute son existence s'est écoulée dans le calme et dans la paix. Après une maladie de poitrine il alla, pour se rétablir, passer plusieurs mois à Bex, chez son ami Charpentier; cette villégiature n'ayant pas produit sur sa santé les heureux effets qu'il en attendait, il partit avec sa femme pour Madère, sur le conseil de ses nombreux amis et surtout de Léopold de Buch. C'est le plus grand événement de sa vie. Il passa dans cette île les huit mois de l'hiver 1850-1851, et en revint complètement rétabli, en meilleure santé même qu'avant sa maladie. Avec ses amis A. Escher de la Linth et P. Merian il entreprit en 1856 un voyage en Italie et en Autriche, puis en 1861 un voyage en Angleterre. Ayant eu une seconde fois la poitrine prise à la suite d'un refroidissement, il alla passer l'hiver de 1871-1872 à Pise. Cette saison ne lui fut guère favorable; le froid qui règne dans les maisons italiennes, mal closes et mal chauffées, aggrava son état; il devint impotent et dut rester au lit pendant plus d'un an. Durant cette maladie, loin de rester inactif, il travailla avec ardeur à l'étude des fossiles recueillis par Nordenskiöld au Grönland en 1870 et au Spitzberg en 1872. Treize tonnes d'empreintes végétales lui avaient été envoyées. « Entouré de piles de livres et de fossiles, écrit le docteur Schröter dans la biographie de Heer, à laquelle nous empruntons ces renseignements, Heer était étendu sur son lit, lisant, écrivant ou étudiant ses précieuses empreintes de plantes. Ceux qui l'entouraient avaient fort à faire

Oswald Heer.
Né le 31 août 1809, mort le 27 septembre 1883.

pour lui apporter tout ce dont il avait besoin. Sa bonne humeur ne l'abandonna jamais, et, pendant qu'il travaillait, on l'entendait toujours chanter ou siffler. »

Désormais la santé de Heer fut chancelante et il reconnut bientôt lui-même que le temps lui était compté. Au printemps de 1883 il renvoya au musée de Copenhague les plantes fossiles que les expéditions danoises avaient recueillies au Grönland, heureux d'avoir pu terminer cette grande œuvre, et il résolut de ne plus en entreprendre d'aussi considérable. Il commença alors l'étude de la flore de la région des neiges de la Suisse. Au mois d'août il eut de nouveau la poitrine attaquée, et le 27 septembre, jour de l'arrivée de la *Sofia* à Gothenbourg, il rendit à Lausanne le dernier soupir.

Les études de Heer sur la flore fossile ont fait entièrement sa réputation. Il publia ses premiers travaux sur ce sujet à un âge relativement avancé, après s'être occupé auparavant d'entomologie et de botanique. Il avait étudié d'abord les insectes actuels et fossiles et la flore actuelle de la Suisse, surtout au point de vue de la distribution géographique. Son premier travail entomologique contient une description de 464 espèces tertiaires provenant d'Œningen, sur les bords du lac de Constance, et de Radoboj, en Croatie. De 1855 à 1859 il fit paraître son étude sur les plantes fossiles tertiaires de la Suisse (*Flora tertiaria Helvetiæ*), qui contient la description de 920 espèces. Avant la publication de ce grand travail, il avait écrit sur ce sujet plusieurs brochures, dont la plus ancienne remonte à 1846. Cet ouvrage mettait en pleine lumière la sagacité de Heer, et du coup il fut reconnu comme le paléontologiste le plus compétent pour la flore tertiaire de l'Europe. Sa réputation fut assise ensuite par de nombreux travaux du même ordre, dont le plus important est la ***Flora fossilis arctica***. Ce grand travail, publié de 1868 à 1883, comprend sept gros volumes, renfermant 598 planches. Il contient la description des plantes fossiles provenant du Spitzberg, de Beeren Eiland, d'Andö, de l'Islande, du Grönland, de la Terre de Grinnell, de la Terre de Melville, de la vallée du Mackenzie, de l'Alaska, de Saghalien et de la Sibérie. L'étude si importante du climat des terres polaires aux âges passés est traitée à fond dans cet ouvrage. Heer a fait faire de grands progrès à la géographie botanique en prouvant que la zone arctique, à une époque géologique antérieure, avait été le point d'origine de nombreuses espèces qui avaient rayonné de ce centre de dispersion vers différentes directions. Un résumé complet de la *Flora fossilis arctica* formerait un livre. Qu'il me suffise de dire, en terminant, que cette grande œuvre, non moins que la *Flora tertiaria Helvetiæ*, a valu à son auteur l'estime unanime du monde savant.

Parmi les travaux de Heer il faut encore citer un livre de vulgarisation, *Die Urwelt der Schweiz*, qui a eu deux éditions et a été traduit en français et en anglais. Cet ouvrage montre la variété extraordinaire des connaissances de ce savant; non seulement il y décrit la faune et la flore fossiles de la Suisse, mais encore les modifications survenues dans l'aspect de notre planète pendant la suite des périodes géologiques, et notamment les nouvelles théories sur la formation des Alpes. Dans ce livre il expose ses idées sur l'apparition des espèces. Suivant en cela les nouveaux résultats donnés par l'étude de la nature, il croyait à un développement des formes inférieures pour arriver aux formes perfectionnées; mais il combattait les théories de Lyell et de Darwin d'après lesquelles ces métamorphoses s'étaient opérées d'une manière générale par une évolution lente et continue. Il supposait que l'évolution s'est effectuée pendant des périodes relativement courtes entre lesquelles les espèces sont demeurées immuables.

Heer était un de ces savants qui ne se désintéressent pas de toute question étrangère à la science, et il s'efforça d'être utile à sa patrie non pas seulement en lui faisant honneur par la publication de travaux purement scientifiques. Ses compatriotes le récompensèrent de son dévouement aux intérêts du pays en lui confiant pendant de longues années le mandat de membre du grand Conseil du canton de Zurich. Heer était aimé et estimé de tous, et sa mort a été un deuil, non seulement pour sa famille, mais encore pour les nombreux amis qu'il comptait en Suisse et à l'étranger. Ce grand savant était bon et aimable, et quand on le connaissait bien, on ne pouvait manquer de le comparer sous ce rapport à Linné.

CHAPITRE VII

Arrivée à Upernivik. — Tasiusak. — Navigation dans la baie de Melville. — Voyage de sir John Ross ; son entrevue avec les indigènes près du cap York. — Les blocs de fer de Sowallik. — Les Crimson Cliffs et la *neige rouge*. — La *Sofia* au milieu des glaces de la baie de Melville. — Le Conical Rock. — Mouillage à Ivsugigsok. — Les indigènes d'Ivsugigsok. — Leur opinion sur le sort de l'expédition américaine. — Études scientifiques. — Flore d'Ivsugigsok. — La *Sofia* bloquée par les glaces. — Départ d'Ivsugigsok — Seconde traversée de la baie de Melville. — Chasse à l'ours blanc. — Recherches paléontologiques à Patoot. — L'île du Lièvre. — Navigation de la *Sofia* dans la baie de Baffin. — Arrivée à Godhavn et à Egedesminde. — La *Sofia* embarque Nordenskiöld et la caravane de l'*inlandsis*.

Le 22 juillet, à une heure de l'après-midi, la *Sofia* arriva à Upernivik, après une traversée d'environ vingt-quatre heures depuis le Waigat. Hans Hendrik, que nous avions embarqué à Godhavn, avait commencé pendant ce voyage son service de pilote. Le gouverneur de la colonie nous reçut très aimablement et nous promit du charbon à notre retour du cap York. Les indigènes d'Upernivik ont, nous sembla-t-il, les traits plus réguliers que leurs congénères des colonies du Grönland méridional; quelques femmes avaient même un assez frais minois. Comme nous étions là un dimanche, tout le monde était proprement vêtu. Le brick de la compagnie, la *Lucinde*, qui prenait ici un chargement, devait, quelques jours après, partir directement pour Copenhague. Supposant que ce navire arriverait à destination avant tous les autres, je remis au capitaine pour M. O. Dickson un court rapport sur notre voyage depuis le départ de Reykjavik. Naturellement nous n'oubliâmes pas nos familles, et par le même courrier je fis connaître à la baronne Nordenskiöld l'heureux début de l'exploration sur l'*inlandsis*. Les collections paléontologiques furent chargées sur la *Lucinde* pour être ensuite expédiées de Copenhague à Stockholm. A onze heures du soir, saluée par les décharges de l'unique canon de la colonie, la *Sofia* quitta Upernivik sous la conduite d'un pilote qui devait nous conduire à Tasiusak, l'établissement danois le plus septentrional. Nous voulions embarquer dans cette localité un indigène connaissant la partie orientale et méridionale de la baie de Melville et quelques autres Eskimos pour renforcer notre équipage, maintenant fort réduit.

Les rochers escarpés entre lesquels la *Sofia* naviguait formaient un paysage imposant. En différents endroits, la passe était obstruée

Vue prise sur la côte de la baie de Melville; au fond s'élève le Devils Thumb.
(D'après Sutherland.)

d'isbergs, et à la vue de ces glaces notre pilote perdit complètement la tête. Après avoir fait plusieurs détours pour éviter ces embâcles, nous arrivâmes le 23, à six heures et demie du matin, à Tasiusak. Pendant les quelques heures que nous dûmes attendre un pilote, les naturalistes étudièrent les environs du mouillage. Forsstrand exécuta plusieurs dragages, qui ramenèrent une quantité de petits poissons, des ophiures et des chétopodes rares. Vers midi la *Sofia* leva l'ancre. Elle traversa, au milieu de grands isbergs, un archipel de hauts rochers jaune foncé, constitués probablement par du gneiss contenant du grenat et du graphite. Dans ces parages nous aperçûmes l'*inlandsis*. Ce fut la dernière fois que nous vîmes le continent pendant notre navigation dans la baie de Melville; à partir de ce moment les brouillards masquèrent la côte. Entre sept et huit heures du soir, nous passâmes à l'est d'une des Duck Islands (îles des Canards). Comme leur nom l'indique, ces îles servent vraisemblablement de place de ponte à des milliers de palmipèdes : notre pilote nous raconta que son père y avait jadis recueilli quarante livres d'édredon. Actuellement il n'y avait aucun oiseau sur ces rochers. De là jusqu'à notre arrivée au cap York, nous n'aperçûmes plus la côte. Cette partie du littoral, hérissée de falaises escarpées, est, paraît-il, très belle; plusieurs relations de voyage mentionnent notamment les pittoresques rochers du Devils Thumb, qui se dressent au-dessus de la mer comme de gigantesques obélisques. Les brouillards nous obligèrent à ne marcher qu'à vitesse réduite.

Jadis de nombreux navires venaient chasser la baleine dans la baie de Melville; aujourd'hui on n'en voit plus que quelques-uns. Les baleiniers donnent comme instructions, pour atteindre le cap York, de longer la banquise adhérente à la côte (*landis*), qui, pendant une grande partie de l'année, couvre une notable étendue de la baie. A certaines saisons, l'*iskant* présente une paroi coupée à pic et une surface plane comme la banquette d'un canal. Autrefois, aux beaux temps de la navigation à voile, par les calmes plats, les équipages pouvaient ainsi haler leurs bâtiments le long de cette nappe de glace en marchant sur ses bords. Quand des vents d'ouest ou du sud poussaient des *pack* de *drifts* dans la baie, les baleiniers sciaient dans la banquise un dock et y abritaient leurs navires tant que durait la pression des glaces. La glace fixe peut en effet résister à la pression des *drifts*. Les baleiniers redoutaient particulièrement ces *pack*. Aujourd'hui que nous avons le secours de la vapeur, le docteur Sutherland exagère les dangers de cette navigation en disant qu'un seul navire sur deux cents peut traverser ces banquises[1]; mais, du temps de la navigation à voile, cette expression était exacte. De nombreux et solides bâtiments se sont alors perdus au milieu de ces glaces. La saison de 1830 a été la plus néfaste de toutes pour les baleiniers qui fréquentaient ces parages; cette année-là il ne sombra pas moins de dix-neuf bâtiments, et douze autres éprouvèrent des avaries[2]. Mille naufragés qui s'étaient réfugiés sur la banquise péri-

---

1. Vraisemblablement, dans la pensée du docteur Sutherland, cette expression ne s'applique qu'à la navigation dans la baie de Melville durant les mois de mai et de juin, époque à laquelle les baleiniers visitent ces parages.

2. R. Goodsir, *An arctic voyage to Baffin Bay and Lancaster Sound* (Londres, 1850,

rent ; on peut fixer à trois millions et demi de francs la valeur des pertes causées par cette catastrophe. Ici comme partout ailleurs, l'état de la glace varie suivant les années ; en août et en septembre, après que la banquise a été soumise à l'action de la chaleur estivale, la traversée de la baie de Melville doit être moins dangereuse. Le *pack* est constitué par des glaces d'hiver formées dans la baie de Baffin et par des glaçons que le courant fait dériver du détroit de Smith ou qui arrivent de la côte américaine par les détroits de Jones et de Lancastre. Un courant froid se dirigeant vers le sud longe la côte occidentale de la baie de Baffin ; probablement un second, celui-là chaud, mais beaucoup moins important, suit son littoral oriental vers le nord et le nord-ouest. La saillie que la côte forme vers l'ouest, au nord de la baie de Melville, empêche les courants de faire sentir toute leur action dans une grande partie de cette baie ; par suite la glace y dérive sous l'influence du vent et des branches du courant et forme une sorte de tourbillon se mouvant très lentement[1], suivant l'expression de Hayes. Les blocs isolés sont tout particulièrement soumis à l'action des vents. Les vents d'est sont favorables aux navigateurs en éloignant le *pack* de la côte ; ceux du sud-ouest sont au contraire redoutés.

Pour plusieurs raisons nous étions forcés d'essayer de nous frayer un chemin au milieu de la baie. D'abord la *Sofia* ne contenait pas une provision de combustible suffisante pour un voyage aussi long que pouvait l'être la route habituelle, souvent barrée par les glaces. En second lieu, à cette époque avancée de l'année, la direction que nous comptions prendre pouvait offrir certains avantages. Les baleiniers suivent en mai et en juin la route que nous avons indiquée plus haut ; les expéditions qui ont traversé plus tard en saison la baie de Melville, comme celles de Kane, de Hayes, de Hall, de Nares, ont cherché, au contraire, à se frayer un passage au milieu des glaces.

La place me manque pour raconter, même brièvement, les explorations qui ont traversé précédemment la partie septentrionale de la

p. 42 et suiv.). On peut aussi consulter A.-H. Markham, *A whaling cruize to Baffin Bay*, Londres, 1874.
1. « A sort of slowmoving whirlpool. » (Hayes.)

baie de Baffin, mais je ne puis passer sous silence l'intéressante relation que sir John Ross nous a laissée de son entrevue avec les Eskimos près du cap York.

En 1616 Bileth et Baffin sur la *Discovery*, petit navire équipé par le gouvernement anglais, traversèrent la baie de Melville, le Whale Sound, les détroits de Wolstenholme et de Smith, puis, en revenant le long de la côte occidentale de la baie de Baffin, découvrirent les détroits de Jones et de Lancastre. Après ce voyage, deux siècles s'écoulèrent sans qu'une autre expédition fût envoyée dans ces parages. Ici comme dans beaucoup d'autres régions des mers arctiques, ce furent les baleiniers qui marchèrent en avant. En 1817 le *Larkins*, de Leith, et l'*Elizabeth*, d'Aberdeen, réussirent à traverser la « glace du milieu » et atteignirent le bassin relativement libre qui s'étend au delà de cette banquise, et que les baleiniers appellent les « eaux du nord » (*north water*).

Bileth et Baffin avaient pour mission de chercher le passage du Nord-Ouest; ils devaient pousser jusqu'au 80e degré de latitude nord, puis de là se diriger au sud-ouest, vers le 60e degré de longitude, pour atteindre le Japon. L'expédition anglaise organisée en 1818 et commandée par sir John Ross se proposait également de chercher ce passage. Elle comprenait deux navires, l'*Isabella*, commandé par Ross, et l'*Alexander*, placé sous la direction du lieutenant Parry, celui-là même qui devait devenir un des explorateurs arctiques les plus célèbres. A bord se trouvait, en qualité d'interprète, un Eskimo qui portait probablement le nom de Zachæus, et que Ross appelle Sacheuse.

La traversée de l'île du Lièvre (Harö) au cap York, toujours contrariée par les glaces, ne prit pas moins de quarante jours environ, du 20 juin au 8 août. A cette dernière date, l'expédition se trouvait un peu à l'ouest des îles Bushnan. Le 9 elle aperçut des hommes sur la glace, qu'elle prit d'abord pour l'équipage de quelque baleinier naufragé; après quelques instants d'attention, on reconnut que c'étaient des indigènes montés dans des traîneaux tirés par des chiens. Ce jour-là les explorateurs ne purent entrer en rapport avec les Eskimos. Le lendemain ils furent plus heureux. C'était la première fois que des Européens avaient des relations avec ces indigènes; à ce titre, il m'a paru intéressant de reproduire le passage de la relation de Ross relative à ces naturels.

Le 10 août, à dix heures du matin, à notre grande satisfaction nous vîmes approcher huit traîneaux conduits par des indigènes. A environ un mille du navire, les Eskimos s'arrêtèrent, descendirent de leurs véhicules et grimpèrent sur un petit isberg comme pour nous reconnaître. Après avoir tenu un conciliabule pendant une demi-heure environ, quatre d'entre eux se dirigèrent vers le mât de pavillon[1], mais sans oser s'en approcher. Pendant ce temps, un pavillon blanc était hissé au mât de misaine de chaque bâtiment, et John Sacheuse partait, muni d'un petit drapeau blanc également et de quelques présents, pour essayer de nous ménager une entrevue avec les indigènes. Afin de réussir dans sa mission, il nous avait demandé instamment d'aller seul et sans armes. Nous avions adhéré à sa demande, le lieu de l'entrevue n'étant éloigné de l'*Isabella* que d'un demi-mille. De leur côté, les indigènes se tenaient à l'abri de toute surprise, au delà d'une large crevasse que l'on n'aurait pu passer qu'avec une planche. Les Eskimos ne pouvaient ainsi attaquer notre parlementaire, si ce n'est par des armes de jet.

Après avoir conté comment Sacheuse remplit sa mission diplomatique à la satisfaction de son chef, Ross continue en ces termes :

Pendant toute l'entrevue j'observai mes gens avec une bonne lunette. L'indigène qui s'avançait en tête manifestait la plus vive crainte et prenait de grandes précautions pour éviter une surprise; à chaque instant il se tournait vers ses deux camarades, comme pour les appeler à son secours. Un moment les Eskimos battirent en retraite, puis avancèrent de nouveau, prudemment, en prêtant l'oreille, une main placée près du genou, pour saisir à la première alerte leur couteau caché dans leur botte, l'autre armée d'un fouet. Leurs véhicules étaient restés en arrière, sous la garde du quatrième indigène, chargé vraisemblablement de les tenir prêts au cas où une fuite rapide eût été nécessaire. Par moments, les indigènes rabattaient leur capuchon afin de percevoir le plus léger bruit; je pouvais alors distinguer leurs physionomies ahuries par la crainte; ces pauvres gens tremblaient de tous leurs membres. Sacheuse avait reçu l'ordre d'essayer de les amener à bord; dans ce but, deux hommes apportèrent une planche,

---

[1]. La veille, un mât de pavillon au sommet duquel flottait un drapeau avait été dressé sur la glace.

qui fut placée en travers de la crevasse. Très inquiets, ils prièrent Sacheuse de venir seul les trouver, et, lorsqu'il se fut rendu près d'eux, ils lui demandèrent instamment de ne pas les toucher, pour ne pas les faire mourir. Quand Sacheuse leur eut prouvé qu'il était bien un homme tout comme eux, l'indigène qui témoignait la plus grande frayeur s'enhardit jusqu'à bouger la main, se frotta le nez et poussa un cri, auquel répondirent Sacheuse et les trois autres. Notre représentant fit alors présent aux Eskimos de deux ou trois vêtements et de chapelets de perles, et échangea son couteau contre un que portait l'un des indigènes.

Pensant obtenir de ces pauvres gens d'importants renseignements, j'étais très désireux de m'entretenir avec eux, d'autant plus que Sacheuse me paraissait n'avoir point réussi à les persuader de venir à bord. Accompagné du lieutenant Parry, je me dirigeai alors vers les Eskimos, emportant quelques cadeaux, tels que de petites glaces, des couteaux, des bonnets et des chemises. Lorsque nous arrivâmes sur le lieu de l'entrevue, toute une troupe d'indigènes s'y trouvait réunie. Ceux qui étaient restés à l'écart pour garder les véhicules étaient venus rejoindre leurs camarades; et il y avait là huit naturels avec leurs traîneaux et une cinquantaine de chiens, deux matelots, Sacheuse, le lieutenant Parry et moi. Tout ce monde formait sur le champ de glace un groupe très animé. Les hommes parlaient, criaient, les chiens aboyaient, et les conducteurs faisaient claquer leurs fouets pour les obliger à demeurer tranquilles.

Notre arrivée jeta un peu de trouble parmi les Eskimos et ils firent quelques pas dans la direction de leurs traîneaux. Sacheuse nous engagea alors à nous frotter le nez, cette pantomime étant, avait-il observé, la forme de salutation en usage dans le pays. Nous accomplîmes cette cérémonie, dont jusque-là nous n'avions pas compris la signification, et, en se retirant, les indigènes nous rendirent pareille politesse. Nous imitâmes aussi, autant que nous le pûmes, leurs cris habituels : *Heigh, yaw!* Comme nous le sûmes plus tard, ces mots exprimaient l'étonnement et le plaisir. Profitant de ce que les indigènes ne battaient plus en retraite, nous allâmes à eux et donnâmes à celui qui était le plus rapproché de nous une petite glace et un couteau; nous fîmes les mêmes cadeaux à tous les autres, à mesure qu'ils s'approchaient de nous. Lorsqu'ils se virent dans les miroirs, ils restèrent ébahis, puis jetèrent un coup d'œil furtif les uns sur les autres et sur nous, et finalement exprimèrent leur satisfaction en poussant tous en chœur un cri suivi d'un rire bruyant. A notre tour nous éclatâmes de rire, d'abord parce que nous ne pouvions garder notre sérieux et ensuite pour prouver aux Eskimos que nous étions heureux de faire leur connaissance.

Cette entrevue, raconte Ross, fit une telle impression sur Sacheuse que, quelques jours après, il lui donna un dessin représentant cette scène. La gravure suivante est une reproduction de ce dessin.

Sir John Ross rencontrant des Eskimos sur la banquise le 10 août 1818.
(D'après une gravure de l'ouvrage de John Ross.)

Il nous montre que les officiers anglais portaient un costume peu approprié au climat de la région. Ross poursuit sa relation en ces termes :

Une fois que les Eskimos eurent pris confiance, ils nous proposèrent d'échanger leurs couteaux, ainsi que des dents de narval et de morse, contre des miroirs, des perles et des lames anglaises. Immédiatement nous acceptâmes cette proposition. Sacheuse leur ayant dit de se découvrir devant nous, en signe de respect et d'amitié, ils suivirent tout de suite ce conseil et parurent même comprendre l'importance de cette marque de politesse. Après ces cérémonies la cordialité qui régnait entre nous et les indigènes devint encore plus complète.

Un des indigènes, auquel j'avais donné un bonnet rouge, ayant demandé l'usage de ce morceau d'étoffe, Sacheuse le lui mit sur la tête, à la grande joie de ses camarades. Tous voulurent ensuite l'essayer. Les Eskimos examinèrent également la couleur de notre peau et les ornements des cadres des miroirs ; à ce propos, ils manifestèrent encore bruyamment leur joie. Le plus ancien de la bande, qui paraissait être le chef, s'approcha de moi et me tint un long discours, puis, son oraison terminée, il parut attendre une réponse de ma part. Lui ayant expliqué par signes que je n'avais rien compris à son discours, il appela Sacheuse pour lui servir d'interprète. Les indigènes, reconnaissant alors que nous ne parlions pas tous la même langue, témoignèrent leur étonnement par un bruyant *heigh, yaw!* Sacheuse non plus ne parut pas comprendre le discours du vieillard. Désirant revenir à bord le plus tôt possible, je fis proposer aux indigènes de nous accompagner. Ils acceptèrent immédiatement notre invitation ; tout de suite ils dételèrent les chiens, qui restèrent sur la glace aux environs, puis transportèrent deux traîneaux au delà de la crevasse, en les faisant passer sur la planche jetée en travers. Trois indigènes demeurèrent là pour garder les chiens et les autres véhicules, et cinq autres nous suivirent. Lorsqu'ils virent les matelots tirer les traîneaux sur lesquels le lieutenant Parry et moi avions pris place, tous partirent d'un grand éclat de rire. Un des indigènes courut derrière mon traîneau et se trouva bientôt loin de ses camarades ; mais, à deux cents pas du navire, il s'arrêta et, malgré mes exhortations, refusa d'aller plus loin, craignant de s'aventurer sans ses compagnons. Il contempla les mâts avec surprise, puis, prenant sans doute la masse noire du bâtiment pour un animal, il s'écria : « Qui es-tu ? D'où viens-tu ? De la lune ou du soleil ? » en s'arrêtant entre chaque phrase pour se frotter cérémonieusement le nez. Les autres, une fois arrivés, manifestèrent, à leur tour, la plus vive crainte à la vue des navires et poussèrent les mêmes exclamations accompagnées de frottements de nez. Sacheuse leur expliqua alors que les bâtiments étaient des constructions en bois, et, à l'appui de ses explications, leur montra un canot qui était en réparation sur la glace ; nos navires, ajouta-t-il, étaient seulement de plus grandes embarcations. Immédiatement ils grimpèrent dans le canot et l'examinèrent avec soin, ainsi que les rames et les instruments du charpentier ; chacun de ces objets excita au plus haut point leur surprise. Sur mon ordre l'embarcation fut mise à l'eau et manœuvrée par un matelot ; leur étonnement n'eut plus alors de bornes. L'ancre à glace, un lourd morceau de fer en forme d'S, et le câble qui y était fixé excitèrent également leur curiosité. Ils essayèrent en vain de déplacer l'ancre, et nous demandèrent de quelle peau était fabriqué le câble.

Entre-temps, les officiers des deux navires s'étaient approchés et les équipages s'étaient groupés sur l'avant de l'*Isabella*, qui touchait presque à la banquise. Il était à la fois très amusant et très intéressant de regarder les Eskimos pendant qu'ils examinaient le navire. Tour à tour leurs physionomies manifestaient l'étonnement, la joie et la crainte, et l'expression de ces divers sentiments était accompagnée de gestes qui les faisaient ressortir. Très certainement aucun de nous n'oubliera cette scène. Tous les Eskimos criaient, gesticulaient, riaient et se frottaient le nez en même temps ; cette dernière cérémonie surtout ajoutait à notre gaieté. Lorsqu'un matelot monta dans la mâture, ils restèrent ébahis en le suivant des yeux jusqu'au sommet du mât. Ne croyaient-ils pas que les voiles étaient de grands morceaux de peau! Nos visiteurs examinèrent ensuite une seconde fois le canot ; comme le charpentier avait laissé là ses instruments, nous leur montrâmes l'usage du marteau et des clous. A peine eurent-ils vu les clous, qu'ils nous en demandèrent quelques-uns, demande à laquelle nous nous empressâmes de satisfaire. Ils nous suivirent ensuite jusqu'à la muraille du navire, le long de laquelle était établi un escalier ; nous leur montrâmes comment ils devaient l'escalader, mais tout d'abord ils n'osèrent pas nous suivre. Enfin le plus âgé, qui semblait leur guide, se décida à grimper à l'échelle, et tous les autres montèrent à sa suite. Les merveilles qu'ils virent sur le pont excitèrent de nouveau leur ébahissement, et ils ne cessèrent de manifester par de bruyants éclats de rire leur étonnement de ce qu'ils voyaient.

Les indigènes exprimaient d'habitude leur surprise par les cris de *heigh, yaw!* S'ils apercevaient quelque objet particulièrement curieux à leurs yeux, ils poussaient plusieurs fois et très vite l'exclamation : *heigh!* puis allongeaient les bras et se regardaient les uns les autres, bouche bée.

Ces Eskimos ne paraissaient connaître, en fait d'arbres, que des broussailles rampant sur le sol, dont la tige n'est guère plus épaisse qu'un doigt[1]. Ils ne pouvaient, par suite, se rendre compte du poids des bois qu'ils voyaient à bord. A plusieurs reprises, deux ou trois d'entre eux essayèrent de soulever les mâts de rechange couchés sur le pont : peut-être même pensaient-ils pouvoir les emporter avec eux. Lorsque les Eskimos eurent fait plus ample connaissance avec l'équipage, ils nous demandèrent de leur donner les objets qu'ils voyaient autour d'eux, comme le font du reste les sauvages. Tout ce qu'ils virent à bord excita au plus haut degré leur envie, sauf un petit terrier : ils ne jugeaient pas sans doute pareil animal apte à être attelé à un traîneau. Par contre, les indigènes manifestèrent la crainte la plus vive en voyant un porc des Shetlands aux oreilles pointues[2]. En entendant grogner l'animal, l'un d'eux se trouva mal et il ne fut rassuré que lorsqu'il quitta le navire.

Ross raconte plusieurs anecdotes qui prouvent que ces Eskimos n'avaient subi jusque-là aucune influence de la civilisation. Ils avaient encore la naïve ignorance des peuples qui n'ont pas eu de

1. *Salix arctica* Pallas.
2. Pendant la relâche de la *Sofia* à Frederiksdal, nous fûmes témoins d'un incident semblable. Une foule d'indigènes était venue à bord et encombrait le pont, empêchant l'équipage de faire aucun travail. Le capitaine Nilsson fit alors lâcher le dernier porc vivant que nous avions à bord. A la vue de l'animal, tous les indigènes prirent peur et vidèrent le navire en un clin d'œil.

relations avec les Européens, et ils essayaient de s'expliquer les objets qu'ils voyaient par des comparaisons avec ceux dont ils se servaient. Ainsi pour eux le verre était une sorte de glace, et l'étoffe, de la peau. Les lames de leurs couteaux paraissant fabriquées avec des clous aplatis ou des cercles de tonneaux, les Anglais leur demandèrent si quelque épave n'avait pas dérivé à terre. Sur leur réponse affirmative, Ross crut tout d'abord que ces couteaux avaient été façonnés avec le fer provenant d'une épave. Après avoir été comblés de présents, les Eskimos quittèrent le navire le jour même.

Le 11 août, le vent du sud mit le bâtiment dans une situation critique, et aucun indigène ne vint à bord. Ce même jour Sacheuse fit à Ross une communication importante. Un des indigènes lui avait dit, annonça-t-il, qu'*ils se procuraient le fer nécessaire à la fabrication de leurs couteaux sur un rocher voisin du rivage. Il y avait là,* lui avait raconté l'Eskimo en question, *un ou plusieurs blocs, — il ne savait pas au juste le nombre, — dont les indigènes détachaient, à l'aide de pierres, des fragments qui leur servaient à fabriquer les lames de leurs couteaux.* En apprenant cette nouvelle, Ross regretta que la caravane chargée de l'exploration de Bushnan Island n'eût point poursuivi sa route jusqu'à la côte située en face, où se trouvaient ces blocs, d'après les renseignements des Eskimos. Le 12 août, les navires furent entourés par les glaces et le lendemain ne firent que très peu de route vers l'ouest. Ils allèrent alors s'abriter dans une baie de la banquise, où ils furent de nouveau enfermés par les *drifts*. Dans ces parages il y avait beaucoup de baleines et de narvals. Le même jour, l'expédition de Ross reçut la visite de plusieurs indigènes. Ces Eskimos avaient eu connaissance par leurs congénères de l'entrevue que nous avons racontée plus haut; assurés maintenant que les explorateurs étaient bien des hommes tout comme eux, ils ne témoignèrent aucune crainte. Ces indigènes habitaient Petowack. Le plus âgé raconta qu'ils ne venaient dans cette région que l'été, pour chasser le phoque et le narval et *s'approvisionner de fer. Ross le questionna alors sur la matière dont était fabriquée la lame de son couteau. Ce fer provenait, affirma l'indigène, des blocs dont il a déjà été question. Il y en avait, ajouta-t-il,*

RENSEIGNEMENTS DE ROSS SUR LES BLOCS DE SOWALLICK. 285

plusieurs gros dans ces parages; l'un d'eux, plus dur que les autres, était enchâssé dans la montagne; les autres étaient épars sur le sol. Avec une pierre les indigènes en détachent des fragments et ensuite les polissent et les arrondissent en morceaux de la grandeur d'une pièce de six pence. La localité où était situé ce gisement s'appelait Sowallick et était éloignée de vingt-cinq milles. Ross, ne pouvant y envoyer une reconnaissance, vu la distance et la mauvaise apparence du temps, offrit à Meigack une forte récompense s'il lui procurait quelques fragments de ce métal. L'indigène accepta et revint à bord le 14 dans l'après-midi, mais sans apporter de fer. Sur la promesse d'une nouvelle récompense, Meigack s'engagea une seconde fois à chercher un fragment de fer; mais il ajouta que le voyage serait long. Avant d'arriver à Sowallick, il était nécessaire de dormir deux fois en route. Le 15, dans l'après-midi, des indigènes vinrent à bord, mais aucun n'apporta non plus le fer promis. Ils n'avaient pu, disaient-ils, encore se le procurer, ayant dû d'abord aller chercher au nord les pierres nécessaires pour détacher du bloc des fragments de fer. Ils remirent à Ross un échantillon de ces roches[1]. Pour les punir de leur manque de parole, l'accès du navire leur fut interdit ce jour-là. Le 16, la banquise qui retenait les navires bloqués s'ouvrit; immédiatement Ross mit à la voile pour se diriger au nord-ouest. Depuis on n'a plus eu d'autres renseignements sur ces blocs de fer que ceux donnés par Hans Henrik à Nordenskiöld (voyez p. 99) et par les indigènes d'Ivsugigsok à mes collègues et à moi (voy. p. 304). Le Dr Wollaston, auquel Ross avait remis un des couteaux des Eskimos, trouva dans ce fer 3 à 4 pour 100 de nickel, et lui attribua, par suite, une origine météorique.

Le 16 et le 17, les navires anglais continuèrent leur route au nord-ouest. Sur les rochers situés au nord-ouest du cap York, Ross fit une découverte également fort intéressante en signalant pour la pre-

---

1. Au retour de l'expédition, le Dr M'Culloch détermina cette roche comme une « diabase porphyrique », sans donner aucun renseignement sur sa composition. A Ivsugigsok j'ai trouvé une diabase très dure incluse dans le gneiss et porphyrique en certains endroits. Probablement les indigènes employaient une roche de cette espèce pour détacher les fragments de fer. D'après l'analyse microscopique faite par le Dr A.-E. Törnebohm sur l'échantillon que j'ai rapporté, cette diabase a une composition particulière; ce géologue doit publier dans un autre recueil le résultat de ses recherches.

mière fois la belle teinte rosée qui colorait la neige accolée aux falaises. Des échantillons de cette *neige rouge* furent recueillis et remis, au retour, aux naturalistes qui commençaient à rechercher les causes de cette coloration des névés. C'est la première fois que la *neige rouge* est signalée dans les régions polaires[1]. Pour rappeler cette découverte, Ross appela ces falaises Crimson Cliffs. La relation du voyage de Ross contient une planche coloriée de cette localité. La teinte de la neige y est certainement beaucoup trop vive. En 1850 Sutherland observa également sur les neiges de ces rochers la curieuse coloration signalée par Ross. « Depuis le mémorable voyage de 1818, écrit-il, les névés ont conservé la même teinte rouge. » Cette observation n'est pas exacte, car chaque année la coloration de la neige varie suivant que le développement des algues a été plus ou moins favorisé par les conditions météorologiques. D'après Kane (relation de l'expédition à la Terre de Grinnell en 1850), Ross a exagéré la couleur de la neige. Cette année-là, les névés avaient une teinte toute différente de celle qu'il observa en 1855, lorsqu'il revint dans cette localité. Lors de sa seconde visite, la *neige rouge* était visible à une distance de dix milles de terre. « Je comprends maintenant, écrit Kane dans la relation de son voyage, le nom poétique que sir John Ross a donné à cette localité. »

Ross, qui était Écossais, appela la région voisine du cap York les Highlands Arctiques (*the Arctic Highlands*)[2] et les indigènes les Highlanders du Nord (*the Arctic Highlanders*). Il longea ensuite la côte jusqu'au 77° de lat. nord, en laissant de côté le Wolstenholme Sound et en passant à l'ouest des îles Cary. A bord des deux navires les vigies montées au sommet des mâts avaient cru reconnaître que le détroit de Smith n'était qu'un golfe, et que le continent enveloppait complètement la mer de Baffin. Les glaces paraissant compactes, Ross résolut de battre en retraite. Les membres de l'expédition ne virent également dans le Jones Sound et le détroit de

---

1. Voir à ce sujet le travail du professeur Wittrock : *Om snöns och isens flora*, dans les *Studier och forskningar*, etc.
2. « Probably, dit Sutherland, because with a true Highland spirit, he thought them as much superior to their relations in a more southern latitude, as the Highlanders are to the Lowlanders everywhere except in Scotland. »

Lancastre que des échancrures de la côte. John Ross rebroussa ainsi chemin sans avoir découvert le passage du Nord-Ouest. Ces erreurs doivent être attribuées à la transparence de l'air et aux effets de mirage qui font apparaître au milieu d'un détroit des terres situées au loin. Pendant le voyage, Ross fit exécuter de nombreux sondages et recueillit des échantillons de la faune abyssale. Devant le détroit de Lancastre on ramena d'une profondeur de mille brasses plusieurs annélides et une astérie.

Revenons maintenant au voyage de la *Sofia*. Le 25 juillet, entre sept et huit heures du soir, nous passâmes devant les Duck Islands. Nous n'avions vu jusque-là que quelques isbergs, mais le lendemain, à cinq heures du matin, nous rencontrâmes de larges flaques de *bay-is* pourrie. Immédiatement les dormeurs se réveillèrent au bruit du grincement produit par le frôlement de la glace contre les murailles du navire. Ces flaques de glace, parfaitement unie, n'avaient dû éprouver aucune pression. Elles n'étaient pas très épaisses, amincies qu'elles avaient été par la fonte; c'étaient vraisemblablement des glaçons formés l'hiver précédent dans la baie de Melville. Le navire s'y fraya d'abord facilement un passage, mais il éprouva bientôt plusieurs chocs violents. Sur ces entrefaites, le brouillard arriva, et les glaces devinrent plus épaisses et plus compactes. Ne pouvant voir du haut du mât à une distance suffisante pour choisir notre route au milieu de ces glaçons, nous prîmes le parti de stopper. Hamberg profita de cet arrêt pour faire un sondage de 820 mètres avec l'appareil qui avait été installé à Upernivik. Cette expérience révéla l'existence d'une nappe d'eau ayant une température relativement élevée ($+ 0°,4$) entre deux couches d'eau froide. Ce jour-là nous ne pûmes naviguer que quelques heures, arrêtés que nous étions par les brouillards et par la glace qui devenait de plus en plus épaisse. Au Spitzberg, autour des banquises s'ébat une faune nombreuse et variée; ici, au contraire, les animaux étaient rares. Nous ne vîmes que quelques pétrels arctiques (*Procellaria*) et quelques guillemots; aucune mouette ne fut signalée. Les phoques mêmes n'étaient qu'en très petit nombre, et il n'y avait guère apparence que nous pussions réaliser nos rêves de chasse à l'ours. Quelques minutes avant minuit, le brouillard se dissipa enfin, et le soleil perça les nuages. D'après une observation astronomique, nous nous trouvions alors par 75° 20' de lat. N.; nous étions probablement près des îles Sabine, mais nous ne pouvions les apercevoir. Nous avançâmes alors au nord-nord-ouest. Bientôt un *pack* impénétrable analogue à ceux de la côte orientale du Grönland nous arrêta dans cette direction. Nous nous dirigeâmes alors vers l'ouest, mais de ce côté un large *champ* de glace nous empêcha également d'avancer. Pendant la nuit nous fîmes route tantôt au sud, tantôt au sud-est, ou à l'ouest, ou encore au nord-ouest, puis, dans la matinée, de nouveau à l'ouest; notre marche dépendait des ouvertures que nous rencontrions dans la glace. Nous réussîmes enfin à atteindre l'eau libre que Hans Hendrik avait aperçue au nord du *champ* dont nous suivions la lisière méridionale dans la direction de l'ouest. Le 25 à midi, une observation fixait notre position à 74° 41' de lat. N. et à 61° 12' de long. O. de Greenwich. (Les nombreux détours auxquels nous avions été obligés, nous avaient fait perdre du terrain depuis la veille.) Nous marchâmes ensuite au nord-ouest. La houle qui venait de l'ouest nous fit supposer que nous avions enfin atteint des eaux relativement libres; mais dans l'après-midi nous rencontrâmes de nouveau de larges flaques de glace. Nous réussîmes tout d'abord à nous y frayer un passage; puis, à sept heures du soir, des masses de glaces compactes nous arrêtèrent et nous obligèrent à revenir en arrière. L'épais brouillard qui nous entourait toujours rendait incertaine toute tentative pour forcer cette banquise. Nous suivîmes alors l'*iskant* dans la direction de l'ouest. Dans ces parages, la faune était plus riche; nous vîmes plusieurs phoques sur la glace et un grand nombre de guillemots nains. Les autres oiseaux étaient rares. Dans la matinée, nous aperçûmes une pagophile blanche et, au milieu de pétrels arctiques, deux mouettes tridactyles et un *Lestris*.

Hans Hendrik affirmait n'avoir jamais vu autant de glaces dans la baie de Melville, et commençait même à douter que nous pussions atteindre le cap York. Néanmoins, pas un instant je ne songeai à battre en retraite. Comme je le reconnus plus tard, le brouillard nous empêcha alors de nous rendre compte du véritable état de la glace, et je crus toujours qu'elle était beaucoup moins épaisse qu'elle ne l'était en réalité. Quand on est chargé, par intérim, de la direction d'une expédition, votre responsabilité est très grande, car, au cas où vous battez en retraite sans y être absolument forcé, le public ne manque pas de dire que si le chef avait été présent, le résultat aurait été différent. Toutefois la crainte d'un blâme ne doit pas vous faire oublier qu'en pareil cas bien des vies humaines sont exposées. Si à ce moment j'avais connu comme maintenant les relations de voyage dans la baie de Melville, j'aurais probablement douté de la possibilité d'atteindre le cap York, mais les seuls documents que je connusse alors indiquaient tous comme facile et rapide la traversée de la baie de Melville. Les expéditions qui ont visité le détroit de Smith, celles d'Inglefield, de Kane, d'Hayes, de Hall, de Nares et de Greely par exemple, n'ont rencontré aucune difficulté dans ces parages. De l'avis de Nordenskiöld également, cette excursion ne devait présenter aucun danger.

D'après l'estime, qui naturellement dans une pareille navigation ne doit pas être très exacte, nous nous trouvions, dans la matinée du 26 juillet, par 75° 56′ de lat. N. et 64° 42′ de long. E. de Greenwich. La mer, qui jusque-là avait une couleur foncée, devint verdâtre. Nous réussîmes à passer entre les flaques de glace, et à midi nous étions, toujours d'après l'estime, par 75° 42′ de lat. N., et 66° 18′ de long. O. de Greenwich, à environ 15 milles au sud du cap York. Le brouillard nous empêchait de distinguer la côte. Les vols de guillemots nains que nous vîmes vers deux heures se diriger au nord-nord-est indiquaient cependant que nous n'en étions pas éloignés. De tous côtés, sauf dans la direction du nord-ouest, toute issue nous était fermée. Quelques minutes avant cinq heures, le brouillard s'éleva; nous aperçûmes alors une haute et morne falaise, hérissée de montagnes couvertes de neige, entre lesquelles s'étendaient des glaciers. Les glaces qui couvraient la mer, et le ciel voilé ajoutaient encore à la tristesse du paysage. Nous essayâmes de nous diriger vers la terre, mais cette tentative ne réussit pas, et force nous fut de faire route au nord-ouest; bientôt dans cette direction apparut le Conical Rock.

Hans Hendrik, qui tout d'abord ne savait où nous nous trouvions, parvint enfin à s'orienter. Il était impossible d'avancer dans la direction du cap York, la glace n'était ouverte que vers le nord-ouest, c'est-à-dire parallèlement à la côte. Pour tirer le meilleur parti possible de notre situation, je résolus de suivre ce chenal, espérant trouver de ce côté quelque mouillage où nous pourrions attendre une modification dans l'état des glaces et entreprendre des études d'histoire naturelle. Hans Hendrik me proposa d'aller à la North Star Bay, dans le Wolstenholme Sound : mais il n'était rien moins que certain que ce mouillage fût libre. Cette baie était très éloignée du cap York, et, si nous allions nous y réfugier, il fallait renoncer à l'étude des blocs de fer qui était le but de notre voyage. Au cas où nous en eussions eu le temps, nous aurions pu chercher un mouillage abrité des glaces, et de là aller avec le *fångstbåt* au cap York. Mais nous ne devions pas songer uniquement à nous et au but de notre voyage, il fallait encore combiner notre itinéraire de manière à nous trouver à Egedesminde au milieu d'août, car si à cette époque Nordenskiöld n'était pas revenu de son expédition sur l'*inlandsis*, il était nécessaire que nous fussions là pour aller à son secours. Dans ces conditions, nous devions avant tout éviter d'être bloqués, ne fût-ce que pendant quelques jours, pareille aventure pouvant nous empêcher d'arriver à temps à Egedesminde. D'autre part, nous ne voulions pas négliger les travaux qui nous incombaient. Au delà du Conical Rock nous découvrîmes, à l'est, une baie libre dans laquelle débouchaient plusieurs glaciers. Pensant que les fonds de cette baie étaient couverts d'argile glaciaire, et par suite favorables à la tenue des ancres, je résolus d'y mouiller. A huit heures et demie du soir, la *Sofia* y jeta l'ancre. En entrant dans la baie, nous aperçûmes sur le rivage des hommes que nous reconnûmes bientôt être des Eskimos. Hans Hendrik se souvenait du reste qu'une hutte se trouvait dans ces parages. Notre arrivée sembla d'abord causer un certain trouble parmi les indigènes; plusieurs d'entre eux escaladèrent les pentes des montagnes, comme pour s'enfuir; mais, bientôt après, nous vîmes la plus grande partie du clan réunie autour de la hutte, près de laquelle les tentes étaient dressées. Tout de suite nous nous embarquâmes dans un canot. A terre nous fûmes reçus par un vieillard vêtu d'une peau d'ours, du nom de Koludat, comme nous le sûmes plus tard. Pour nous souhaiter la bienvenue, Koludat poussa un rire bruyant, politesse à laquelle Hans Hendrik s'empressa de répondre. Quelques autres indigènes s'approchèrent également pendant que nous nous dirigions vers le campement où les autres s'étaient groupés. Ces Eskimos,

L'Eskimo Koludat.
(Gravure exécutée d'après une photographie de M. A. Hamberg.)

qui étaient encore à l'état presque sauvage, rappelaient la description de Ross reproduite plus haut. Ils avaient un teint foncé et une mine épanouie, encadrée d'une chevelure qui leur tombait le long des joues. Le menton de quelques-uns était orné d'une longue barbe peu fournie. Comme vêtement ils avaient une tunique surmontée d'un capuchon, semblable à celle que portent par les temps de pluie les indigènes du Grönland méridional. Cette tunique, faite de peau d'ours ou de chien ou encore de peaux d'oiseaux dont le plumage servait de doublure intérieure, se terminait au bas du dos par un appendice qui avait la forme d'une queue. Aucun d'eux n'avait de ces chemises de couleurs voyantes qui excitent tant la convoitise de leurs congénères du Sud. Hommes et femmes portaient le même costume. Les enfants, pour la plupart, étaient habillés de peaux de renards. Les femmes se présentèrent à nous la bouche barbouillée du sang des guillemots qu'elles venaient de manger tout crus. Ces oiseaux pondent par millions dans les monceaux de pierres éboulées qui couvrent les environs. Les Eskimos les capturent avec un filet lorsqu'ils passent devant eux en troupes nombreuses. D'un coup de main rapide ils les tuent, les dépouillent à la partie inférieure du corps, et incontinent les croquent. Les indigènes ont également l'habitude de manger la cervelle des oiseaux. Hayes raconte en ces termes une chasse aux guillemots nains que le vieux Kalutunah a faite devant lui près du fjord Foulke, dans le détroit de Smith [1].

Kalutunah portait au bout d'un bâton de dix pieds de long un petit filet de légères courroies de phoque nouées très ingénieusement. Après avoir longtemps trébuché sur les pierres raboteuses et tranchantes, nous parvînmes à mi-chemin de la base des falaises. Kalutunah se tapit derrière un rocher et m'invita à suivre son exemple. A quelques exceptions près, les bandes nombreuses qui s'agitaient au-dessus de nos têtes n'étaient composées que de mâles. Elles couvraient une pente de près de 2 kilomètres de large; on les voyait sans cesse passer à quelques pieds à peine des rochers, parcourant, dans leur vol rapide, toute l'étendue des falaises, pour revenir un peu plus haut dans les airs et recommencer encore le même circuit. Parfois des centaines ou même des milliers de ces jolis oiseaux s'abattaient soudain, comme au commandement de quelque chef; en un clin d'œil, sur une superficie de plusieurs toises, les rocs disparaissaient sous la bande pressée, les dos noirs et les poitrines d'un blanc pur bigarrant fort agréablement la colline.

Je suivais leurs évolutions avec beaucoup d'intérêt; mais Kalutunah, tout entier à sa besogne, me pria de ne plus relever la tête : les oiseaux m'aper-

1. J. Hayes, *la Mer libre du pôle*, p. 403. Librairie Hachette et Cie.

cevaient et volaient beaucoup trop haut. Je fis comme le désirait mon compagnon, et la chasse commença bientôt. Les guillemots s'approchaient tellement de nous, que j'aurais pu, ce me semble, en abattre avec mon bonnet. Kalutunah s'était préparé sans bruit; il lança son filet au milieu d'une troupe nombreuse, et une demi-douzaine d'oiseaux, étourdis par le coup, restèrent engagés dans les mailles; il fit prestement glisser le bâton et, comprimant d'une main les pauvres petites créatures, pendant que de l'autre il les sortait une à une, il écrasa leur tête entre ses dents et croisa leurs ailes sur leur dos, pour les empêcher de voleter plus loin; puis mon compagnon me regarda d'un air de triomphe en crachant le sang et les plumes qui lui remplissaient la bouche. Il continua à jeter son filet et à le relever avec la même dextérité, jusqu'à ce qu'il eut mis une centaine de victimes dans son sac. Nous retournâmes alors au camp faire un excellent repas de ce gibier ainsi capturé au mépris de toutes les règles de l'art. Pendant que le cuisinier en préparait un rôti, Kalutunah se divertissait à déchirer les oiseaux et à en dévorer la chair crue encore toute chaude.

Les tentes du campement, faites de peaux de phoques, étaient basses et de petites dimensions. Tout autour, des chiens étaient à l'attache. En hiver ces animaux sont attelés aux traîneaux et, en cas de besoin, servent à la nourriture des indigènes, comme semble l'indiquer la découverte de plusieurs crânes de chiens dans un *kjökkenmödding*. Les traîneaux ressemblent à celui qui est décrit et figuré dans la relation de John Ross, citée plus haut. Autrefois ces véhicules étaient fabriqués avec des ossements de morse et de baleine; aujourd'hui ils sont pour la plupart faits de pièces de bois assemblées à l'aide de tendons; la ferrure des patins est remplacée par des plaques en dents de morse. Ces indigènes ne possédaient ni kayak ni aucune autre embarcation. Cette observation étonna fort les habitants des colonies danoises auxquels nous en fîmes part à notre retour, car dans cette région on ne conçoit pas un Eskimo sans kayak. Quelques harpons en os, des filets pour capturer les oiseaux, un couteau, sont les seuls engins de chasse et de pêche de ces naturels. Avec ces armes ils réussissent pourtant à tuer des narvals, des phoques, des ours et même, en hiver, des morses. Il est presque humiliant pour nous autres, gens civilisés, de voir une peuplade aussi mal outillée prospérer dans un pays où l'hiver est pour ainsi dire continuel. A la vue de ces gaillards trapus, de ces enfants aux joues bien pleines, on ne pouvait douter de leur santé et de leur force. Dans cette région il y a des rennes sauvages; mais, faute d'arcs, les Eskimos n'en tuent que très rarement. Ils racontaient comme un fait extraordinaire la capture d'un de ces animaux faite l'été dernier.

Hayes évalue à une centaine à peine le nombre des Eskimos établis au nord de la baie de Melville. Bessels indique en 1872 un chiffre un peu plus élevé[1]. Un jour peut-être cette petite tribu disparaîtra; eux-mêmes, du reste, paraissent s'attendre à cette triste destinée. Il a été question de transporter ces Eskimos dans les colonies danoises, mais il est douteux qu'ils puissent y vivre. Des épidémies déciment, semble-t-il, cette population. En 1850 l'équipage d'un baleinier, ayant aperçu un campement au nord du cap York, débarqua pour le visiter. Quel ne fut pas l'étonnement des marins de trouver un silence complet autour des habitations! Pas un chien ne venait, comme d'habitude, en aboyant au-devant des étrangers. Aux environs des tentes la neige ne portait aucune empreinte de pas. Les matelots entrèrent alors dans les habitations et n'y trouvèrent, à leur grand étonnement, que des cadavres. Trois ou quatre abris offraient le même spectacle lamentable : dans chacun gisaient quatre ou cinq corps de vieillards et d'enfants. Le campement était une nécropole. L'état des cadavres indiquait que le décès remontait à une date assez éloignée. Les tentes étaient bien fournies de vivres : ces morts ne devaient donc pas être attribuées à une famine.

Après avoir visité le campement des Eskimos, chacun de nous se mit au travail. Le géologue alla étudier les roches et les plantes; le zoologiste s'occupa de recueillir des spécimens de la faune, et l'hydrographe, qui n'avait pas ici à faire d'hydrographie, partit recueillir de la *neige rouge*. Pendant ce temps le capitaine, qui, seul de nous tous, pouvait comprendre l'anglais de Hans Hendrik, demandait aux indigènes des explications sur l'emploi de leurs engins de chasse et de leurs ustensiles de ménage. Chacun dans sa spécialité recueillit d'intéressants documents, et vers minuit nous nous

---

[1]. Bessels en vit 102; d'après les assertions des indigènes, huit ou dix autres individus habitaient en outre dans cette région.

retrouvâmes tous à bord, très satisfaits de nos excursions. Les indigènes donnent à la baie dans laquelle nous nous trouvions le nom d'Ivsugigsok, qui signifie « la localité où il y a beaucoup de tourbe ». Au dire des Eskimos, la débâcle du fjord avait eu lieu la veille seulement. Nous avions donc eu la chance d'arriver juste au moment où la baie avait été libre. D'après les renseignements des indigènes, la banquise était encore fixe autour du cap York. Ils nous racontèrent également que le capitaine d'un navire américain qui avait hiverné plus loin au nord avait été massacré par son équipage. Le capitaine, disaient-ils, portait le nom de Rasleigh. Cette histoire était vraisemblablement quelque légende se rapportant à la mort de Hall, dont les indigènes ont gardé le souvenir. Nous ne pûmes rien savoir de plus, et nous ne fûmes renseignés à ce sujet que plus tard, à Godhavn. Du reste, la conversation avec les indigènes n'était point facile, notre interprète ne parlant l'anglais que très incorrectement et d'une manière peu compréhensible.

D'après deux kayakmän envoyés le 27 en reconnaissance, la banquise entourait toujours le cap York. Entre temps une flaque de glace dériva à l'entrée du fjord et l'obstrua. Nous nous en inquiétâmes peu, pensant qu'elle se disloquerait bientôt. Ce jour-là nous fûmes particulièrement satisfaits de nos recherches, que nous poursuivions avec ardeur, afin que notre excursion sur cette côte ne fût point sans résultat. La drague avait ramené une foule d'animaux rares; Kolthoff avait tué un renne magnifique, et Hamberg pris des photographies des Eskimos et du paysage environnant. Le capitaine Nilsson s'était procuré, par voie d'échange avec les naturels, une dent de narval, un costume complet, des vases en pierre ollaire et des figurines en dents de morse représentant des animaux, bref presque tous les objets que les Eskimos transportent avec eux dans leurs déplacements. Au début, le navire effrayait les indigènes; mais bientôt ils se rassurèrent et vinrent à bord recevoir divers cadeaux d'une grande valeur pour eux, tels que des couteaux, des scies, des haches. Le vieux Koludat avait vu, disait-il, bien des choses dans son existence, mais il n'avait jamais pensé qu'un jour sa famille serait à la tête de pareilles richesses. Très certainement la visite de la *Sofia* aura laissé de bons souvenirs à cette peuplade.

Voulant échanger un de leurs traîneaux contre un kayak, nous avions demandé dans ce but à un de nos matelots indigènes de nous céder son embarcation; l'Eskimo, après avoir d'abord promis, se ravisa ensuite, et ce projet dut être abandonné. Nous débarbouillâmes avec du savon la fille de Koludat; l'opération lui parut sans doute agréable, car elle vint le lendemain nous prier de la recommencer. Les indigènes s'établissent l'été seulement dans ce fjord et passent l'hiver dans une île du Wolstenholme Sound, où ils se nourrissent de morses. Dans cette localité vivent, nous racontèrent-ils, deux Eskimos « russes », seuls survivants d'une troupe nombreuse qui serait arrivée dans ces parages il y a quelques années. Je ne sais quelle confiance on peut avoir dans ce renseignement, et s'il s'agit d'Eskimos du détroit de Bering, ou simplement d'indigènes de l'archipel polaire américain. Le 25 octobre 1872, l'équipage du *Polaris*, qui hivernait à Lifeboat Cove, vit arriver une famille dont le chef avait une femme qui, à son tatouage, fut reconnue immédiatement pour une indigène des rives du détroit de Bering.

Itokirssuk, le chef de cette famille, raconte le Dr Bessels, était né près du cap Searle (lat. 67°12′), sur la terre de Cumberland, et, tout enfant, avait été emmené par son père dans les régions situées plus au nord. Après bien des péripéties, les voyageurs étaient arrivés au cap Isabelle, sur la rive occidentale du détroit de Smith, où ils savaient qu'une tribu était établie. Là Itokirssuk s'était marié avec la jeune fille tatouée, et en 1867, en compagnie de plusieurs autres indigènes, il avait traversé le détroit de Smith avec un oumiak et quatre kayaks pour aller à Littleton Island. Ces Eskimos, ayant découvert sur cette île le bateau de sauvetage abandonné par Hayes, le mirent en pièces. Itokirssuk et ses compagnons visitèrent ensuite l'observatoire construit par ce voyageur à Port Foulke, où ils trouvèrent de grands approvisionnements. En faisant rôtir des oiseaux dans la hutte, ces indigènes mirent le feu à un barillet de poudre, qui fit sauter l'observatoire en tuant et blessant plusieurs Eskimos. Le beau-père d'Itokirssuk périt dans cette explosion; il avait été projeté en l'air par l'explosion, à ce que racontait en riant son gendre. Les survivants, à l'exception d'Itokirssuk et de sa femme, revinrent sur l'autre rive du détroit. Le jeune couple avait alors deux enfants, un garçon et une fille. Itokirssuk introduisit l'usage de l'arc parmi les indigènes qui habitaient au nord de la baie de Melville. Ces Eskimos ne connaissaient point cette arme, bien qu'ils eussent un mot dans leur langue pour la désigner.

La plaine basse qui continue entre les montagnes le fossé du fjord d'Ivsugigsok est terminée par deux glaciers séparés par un rocher assez élevé. Le plus méridional de ces deux courants de glace

Rive méridionale du mouillage d'Ivsugigsok.
(Gravure exécutée d'après une photographie de M. A. Hamberg.)

se termine sur le sol en biseau. Devant le front de ce glacier et même sous la glace s'étend une nappe de tourbe. Une seconde tourbière se trouve près de la hutte ruinée. Le nom de la localité est donc justifié. L'extrémité inférieure du glacier septentrional forme au contraire un escarpement; le ruisseau qui en sortait roulait une eau très pure et nous pûmes y renouveler notre provision. Contrairement à ce que je pensais, le fond du fjord était constitué par du gravier. Pour me rendre compte de l'aspect du pays vers l'est, je gravis la colline haute d'environ 400 mètres qui sépare les deux glaciers; mais une tourmente de neige venant précisément de cette direction me masqua toute vue. Je fus cependant récompensé de mes peines par une belle récolte de plantes. Le sol paraissait stérile, sauf dans les environs de la montagne à guillemots, où du reste la flore était très uniforme ; mais un botaniste qui a l'habitude des régions polaires ne se laisse pas prendre à ces apparences. Je ne recueillis ainsi pas moins de cinquante-huit espèces de plantes ; aucune localité du Grönland située au nord de la baie de Melville n'avait fourni une aussi belle récolte. Parmi ces plantes, je dois mentionner le *Pleuropogon Sabinei*, qui n'avait pas été signalé auparavant au Grönland. Pendant le voyage de la *Sofia*, en parlant avec le Dr Berlin des découvertes botaniques que nous pensions faire, je lui avais souvent dit : « Quand nous arriverons au cap York, il faudra ouvrir l'œil pour trouver le *Pleuropogon* ». Aussi quelle ne fut pas ma joie de le découvrir ici même dans un bourbier! A part cette plante, la végétation de cette localité avait le facies de celle que l'on trouve d'habitude dans les régions polaires. Les plantes florifères les plus communes étaient les saxifrages, les *Dryas*, le *Papaver nudicaule*, dont quelques exemplaires avaient ici des fleurs complètement blanches, et des *Potentilla*. On voyait aussi des stellariées, des renoncules, des *Draba*, le chiendent, une airelle, l'*Antennaria alpina*, le *Pedicularis* et le *Campanula uniflora*. La plus haute plante arbustive était le *Salix arctica*, dont les tiges couchées sur le sol avaient à peine l'épaisseur du doigt. On comprend donc que les Eskimos se rendent difficilement compte de l'origine des bois qui entrent dans la construction des navires.

Au sud d'Ivsugigsok, à environ moitié route entre le cap York et le cap Dudley Diggs, Kane visita en 1850 une anse en forme de fer à cheval située à l'abri des vents et bien exposée au soleil, dont les rives formaient un « jardin » arctique. Les observations de Kane sur les plantes de cette localité ont jusqu'ici échappé à l'attention des botanistes qui ont étudié la flore du Grönland ; aussi me paraît-il intéressant de les reproduire ici[1].

Tout à côté de la neige et de la glace, un parterre de plantes arctiques couvrait le sol. L'humidité constante de la terre et l'ardeur des rayons solaires avaient favorisé ici le développement de la flore. Sur un tapis

---

1. E.-K. Kane, *The U. S. Grinnell Expedition in search of Sir John Franklin* (Londres, 1854).

de mousses, divisé par des sillons[1] en hexagones et en carrés, apparaissaient des fleurs arctiques, les unes disséminées entre de petits monticules, les autres groupées à la base méridionale de ces mottes de terre. Toutes ces plantes étaient de très petite taille; aucune aux puissants rameaux ne peut écraser ici une humble voisine. Des exemplaires, appartenant à des familles très différentes, étaient mélangés comme dans un jardin. Sur une superficie de moins d'un mètre carré on voyait des *Pyrola* à côté de stellariées, de saxifrages, de renoncules et d'*Oxyria*. Je découvris une gentiane minuscule, mais parfaitement développée dans toutes ses parties comme les autres plantes avoisinantes.

Sur cette flaque moussue s'élevaient des monticules couverts de graminées et parsemés de bruyères (?) et de bouleaux; près des pentes de la montagne, à l'endroit où les cônes d'éboulis atteignaient la nappe de mousse, le parterre était entouré d'une bordure d'arbres et de plantes arbustives.

Des arbres et des arbustes! Ces dénominations ne sont-elles pas ironiques, appliquées à ces minces tiges ligneuses. Les arbres, au lieu de se dresser comme dans nos pays, rampaient sur le sol pour pouvoir résister aux rigueurs du climat. Quelques-uns seulement atteignaient la hauteur de mes souliers, et pas un ne dépassait ma cheville. Autant que les beaux arbres de nos parcs, ces chétives plantes prouvent l'harmonie de l'œuvre du Créateur. Il y avait là le *Vaccinium uliginosum* en fleurs et en fruits — j'aurais pu recouvrir entièrement cet arbre avec un verre à boire; — l'*Azalea procumbens* — qui aurait pu prendre place tout entière à la boutonnière d'un élégant; — enfin l'*Andromeda tetragona* — semblable à une plume verte de marabout.

Parmi ces arbres nains, les saules étaient les plus curieux. L'un d'eux, le *Salix herbacea*, ne dépassait pas la taille d'un trèfle; le *Salix glauca*, celle d'une bouture de rosier. Le *Salix lanata*, avec ses racines noueuses qui, ne pouvant pénétrer dans le sol, se tortillaient sur le sol, ressemblait à un serpent.

Parmi les plantes citées par Kane, le *Pyrola grandiflora*, l'*Azalea*, le bouleau nain et la gentiane n'ont point été reconnus avec certitude dans la partie du Grönland située au nord de la baie de Melville. Peut-être cet explorateur a-t-il confondu dans une détermination hâtive la gentiane avec la campanule. Le *Salix glauca* de Kane doit

---

[1]. Ces sillons avaient été probablement formés par des contractions produites par l'action alternante du froid et de la chaleur.

être le *Salix arctica*, et le *Salix glauca* le *Salix lanata*. Sur la Bushnan Island, à l'est du cap York, on a trouvé l'airelle, et probablement sur cette partie de la côte doivent se rencontrer d'autres plantes qui n'ont pas encore été signalées[1].

Dans l'après-midi du 27, je dessinai, du sommet du plateau situé au nord de la baie, un croquis topographique des environs de notre mouillage. De ce belvédère la vue s'étendait assez loin au nord, embrassant le grand glacier de Petowick. Sur une longueur de plusieurs milles, ce glacier se déroulait comme un énorme ruban blanc à travers une région relativement peu couverte de neige. Le plateau était parsemé de tables de pierre, espacées en ligne droite à quelques pieds de distance les unes des autres, probablement des trappes construites par les indigènes pour prendre des renards. On y voyait

---

1. La liste suivante contient tous les phanérogames que j'ai observés à Ivsugigsok. Les botanistes trouveront une description plus complète de cette flore dans le travail que j'ai publié dans l'*Öfversigt af K. Vet.-Akad. Förhandlingar* (1884), sous le titre de *Botaniska anteckningar från nordvestra Grönland*.

Antennaria alpina (L.) Gaertn.
Taraxacum officinale Web.
Campanula uniflora L.
Pedicularis hirsuta L.
Cassiope tetragona (L.) Don.
Vaccinium uliginosum L. var.
  * *microphylla* Lange.
Potentilla pulchella R. Br.
  » *nivea* L. (avec les variétés).
  » *fragiformis* Willd. f. *parviflora* Trauty. (= *emarginata* Pursh.).
  » *Vahliana* Lehm.
Dryas octopetala L.
  » » f. *intermedia* Nath.
  » *integrifolia* M. Vahl.
Saxifraga nivalis L.
  » *stellaris* L. f. *comosa* Poir.
  » *oppositifolia* L.
  » *cernua* L.
  » *rivularis* L.
  » *tricuspidata* Rottb.
Cardamine bellidifolia L.
Draba alpina L. var. *glacialis* Adams.
  » *nivalis* Liljebl.
  » *Wahlenbergii* Hartm. f. *glabrata* Lindbl.
  » » f. *homotricha* Lindbl.
  » » f. *brachycarpa* Lindbl.
  » *arctica* J. Vahl.
Cochlearia fenestrata R. Br.
Papaver nudicaule L.
  » » f. *albiflora*.
Ranunculus pygmæus Wg.

Ranunculus nivalis L.
  » *sulphureus* Sol.
Silene acaulis L.
Wahlbergella affinis (J. Vahl) Fr.
  » *triflora* (R. Br.) Fr.
Cerastium alpinum L.
Stellaria longipes Goldie f. *humilis* Fenzl.
  » *humifusa* Rottb.
Alsine rubella Wg.
Polygonum viviparum L.
Oxyria digyna L. (Hill.).
Salix herbacea L.
  » *arctica* Pall.
Festuca ovina L. f. *violacea* Gaud.
Poa flexuosa Wg.
  » *glauca* M. Vahl.
Glyceria angustata (R. Br.) Fr.
  » *vilfoidea* (Ands.) Th. Fr.
Catabrosa algida (Sol.) Fr.
Pleuropogon Sabinei R. Br.
Colpodium latifolium R. Br.
Aira cæspitosa L. f. *brevifolia* R. Br.
Alopecurus alpinus Sm.
Hierochloa alpina (Liljebl.) R. et S.
Eriophorum angustifolium Roth.
  » *Scheuchzeri* Hoppe.
Carex rigida Good.
  » *misandra* R. Br.
  » *nardina* Fr.
Luzula arcuata (Wg.) Sw. f. *confusa* Linded.
  » *spicata* (L.) DC. (?) f. *Kjellmani* Nath.
Juncus biglumis L.

également des monticules de pierres qui étaient vraisemblablement des tombeaux. Le temps me manqua pour étudier ces constructions. Le banc de glace qui depuis la veille barrait l'entrée du fjord, paraissant maintenant moins épais, je descendis en hâte sur le rivage pour donner l'ordre du départ. Il s'écoula quelque temps avant que je pusse me rembarquer, et lorsque la *Sofia* arriva à l'embouchure du fjord, la glace s'était de nouveau accumulée en une masse compacte,

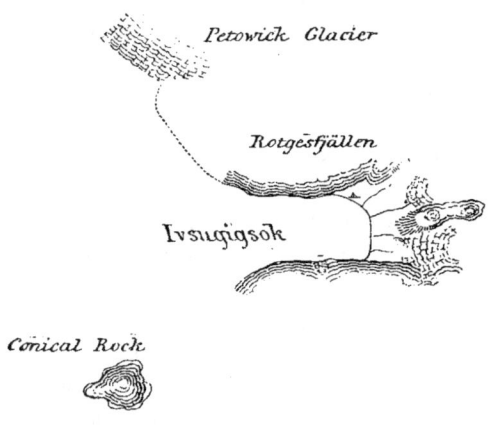

Croquis d'Ivsugigsok.
(D'après M. A.-G. Nathorst.)

qui nous obligea à battre en retraite. Nous allâmes alors ancrer à l'extrémité nord-est de la baie, où, de l'avis du capitaine Nilsson, le navire serait moins exposé aux pressions des glaces qui maintenant entraient dans le mouillage. Dans la nuit du 28, les glaçons arrivèrent en quantité de plus en plus considérable, et, le lendemain matin, le fjord en était complètement couvert, sauf près de la côte septentrionale, le long de laquelle s'ouvrait un étroit chenal. Hans Hendrik et le pilote de Tasiusak, ayant grimpé sur les montagnes pour observer la glace, reconnurent l'impossibilité de sortir de la baie. N'accordant qu'une confiance limitée à leurs dires, j'allai reconnaître l'état des glaces sur le promontoire escarpé qui fait saillie sur la côte septentrionale. Il avait été convenu avec le capitaine qu'à un signal que je ferais, la *Sofia* se mettrait immédiatement en marche en suivant la côte nord du fjord. La glace nous ayant empêchés d'atteindre le cap, Hans et moi, nous escaladâmes une autre saillie rocheuse. De là nous constatâmes, à notre grande satisfaction, qu'il était encore possible de sortir de la baie en longeant la côte septentrionale. Immédiatement je fais le signal convenu : néanmoins la *Sofia* ne bouge pas ; peut-être la vigie n'était-elle pas à son poste? (Nous apprîmes plus tard qu'elle regardait seulement le rocher que nous avions dû primitivement gravir.) La glace arrive rapidement, il est donc urgent de se hâter. Hans Hendrik pousse un cri strident, mais on ne l'entend pas. (Nous étions à plus de deux kilomètres du navire.) Je me débarrasse alors de mes vêtements, enlève ma chemise et l'agite en l'air : ce signal reste également sans résultat. Un instant après, il était trop tard pour tenter l'aventure : la baie était complètement remplie de *drifis*. Pour revenir au navire, nous dûmes même haler notre canot sur la glace. Les *drifis* entourèrent complètement la *Sofia*, mais sans la presser. Si des pressions s'étaient produites, notre situation aurait été assez critique. Nous profitâmes de ce que les glaces furent moins compactes pendant quelques instants pour nous rapprocher le plus possible de terre. Nous préférions échouer le bâtiment plutôt que de rester enserré entre deux glaçons. Nous discutâmes alors différents projets pour le cas où, contre toute prévision, le navire resterait bloqué. Si pareille éventualité se produisait, notre position était relativement bonne : le navire n'était point trop exposé aux pressions ; la tourbe était abondante aux environs — nous n'avions donc point à craindre de manquer de combustible, — le pays était giboyeux, et les Eskimos d'Ivsugigsok feraient bientôt connaître notre présence dans ces parages à tous leurs congénères établis le long de la côte au nord de la baie de Melville. Au pis aller, nous pourrions envoyer le *fångstbåt* donner de nos nouvelles dans les colonies danoises. A la marée descendante, les glaces devinrent moins compactes ; le soir, lorsque j'allai en compagnie du capitaine reconnaître leur position du haut des montagnes riveraines, elles me parurent avoir meilleure apparence que dans l'après-midi. Ce jour-là un jeune Eskimo était arrivé du cap York, après avoir traversé sur un traîneau tiré par des chiens l'*inlandsis*, où une tempête de neige l'avait obligé à s'arrêter pendant vingt-quatre heures. La glace était toujours fixe autour du cap York, nous raconta-t-il. En fait de provisions il avait un sac rempli de guillemots nains (*Mergulus alle* L.). Il avait entendu parler des blocs de Sowallik, mais ne les avait jamais vus. Le vieux Koludat, qui auparavant prétendait ignorer leur existence, racontait maintenant qu'il les connaissait par ouï-dire. Ces blocs doivent être situés

La *Sofia* bloquée par la glace à Ivsugigsok.
(Gravure exécutée d'après une photographie prise à minuit par M. A Hamberg.

dans un fjord qui s'étend à une dizaine de milles dans l'intérieur des terres; nous ne pûmes savoir à quelle distance ils se trouvent du fond de la baie. J'aurais désiré faire ce voyage dans un traîneau tiré par des chiens, mais la situation du navire était trop critique pour que je l'abandonnasse.

Le 29 juillet, à huit heures du matin, les glaces étaient enfin assez clairsemées pour que nous pussions tenter une sortie. L'entreprise réussit sans que le navire reçût de chocs trop violents. Un beau soleil brillait dans un ciel clair, et nous pûmes, au delà du Conical Rock, nous rendre compte des glaces plus exactement qu'auparavant. Des masses énormes de *drifis* couvraient la mer; du côté du cap York, elles étaient impénétrables ; en outre, au nord et au sud, de vastes champs s'étendaient, découpés par des canaux étroits. Aucune autre voie ne nous était ouverte que ces ouvertures qui nous conduisaient en droite ligne vers la dangereuse « glace du milieu ». Du haut du « nid-de-pie », le capitaine commandait la manœuvre pendant la plus grande partie de la journée; à diverses reprises nous dûmes nous frayer un passage à travers de grands *champs* de glace que la fonte n'avait pas encore entamés. Les hauts rochers du cap York, tout jaunes de *Xanthoria elegans*, disparurent bientôt, et à sept heures du soir nous atteignîmes un bassin d'eau libre où nous stoppâmes pour faire des sondages et des dragages (lat. 75°26', long. E. de Greenwich 67°27', profondeur 500 mètres environ). Nous nous croyions maintenant débarrassés des glaces, mais dans la nuit nous rencontrâmes de nouveau un grand *champ*. La traversée de ces glaces dura jusqu'au 30 au matin. A neuf heures, la vigie signala un ours en mer. Au milieu de la nappe d'eau tranquille et ensoleillée, la tête blanche de l'animal traçait un long sillon. Pareille nouvelle éveilla immédiatement la plus vive curiosité. Le bâtiment se dirigea tout de suite dans la direction de l'ours. A la vue du navire l'animal se soulève furieux hors de l'eau en grognant; profitant de ce mouvement, je lui envoyai une balle dans le cou, mais il n'en parut pas autrement gêné. Pareille chasse me semblant impossible du pont du navire, je fis mettre à la mer le *fångstbåt* et ramer vers l'ours pendant que la *Sofia* s'éloignait à une certaine distance. Cette expédition cynégétique ne peut pas être décorée du nom de chasse; à une dizaine de mètres de l'animal, je fis feu; frappé à la tête, l'ours s'affaissa immédiatement sans faire un mouvement. Dans l'eau, l'animal ne paraissait pas très gros, mais lorsqu'il fut hissé à bord, nous reconnûmes que c'était un mâle énorme. Une grande partie de la journée fut consacrée à faire des sondages et des dragages (profondeur 1450 mètres). Ce jour-là, Kolthoff abattit une pagophile blanche, la *seule qui ait été tuée pendant toute l'expédition*. A cette même date nous vîmes plusieurs autres de ces oiseaux, mais tous hors de portée. La *Sofia* se trouvait par 74°30' de lat. N. et 64°30' de long. E. De là le cap fut mis vers l'est. Une masse de glace impénétrable, semblable à celle que nous devions rencontrer quelques semaines plus tard sur la côte orientale du Grönland, nous obligea bientôt à abandonner cette direction et à faire route vers le sud. Cette tentative n'aboutit pas; le lendemain la route nous était fermée dans toutes les directions; à l'est, au sud-est, au sud-ouest, à l'ouest, partout s'étendaient des *champs* de *drifis* impénétrables. Il était maintenant certain que cette partie de la baie de Baffin était complètement

Ours tué par M. Nathorst.
(Gravure exécutée d'après une photographie prise par M. A. Hamberg.)

obstruée. Nous nous dirigeâmes alors au nord, pensant découvrir de ce côté quelque ouverture vers l'est qui nous conduirait à destination avant que notre provision de combustible fût épuisée. Notre position serait devenue très critique si nous avions dû passer deux jours de plus à chercher un passage; notre charbon eût été alors épuisé, et, sans l'aide de la vapeur, la *Sofia* n'aurait probablement pas pu se dégager des glaces. A quatre heures de l'après-midi nous nous trouvions au même point que la veille lorsque nous avions commencé à faire route au sud. La glace étant maintenant moins épaisse, nous essayâmes d'avancer vers l'est. Cette tentative eut un succès complet. Après une heure de travail, nous réussîmes à traverser la plus mauvaise glace; plus loin il n'y avait que de la *bayis* peu dangereuse. Sur ces entrefaites le brouillard nous enveloppa et nous dûmes stopper jusqu'à sept heures et demie du soir. Quelques heures après, les brumes se dissipèrent, nous vîmes alors sur la glace deux ours, un de chaque côté de la *Sofia*. Probablement ils étaient là depuis longtemps et s'étaient habitués à la vue du navire; aussi ne prirent-ils pas la fuite lorsque les brouillards s'élevèrent. A Kolthoff échut l'honneur de tuer le plus grand, et immédiatement il se dirigea en canot vers l'animal, qui se tenait sur le bord de la glace. L'ours commença alors à manifester une certaine inquiétude; il se promena d'abord, puis se mit sur les pattes de derrière et finalement prit la fuite le long de l'*iskant*; mais Kolthoff est arrivé à portée et de suite lui envoie un coup de fusil. Un gros jet de sang sort des flancs de la bête, néanmoins elle essaye encore de fuir; un second coup l'atteint, elle fait encore quelques pas, et tombe raide. La balle explosible dont était chargé le fusil de Kolthoff avait traversé les poumons. Il est véritablement curieux que l'animal ait pu marcher autant après avoir été frappé. Pendant ce temps la *Sofia* se dirigeait vers l'autre compère. Forsstrand devait tirer le premier; mais s'il le manquait, l'honneur de tirer après lui me revenait. A l'approche du navire, l'animal, qui était une femelle, prit peur et détala. Forsstrand, craignant de voir le gibier lui échapper, fit feu immédiatement, bien que nous en fussions encore très éloignés. La balle atteignit l'ours dans le train de derrière et lui déchira les entrailles, comme nous le reconnûmes plus tard; mais il n'en continua pas moins tranquillement sa route, et à son allure on n'aurait jamais pu penser qu'il eût été aussi gravement frappé. L'animal s'étant retourné un instant, je lui envoyai un second coup. Il fit alors un bond, avança encore de quelques pas, puis tomba mort. Ma balle avait pénétré dans la poitrine, percé un poumon, traversé ensuite le corps pour aller se loger dans une jambe de derrière. En moins de temps qu'il n'en faut pour le raconter, les deux ours avaient été abattus. Aussitôt après ils furent hissés à bord. Quelques minutes ne s'étaient pas écoulées que nous en vîmes un troisième sur l'*iskant*; mais celui-là prit la fuite sans se laisser approcher. Nous étions très satisfaits d'avoir vu des ours sur la glace, car lorsque ces animaux nagent, on ne peut se rendre compte de leur taille et de leur démarche. La chair de l'ours est bonne, elle a le goût de celle du bœuf, mais elle est coriace. Bientôt après, la glace devint moins compacte, et le 1ᵉʳ août, à une heure du matin, nous reconnûmes à la forte houle qui agitait la mer que nous étions maintenant dans des eaux libres. L'excursion au cap York pouvait être considérée comme terminée. Quoique nous n'ayons pu atteindre ce point, nous n'étions pas mécontents de notre voyage. Si nous avions disposé de plus de temps, nous serions certainement arrivés au cap York. Je serais même prêt à faire un second voyage dans ces parages, à condition d'avoir toute liberté sous ce rapport. Après une courte relâche dans une île située devant Tasiusak, nous arrivâmes à Upernivik à huit heures du soir. Le charbon embarqué, nous fîmes route, le 2, vers Pröven, où nous complétâmes notre approvisionnement de combustible. Le 5 au soir nous quittions cette dernière colonie.

De Pröven je comptais visiter l'île du Lièvre (Harö), pendant que la *Sofia* irait faire des dragages et des sondages dans la mer de Baffin; mais, au moment de lever l'ancre, le mécanicien m'annonça que la chaudière avait éprouvé une avarie. Les environs de Pröven ne présentent aucun intérêt pour le paléontologiste; au contraire l'exploration de Patoot et de l'île du Lièvre me paraissait indispensable pour terminer mes études. En conséquence je résolus de faire route vers Ritenbenk, où l'avarie pourrait être réparée, et de débarquer avec Kolthoff soit à l'île du Lièvre, soit à Patoot, afin d'y poursuivre mes recherches en attendant la remise en état de la chaudière. Étant donné le peu de temps que nous avions à notre disposition, nous devions renoncer à notre exploration du fjord d'Omenak. L'étude des formations crétacées anciennes qui affleurent sur les rives de cette baie aurait eu pour moi un très grand intérêt, mais elle était moins importante que l'exploration de Patoot et de l'île du Lièvre, Nordenskiöld ayant en 1870 rapporté de cette localité une très nombreuse collection de magnifiques empreintes. Cette série de plantes est le principal document que nous possédions sur la flore du crétacé supérieur du Grönland. Le 4 août au matin, lorsque nous arrivâmes devant l'île du Lièvre, une forte houle interdisait tout débarquement sur la côte de cette terre, ouverte de tous côtés. La *Sofia* se dirigea alors vers Patoot, sur la rive septentrionale du Waigat, que nous atteignîmes à quatre heures de l'après-midi. Instruits par l'expérience, nous emportâmes cette fois une tente d'officier et une autre de moindres dimensions pour les deux Grönlandais qui nous accompagnaient. Nous évitâmes ainsi avec les Eskimos une cohabitation que la mauvaise odeur qu'ils exhalent rend toujours très désagréable. Après nous avoir débarqués, la *Sofia* continua sa route vers Ritenbenk, où elle arriva le 5 au matin. En route elle avait rencontré le canot de M. Hörring et avait pris à bord celui-ci.

Le gisement de Patoot est très intéressant pour un paléontologiste et un géologue. Steenstrup y a découvert une flore crétacée moins ancienne que celle de l'étage d'Atane et correspondant au sénonien d'Europe. Les collections du Muséum royal d'histoire naturelle ne possédant aucune série de cette flore, il me parut important de combler cette lacune. Les couches de Patoot contiennent, outre des empreintes de plantes, des oursins, des moules et d'autres animaux. Une partie de ces couches est donc d'origine marine; d'autres, au contraire, se sont déposées dans des eaux douces. Cette localité est intéressante à un autre point de vue. Jadis une violente combustion a eu lieu autour de Patoot sur un vaste périmètre; la roche — un schiste primitivement bitumineux — a été entièrement carbonisée jusqu'à la hauteur de 450 mètres et, par le fait de cette combustion, est colorée de nuances diverses comme la cendre d'un charbon impur. Presque partout, les schistes sont rouge brique et donnent à la montagne une coloration pourpre; mais en certains endroits ils sont d'un rouge différent, ailleurs d'un brun de chocolat, ou blanc ou encore jaune clair, dessinant ainsi sur les pentes de la montagne des arabesques de différentes couleurs. Çà et là on trouve de gros morceaux de scories, tantôt vacuolaires comme celles d'un haut fourneau, tantôt composées de fragments de schistes agglutinés. Cette roche calcinée contient de nombreuses empreintes de plantes et d'animaux. Sous l'action du feu, le schiste, primitivement friable, est devenu dur et résistant; il supporte par suite très bien le transport. La calcination du sol n'a été que superficielle, comme on peut le voir dans les ravins creusés par les torrents, où les couches profondes ont conservé leur couleur foncée primitive. Il est difficile de découvrir la cause de cette combustion. Elle ne s'est certainement pas produite lors de la venue des basaltes, car un filon de cette roche volcanique qui traverse les schistes a subi également l'action du feu. L'incendie s'est donc déclaré postérieurement à l'émission des basaltes. Si le Waigat existait avant la période glaciaire, cette calcination a peut-être été déterminée par l'embrasement de quelque grande forêt de cette région qui s'est communiqué aux couches de charbon intercaléees dans le sol et aux schistes bitumineux. Comme je l'ai dit, on ignore comment s'est produit et s'est développé l'incendie dont on voit les traces irrécusables sur un très vaste périmètre autour de Patoot.

Nous restâmes quatre jours dans cette localité, du 5 au 8 août. Le temps ne fut pas toujours beau; les brouillards étaient fréquents, et les

Fragment d'une feuille de cycadée, trouvé dans les schistes calcinés de Patoot. — *Zamites* n. sp. (grand. nat.).

nuits commençaient à être froides. A Patoot nous fîmes d'intéressantes trouvailles, et je pus remplir plusieurs tonnes de magnifiques empreintes qui représentent maintenant la flore sénonienne dans nos collections du Grönland. Je découvris plusieurs espèces nouvelles, notamment une cycadée du genre *Zamites*. Jusque-là aucune cycadée n'avait été trouvée dans cette couche. Nous recueillîmes, en outre, des animaux fossiles, notamment un grand élytre de coléoptère, le premier insecte de cette classe trouvé dans le crétacé supérieur du Grönland septentrional. Les formations crétacées étaient recouvertes de terrains tertiaires ; entre ces deux formations s'étendait la couche séparative que j'avais appris à connaître à Atanekerdluk.

Élytre de coléoptère.

(Gr. nat.) Trouvé dans les schistes calcinés de Patoot.

Tout d'abord Kolthoff ne fut que médiocrement satisfait de ses recherches entomologiques ; les quelques papillons qu'il recueillit au début étaient tous endommagés par le vent. Le 7 août je trouvai, à mon grand étonnement, une quantité de ces insectes sur une terrasse située entre 750 et 900 mètres, où j'étais arrivé tout en étudiant les formations géologiques. Cette terrasse était couverte de plantes en pleine floraison, tandis que sur les pentes inférieures de la montagne les fleurs étaient déjà passées. Le lendemain Kolthoff se rendit à cet endroit et en rapporta une magnifique collection. Il recueillit notamment le *Colias Hecla* et l'*Argynnis chariclea*, et, en fait de papillons de nuit, des espèces appartenant aux genres *Anarta* et *Plusia* ; plus bas il trouva deux géométrides. Mon compagnon comptait retourner le 9 sur cette terrasse, mais pendant notre déjeuner le sifflet de la *Sofia* se fit subitement entendre. Un brouillard intense empêchait nos camarades de découvrir la côte. Pour leur signaler notre présence, nous tirâmes quelques coups de fusil. Ce signal n'ayant pas été entendu, Hans s'embarqua alors dans son kayak, mais à ce moment les coups de sifflet devinrent moins distincts, preuve que la *Sofia* s'éloignait. Tout à coup le brouillard se dissipa ; le navire put alors se diriger vers notre campement, et, quelque temps après, nous étions à bord. La veille, vers trois heures de l'après-midi, la *Sofia* était venue dans ces parages, et avait été forcée par les brouillards d'aller mouiller à Atanekerdluk. Pendant que le navire était resté à Ritenbenk, Forsstrand avait exécuté des dragages.

De Patoot la *Sofia* se dirigea vers Nugsuak ou Noursoak. Nous devions embarquer dans cette localité un guide pour l'île du Lièvre et quelques indigènes pour renforcer l'équipage pendant l'excursion que la *Sofia* entreprendrait dans la baie de Baffin. Arrêtés par les brumes, nous ne pûmes atteindre Nugsuak que le lendemain à cinq heures du matin. L'*utligare* (voir p. 252) étant absent de la colonie, il nous fut impossible de nous procurer le charbon qui nous avait été promis. Nous embarquâmes cinq Eskimos ; un devait nous servir de guide à l'île du Lièvre, et les autres être employés à bord aux sondages et aux dragages. A dix heures du matin je débarquai à l'île du Lièvre, accompagné de Kolthoff, de Nils et du guide indigène ; immédiatement après, la *Sofia* fit route vers l'ouest. Harö est une île longue de 19 kilomètres, située devant le Waigat et constituée presque partout par des basaltes. La plus grande partie de cette terre est occupée par un plateau dont l'altitude moyenne est de 150 à 180 mètres. Au sud s'élève une montagne qui atteint 380 mètres. Au nord-est, près d'Aumarutigsat, les basaltes contiennent des couches de charbon, d'argile et de limonite, dans lesquelles Steenstrup a trouvé de belles empreintes de plantes tertiaires. Ce charbon, qui a une grande ressemblance avec le lignite, renferme une résine fossile analogue à l'ambre. Ce gisement a une grande importance, en ce qu'il permet de reconnaître que le dépôt de ces couches fossilifères est contemporain de l'apparition des basaltes. Des empreintes de plantes sont en effet incluses dans des tufs volcaniques. *On a ainsi la preuve que l'émission des basaltes date ici, comme presque partout en Europe et en Amérique, de l'époque tertiaire.*

Nous dressâmes notre tente près d'une hutte ruinée, située à 2 ou 3 kilomètres au nord d'Aumarutigsat, dans un endroit bien abrité, voisin d'une source limpide. C'est le seul point qui nous parut convenable pour établir le campement. Cela fait, nous nous mîmes immédiatement au travail. En me dirigeant vers les couches de charbon, je découvris une strate dont l'existence n'avait pas été signalée, et qui renfermait une quantité d'empreintes de plantes, notamment d'une grande feuille de platane. Les espèces qu'elle contenait étaient peu variées. Dans la journée Kolthoff fit une belle collection d'insectes. Le 11 il souffla un vent très violent ; comme un pareil temps n'était guère favorable aux recherches entomologiques, mon camarade m'aida à réunir des fossiles. Ce jour-là nous trouvâmes plusieurs fruits en très bon état, provenant de différentes espèces de noyers (p. 311, fig. 2 et 3; l'intérieur du fruit était parfaitement conservé), des branches pétrifiées et un grand nombre d'empreintes de feuilles. Nous avions donc lieu d'être satisfaits de notre journée. La tempête nous faisait craindre pour la *Sofia*, mais dans la soirée nous vîmes passer le navire devant l'île et faire route vers le Waigat. Avec un ressac aussi fort que celui qui brisait alors sur la plage, il était impossible d'embarquer. Le 12, les deux Eskimos portèrent au gisement de plantes fossiles nos deux tonnes et y emballèrent les collections; nous voulions être prêts pour le cas où la *Sofia* arriverait. Ce travail nous occupa toute la journée, et le soir, en retournant à la tente, nous vîmes le navire sortir du Waigat. Ce fut pour moi une déception. Jusqu'ici je n'avais pu prendre un jour de congé et flâner le fusil sur l'épaule. A Nugsuak on nous avait dit avoir vu récemment sur l'île deux rennes; maintenant que mes études étaient terminées, j'espérais pouvoir me livrer au plaisir de la chasse. De plus, en allant du campement au gisement de charbon, j'avais aperçu un grand nombre de plantes rares, notamment le *Glyceria Kjellmani*, qui n'avait pas encore été signalé au Grönland; une excursion botanique aurait donc eu d'intéressants résultats. Comme nous devions retrouver prochainement Nordenskiöld, et que la *Sofia* était arrivée, je fus obligé de renoncer à mes projets. Après avoir chargé les bagages et les collections, le navire fit route au nord pour s'approcher de Nugsuak, afin que les indigènes de cette localité que nous avions à bord eussent moins de chemin à parcourir dans leurs kayaks; une fois les Eskimos mis à la mer avec leurs embarcations, nous nous dirigeâmes vers Ujaragsugsuk, où nous devions faire du charbon. Le 15, à neuf heures du matin, nous arrivâmes à destination.

Dans la journée du 10, Forsstrand et Hamberg avaient fait dans la baie de Baffin l'excursion projetée. Au début, tout alla bien. A une heure de l'après-midi, un sondage et un dragage furent exécutés; après quoi la *Sofia* poursuivit sa route vers l'ouest. Bientôt le vent augmenta de force, et à six heures du soir le navire dut battre en retraite devant la tempête, pour aller s'abriter dans le mauvais mouillage de Nugsuak, où il arriva le 11 au matin. Dans le port, la houle était très forte, et de plus des isbergs y dérivaient;

la situation de la *Sofia* devint alors critique, le navire perdit son ancre et dut prendre la mer après la rupture d'un second câble. La manœuvre était très pénible avec un équipage aussi faible que

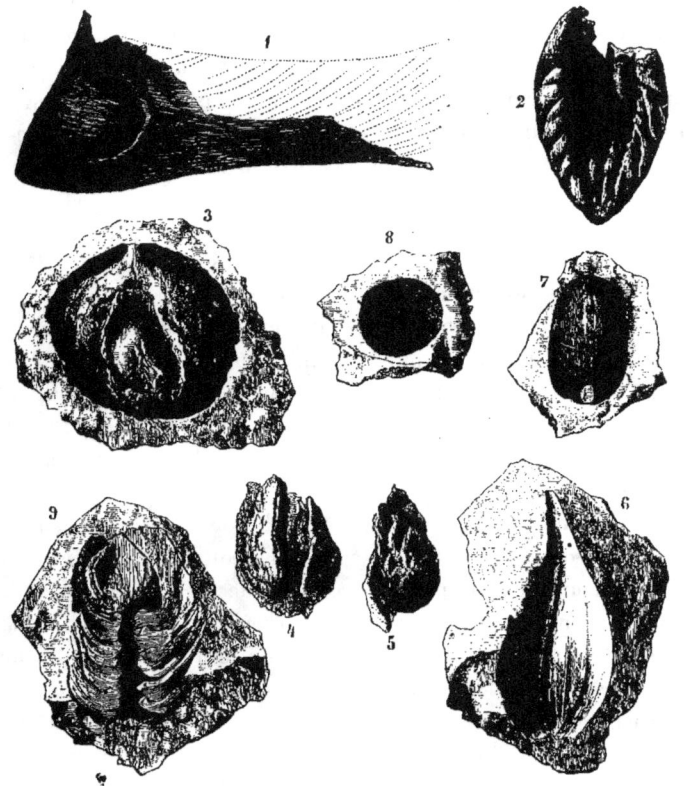

Fruits tertiaires découverts dans l'île du Lièvre.

(Dessins exécutés d'après nature et en grandeur naturelle.)

1. Fragment d'un fruit d'érable. — 2 et 3. Noix (deux espèces différentes). — 4 et 5. Cœur d'une noix. — 6. Fruit de *Carya*. — 7 et 8. Fruits appartenant à des espèces non encore déterminées. — 9. Cône d'un sapin (*Pinus M'Clurei* Hr).

celui de la *Sofia*. Le premier maître, souffrant d'une blessure au pied, ne pouvait monter sur le pont, et, par le gros temps, les Eskimos devenaient malades et incapables de rendre aucun service. Le capitaine chercha vainement un abri dans différents mouillages et finalement alla se réfugier à Atanekerdluk. Après un repos bien gagné, l'expédition en repartit pour l'île du Lièvre, où, ainsi que je l'ai déjà raconté, elle embarqua Kolthoff et moi.

Le 15 nous prîmes des travailleurs à Ujaragsugsuk, et immédiatement fîmes route vers Unartoarsuk, où, comme il avait été convenu, tout devait être prêt pour l'abatage du charbon. Nous embarquâmes à la houillère cent tonnes de combustible; l'abatage dura toute la journée et une partie de la nuit. Pendant ce travail les naturalistes firent des recherches aux environs. Le 14, à une heure du matin, nous partîmes et arrivâmes neuf heures après à Godhavn, où tout de suite nous commençâmes l'embarquement de deux cents autres tonnes de charbon. Les premières nouvelles que l'on nous donna de l'expédition de Nordenskiöld étaient inquiétantes; cinq jours auparavant, nous disait-on, elle n'était pas encore arrivée à l'extrémité de l'Aulaitsivikfjord. Je m'entendis alors avec le directeur Hörring sur les mesures à prendre pour envoyer une expédition de secours. Ce haut fonctionnaire me donna des lettres enjoignant aux gouverneurs d'Egedesminde et de Kristianshaab de se tenir à ma disposition. Si Nordenskiöld n'était pas de retour, je comptais envoyer des reconnaissances dans les fjords voisins de l'*inlandsis* et m'avancer moi-même sur la route que l'expédition avait suivie. Il était malheureusement presque certain que si un accident était arrivé à la caravane, il n'y avait point espoir de la sauver et que nos expéditions de secours n'auraient aucun résultat. Le même jour nous apprîmes que les Eskimos qui nous avaient accompagnés au cap York disaient avoir eu des nouvelles de l'expédition américaine par les indigènes d'Ivsugigsok. Ils rapportaient que la caravane de Greely était arrivée en traîneaux à l'île Littleton. Hans Hendrik, interrogé à ce sujet, confirma leurs dires. Lorsque Nordenskiöld le questionna plus tard à Egedesminde, il fit le même récit et ajouta même que le « Commande » était mort. L'origine de cette histoire est assez difficile à démêler. Les indigènes du cap York nous avaient dit que « Rasleigh » était mort, mais n'avaient ajouté rien de plus, bien que nous les eussions pressés de questions. Nous pensâmes d'abord que nos Eskimos nous avaient caché la vérité dans la crainte que nous n'allassions au secours des naufragés. Pendant la détention de la

Sofia à Ivsugigsok ils avaient manifesté les plus vives appréhensions des glaces. Comme nous le sûmes plus tard, toute cette histoire était fausse. Probablement nos gens n'ont point compris les récits de leurs congénères du cap York, ou peut-être ont-ils inventé l'histoire de toutes pièces, car les Eskimos d'Ivsugigsok, eux, ne disaient que ce qu'ils savaient. Depuis les expéditions envoyées à la recherche de Franklin on sait que certains indigènes du cap York ont souvent imaginé des légendes du même genre. Le 15 nous eûmes un nouvel exemple curieux de la manière d'agir des Eskimos. Ce jour-là nous apprîmes que, la veille, un *kayakman* venu d'Egedesminde avait annoncé aux indigènes de Godhavn l'arrivée de Nordenskiöld à Ikamiut, mais sans en rien dire aux Danois de la colonie. Tous les Eskimos du village connaissaient l'événement, aucun d'eux cependant ne jugea à propos d'en faire part aux fonctionnaires. Nous nous étions donc inquiétés bien à tort. Le chargement du charbon terminé, nous quittâmes Godhavn à sept heures du soir. Le brouillard nous empêcha de marcher pendant une partie de la nuit, et nous n'arrivâmes à Egedesminde que le 16 à dix heures du matin. Nordenskiöld vint au-devant de nous dans un canot, et, bientôt après, tous nos autres camarades se trouvaient à bord.

CHAPITRE VIII

La *Sofia* bloquée dans le Tasiusarsoak. — Dangers auxquels le navire est exposé en sortant de ce mouillage. — Traversée d'Egedesminde à Ivigtut et à Julianehaab. — Le brick *Hvalfisk*. — Excursion dans le fjord d'Igaliko. — Les ruines nordiques du Grönland. — Explorations archéologiques de ces ruines. — Position et aspect de ces ruines. — Les anciens habitants des bords de l'Igaliko ont-ils pratiqué l'élevage du bétail? — Bronze trouvé dans les ruines nordiques. — Brattahlid. — État actuel de l'agriculture et de l'élevage sur les bords de l'Igaliko. — Insectes et mollusques terrestres recueillis dans cette localité. — Curieux phénomènes lumineux observés sur le fjord d'Igaliko. — Gisement de syénite à sodalite. — Arrivée à Frederiksdal.

Avant de continuer la relation de notre expédition, je dois raconter les incidents qui marquèrent la sortie de la *Sofia* du Tasiusarsoak. Ce récit montrera à quels dangers est exposé un bâtiment dans un mouillage voisin du débouché en mer d'un bras de l'*inlandsis*, quelque sûr qu'il paraisse. Absent alors du bord, je dois emprunter la relation de cet événement au journal du capitaine Nilsson.

Comme le lecteur s'en souvient sans doute, le capitaine de la *Sofia* et la plus grande partie de l'équipage ainsi que les fonctionnaires danois qui nous avaient accompagnés dans l'Aulaitsivikfjord suivirent pendant deux jours, sur le glacier, la caravane qui allait explorer l'*inlandsis*. Le 6 juillet, au troisième campement, nos compagnons nous quittèrent pour retourner à bord. Le capitaine Nilsson avait ordre de partir pour Godhavn dès que la caravane aurait rallié le mouillage, puis, après avoir pris à bord Hans Hendrik dans cette localité, de continuer sa route vers Ujaragsugsuk, où le D\ Nathorst et M. Hamberg avaient été débarqués. La *Sofia* devait être ensuite à la disposition du D\ Nathorst pour explorer le Waigat et les environs du cap York, jusqu'au 14 août.

Le retour de la caravane jusqu'au Port de la *Sofia* s'effectua sans incident. Le 7 juillet, tous les hommes rentrèrent à bord bien portants, quoique un peu fatigués. A leur arrivée, le navire était paré pour le départ.

Le journal du capitaine relate en ces termes les incidents des jours suivants :

« *Dimanche 8 juillet.* — Suivant les ordres du baron Nordenskiöld, j'ai débarqué un nombre de rations suffisant pour la nourriture de dix hommes pendant quatorze jours, des vêtements de rechange, une tente et une baleinière ; le tout est placé sous la garde de quelques indigènes qui doivent attendre le retour de la caravane. Après avoir exécuté le relevé hydrographique du Port de la *Sofia*, nous levâmes l'ancre à dix heures du soir pour sortir du mouillage ; nous reconnûmes alors que le Tasiusarsoak était complètement obstrué par les glaces. La *Sofia* ne put se frayer un passage et fut arrêtée à minuit au milieu d'épais glaçons, entre lesquels s'étaient amoncelés des débris d'autres blocs très résistants. A une heure du matin je réussis à me dégager. Reconnaissant l'impossibilité de traverser cette banquise, je revins mouiller dans le Port de la *Sofia* pour attendre un changement dans l'état des glaces. Pendant notre excursion sur le glacier, la branche de l'*inlandsis* qui débouche dans le fjord avait *vêlé*[1], et les blocs qui s'en étaient détachés avaient formé cette banquise. A midi l'*inlandsis vêla* de nouveau, et le niveau de la mer s'éleva subitement dans le port d'environ 60 centimètres. Ces masses de glace fermaient toute issue. Je n'avais jamais observé auparavant ce phénomène ; peut-être également M. Nordenskiöld ignorait-il ses effets, car, s'il l'eût connu, il n'aurait certainement pas conduit la *Sofia* ici.

« *Lundi 9 juillet.* — A l'ancre dans le Port de la *Sofia*. Fraîche brise du sud-est et temps clair.

« *Mardi 10 juillet.* — Fraîche brise du sud-est et temps clair. La

---

1. On dit qu'un glacier *vêle* lorsque de son extrémité inférieure, qui débouche dans la mer ou dans un lac, des isbergs ou de gros morceaux de glace s'écroulent, ou lorsque la pression de l'eau les détache de la partie du glacier flottant à la surface de la mer ou du lac. Les isbergs de grande taille sont formés de cette dernière manière. Dans les deux cas le *vêlage* est accompagné de détonations et de grondements.

glace semble devenir moins compacte, et une ouverture est visible dans celle des baies du Tasiusarsoak qui pénètre le plus loin dans l'intérieur des terres. Nous espérons être dégagés prochainement.

« *Mercredi* 11 *juillet*. — Dans la nuit le glacier a de nouveau *vêlé*, et ce phénomène a provoqué au mouillage une nouvelle élévation du niveau de l'eau de 6 à 8 pieds[1]. Cette crue a enlevé la baleinière confiée à la garde des Eskimos. Dans la journée l'embarcation est retrouvée près de l'*iskant*[2], pleine d'eau et à moitié désemparée. Son gouvernail et tout son armement ont disparu. Nous remorquons le canot dans le port, et le halons à une bonne distance de l'eau. Il est réparé en toute hâte, et les rames sont remplacées[3].

« A la suite du *vêlage* survenu dans la nuit, la glace qui obstrue le Tasiusarsoak est encore plus compacte que les jours précédents. Sur l'*inlandsis* éclatent souvent de violentes détonations et de longs roulements comme ceux du tonnerre. La masse de glace qui couvre la mer paraît s'être crevassée au milieu, et a été soulevée à une très grande hauteur[4]. Il n'y a guère espoir de sortir de l'impasse où nous sommes enfermés.

« *Jeudi* 12 *juillet*. — Faible brise du sud-est. Temps clair. Aucun changement apparent dans la banquise. Si le navire doit rester ici plus longtemps, une grande partie des travaux de l'expédition ne pourront être exécutés ; il est donc nécessaire de faire une nouvelle tentative pour forcer la banquise et sortir du fjord.

« Le Tasiusarsoak ne communique avec l'Aulaitsivikfjord que par un chenal très étroit que l'on peut passer à l'étale seulement, à cause

---

1. $1^m,75$ à $2^m,50$. (*N. du trad.*)
2. Voir la note 2 de la page 15.
3. A mon retour cet événement me fut conté, en fort mauvais danois, à grands renforts de gestes, par Pinie Brandt, le chef des Eskimos qui nous attendaient. D'après la relation de Brandt, l'onde produite par le *vêlage* se serait élevée sur le rivage jusqu'à l'endroit où la tente était dressée, et aurait surpris les habitants, qui, bien repus, jouissaient d'une douce oisiveté.
4. Le capitaine Nilsson a eu ici l'occasion de voir comment les isbergs se forment par le soulèvement de la masse de glace flottante. Ce phénomène n'avait, je crois, été observé qu'une seule fois auparavant par un Européen, M. A. Helland (*Om de isfyldte Fjorde og de glaciale Dannelser i Nord-Grönland ; Archiv for Mathematik. og Naturvidenskab*, I, Kristiania, 1876. Consulter également à ce sujet les *Meddelelser om Grönland*, vol. IV, p. 21 et 93). J'ai été plusieurs fois témoin de la chute de fragments de glace à l'extrémité de glaciers.

Le Tasiusarsoak rempli par la glace. Vue prise d'une hauteur voisine du Port de la *Sofia*.
(Gravure exécutée d'après un dessin de L. Möller.)

des tourbillons qu'y déterminent les mouvements de la marée. Pour arriver dans le chenal juste à ce moment, je fis lever l'ancre à sept heures du soir. Bientôt nous fûmes au milieu de la glace ; en marchant à vitesse réduite, je réussis à me frayer un passage à travers les petits glaçons entassés entre les isbergs ; mais plus loin la banquise était si compacte que l'on dut donner toute la force de la machine pour pouvoir avancer. Pas la moindre ouverture n'était visible. Je marchai néanmoins en avant, espérant que la glace serait moins épaisse dans le voisinage de la passe. La *Sofia* put encore avancer, puis finalement dut s'arrêter à peu de distance du chenal. Dans cette position, je redoutais que des pressions ne se fissent sentir lorsque le flot serait dans toute sa force. Il était donc nécessaire de continuer en avant. Nous réussîmes à nous frayer un passage, en faisant tantôt machine en avant, tantôt machine en arrière, et en repoussant les glaçons avec des leviers. Les petits glaçons étaient maintenant moins compacts ; mais, par suite de l'arrêt que nous avions dû faire, nous arrivâmes trop tard pour profiter de l'étale. L'eau se précipitait déjà avec une vitesse énorme dans le Tasiusarsoak, entraînant vers nous de gros isbergs et des *champs* de glace. Tout d'abord je pus m'en garer, mais la glace tourne autour de nous en masses de plus en plus épaisses. Tout à coup un large *champ* nous barre la route. La *Sofia*, bien que marchant à toute vapeur, ne pouvait le disloquer et le traverser. Cette masse de glace poussant le bâtiment vers la côte, je dus marcher tantôt en arrière, tantôt en avant, pour me garer à la fois de la terre et des glaces. Bientôt un gros isberg donne en tourbillonnant contre le *champ*, qui nous barre la route. En un clin d'œil l'isberg pousse cet amas de glace devant lui, en débarrasse notre route, et l'entraîne dans le courant. La *Sofia*, maintenant dégagée, se fraye facilement un passage à travers les blocs que le flot entraîne. Bientôt les glaces deviennent moins épaisses, et à une heure de l'après-midi nous arrivons dans des eaux libres, où le courant avait une allure plus régulière, voyant disparaître avec joie le Tasiusarsoak. Désormais le navire ne trouva plus que quelques glaçons isolés. »

Aucun autre incident ne signala la navigation de la *Sofia* jusqu'au Waigat. Le 13 elle arriva à Kangaitsiak, où elle débarqua M. Hörring et sa suite. Dans ce mouillage, le navire fut soigneusement examiné. Sa coque était simplement bossuée en quelques endroits, et une branche de l'hélice légèrement endommagée. Tout l'équipage, notamment les Eskimos qui étaient à bord, gardera longtemps le souvenir de cette périlleuse navigation dans le Tasiusarsoak. Je ne suis pas éloigné de croire que le récit de cette aventure se transmettra de bouche en bouche parmi les indigènes des environs ; peut-être même un article de l'*Atuagagliutit* fera-t-il connaître cet événement aux habitants des autres parties du Grönland ; peut-être un jour l'imagination populaire transformera-t-elle ce récit en une légende que l'on racontera comme le naufrage de l'*oumiak* survenu dans ces mêmes tourbillons.

A Godhavn, où la *Sofia* mouilla pour prendre à bord Hans Hendrik, se trouvait alors l'expédition américaine, commandée par le lieutenant Garlington, envoyée au secours de Greely. Elle était embarquée sur le baleinier à vapeur *Proteus*, capitaine Reclide Pike, qui escortait la corvette *Yantic*, commandée par Frank Wildes. Le 23 juillet, le *Proteus*, pressé par les glaces, coula dans le détroit de Smith ; l'expédition ne put, par suite, atteindre le but qui lui avait été assigné.

Le 15 juillet, la *Sofia* arriva à Atanekerdluk, où le Dr Nathorst prit le commandement de l'expédition. Le chapitre précédent contient la relation du voyage au cap York et les études paléontologiques poursuivies par ce naturaliste.

La *Sofia* était revenue à Egedesminde chargée de riches collections de la région que le Dr Nathorst et ses compagnons avaient visitée. L'équipage était en parfaite santé et le navire en bon état ; dans sa croisière il avait simplement perdu une ancre avec une chaîne de quarante brasses et reçu quelques chocs sur le bordé en fer. Des difficultés inattendues avaient empêché l'expédition d'atteindre les blocs de fer de Sovalik[1], mais cet insuccès était largement compensé par les collections qu'elle rapportait des rives du Waigat.

1. Dans la relation du voyage M. Nordenskiöld écrit tantôt Sovalik, tantôt Sowallik. (*N. du trad.*)

D'après les nouvelles que l'on me donna à mon arrivée à Egedesminde sur l'état des glaces, la navigation dans la baie de Baffin avait été, cette année, beaucoup plus difficile que je ne l'avais pensé lorsque je rédigeai le plan de voyage. Aussi étais-je très inquiet du sort de la *Sofia*. Généralement la traversée de cette baie est assez facile; mais cet été, outre la *Sofia*, un seul navire, le *Proteus*, put pousser jusqu'au cap York. Dans ces parages, ce bâtiment, qui était

L'église d'Egedesminde.
(Gravure exécutée d'après une photographie prise par M. Kjellström.)

très solide, fut brisé par les pressions des glaces, et à grand'peine l'équipage parvint à se sauver. D'autre part, à bord de la *Sofia* on avait été préoccupé de l'issue de l'expédition partie sur l'*inlandsis*. Notre relâche de quelques heures à Egedesminde fut employée à embarquer les bagages de ma caravane et à nous procurer une nouvelle ancre en remplacement de celle abandonnée à Nugsuak. Pendant ces préparatifs, les explorateurs du cap York et ceux de l'*inlandsis* se souhaitèrent mutuellement la bienvenue dans une petite fête intime; puis nous donnâmes à bord un dîner pour prendre congé de nos aimables hôtes. A son arrivée à Egedesminde, la *Sofia* était prête à prendre la mer, et le même jour, à cinq heures du soir, elle leva l'ancre à destination d'Ivigtut. Comme je l'ai déjà dit, des approvisionnements de charbon et de vivres destinés au ravitaillement de l'expédition avaient été déposés dans ce port, et c'est là que nous devions faire nos derniers préparatifs pour la croisière que nous voulions entreprendre sur la côte orientale du Grönland.

Les glaces (isbergs et *drifis*) et les brumes retardèrent notre marche ; le 19 août seulement, soixante-dix heures après avoir quitté Egedesminde, la *Sofia* mouilla à Ivigtut. Trois autres navires étaient ancrés dans ce port : le *Fox*, navire célèbre depuis le voyage de Mac Clintock, de 1857 à 1859, et deux voiliers danois destinés au transport de la cryolithe. Un de ces derniers, qui avait éprouvé au printemps de sérieuses avaries au milieu des *drifis*, était maintenant en réparation. Postérieurement à 1859, le *Fox*, sous le commandement de sir Allen Young, avait fait une campagne hydrographique dans l'Atlantique nord pour reconnaître la possibilité d'établir un câble sous-marin entre les Färö, l'Islande et le Grönland[1]. Ce navire, qui appartient maintenant à la compagnie minière, entretient des communications entre le Danemark et Ivigtut.

À Ivigtut nous ne restâmes que le temps nécessaire à embarquer différents approvisionnements. Nous prîmes au dépôt établi à notre intention autant de charbon que le navire put en contenir. Pour avoir de la place à bord, j'embarquai sur un navire de la compagnie la partie de notre équipement dont nous n'avions plus besoin, et la plupart de nos collections, auxquelles s'ajoutèrent plusieurs magnifiques exemplaires des curieuses roches d'Ivigtut, dont nous fit présent l'obligeant directeur de l'exploitation, M. Haureberg.

En quittant Ivigtut, la *Sofia* contenait une provision de charbon suffisante pour alimenter les fourneaux pendant onze jours ; par un beau temps, cette quantité de combustible nous permettrait de parcourir une distance de 2000 milles. Les soutes renfermaient, en outre, des vivres pour douze mois. Pendant notre relâche à Ivigtut, des sondages et des dragages furent exécutés dans le profond fjord qui s'étend devant la colonie ; en même temps, des recherches géologiques, zoologiques et botaniques étaient poursui-

---

1. Une relation pittoresque de ce voyage a été publiée à Copenhague en 1861, par M. Th. Zeilau, sous le titre de *Fox-Expeditionen i Aaret* 1860.

vies à terre dans différentes directions. Nous visitâmes notamment une vallée voisine, baptisée du nom de *Grönnedal*[1], probablement à cause de la belle végétation qui s'y épanouit, et l'Arsukfjord, où débouche une branche de l'*inlandsis*. M. Kolthoff rapporta du Grönnedal plusieurs papillons rares et différents autres insectes. Parmi les plantes qui furent recueillies au cours de ces excursions, je citerai le *Linnæa borealis*, très abondant dans les taillis de saules touffus voisins de la colonie. Jusque-là le *Linnæa borealis* n'avait pas été signalé au Grönland ; depuis, l'expédition danoise de la *Fylla* l'a trouvé même jusqu'au 67° degré de latitude nord. Les botanistes étudièrent, en outre, des plantes moins belles, mais très intéressantes ; c'étaient des herbes vulgaires qui, apportées d'Europe, soit avec des semences, soit avec le lest des navires, s'étaient rapidement développées. Je reproduis ici la liste de ces plantes, que m'a communiquée le Dʳ Berlin, pensant qu'elle offre de l'intérêt pour l'étude de la dispersion des végétaux.

Herbes vulgaires observées à Ivigtut :

Chelidonium majus L.	*Artemisia vulgaris* L.
Brassica Napus L.	*Lappa tomentosa* (MILL.), LAM.
Sinapis arvensis L.	*Cirsium arvense* (L.), SCOP.
Cochlearia officinalis L.	*Centaurea Jacea* L.
Thlaspi arvense L.	*Sonchus oleraceus* L.
Capsella bursa pastoris (L.), MED.	*Lycopsis arvensis* L.
Spergula arvensis L.	*Verbascum Thapsus* L.
Erodium cicutarium (L.), L'HER.	*Lamium purpureum* L.
Medicago lupulina L.	» *amplexicaule* L.
Trifolium repens L.	*Plantago major* L.
Ervum hirsutum L.	*Chenopodium album* L.
Rubus idæus L.	*Rumex domesticus* HN.
Galium Aparine L.	*Polygonum Convolvulus* L.
Senecio vulgaris L.	» *lapathifolium* AIT.
Anthemis arvensis L.	*Urtica urens* L.
Matricaria inodora L.	*Cannabis sativa* L.[2]

Le 25 août, de bon matin, la *Sofia* quitta Ivigtut, se dirigeant à

1. La Vallée Verte. (*N. du trad.*)
2. De ces trente-deux espèces, trois seulement avaient été signalées auparavant au Grönland : le *Capsella*, le *Rumex* et l'*Urtica*.

travers le *skärgård* vers Julianehaab, où elle arriva le même jour dans la soirée. En route nous croisâmes le *Hvalfisk*, brick de la Compagnie de commerce, sur lequel j'avais fait mon premier voyage au Grönland, en 1870. De Copenhague à Godhavn, la traversée à bord de ce bâtiment ne dura pas moins de huit semaines. Cette année-ci, ce navire avait été près de quatre mois en route entre le Danemark et le Grönland. Le *Hvalfisk* n'est donc pas un bon marcheur, mais il date de près d'un siècle. Du temps de Nelson, c'est-à-dire vers 1800, il avait été armé en course par la Compagnie de commerce; et à cette époque c'était déjà un vieux bâtiment. Le long service de ce brick dans les mers du Grönland prouve non seulement l'habileté des capitaines et des équipages qui l'ont monté, mais encore que ces parages ne sont pas aussi dangereux que beaucoup de personnes le croient.

Je m'arrêtai à Julianehaab pour me procurer de la viande fraîche et un interprète. Lors de notre première relâche dans cette colonie, le directeur, M. Carl Lützen, m'avait promis de me livrer au retour plusieurs bœufs et d'engager un indigène qui nous suivrait sur la côte orientale en qualité d'interprète. Malheureusement le catéchiste que M. Lützen avait en vue fut empêché de nous accompagner. Le directeur eut l'obligeance de venir dans un canot au-devant de la *Sofia* pour nous piloter dans le port au milieu de l'obscurité. Dès qu'il fut arrivé à bord, il m'informa de l'insuccès de ses négociations et mit à notre disposition tout ce dont nous pouvions avoir besoin, soit en vivres, soit en charbon. J'acceptai sa proposition de prendre du charbon pour remplacer celui que nous avions brûlé en venant d'Ivigtut et celui que nous devions consumer pendant une excursion que nous projetions dans le fjord d'Igaliko. Au fond de ce fjord seraient situées, de l'avis de beaucoup de savants, les ruines de Brattahlid, le *gård*[1] d'Éric le Rouge.

Le 24 août, de bon matin, la *Sofia* se dirigea vers le fond du fjord, emmenant à son bord plusieurs habitants de la colonie et quelques indigènes qui devaient servir de pilotes. Plusieurs heures après, elle arriva, par un temps magnifique, à Igaliko, localité qui a donné son nom à tout le fjord.

1. Habitation. (*N. du trad.*)

La baie est entourée de pelouses verdoyantes qui, aux yeux des indigènes, sont très étendues. Au milieu de ces prairies apparaissent de nombreuses fondations en pierres, provenant d'anciennes habitations.

Ruines nordiques sur les bords du fjord d'Igaliko.
(Gravure exécutée d'après une photographie prise par M. Kjellström.)

Le nom d'Igaliko est du reste significatif, il peut se traduire soit par les mots « cuisson de la nourriture », soit par « endroit où l'on cuit[1] ».

1. D'après Rink. Cranz donne à cette localité le nom d'Igalak « petite fenêtre ». Thorhallesen l'appelle au contraire Iggalik. Peut-être ce nom a-t-il été modifié avec le temps. Le mot Igalak indiquerait que dans cette localité se trouve un portage bas et étroit, entouré de hautes montagnes, faisant communiquer le fjord de Tunugdliarfik avec celui qui se trouve au nord.

Les ruines situées sur les bords de ce fjord, les plus considérables du Grönland, sont beaucoup moins importantes que je ne l'avais supposé. A en juger par le mur de soubassement, le prétendu[1] *gård* d'Éric le Rouge aurait été plus petit que la maison d'un pauvre fermier suédois. Je ne ferai pas une description détaillée de ces ruines; les personnes qui s'intéressent à ce sujet pourront consulter les *Grönlands historiske Mindesmærker* (vol. III, p. 810), les *Meddelelser om Grönland* (vol. VI, p. 111) et les vues reproduites ici. Mais je crois utile de résumer les recherches archéologiques les plus importantes qui ont été faites sur ces ruines, et de présenter quelques critiques sur les conclusions douteuses auxquelles elles ont donné lieu.

Hans Egede attira, le premier, l'attention[2] sur les ruines d'habitations des anciens colons scandinaves, que l'on trouve en différents points de la côte occidentale du Grönland, notamment à l'extrémité supérieure des grands fjords qui découpent le littoral sud-ouest. Son journal contient, à la date du 20 octobre 1722, le passage suivant[3] :

Jusqu'ici nous n'avions pas entendu parler de l'existence, dans les environs, de ruines d'habitations des Scandinaves établis jadis dans ce pays. Le 24, trois jeunes Grönlandais du voisinage vinrent nous trouver; le mauvais temps les ayant obligés de passer la nuit ici, ils nous racontèrent, entre autres choses, qu'à trois jours de là, à l'est, sur les bords du Baals-Revier, se trouvaient les ruines d'une grande maison en pierres qui, au dire de leurs pères, aurait été construite au temps jadis par les *Kablunak* (sous ce nom les indigènes désignent les Danois et les étrangers). Les hommes qui avaient élevé ces constructions étaient morts depuis longtemps, et il n'existait plus que les emplacements de leurs habitations et quelques huttes en terre éboulées. La saison était trop avancée pour que je pusse contrôler la véracité de ce renseignement.

1. Plus loin je montrerai que cette identification repose sur des données de peu de valeur.
2. Le travail de Christian Lund intitulé *Christian Lunds Indberetning til Kong Friderich den 5: dje af 28 Martii* 1664, relatif au voyage de David Danell au Grönland en 1652 et 1653, mentionne, en passant, les ruines d'habitations *normandes*. Voir John Erichsen, *Udtog af Chr. Lunds Indberetning*, Copenhague, 1787, p. 46.
3. *Omstændelig og udførlig Relation angaaende den Grönlandske Missions Begyndelse*, etc., af Hans Egede, Copenhague, 1738, p. 68.

Le 18 avril 1723, pour la première fois, Egede vit des ruines nordiques dans l'Ameralikfjord ; plus tard, au cours de ses nombreux voyages, il en visita beaucoup d'autres. Partout les Eskimos lui affirmèrent que ces ruines étaient les vestiges des habitations des *Kablunak*, et que ni eux ni leurs pères ne les avaient jamais

Ruine nordique sur une île du fjord d'Igaliko.
(Gravure exécutée d'après une photographie prise par M. Kjellström.)

vues occupées. Les indigènes lui firent remarquer en outre que des pelouses bien fournies s'étendaient autour des ruines. Egede en conclut que les emplacements de ces abris avaient été choisis à dessein pour que les habitants pussent se livrer à l'agriculture et à l'élevage du bétail. Il était persuadé que les premiers occupants avaient vécu de l'élevage du bétail, et il n'a pas réfléchi que la belle venue des pâturages dans le voisinage des maisons pouvait provenir de la fumure du sol par les déchets d'animaux et de poissons rejetés hors des habitations. Primitivement, les Grönlandais se servaient du nom de *Kablunak* comme d'une expression collective pour désigner les étrangers ; ils l'employaient dans le sens donné à « Barbares » par les Grecs et les Romains, à « Francs » par les Orientaux, et à « Fan-kwei » par les Chinois. Si le vocable *Kablunak* dérive du mot *Kablunarpok*, ce nom n'est guère flatteur pour des étrangers.

Après Egede, des voyageurs envoyés par le gouvernement danois ou par les sociétés savantes du Danemark, de nombreux fonctionnaires de la Compagnie de commerce et presque tous les explorateurs qui ont visité le Grönland ont étudié les ruines des habitations nordiques. On est ainsi redevable de travaux plus ou moins importants sur ce sujet à : Peder Olsen Wallöe, E. Thorhallesen, A. Olsen, A. Arctander, A. Bruhn et au Dr C. Pingel. Peder Olsen Wallöe[1] parcourut, de 1751 à 1755, le district de Julianehaab ; Thorhallesen et Olsen découvrirent les ruines du district de Godthaab et des environs de Julianehaab[2] : de 1777 à 1779, Arctander et Bruhn visitèrent onze des fjords de la côte du sud-ouest, les plus riches en ruines[3]. En 1828 et 1829 Pingel fut chargé par le gouvernement danois de faire des recherches archéologiques dans le Grönland sud-occidental[4]. Un compte rendu détaillé de tous ces travaux est contenu dans deux rapports extraits de la troisième partie des *Grönlands historiske Mindesmærker*. Ils portent les titres de *Antiquarisk Chorographie af Grönland, en kortfattet Udsigt over de der hidtil forefundne Mindesmærker om de gamle Islændere og Nord-*

---

1. *Samleren*, vol. I, Copenhague, 1787, n°s 7 et suivants (d'après les *Grönlands historiske Mindesmærker*).

2. *Efterretning om Rudera eller Levninger af de gamle Nordmænds og Islænderes Bygguinger paa Grönlands Vester-Side*. Ce travail, paru à Copenhague en 1776, fut réimprimé dans les *Samlinger til Kundskab om Grönland* de Niels Christian Öst, Copenhague, 1850.

3. Un extrait du journal d'Arctander a été publié par von Eggers dans le *Samleren*, vol. VI, p. 1105 à 1242. Arctander fut envoyé au Grönland pour reconnaître les localités où des travaux d'agriculture et l'élevage du bétail pouvaient être entrepris avec succès. Il pensa accomplir plus sûrement sa mission en cherchant l'emplacement des anciennes habitations des Normands.

4. *Nordisk Tidsskrift for Oldkyndighet*, I, 1832, p. 94 à 108. Dans plusieurs des fascicules suivants de ce recueil et dans les *Annaler for nordisk Oldkyndighed*, le Dr Pingel a publié, en outre, un travail intitulé *Antiquariske Efterretninger fra Grönland*. Ce travail est en quelque sorte un rapport annuel sur les recherches entreprises de 1830 à 1841 par les missionnaires et par les employés de la compagnie, écrit à la demande de la *Nordiske Oldskriftselskab*.

mænd (de J.-J.-A. Worsaae), et d'*Udsigt over Grönlands gamle Geographie* (de C.-C. Rafn)[1].

Dans ces dernières années, les ruines du Grönland sud-occidental ont été étudiées soigneusement par une expédition entreprise aux frais de l'État danois[2]. Cette expédition se composait du lieutenant en premier G.-F. Holm, de l'architecte Th. Groth et du *candidat* C. Petersen. Enfin, en 1881, le pasteur J. Brodbeck, de Frederiksdal, a fait la découverte fort inattendue d'une ruine nordique sur la côte orientale[3].

Les vestiges des habitations nordiques, dont les dimensions atteignent rarement celles d'une petite maison de paysan suédois, ont été étudiées plus soigneusement que bien des temples célèbres de l'antiquité, et l'on doit admirer la persévérance avec laquelle les savants danois ont poursuivi leurs travaux. Ces recherches me paraissent toutefois avoir été dirigées par des hommes à vues étroites, qui ne se sont occupés que d'un côté de la question, et les conclusions qu'ils en ont tirées me semblent sujettes à caution. J'exposerai maintenant les arguments sur lesquels s'appuie cette opinion, qui paraîtra peut-être hasardée, étant en contradiction avec celle de savants tels que Egger, Rafn, Worsaae et Rink.

Des ruines nordiques existent sur les bords de la plupart des fjords de la côte sud-occidentale, surtout dans le Baalsfjord et l'Ameralikfjord (district de Godthaab) et dans les fjords d'Ikersoak, de Sermilik, de Tunugdliarfik et d'Igaliko, voisins de la colonie de Julianehaab. On ne trouve que de rares vestiges d'habitations sur le littoral même; le plus grand nombre sont situés sur les branches des fjords qui pénètrent le plus loin dans l'intérieur des terres, et même à une assez grande distance de ces fjords. Les ruines, bien conservées, se distinguent facilement des vestiges d'habitations d'Eskimos actuels, *bien qu'en architecture les Eskimos aient vraisemblablement subi l'influence des Normands*. Cela me paraît du moins résulter de la comparaison d'une hutte d'hiver grönlandaise avec

---

1. Le nom de l'auteur ne figure pas à la fin de chacun de ses rapports, mais il est indiqué dans la préface de la troisième partie de ce travail.
2. G.-F. Holm, *Beskrivelse af Ruiner i Julianehaabs Distrikt, der ere undersögte i Aaret*, 1880 (*Meddelelser om Grönland*, VI, p. 57 à 147).
3. J. Brodbeck, *Nach Osten*, Niesky, 1882.

une habitation du même genre construite par des Eskimos soit du détroit de Bering, soit de l'archipel de Franklin.

Les ruines nordiques se rapportent à plusieurs types de constructions. Ainsi on trouve des soubassements quadrangulaires peu élevés, en partie recouverts de gazon, larges de 4 à 6 mètres et de différentes longueurs. Les dimensions de leurs façades dépendent du nombre des chambres ou de celui des habitations qui ont été bâties les unes à côté des autres le long de murs mitoyens. Le plan suivant me dispense de décrire plus longuement ces ruines. Thorhallesen a fait remarquer le premier que la disposition de ces habitations rappelle celle des maisons des Islandais[1]. Les murs ont une épaisseur d'un mètre et même plus, et sont formés de pierres appareillées sans ciment. L'ouverture de la porte est généralement étroite, et dans aucune ruine on ne trouve trace de fenêtres. Les pierres employées dans la construction de certaines habitations sont énormes; on comprend difficilement comment elles ont pu être amenées là et mises en place sans l'aide de chèvres. Le sol de ces habitations est formé d'une couche d'argile et de gravier contenant des morceaux de charbon, des fragments de planches garnis de clous, et quelquefois des débris de scories, avec des inclusions de métal. Vraisemblablement les habitations dans lesquelles on découvre des morceaux de charbon n'ont pas été détruites par un incendie, et les fragments de bois carbonisés doivent provenir des brasiers sur lesquels on faisait fondre le métal de cloche dont je parlerai plus loin.

Il y a aussi au Grönland des ruines d'églises. Celles de Kakortok,

1. Cette importante question ne me paraît pas avoir été encore complètement tranchée. Dans un travail publié pour établir que l'*Österbygd* était situé sur la côte sud-occidentale, M. Steenstrup déclare que l'architecture des habitations *actuelles* des Islandais ne ressemble nullement à celle des habitations nordiques du Grönland (*Compte rendu du Congrès international des Américanistes*, Copenhague, 1883, p. 108). En revanche il accepte une assertion du Dr Kaalund, nullement contrôlée, affirmant que les ruines d'anciennes habitations islandaises sont analogues à celles du Grönland. Il n'existe en Islande qu'un très petit nombre de vestiges d'anciennes habitations, et nulle part on n'y voit de ruines de constructions cyclopéennes comme au Grönland. Tandis qu'en Suède et en Norvège on n'a pas découvert une seule ruine d'habitation datant de la fin de l'époque païenne, il est curieux que l'on en ait au contraire trouvé au Grönland des centaines; et, tandis que dans les pays scandinaves on a mis au jour une quantité de magnifiques objets de cette période, au Grönland on n'a découvert jusqu'ici aucun objet remontant à cette époque, si ce n'est

sur les bords du fjord Igaliko, représentées page 553, sont les mieux conservées. Ces édifices datent, croit-on, d'une époque plus

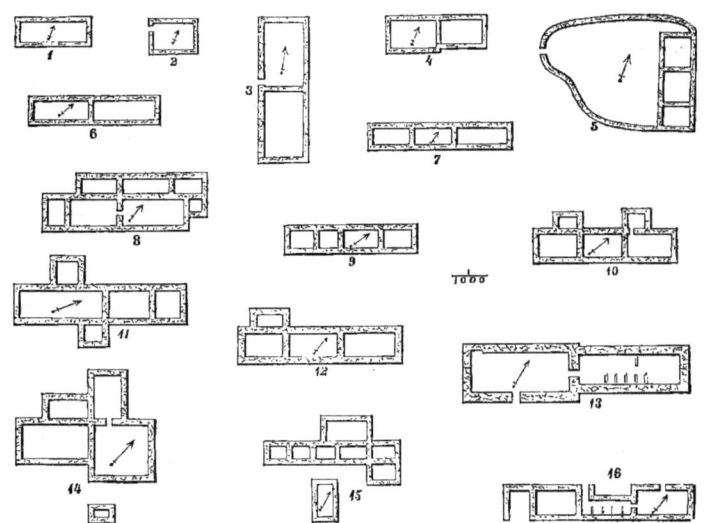

Plans de ruines découvertes au Grönland.

(D'après les plans contenus dans les *Meddelelser om Grönland*, vol. VI.)

1, 2, 3, 4, 5 et 6. Ruines de Kagsiarsuk (Tunugdliarfik). — 7 et 8. Ruines de Kordlortok (Tunugdliarfik). — 9, 10 et 11. Ruines entre Kordlortok et Tasiusak, dans le Sermilik. — 12 et 13. Ruines d'Isarok, près de Tasiusak. — 14 et 16. Ruines de Tinginmut. — 15. Ruines sur les bords du lac devant Amitsuarsuk.

récente, mais, dans tous les cas, sont antérieurs à l'époque de la découverte de l'Amérique. Probablement ils n'ont pas été complète-

dans quelques tombeaux. *A priori* on pourrait admettre que les habitations des anciens Normands ont été semblables aux huttes en terre qui existent encore aujourd'hui en Norvège. Dans ce cas, ces constructions ne devaient présenter que des différences très légères avec les habitations d'hiver que les Eskimos construisent aujourd'hui; et, une fois la maison en ruine, ces différences ne peuvent être reconnues que par un observateur très attentif. A ce sujet je ferai remarquer que, dans les recherches entreprises jusqu'ici, on n'a pas fait attention aux ruines que l'on ne croyait pas d'origine nordique. Ne pourrait-il pas se faire que les ruines nordiques, au Grönland comme en *Scandinavie*, ne fussent que des amas de pierres sans importance, échappés jusqu'ici à l'attention des chercheurs, et que les vestiges d'habitations de la côte sud-occidentale, tant de fois décrits, eussent une origine tout à fait différente de celle qu'on leur attribue? Pour résoudre cette question, il faut étudier les habitations et les ruines des anciens Normands en Islande et dans la Scandinavie septentrionale, et comparer ces constructions à celles trouvées au Grönland.

ment terminés. Ces constructions sont les seules dont les pierres soient assemblées avec du mortier.

Nous citerons encore comme types de ruines nordiques trouvées au Grönland : 1° des enceintes circulaires, presque toutes d'un faible diamètre, qui, d'après les archéologues danois, seraient des ruines de tours de guet, de baptistères ou de clochers ; 2° des cercles de pierres, de dimensions très variables, ayant probablement servi soit de soubassement à des habitations circulaires ou à des tentes, soit d'emplacement pour les jeux de la population, soit encore de clôtures ou de parcs pour le bétail ; 3° des enclos, des *cairns* et différentes autres constructions.

Près des anciennes églises se trouvent des cimetières. On y a mis à découvert des corps autour desquels on voyait encore des lambeaux des vêtements de laine qui avaient servi à les envelopper. Dans les cercueils qui contiennent ces restes, les planches sont assemblées par des chevilles ; quelques-uns seulement portent des clous[1]. Certains cadavres ne sont pas enveloppés de linceul ; ceux-ci

---

1. Peut-être une partie des cercueils garnis de clous contiennent-ils les dépouilles de baleiniers hollandais ou d'anciens navigateurs ayant fréquenté ces côtes. Au Spitzberg j'ai vu de nombreux tombeaux de ce genre qui étaient l'œuvre des baleiniers. Ces marins aimaient mieux être ensevelis à terre que d'être jetés à la mer, ainsi qu'on le voit dans le journal d'un baleinier, datant de 1667, et contenu dans l'ouvrage d'Öst, *Samlinger til Kundskab om Grönland*. En fixant à 1719 le début de la pêche à la baleine dans le détroit de Smith, W. Scoresby (*Arctic Regions*, II, p. 64) veut sans doute parler de la pêche régulière. Une lettre d'Anthonie Parkhurst à Richard Hakluyt, datée de 1578, *containing a report of the true state and commodities of Newfoundland*, mentionne la présence dans ces parages de cent navires espagnols occupés à pêcher la morue, et ce document ajoute que dans ce nombre ne sont pas compris 20 à 30 baleiniers venus de la baie de Biscaye. Il y avait alors dans ces eaux 50 navires portugais, 150 français et 150 anglais. Après les Anglais, les Espagnols étaient les mieux équipés en vue de la pêche à la baleine. Pour quiconque connaît les usages des chasseurs des mers polaires, il est certain que les baleiniers basques ont dû se diriger de Terre-Neuve vers les côtes du Grönland, bien que ces voyages ne soient nulle part rapportés. Il est également certain que, parmi les milliers de navires de pêche qui ont fréquenté les parages de Terre-Neuve, un certain nombre ont dû être entraînés par les tempêtes sur la côte occidentale du Grönland (Hakluyt, 1re édit., p. 674). A ce propos je rappellerai que sous le nom de Grönland les baleiniers désignaient le Spitzberg et la banquise qui s'étend de cet archipel à Jan Mayen. Ainsi le lieutenant en premier Hetting, en racontant ses aventures dans la mer du Nord et son voyage au Grönland (*Forliis i Nordsöen*, imprimé à Arendal en 1838), désigne par ce nom la banquise dont je viens de parler et non le Grönland. Cet ouvrage contient une description très intéressante de la chasse à la baleine telle qu'elle se pratiquait au milieu de ce siècle.

ont été probablement ensevelis avec des vêtements de peau, dont il ne reste plus aujourd'hui un lambeau.

Comme je l'ai déjà dit, la plupart des ruines nordiques sont situées sur les bords de fjords aujourd'hui inhabités et bordés de pâturages assez étendus, où jadis le gibier devait être très abondant. Dans un pays aussi froid que le Grönland, ces prairies ne pouvaient certainement pas fournir une quantité de fourrage suffisante

Ruines de l'église de Kakortok.
(Gravure extraite des *Meddelelser om Grönland*, t. VI, planche XX.)

à la nourriture des nombreux bestiaux que devait posséder une population vivant exclusivement de l'élevage, et qui était assez dense, à en juger par le nombre des ruines. Alors comme aujourd'hui, les indigènes devaient donc, ce me semble, se nourrir principalement des produits de la chasse et de la pêche. Si l'élevage a été pratiqué sur une large échelle dans les régions du Grönland où les ruines ont été étudiées, il a dû être abandonné quelques années après avoir été introduit. Cette opinion est assez facile à prouver.

La description minutieuse que le lieutenant Holm a faite des objets trouvés par lui en fouillant les ruines du district de Julianehaab, ne signale que trois découvertes d'ossements de bestiaux. Dans un endroit il a mis au jour un fragment d'astragale provenant d'une petite vache, dans un autre un doigt du même animal, et dans une troisième localité un petit fragment de toison de mouton et quelques poils de cheval ou d'autre animal domestique[1]. Admettons que ces ossements aient été déterminés exactement, et que l'astragale, l'orteil et les poils en question appartiennent bien à « une petite

Enceinte circulaire de pierres à Kakortok.
(D'après un dessin de M. Th. Groth, *Meddel. om Grönland*, VI. p. 98.)

vache », à un mouton ou à un cheval, et non pas au bœuf musqué[2], qui très certainement a vécu dans le sud du pays; admettons, dis-je,

---

[1]. Aucun autre des nombreux travaux que j'ai lus, relatifs aux fouilles exécutées dans les ruines nordiques, ne mentionne la découverte d'ossements de bestiaux. Pingel (*Ann. for nord. Oldkyndighed*, I, p. 128) affirme, il est vrai, que l'on a trouvé dans les fouilles faites à Igaliko « une énorme quantité d'ossements de bêtes à cornes de grande et de petite taille »; mais il doit y avoir ici une erreur. Cet auteur a sans doute voulu désigner par cette expression de « bêtes à cornes » des animaux sauvages; autrement il serait entré dans des développements à propos d'une découverte aussi importante. On trouve des monceaux d'ossements près des ruines des anciennes habitations des Eskimos; mais ils n'ont été étudiés que dans une seule localité, à Kaja, sur les bords du fjord de Jakobshavn, où, en 1870, j'en ai recueilli des échantillons. Au retour de notre expédition, ces ossements ont été examinés, et le résultat de ces recherches a été publié dans l'ouvrage *Redogörelse för en expedition till Grönland*, 1870, p. 1024.

[2]. Cet animal, qui vit encore aujourd'hui dans le Grönland septentrional, tient tout à la fois du bœuf et du mouton.

tout cela; la découverte de ces quelques ossements ne prouve pas, à mon avis, que les anciens habitants aient vécu des produits de l'élevage. Depuis cent cinquante ans ces ruines ont été visitées par de nombreux Européens. Pour tous ces voyageurs, la viande de boucherie est la principale nourriture, et beaucoup d'entre eux s'occupaient au Grönland d'élevage du bétail. Il a donc pu arriver que les ossements en question aient été apportés là par hasard,

Ruines de Kakortok.
(D'après un dessin de M. Th. Groth, *Meddel. om Grönland*, VI, p. 99.)

par les explorateurs eux-mêmes ou rejetés par eux sur le sol pendant leurs repas. En tout cas, pour une personne sans opinion préconçue, le petit nombre d'ossements de bestiaux découverts est une preuve certaine que les anciens habitants n'ont pratiqué l'élevage qu'accidentellement et pendant une période très courte[1]. Il n'y a rien là qui puisse nous étonner. Si la population actuelle du Grönland, qui est en partie européenne, n'avait plus de communications avec l'Europe, dans l'espace de deux générations au plus

1. A ce propos je dois rappeler que dans les palafittes de la Suisse on a trouvé des quantités d'os. On sait, en outre, qu'il a été question d'utiliser comme phosphate les os d'animaux domestiques contenus dans « la terre noire », près de l'ancienne place de commerce de Birka (environs de Stockholm), qui a été abandonnée peu de temps après la découverte du Grönland par les Normands.

elle adopterait le genre de vie des Eskimos. Les archéologues ont reconnu des vestiges d'étables dans une partie de ces ruines, précisément parce qu'ils supposaient à l'avance que de pareilles constructions devaient avoir existé dans le pays. Or les demeures des Grönlandais sont précisément divisées en plusieurs compartiments[1], comme les vestiges de ces prétendues étables.

On n'a trouvé dans ces ruines qu'un petit nombre d'objets, tels que

Cercle de pierres à Markai.
(D'après un dessin de M. Th. Groth, *Meddel. om Grönland*, t. VI, p. 100.)

des débris de marmites et de fragments de pesons en pierre ollaire, des rognons de fer (peut-être ce fer contient-il du nickel et provient-il du Grönland même?), des rivets et des têtes de clous enlevés vraisemblablement à quelque épave, enfin « du métal de cloche » et des scories, dont je parlerai plus loin. Le résultat de ces fouilles semble donc indiquer que, pendant la plus grande partie du temps qu'elle a occupé ce pays, la population qui l'habitait jadis n'a pas connu la civilisation européenne. On n'a découvert ni un tumulus, ni une fibule, ni un ornement en argent sur les bords du fjord, où, *d'après*

---

1. On peut s'en assurer en examinant les gravures de l'ouvrage de Rink : *Danish Greenland*, Londres, 1877, p. 176.

les *documents officiels publiés sur la position des colonies normandes*, auraient habité Éric le Rouge, Leif l'Heureux et nombre d'autres personnages légendaires. Pas une seule monnaie d'argent n'a été découverte dans les vestiges de l'ancien évêché de Gardar, d'où tant de navires chargés de numéraire étaient partis pour la Scandinavie[1].

Toutes les ruines nordiques fouillées jusqu'ici dans le sud-ouest du Grönland sont très pauvres en antiquités scandinaves, comme le prouve l'inventaire des objets trouvés dressé par Worsaae (vol. III des *Grönlands historiske Mindesmærker*, page 795). On n'a pas découvert une seule corne et un seul ossement de bestiaux, et cette population aurait vécu des produits de l'élevage! Worsaae s'était, à bon droit, étonné de ce qu'on n'eût point trouvé un plus grand nombre d'antiquités. Pour expliquer ce fait, il suppose qu'avant la fondation des colonies danoises, les Eskimos ont fouillé les ruines. Avec l'enthousiasme d'archéologues, les indigènes auraient recueilli non seulement les morceaux de fer, mais les moindres objets qu'ils mettaient au jour[2]! Je ferai observer à ce propos qu'un pareil travail n'est guère dans les habitudes des indigènes. A mon avis, les Scandinaves qui habitaient cette région, éloignés comme ils étaient de l'*Österbygd*, la colonie principale établie sur la côte orientale, ont dû en peu de temps adopter les mœurs des indigènes et leur

---

1. Outre les débris cités plus haut, les fouilles bien conduites de Holm n'ont mis au jour que quelques pesons de filet en pierre — il n'indique pas l'espèce de roche —, trois moulins à bras également en pierre, des morceaux de charbon de bois, des fragments de verre de Moscovie (probablement du mica), un morceau de polissoir en argile cuite, des fragments d'ossements de baleine plus ou moins travaillés et *une pierre roulée ayant vraisemblablement servi de marteau*. Il a découvert encore, sur la côte d'Ikigait, où est situé un ancien cimetière rongé par les lames, quelques perles de verre et un bouton en verre, un fragment de gobelet en plomb, une croix en bois, des débris de cercueil et des morceaux d'une grossière étoffe de laine, tous débris provenant certainement des baleiniers. Dans le même cimetière on a trouvé précédemment quelques pierres tombales portant des fragments d'inscriptions en caractères latins. (Elles sont reproduites dans le volume III des *Grönlands historiske Mindesmærker*, pl. IX et X.) De plus on a découvert, près d'Igaliko, une pierre runique. Cette pierre runique, trois fragments de meules, quelques débris de pierres tombales et une quantité de morceaux de métal de cloche sont les seules antiquités scandinaves trouvées au Grönland.

2. Le rapport adressé par Christian Lund au roi Frédéric III sur l'expédition de Danell, entreprise de 1652 à 1654, affirme que les Eskimos cherchaient du fer et des clous dans les ruines d'habitations nordiques. D'après ce que l'on a observé à Gotland, à Björkö et dans d'autres localités de la Scandinavie, des fouilles faites par des gens sans expérience ne peuvent épuiser complètement les ruines.

emprunter leurs ustensiles, et probablement en exécutant les fouilles on n'a pas fait attention aux objets eskimos trouvés soit dans les ruines, soit aux environs.

Une seule antiquité curieuse a été recueillie non seulement dans les ruines nordiques, mais encore dans les régions où il n'y a aucune trace d'anciennes habitations, et s'y trouve partout en grande quantité. Je veux parler des fragments du métal que l'on désigne sous le nom de « métal de cloche » et que l'on croit être des débris des anciennes cloches d'église. Cette dénomination a induit en erreur messieurs les archéologues.

Sous le nom de « métal de cloche » on désigne un alliage très cassant, dont la couleur varie du jaune de laiton au gris de plomb, très abondant dans les ruines nordiques comme dans les vestiges d'anciennes habitations des indigènes du sud-ouest du Grönland. Dès 1726 ces morceaux de métal attirèrent l'attention d'Egede et de son compagnon; mais le premier livre qui, à ma connaissance, en fasse mention, est l'ouvrage de Cranz (*Grönland*, p. 77), paru en 1765. D'après ce document on croyait déjà à cette époque que ces fragments de métal étaient les débris des cloches des églises nordiques qui auraient été détruites par les Eskimos. Les archéologues ont adopté cette explication sans, paraît-il, avoir pris le soin d'étudier de plus près la question et sans avoir analysé ce métal. Ils auraient dû pourtant savoir que les cloches en métal fondu étaient alors très rares dans les pays scandinaves, et vraisemblablement, dans une colonie lointaine et pauvre comme le Grönland, on n'a pas dû en transporter un aussi grand nombre que l'indiquerait la quantité des fragments de métal trouvés dans les ruines. D'après la *Chronique des Goths*, l'introduction des cloches dans le riche pays de Gotland daterait seulement de 1289[1].

Il est certain que la plupart des fragments de métal recueillis jusqu'ici ne sont pas des débris d'anciennes cloches. Leurs formes et la présence de scories avec des inclusions de métal indiquent que ce bronze est un alliage qui a été fondu dans le voisinage du gisement métallifère. Parmi les nombreuses antiquités du Grönland que j'ai examinées, je n'ai du reste jamais vu un fragment ayant appartenu sû-

1. J'ai en vain cherché à vérifier cette date sur des documents présentant plus de garantie.

rement à une ancienne cloche. Ni les *Grönlands historiske Mindesmærker*, ni les *Meddelelser om Grönland*, ni l'ouvrage de Rink, ne contiennent de planche représentant des débris de cette nature. Les morceaux de métal trouvés au Grönland sont des masses obtenues évidemment par moulage, des plaques brisées, des fragments irréguliers provenant d'une fusion incomplète ou d'une coulée manquée. Je n'ai vu qu'un seul morceau ayant certainement fait partie d'un objet en bronze, probablement l'anse d'une coupe, objet qui, en tout cas, eût été beaucoup trop mince pour servir de cloche. Dans un de ses rapports sur les découvertes archéologiques faites au Grönland (*Ann. for Nord. Oldkyndeghed*, II, p. 250), le docteur Pingel affirme qu'on a trouvé près d'Igaliko des fragments de bassins en métal qui paraissent avoir servi l'un, de fonts baptismaux, l'autre de bénitier. Le prétendu bénitier n'a pourtant pas été découvert dans les ruines d'une église ou d'une habitation nordique, mais sur l'emplacement d'une tente de Grönlandais, situé sur l'île Ovingasak, près de Frederikshaab. En voyant dans ce bénitier une vulgaire marmite, nous ne serons peut-être pas très loin de la vérité.

Les morceaux de bronze recueillis sont tous de forme et de couleurs très différentes, et *chaque morceau pourrait bien provenir d'une coulée différente*. Cette hypothèse est confirmée par les résultats des analyses que le docteur Carl Setterberg a faites à ma demande :

*Analyse du bronze grönlandais dit « métal de cloche »,
par le Dr C. Setterberg.*

Étain.	24,25	10,06	24,58	22,94	25,58	25,06	24,56
Antimoine.	1,42	0,68	0,29	0,74	0,50	0,55	0,46
Plomb.	1,54	3,14	1,25	0,75	0,92	1,09	1,06
Cuivre.	72,50	85,40	73,73	74,53	74,72	74,88	73,29
Métaux de la famille du fer, et pertes. .	0,51	0,72	0,57	1,04	0,28	0,62	0,85
	100 0/0^1	100 0/0^2	100 0/0^3	100 0/0^4	100 0/0^5	100 0/0^6	100 0/0^7

1. Fragment irrégulier, incomplètement fondu, trouvé sur l'emplacement d'une ancienne habitation grönlandaise à Tassiusanguak, à l'est de Kangamiut (district de Sukkertop).
2. Morceau fondu de métal doux d'un jaune de laiton (fig. 2 de la page 341).
3. Fragment irrégulier provenant d'une coulure du bain (?). Cassure cristalline (fig. 3 de la page 341).
4. Fragment irrégulier (fig. 4 de la page 341).
5. Morceau d'un rognon fondu de métal aigre (fig. 5 de la page 341).
6. Morceau fondu plat et irrégulier (fig. 6 de la page 341).
7. Morceau d'une plaque de métal aigre; cassure cristalline, avec nombreuses souf-

Comme comparaison, je rappellerai que le métal employé pour la fonte des cloches se compose de deux à trois parties de cuivre pour une d'étain. On sait également que les objets nordiques de l'âge du bronze sont, d'après les analyses de Berzelius, des alliages de 2,5 jusqu'à 12,6 pour 100 d'étain, abstraction faite de quelques impuretés de cuivre, et que les anciens bronzes des autres parties de l'Europe contiennent, suivant Klaproth, du cuivre allié à 2,5 à 15 pour 100 d'étain. Les bronzes scandinaves de l'âge du fer sont, au contraire, des alliages de cuivre et d'étain, auxquels s'ajoute, dans certains échantillons, du zinc en proportions variables[1].

Il n'a été trouvé, croit-on, aucun fragment de « métal de cloche » dans le nord-ouest du Grönland. Il n'est donc pas probable que le bronze ait été importé ici d'Asie par l'entremise de tribus d'Eskimos venues de l'ouest. Je signale ce fait, car j'ai vu un fragment de métal provenant d'un *kourgane* de Sibérie, semblable à un bronze grönlandais. J'ajouterai que les minerais (pyrite de cuivre, minerai d'étain et galène) nécessaires à la formation d'un alliage tel que celui dont il est question ici, se trouvent dans le sud-ouest du Grönland ; mais l'étain, du moins à ce que nous savons, y est rare.

A mon avis, la forme des fragments de bronze trouvés dans le Grönland méridional et la variété de leur composition indiquent que ce ne sont ni des débris provenant de cloches d'églises bâties par les premiers colons scandinaves, ni des morceaux de ces mêmes cloches soumis à une seconde fonte. Dans mon opinion, ces fragments de métal ont dû être jetés à la côte à la suite de quelque naufrage. Peut-être également sont-ils les restes de quelque atelier de fabrication, ou proviennent-ils de quelques-unes des expéditions qui, comme celles de Frobisher et de Hall, se sont occupées, au seizième et

---

flures ; surface oxydée sur une épaisseur de 0^{mm},5. (Il provient de Tasiusak, localité située à l'embouchure du Semekfjord, dans le district de Sukkertop.) Deux échantillons qui n'ont pas été analysés ont été trouvés à Igdlusangtigssat, au débouché du Kangerdluarsukfjord (district de Sukkertop) et à Umanartut, à l'ouest de Sydprøven (district de Julianehaab). Tous ces alliages, à l'exception du n° 2, présentent sur les plans de cassure fraîche une couleur d'un gris clair légèrement jaunâtre ; sur leur surface polie et sur les points qui ont subi des chocs, ils sont au contraire presque aussi jaunes que le laiton.

1. Voir les notes : de Berzelius dans les *Ann. for Nordisk Oldkyndighed*, I, p. 104 ; de O. Rygh dans les *Forhandl. i Videnskabs-Selskabet i Christiania*, 1875, p. 471 ; et de N.-J. Berlin dans les *Ann. for Nord. Oldkyndighed*, 1852, p. 249 et 254.

Fragments de « métal de cloche » trouvés au Grönland.

1. Anse d'un vase en bronze trouvé à Inorkuvaitsame, en face de Kasiarssuk, dans le fjord d'Igaliko. — 2. Morceau de métal fondu trouvé à Igdlorssuit, sur l'île Sermesok (district de Julianehaab). — 3. Fragment provenant d'une coulure du bain (localité inconnue). — 4. Morceau de métal fondu, trouvé sur une petite île près d'Avtarmint (district de Julianehaab). — 5. Morceau d'un rognon fondu de métal aigre, trouvé à Satut, à 5 kilomètres de Kungamint (district de Sukkertop). — 6. Morceau de métal fondu, trouvé à Niakungnuak (district de Sukkertop).

au dix-septième siècle, de chercher des gîtes métallifères au Grönland. Vraisemblablement ce pays a été visité par plus d'une expédition de ce genre dont l'histoire ne fait pas mention, et il est très possible que des aventuriers ignorants aient pris pour de l'or ces bronzes qui ont une belle couleur jaune. Quant aux légendes des Eskimos sur les cloches des *Kablunaks*, dont le son se faisait entendre à une grande distance, je n'y attache aucune importance. Dans ces fables on fait certainement allusion, non point au son des cloches, mais aux détonations de canon. On sait qu'autrefois les navigateurs s'amusaient à tirer des salves lorsqu'ils rencontraient des sauvages en abordant dans un pays inconnu.

A propos de la question de l'origine de ce bronze, je dois rappeler que la série des antiquités grönlandaises du Musée Ethnographique de Copenhague comprend un *thaler des Quatre frères* en laiton (bronze?) portant la date de 1624, des pointes de lance en bronze et un tailloir en métal de cloche. Admettons que la reproduction de cette monnaie soit l'œuvre d'un Européen et que les fers de lance aient une origine grönlandaise : la découverte de ces derniers objets et celle de nombreuses scories contenant de petits grains de métal prouvent que les Scandinaves *eskimoïsés*, ayant en abondance les minerais propres à la fabrication du bronze et manquant de fer, sont revenus à l'usage du bronze. Si cette hypothèse est vraie, les archéologues auraient découvert dans cette région des ateliers de fabrication.

Je veux encore faire une objection, au sujet de la chorographie du Grönland généralement acceptée. Cette chorographie repose sur l'identification de l'Eriksfjord avec l'Igalikofjord, fondée sur la prétendue découverte de Brattahlid, l'habitation d'Éric le Rouge et de Leif, la localité d'où sont parties tant d'expéditions dont les sagas nous ont conservé les relations. Sur un monticule rocheux, élevé de 15 mètres au-dessus de la plaine d'Igaliko et présentant vers le nord-est un escarpement haut de 2 mètres à $2^m,50$, on trouve les soubassements d'une habitation, mesurant à l'extérieur une longueur de $16^m,50$, une largeur de $6^m,6$ et une épaisseur de $1^m,40$. L'habitation est appuyée sur une de ses faces contre le rocher, et de ce côté le mur est remplacé par l'escarpement du monticule :

Le prétendu Brattahlid, vu dans la direction du nord.
(Gravure exécutée d'après une photographie de M. Kjellström.)

sur les trois autres côtés les murailles sont formées d'énormes blocs de grès. La position de cette ruine au pied d'une paroi haute de 2ᵐ,50 a conduit certaines personnes à l'identifier avec l'ancien Brattahlid ; elles supposent que ce nom, formé des vocables *bratt* et *hlid*, signifie « un escarpement rocheux ou une pente escarpée » (Rafn, *Gr. h. Mindesm.*, III, p. 868). Cette étymologie a été acceptée ensuite par tous les auteurs. Or le mot *hlid*, ou, comme on l'écrit maintenant, *li*, ou encore *lid*, ne désigne pas du tout un escarpement rocheux, mais une pente gazonnée ou couverte de bouquets d'arbres[1]. Jamais un Scandinave ou un Islandais n'a pu avoir l'idée de désigner par le mot de Brattahlid une partie quelconque du petit monticule qui fait saillie au-dessus de la plaine d'Igaliko. Ainsi tombe le seul argument sérieux que l'on ait invoqué pour prouver que l'*Österbygd* ait été situé sur la côte occidentale du Grönland.

Le fjord d'Igaliko passe pour un des plus intéressants du Grönland, non seulement à cause de ces ruines nordiques, mais encore à cause de la belle végétation de ses rives. Aux yeux des indigènes, les prairies qui s'y trouvent sont beaucoup plus curieuses que les vestiges des habitations des *Kablunaks*. Actuellement on élève dans cette localité quelques bestiaux et l'on y cultive plusieurs arpents de terre, travaux qui semblent aux Eskimos aussi extraordinaires que la chasse à la baleine à un brave paysan suédois.

Hans Egede avait essayé d'introduire l'élevage du bétail au Grönland, et dans ce but il voulait fonder plusieurs colonies d'Européens sur les bords des grands fjords du Grönland méridional où abondent les pâturages. Cette tentative n'eut d'autre résultat que de faire élever quelques vaches dans les colonies du sud et d'établir un petit jardin près de l'habitation du gouverneur. On ne s'occupa plus ensuite de cette question.

En 1780 Fabricius, dans son célèbre ouvrage sur la faune du Grönland (*Fauna Grönlandica*), déclare ne pouvoir affirmer s'il

---

1. On lit dans le dictionnaire de Johnson (*Oldnordisk Ordbog*, Copenhague, 1865) : « *hlid*, pente de montagne couverte de bois ou de pâturages ». Ivar Aasen explique dans son dictionnaire le mot *lid* par : « versant, pente, notamment de montagnes couvertes de bois et de pâturages ».

existe encore des bœufs (*Bos Taurus*) dans la région. En tout cas, après avoir quitté le service de la compagnie en 1782, le premier marchand installé à Julianehaab, Anders Olsen, se consacra à l'élevage du bétail. Dans ce but il s'établit d'abord près de cette colonie, puis plus tard dans les ruines d'habitations nordiques de l'extrémité supérieure du fjord d'Igaliko. Ce sont ses descendants, presque complètement « eskimoïsés », qui occupent encore aujourd'hui cette localité et y élèvent quelques bestiaux. En dépit des nuées de moustiques, les animaux y vivent très bien pendant l'été; mais souvent, durant l'hiver, ils y souffrent beaucoup. Les Eskimos, n'ayant aucun esprit de prévoyance, ne font jamais de provisions pour les animaux qu'ils possèdent. De plus, au dire de M. Lützen, la race bovine se serait abâtardie par suite du manque de croisement. Enfin les pâtres indigènes n'ont aucune idée de la manière dont doivent être traités les produits de l'élevage.

A Igaliko on cultive des pommes de terre et des navets. Ces légumes sont gros et de fort bon goût, mais cotonneux et aqueux, la terre qui les produit étant probablement trop grasse ou mal fumée. Nous achetâmes plusieurs boisseaux de ces pommes de terre; je voulais en planter en Suède pour voir comment elles viendraient dans un climat plus chaud. Pendant l'hiver de 1884 elles ont poussé de gros bourgeons qui ont été mis en terre. Le rendement a été abondant; les tubercules étaient gros et fermes, et ils se sont conservés frais pendant un an, tandis que des pommes de terre provenant de pays du Midi étaient avariées.

Les botanistes recueillirent à Igaliko de nouveaux matériaux pour l'étude de la flore du Grönland. En dépit des plus attentives recherches, les zoologistes ne découvrirent que trois espèces de mollusques terrestres, un *Physa*, un *Vitrina* et un *Helix*, encore étaient-elles fort rares. On ne recueillit que quelques espèces de coléoptères, de papillons et divers insectes appartenant à d'autres ordres. Les bestiaux n'ont point, semble-t-il, apporté ici quelques-uns de ces coléoptères dont les entomologistes définissent l'habitat en ces termes : *habitat in stercore bovino*. Dans la Norvège septentrionale, dont le climat est vraisemblablement analogue à celui du Grönland méridional, les coléoptères et les mollusques terrestres

Le prétendu Brattahlid, vu dans la direction du nord-est.
(Dessin exécuté d'après une photographie de M. Kjellström.)

sont représentés par un nombre d'espèces et d'individus beaucoup plus grand. On peut conclure de ce fait que dans le Grönland méridional la période glaciaire a pris fin depuis bien moins longtemps qu'en Norvège ; cette observation peut permettre de se rendre compte de la longueur de la période nécessaire pour qu'une espèce appartenant à une des formes animales les plus sédentaires puisse se développer dans une nouvelle région.

Lorsque l'obscurité nous eut tous obligés à rentrer à bord, la *Sofia* descendit le fjord pour revenir à Julianehaab, distant de trente milles. La nuit était noire, le chenal peu connu, et les Eskimos guère habitués à piloter un navire. Par suite, nous dûmes marcher à vitesse réduite, et nous n'arrivâmes que le lendemain matin à la colonie.

Tandis que nous avancions au milieu de l'étroit chenal du fjord, nous vîmes tout à coup en arrière du navire, à la surface de la mer, une large bande lumineuse parfaitement limitée. La nuit était profonde, l'air tranquille et la mer absolument calme. Cette lueur avait un éclat fixe et était jaunâtre comme celle qu'émettent les substances phosphorescentes. Quoique le navire marchât à une vitesse de quatre à six nœuds, cette lueur s'approcha rapidement de nous, et bientôt nous entoura ; à ce moment le bâtiment sembla naviguer sur une mer de feu ou de métal en fusion. Un instant après, cette bande lumineuse avait dépassé le navire, et disparaissait à l'horizon. Je n'eus malheureusement pas le temps de l'examiner au spectroscope, ni de prendre un échantillon d'eau, avant que nous l'eussions perdue de vue. Cette lueur était complètement différente de la lumière bleuâtre qu'émettent les noctiluques ; du reste, au moment même de cette apparition on pouvait voir quelques-uns de ces animaux dans le sillage du navire. Si cette bande lumineuse avait été produite par le passage d'un banc de poissons, la mer aurait été agitée ; or à ce moment sa surface était absolument unie ; d'autre part, la phosphorescence produite par des poissons a une couleur bleuâtre et non pas jaunâtre comme la lueur que nous avons aperçue. Les Eskimos attribuaient ce phénomène à une mince couche d'eau argileuse qui se trouve dans ces parages à la surface du fjord, et qui provient d'un torrent issu d'un glacier. Au moment de cette apparition, le ciel était couvert de nuages assez épais et on n'apercevait aucun lambeau d'aurore boréale.

« Nos savants n'ont pu expliquer ce curieux phénomène », écrit le capitaine Nilsson dans le journal du bord, à la date du 25 août. Je suis d'accord avec notre excellent capitaine, mais, à notre décharge, je dois dire qu'aucun ouvrage ne mentionne un phénomène semblable, à moins que la lueur observée à Igaliko ne soit celle que l'on voit dans les mers des tropiques et que les marins appellent « mer de lait » ou « mer d'hiver » (voir G. v. Boguslawski, *Handbuch der Ozeanographie*, vol. 1, p. 178). Peut-être est-ce un phénomène du même genre qui s'est produit à Aalborg. D'après le journal norvégien *Naturen* (n° 4, 1885), des flammes seraient apparues sur les vagues qui brisaient contre le rivage près de cette ville. Peut-être aussi est-ce une lueur analogue que Lig-Lodin raconte avoir vue. Ce héros célèbre dans l'histoire du Grönland a rapporté au roi Harald Sigurdsson avoir été témoin d'un fait merveilleux, décrit en ces termes par Björn Johnsen[1] :

Le Grönlandais Lig-Lodin était un homme sage et instruit. Un été il arriva du Grönland accompagné de son neveu et rencontra le roi Harald Sigurdsson qui se rendait alors aux îles du Sud avec Toste Träspjut, le fils de Godvin. A la demande du roi, Lig-Lodin lui conta maintes histoires merveilleuses. Trois, notamment, parurent curieuses à Harald Sigurdsson. Voici la première. « Un jour, dit-il, à l'avant de mon navire, la mer était couverte de flammes si hautes qu'elles atteignaient le ciel; grâce au vent favorable, je pus traverser cette bande de feu là où elle s'élevait le moins haut au-dessus de l'eau. » Comme preuve à l'appui de ce dire, Lig-Lodin montra au roi que deux écoutes de la voile avaient été brûlées.

Je mentionnerai encore une découverte importante que nous fîmes dans cette région. Parmi les curiosités des environs de Julianehaab, M. Lützen me montra un morceau de syénite à sodalite semblable à celle du Kangerdluarsuk, et provenant d'une montagne située au sud-est du lac Tasersuak, voisin de la colonie. A ma prière, Nathorst visita cette localité et trouva des blocs de cette

---

1. Auteur d'un résumé de différentes sagas relatives au Grönland, en grande partie perdues aujourd'hui.

roche contenant de l'eudialyte dans une ancienne moraine constituée par de l'argile. A Julianehaab on me donna également un tronc d'arbre d'une taille extraordinaire pour le Grönland. Il mesurait une largeur de 1^m,50 et un diamètre de 0^m,21. Les couches ligneuses concentriques permettaient de fixer à 354 ans l'âge de cette tige. Cet

Glaçon dans le port de Frederiksdal.
(Gravure exécutée d'après une photographie prise le 29 août 1883 par M. Kjellström

arbre avait été trouvé sur les rives d'une des branches du fjord qui pénètrent loin dans l'intérieur des terres.

Le 26 août de grand matin, la *Sofia* quitta Julianehaab. N'ayant pu me procurer dans cette colonie l'interprète désiré, je résolus, avant de me diriger vers la côte orientale, de relâcher à Frederiksdal, espérant décider un des missionnaires de la confrérie des Frères Moraves à nous suivre en cette qualité. A dix heures du matin environ, nous passâmes, par un temps magnifique, devant un haut promontoire que certains auteurs ont identifié à tort avec le Hvarf, si souvent mentionné dans les sagas islandaises. Nous nous arrêtâmes quelque temps devant ce cap, pour permettre au photographe d'en prendre une vue, et pour exécuter des sondages et des dragages. Jusque-là nous avions trouvé de nombreux isbergs ; plus loin nous rencontrâmes, non seulement des glaçons provenant des glaciers, mais encore de la glace de mer, ce qui n'était pas un très bon présage pour le succès de l'expédition projetée sur la côte orientale. Ces glaces n'opposèrent aucun obstacle à notre marche, et à trois heures et demie de l'après-midi nous mouillâmes devant Frederiksdal. Un navire européen n'avait jamais ancré dans ce port, à ce que nous dirent les missionnaires. Ce fait permet de se rendre compte de la grande quantité de glaces qui s'accumule autour de la pointe méridionale du Grönland ; en effet le port de Frederiksdal est très bon et est situé près du cap Farewell, dans des parages où, pour se mettre à l'abri des tempêtes soudaines et terribles, chaque marin doit désirer trouver à proximité un port de refuge.

CHAPITRE IX

Le pasteur Brodbeck nous accompagne sur la côte orientale. — Renseignements fournis par un indigène sur cette région. — Note de Brodbeck sur les ruines nordiques et sur les indigènes de la côte orientale. — Opinions des savants sur la position de l'*Österbygd*. — Début de la croisière de la *Sofia* le long de la côte orientale. — Conseils qui nous furent donnés à ce sujet. — Mauvaise réputation de la côte orientale. — La *Sofia* essaye de traverser l'Ikeksund. — Le cap Farewell. — L'*Alca impennis*. — Navigation le long de l'*iskant*. — Isbergs. — Traversée de la banquise côtière près du cap Dan. — Débarquement sur la côte orientale. — Le port du Roi-Oscar. — Traces d'indigènes. — Tombeaux et monceaux de pierres. — Nouvelle tentative pour traverser la banquise côtière. — L'expédition bat en retraite. — Reykjavik. — Arrivée à Gothembourg. — Résumé des résultats de l'expédition.

Nous fûmes très cordialement accueillis à la mission de Frederiksdal par le pasteur Brodbeck, directeur de cet établissement. En 1881 ce missionnaire avait visité la côte orientale jusqu'au fjord Kangerdlugssuaitsiak (60° 30′ de lat. N). Sur la rive septentrionale de cette baie, dans une localité appelée par les Eskimos Narssak[1], il avait découvert la première ruine nordique qui ait été signalée sur la côte orientale. Brodbeck avait de plus recueilli des renseignements très intéressants sur les indigènes, le climat et la végétation de cette région, de la bouche des habitants de cette partie du Grönland qui viennent acheter des marchandises européennes dans les colonies du sud de la péninsule. (Chaque année il arrive dans ces établissements des Eskimos de la partie de la côte orientale qui s'étend depuis le cap Farewell jusqu'à un grand fjord situé en face de l'Islande septentrionale et dont les rives abriteraient une population très dense.)

Ayant fait part au pasteur Brodbeck de mon désir d'engager comme

1. Le mot Narssak signifie « plaine ».

interprète un Européen sachant bien la langue des indigènes, il offrit de m'accompagner si ses supérieurs lui en donnaient l'autorisation. Pour solliciter cette permission, j'envoyai immédiatement un exprès à Lichtenfels[1], où résident les autorités religieuses dont il dépend. Nous restâmes à Frederiksdal jusqu'au 29 août pour attendre la réponse ainsi que pour nettoyer la chaudière[2] et examiner soigneusement la machine de la *Sofia* avant d'entreprendre notre périlleuse navigation sur la côte orientale. Le 29, l'exprès apporta au pasteur Brodbeck l'autorisation de suivre l'expédition et même de l'accompagner en Europe si les circonstances l'y obligeaient. Outre Brodbeck, la *Sofia* embarqua à Frederiksdal deux Eskimos qui devaient nous piloter, pendant les premiers jours du voyage, à travers les détroits qui découpent le continent grönlandais au nord du cap Farewell.

Un de ces soi-disant pilotes, qui avait habité très longtemps sur les rives de l'Ikeksund, au nord de la pointe méridionale du Grönland, avait eu de fréquents rapports avec les indigènes de la côte orientale. C'était un homme loquace, et par l'intermédiaire du pasteur Brodbeck il me donna des renseignements très importants pour la géographie ancienne de cette partie du Grönland. Je rapporte ci-après les plus intéressants.

Notre pilote, nommé Timotheus Kujanangitsok, nous donna d'abord des renseignements sur la population et sur les campements de la côte orientale, renseignements qui concordent avec ceux recueillis par le lieutenant de la marine danoise G. Holm au cours du voyage qu'il entreprit dans le Grönland méridional en 1880[3].

---

1. Cette mission est située à quelques milles au nord de Frederiksdal.
2. Généralement nous faisions nettoyer la chaudière par de jeunes Eskimos. Ces indigènes n'éprouvaient aucune répugnance à se charger de ce travail, qui n'est pas précisément agréable, surtout au début. Il s'agit, en effet, de pénétrer par un trou très étroit (le « trou d'homme ») dans la chaudière, complètement obscure et dont la température est encore assez élevée. Ordinairement les Eskimos restaient là dedans tant que durait le travail, ils y prenaient même leurs repas. Une fois, nous engageâmes pour ce travail un gamin gras et corpulent comme tous les Eskimos pur sang. Il s'introduisit avec peine dans le trou, au milieu des quolibets de ses camarades, qu'il écouta sans mot dire, et se mit à travailler avec ardeur ; mais, tout le temps qu'il resta dans la chaudière, il refusa énergiquement de manger quoi que ce fût, de peur *d'engraisser et de devenir par suite trop gras pour pouvoir sortir par le « trou d'homme »*.
3. *Meddelelser om Grönland*, VI, 1885, p. 65. Inuk, l'Eskimo qui a renseigné Holm,

Frederiksdal.

(Gravure exécutée d'après une photographie prise le 29 août 1885 par M. Kjellström.)

Il ajouta ensuite que des ruines d'habitations qui ne sont pas l'œuvre des indigènes se trouvent sur les rives de presque tous les grands fjords de la côte orientale, notamment dans les fjords d'Umanak[1], d'Ekallumiut et d'Igdluluarsuit. Dans toutes ces ruines,

Le pasteur Jacob Brodbeck.
Mort le 1er avril 1884.

disait-il, les murs étaient en partie éboulés. Ces constructions sont très basses, mais quelques-unes sont fort étendues. La plus grande serait située à Igdluluarsuit. Dans une montagne ou sur une île située immédiatement au sud d'Umanak on trouve de la pierre ollaire d'excellente qualité. Les plus grandes marmites taillées dans

---

affirmait au contraire n'avoir jamais vu de ruines d'habitations européennes sur la côte orientale, ni entendu parler de leur existence. Mais sur un grand nombre de points saillants de la côte il existait, disait-il, des signaux en pierres et, en plusieurs endroits, des traces d'anciens campements qui ne provenaient point des Eskimos.

1. Ce fjord d'Umanak, situé sur la côte orientale par 65° de lat. N., ne doit pas être confondu avec les nombreux caps, îles ou récifs des autres parties du Grönland qui portent le même nom et dans lesquels l'imagination des indigènes reconnaît la forme d'un cœur.

cette pierre ont un diamètre de 60 à 90 centimètres. La présence de cette roche, déjà mentionnée dans la relation du capitaine Graah, est un fait très important pour la géographie ancienne du Grönland, car Ivar Baardsön, dans sa description de cette région, rapporte que la meilleure pierre ollaire se trouve à Renö, devant l'Einarfjord, et que l'on peut y tailler des marmites d'une capacité de dix à douze *tunna* (1650 à 1980 litres). Mais le gisement situé au sud d'Umanak[1] est-il le même que celui de Renö. Si l'identité de ces deux localités peut être prouvée — ce qui serait assez facile en étudiant le gisement, — on aurait pour déterminer la position des anciennes colonies un argument beaucoup plus sérieux que les interprétations obscures qui ont été données du nom de Brattahlid.

La note suivante, que m'a remise le pasteur Brodbeck après notre retour en Europe, résume les conversations que j'ai eues avec lui, soit pendant notre séjour dans son hospitalière maison de Frederiksdal, soit pendant notre voyage le long de la côte orientale[2].

De temps en temps les indigènes de la côte orientale viennent dans les stations du sud-ouest pour se procurer par voie d'échange des denrées d'Europe. Ils se rendent généralement à Pamiagdluk, l'établissement le plus méridional, et à la mission de Frederiksdal; lorsqu'ils ne remontent pas jusqu'à cette dernière station, des habitants de cet établissement vont commercer avec eux à Pamiagdluk. Quelques-uns de ces Eskimos restent parfois sur la côte occidentale pour y recevoir le baptême; de ceux-là,

---

1. Il existe de nombreux gisements de pierre ollaire sur la côte occidentale, notamment dans le district de Godthaab. Celle qui se trouve sur la côte orientale présente sans doute la meilleure qualité, car, au nombre des objets d'échange que les indigènes de cette région apportent sur le littoral occidental, figurent des marmites en pierre ollaire. La *Norrigis Bescrifuelse*, composée au commencement du dix-septième siècle par Peder Claussön Friis, rapporte que des pierres provenant de l'Irlande et du Grönland ont été employées dans la construction de la cathédrale de Trondhjem. Il ne serait pas difficile de reconnaître par une analyse minéralogique et microscopique si une partie des belles sculptures de cette église sont taillées dans une pierre ollaire provenant du Grönland.

2. L'*Historie von Grönland* (p. 542) de Cranz contient sur les populations de la côte orientale des renseignements analogues particulièrement importants, mais auxquels on a jusqu'ici fait peu attention. Faute de place, je ne puis les reproduire, je rapporterai seulement une anecdote intéressante, en ce qu'elle montre ce que les Eskimos entendent par une population nombreuse. Les indigènes de la côte orientale, venus dans les colonies racontent, dit-il, qu'au nord la population est si nombreuse qu'une grande baleine suffirait à peine à rassasier tout le monde.

comme de ceux qui ne viennent qu'en passant, on a pu recueillir des renseignements sur la côte orientale. Je reproduis ci-après tous ceux que j'ai pu me procurer par ce moyen.

Le capitaine Graah évaluait à 480 le chiffre des habitants de la partie de la côte orientale visitée par lui. D'après les renseignements concordants des indigènes de cette région et du littoral occidental, cette côte est habitée bien au delà du point atteint par Graah; Angmagssalik, notamment, situé par 66°30′ de latitude nord environ, compte, dit-on, une nombreuse population. Un indigène de cette localité racontait en 1883 qu'il y avait là de 20 à 30 habitations, et Jakob Lund, métis de Sydpröven, a affirmé, il y a une dizaine d'années, qu'environ 150 indigènes y étaient établis. Au nord d'Angmagssalik, jusqu'au 70ᵉ degré de latitude nord, la côte est également habitée; mais dans cette région la population n'est pas aussi nombreuse que plus au sud.

Dans le courant de l'été 1883, trois bateaux montés par des indigènes païens arrivèrent dans les établissements du sud-ouest pour y commercer. Ils venaient de la partie septentrionale de la côte est, notamment de Sermilik et d'Orkuak, localités dont je n'avais jamais entendu parler jusque-là. Sermilik et Orkuak seraient situés au sud d'Angmagssalik et compteraient chacun une dizaine d'habitations. Un indigène d'Angmassalik accompagnait ces Eskimos.

La population de la section du littoral visitée par Graah a été décimée par une forte mortalité, et aujourd'hui elle est inférieure au chiffre de 480 habitants. Plus au nord, au contraire, la côte est beaucoup plus peuplée. Les Européens et les Eskimos qui ont vu des habitants de la partie du littoral située au delà du 65ᵉ et du 66ᵉ degré de latitude nord, affirment qu'un grand nombre d'entre eux appartiennent à une race différente de ceux établis plus au sud ou sur la côte occidentale. Parmi eux on voit des hommes dont la face est très étroite et qui ont un nez proéminent et même aquilin. Ces caractères étaient très saillants chez un indigène que je vis en 1883 et qui portait pour cette raison le nom de Pitsauniak (le Bel Homme). Isak, Eskimo de Frederiksdal qui m'accompagnait à Pamiagdluk auprès de ces indigènes païens, me disait en parlant d'eux : « Ce ne sont pas des hommes comme nous ».

Considérée à un point de vue général, la langue parlée par les indigènes de la côte orientale est presque la même que celle en usage sur la côte ouest. Les quelques différences qu'elle présente ne sont pas suffisantes pour qu'on puisse reconnaître un autre système de syntaxe; toutefois l'idiome des Eskimos établis dans le nord de cette région contient un certain nombre de mots étrangers à la langue parlée par les indigènes de la partie méridionale de cette côte et par ceux du littoral occidental. On observe, du reste, des différences analogues entre l'idiome nord-ouest et celui du sud-ouest du

Grönland, et entre la langue des indigènes de l'ensemble de cette péninsule et celle des Eskimos du Labrador. Si c'est bien sur la côte orientale que doivent se trouver les descendants *eskimoïsés* des anciens colons scandinaves, il ne faut pas s'étonner qu'ils aient complètement oublié leur langue primitive. Nous voyons en effet dans les établissements danois les enfants issus de parents européens apprendre et parler l'idiome indigène ; si les communications venaient à être interrompues avec l'Europe, ils oublieraient rapidement le danois après la mort de leurs parents, et toute la population adopterait bientôt les mœurs et les usages des Eskimos.

A la suite du voyage de Graah il parut dûment établi qu'aucune ruine nordique n'existait sur la côte orientale. Au cours de son exploration, cet officier ne rencontra aucun vestige d'habitation de ce genre, et tous les indigènes avec lesquels il entra en relations lui affirmèrent n'en avoir jamais vu. Les Européens établis sur la côte occidentale partageaient l'opinion de Graah. En 1878 j'avais, il est vrai, entendu parler d'une ruine nordique située dans le Kangerdlugssuatsiakfjord et d'une autre, beaucoup plus importante, sur les rives du détroit du Prince-Christian, mais j'avais oublié ces renseignements lorsque des indigènes m'en reparlèrent en 1881. Ces renseignements m'ont été donnés par des indigènes de la côte ouest ; les Eskimos du littoral oriental qui avaient hiverné à Narssak dans le Kangerdlugssuatsiakfjord ignoraient l'existence de ces ruines. C'est là une preuve que ces indigènes, quand leur attention n'a pas été attirée spécialement sur ces vestiges d'habitations, ne les distinguent pas, quoiqu'ils les voient tous les jours. Le même fait s'est produit au cours du voyage de Graah (voir *Graah's Reise*, p. 71). Un indigène de Narssak, du nom de Mathiesen, qui accompagnait ce voyageur, lui a affirmé ne point connaître de ruines dans cette localité ; pourtant il en existe, comme nous le savons aujourd'hui, et tous les indigènes doivent les avoir vues, car elles sont situées près de leurs habitations. Après la découverte des ruines du Kangerdlugssuatsiakfjord on a pu donner des explications précises aux naturels qui les avaient vues, et on a ainsi obtenu d'eux de nouveaux renseignements. Un habitant de la côte orientale m'a affirmé que lui et plusieurs autres individus avaient vu dans les grands fjords voisins d'Umanak (63° de lat. N.) de pareilles constructions en pierre, qui ne pouvaient être l'œuvre des Eskimos. Il ajouta que dans leur voisinage se trouvait un gisement de pierre ollaire, et il me donna un échantillon de cette roche. Un indigène de Pamiagdluk (côte occidentale) appelé Elisa (avant d'être baptisé, il portait le nom de Tingmiarmiut), arrivé de la côte orientale lorsqu'il était déjà adulte, disait avoir entendu parler d'une ruine nordique située bien au nord d'Umanak. Un Eskimo du nom de

Kangusik, qu'il a changé contre celui de Daniel après sa conversion, établi à Igdlukasik (côte occidentale) depuis 1881, date à laquelle il était arrivé de la côte orientale, affirme l'existence de nombreuses ruines nordiques sur ce littoral. Timotheus (Kujanangitsok) de Frederiksdal assure également qu'on trouve des ruines de ce genre sur les rives de presque tous les grands fjords.

L'extrait reproduit ci-après de l'*Antiqvarisk Chorographie af Grönland* (*Grönlands hist. Mindesmærker*, III, p. 795) prouve qu'avant le voyage de Brodbeck on avait eu plusieurs renseignements de ce genre; mais on n'y avait pas attaché l'importance qu'ils méritaient. Page 798, cet ouvrage contient le passage suivant :

Nous avons bien quelques renseignements donnés par des indigènes de la côte orientale, d'après lesquels des ruines nordiques existeraient à Tingmiarmiut (dans les environs de Puisortok), à Iterdlamiut, à Umanak, à Najarmiut et à Igloluarsoit. On rapporte même que dans un cairn situé sur une île appelée Idloarsut, près de Tingmiarmiut (63° de lat. N. environ) se trouve une pierre portant une inscription. Mais d'autres indigènes affirment au contraire n'avoir jamais vu de ruines nordiques sur la côte orientale. Graah n'a également découvert aucun vestige de construction datant de cette époque, bien qu'il eût exploré la côte jusqu'au 64ᵉ degré de latitude nord environ, et qu'il eût pénétré à plusieurs milles dans l'intérieur des différents fjords situés entre le 63ᵉ et le 64ᵉ degré de latitude nord. Si ces ruines et si l'inscription existent réellement, ce qui est très douteux, il n'en faut pas conclure que l'*Österbygd* ait été située sur cette côte. D'après les anciens documents, cette colonie était très peuplée; elle ne pouvait donc pas se trouver dans une région aussi sauvage et aussi aride que la côte orientale; enfin la région sud-ouest du Grönland, le district actuel de Julianehaab, renferme un si grand nombre de ruines nordiques qu'indiscutablement l'*Österbygd* devait être située dans ces parages.

D'une part, ces renseignements et d'autres du même genre donnés à des Européens par des indigènes de la côte orientale, et, de l'autre, la ressemblance que certains Eskimos de cette région présentent avec des Scandinaves, ressemblance déjà observée par Egede, sont, à mon avis, des arguments sans réplique contre la thèse de quelques archéologues qui s'appuient sur de vieux textes islandais pour placer l'*Österbygd* sur la côte sud-occidentale. L'accueil favorable fait à cette théorie doit être attribué aux échecs des nombreuses expéditions envoyées par le Danemark à la recherche de son ancienne colonie. Plus tard je reviendrai peut-être sur cette question. Mais, quelle que soit la solution à venir, nous écoutions avec le plus grand intérêt les renseignements que nous donnaient le pasteur Brodbeck et les Eskimos, et pour nous ils étaient une preuve certaine que l'*Osterbygd* avait été située sur cette côte que nous allions essayer d'aborder.

Au moment du départ de l'expédition, les géographes étaient persuadés que la partie de la côte orientale du Grönland située au sud de l'Islande ne pouvait être atteinte par un navire venant de la pleine mer. Avant de me mettre en route, j'avais reçu d'un des hommes les plus compétents en matière de navigation dans les mers arctiques une lettre me dissuadant de tenter une entreprise aussi dangereuse et aussi peu assurée de succès. Comme je l'ai déjà raconté, deux des plus célèbres explorateurs arctiques anglais, qui avaient essayé d'atterrir sur la côte orientale et avaient failli périr dans l'entreprise, m'écrivirent dans le même sens. Enfin le commandant du navire danois *Ingolf*, le capitaine A. Mourier, en terminant la relation de son intéressante croisière dans le détroit de Danemark, s'efforce de prouver qu'un navire n'a aucune chance de forcer la banquise qui bloque la côte orientale du Grönland au sud de l'Islande. Dans le compte rendu de son expédition, inséré dans le *Kongl. Danske geographiske Selskabs Tidskrift*, 1880, p. 47 à 60, le capitaine Mourier s'exprime en ces termes :

Me demande-t-on si un navire pourrait atteindre, en venant de l'est, cette partie de la côte orientale du Grönland décrite par Egede comme « un des plus tristes pays qu'il ait vus», je répondrai négativement, quoique je n'aie pas une très grande expérience des glaces dans cette région. A mon avis, il est impossible de traverser la banquise et de débarquer sur cette côte. Cette opinion est confirmée par l'expérience des expéditions précédentes. Le long de cette terre, la glace polaire dérive continuellement, et aucun navire ne peut impunément s'exposer à pénétrer entre ces redoutables masses de glace serrées les unes contre les autres[1].

1. Je ne comprends pas comment, dans un compte rendu de recherches faites par les Danois au Grönland, inséré dans les *Proceedings of the American Philosophical Society*,

Je supposais qu'une grande partie des objections faites à mon projet étaient de peu de valeur. Les échecs des expéditions précédentes, pensai-je, devaient être attribués à des circonstances accidentelles et à l'emploi de bâtiments à voile. En tout cas j'étais bien résolu à tenter d'atteindre cette côte par une route qui n'avait pas encore été essayée. Je me proposais de suivre le chenal libre qui *devait se trouver tout près de terre*, et qui vraisemblablement était trop peu profond pour que les isbergs et les gros glaçons de mer pussent y entrer, mais qu'il l'était suffisamment pour un navire d'un faible tirant d'eau comme le nôtre. Je voulais essayer d'arriver à ce chenal par une des longues et étroites passes qui, au nord du cap Farewell, découpent l'extrémité méridionale du Grönland. J'avais primitivement l'intention de suivre le détroit du Prince-Christian, le plus long et le plus septentrional; mais dans les colonies du sud-ouest du Grönland j'appris que ce chenal était plus fréquemment barré par les glaces que ceux situés plus au sud, et qu'il était sillonné de violents courants, qui se renversaient au moment des oscillations des marées. Par suite je résolus d'atteindre les eaux libres que je supposais exister le long de la côte orientale, en traversant le Pamiagdluksund et l'Ikeksund, détroits situés plus au sud et plus larges que celui du Prince-Christian.

En réponse à une polémique des journaux danois, j'affirme qu'au moment où je rédigeais le plan de voyage de notre expédition, je ne connaissais pas l'important travail du capitaine F. Wandel : *En Fremstilling af vort Kjendskab til Grönlands Östkyst, samt de med Skonnerten* Ingolf *i 1879 foretagne Undersögelser i Danmarksstrædet*, travail inséré dans le volume VI des *Meddelelser om Grönland*. Cet article, daté de décembre 1879, n'a paru qu'en 1883. J'ignore également si ce mémoire a été publié avant mon départ. Mon plan *différait complètement de la proposition de M. Wandel*. Je me proposais de suivre au printemps la direction indiquée par les instructions d'Ivar Baardsön (p. 48) — non point que je crusse pouvoir débar-

---

1885, p. 295, mon honorable ami le célèbre explorateur du Grönland M. H. Rink ait pu après cela écrire la phrase suivante : « M. Mourier affirme que vers le 65° degré de latitude nord la côte peut être atteinte dans beaucoup de cas et un débarquement opéré » (He stated that about the latitude of 65° the coast in many cases could be reached and a landing effected).

quer à cette époque de l'année sur la partie de la côte orientale située dans cette direction, je voulais simplement exécuter des dragages et des sondages sur l'emplacement du récif de Gunbjörn. Puis j'avais le projet de suivre, en automne, le chenal libre que je supposais devoir exister entre le littoral et la banquise côtière. Si je ne réussissais pas à atteindre ce chenal, j'avais l'intention de suivre de très près la lisière de la banquise, résolu à profiter de la première occasion favorable pour me frayer un passage à travers les glaces. Cette occasion se présenta justement à la latitude où les capitaines Wandel et Bruun proposaient de *faire une tentative*. Le capitaine Wandel s'exprime en ces termes :

Il n'y a pas grand espoir de pouvoir atteindre la côte orientale si l'on vient de la pleine mer ; mais, à mon avis, d'après les nouvelles recherches exécutées dans ces parages, une tentative peut être faite entre le 65° et le 66° degré de latitude nord.

Après que le pasteur Brodbeck eut reçu la permission de nous accompagner sur la côte orientale, et que nos camarades furent revenus d'une excursion dans le fjord voisin d'Amitsok, la *Sofia* leva l'ancre le 29 août, à midi. Le temps était calme et la mer, sur laquelle on ne voyait que quelques petits *drifis*, absolument tranquille. Après avoir passé devant Pamiagdluk, l'établissement danois le plus méridional, le navire suivit la passe qui s'ouvre au nord-est de cette colonie, jusqu'à Kungmiut, où l'Ikeksund et l'Ikaresaksund se coupent en croix. Au début de cette navigation, les glaçons ne nous opposèrent aucun obstacle digne d'être rapporté.

Dans ces parages, le paysage est grandiose. Les passes, étroites, sont entourées de hautes montagnes hérissées de nombreuses aiguilles produites par le délitement de la roche, et simulant les unes des ruines, les autres des murs de forteresse. La plupart de ces pics ne portaient pas de neige ; mais dans l'intérieur du pays on voyait çà et là des lambeaux de glacier. Dans les vallons et sur les pentes des montagnes on apercevait quelques petites plaques de

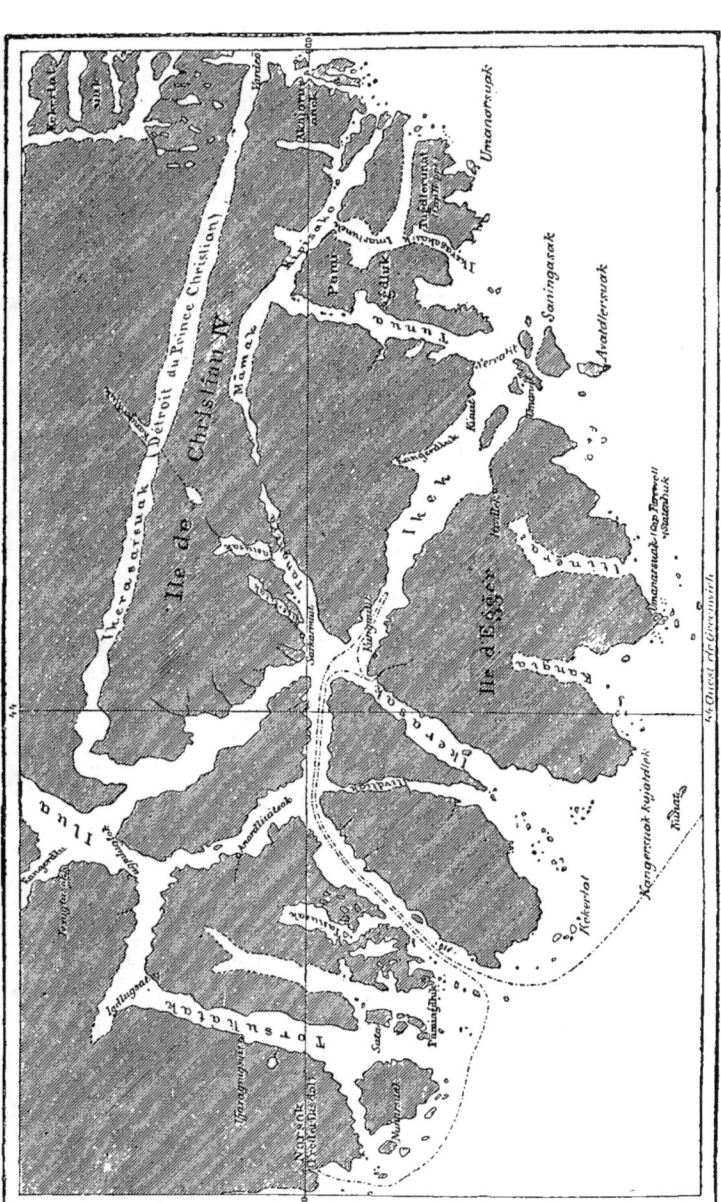

Itinéraire de la Sofia.
Carte de l'extrémité méridionale du Grönland.
(Extraite des *Meddelelser om Grönland*, vol. VI.)

verdure, et à leur base s'étendait l'étroit bassin du fjord, uni comme un miroir et parsemé de glaçons de différentes tailles et de différentes couleurs ; les uns étaient blancs, les autres bleus ou vert de mer. Au milieu de ces *drifis* s'élevait çà et là la masse colossale d'un isberg qui, poussé par les courants sous-marins, dérivait dans une direction différente de celle que suivaient les autres glaçons. Ces montagnes de glace brisaient et refoulaient de côté tous les petits glaçons, en laissant derrière elles un sillage d'eau libre qui, dans les endroits où la glace était épaisse, se refermait promptement. Plus avant dans le chenal, à mi-route de la côte orientale, les glaces devinrent de plus en plus épaisses. C'étaient de gros glaçons de mer, au milieu desquels se trouvaient quelques isbergs. Pour éviter de donner sur quelque récif que l'on n'aurait pas aperçu à temps, la *Sofia* avançait au milieu de la passe. Nous n'avions aucun renseignement sur l'hydrographie de ce détroit, mais nous avions tout lieu de croire sa profondeur très grande. Bientôt la glace devint absolument impénétrable. Nous cherchâmes alors un chenal libre le long de la côte septentrionale ; au cas où nous ne pourrions continuer notre marche en avant, je pensais y trouver un mouillage sûr où nous attendrions une modification dans l'état des glaces. Cette manœuvre ne réussit point. La passe que nous suivions était entourée de montagnes sauvages hérissées de pics et d'aiguilles. Au moment de notre passage, toutes ces pointes étaient presque entièrement dépouillées de neige, et seulement dans quelques vallées on voyait des champs de neige ou de glace. Dans cette région nous n'aperçûmes ni glacier descendant jusqu'à la mer, ni *inlandsis* ; du reste, d'après le lieutenant Holm, il n'existerait aucune calotte glaciaire dans le Grönland méridional jusqu'à la latitude de Julianehaab[1]. Partout les rives de la passe tombent à pic : d'autre part, de gros

---

1. D'après les études de MM. Holm et Steenstrup, le Grönland méridional, tout au moins jusqu'à la latitude du Tunugdliarfikfjord (61° de lat. N.), forme une région alpestre très sauvage. Les glaciers y sont nombreux, mais on n'y voit point de calotte glaciaire. La partie septentrionale de la péninsule doit présenter le même aspect, à en juger d'après les renseignements donnés par les indigènes, que nous avons rapportés plus haut et que les recherches de l'expédition de Greely ont confirmés. Dans la partie centrale du pays il existerait même une bande de territoire où l'on ne trouverait pas une *chaîne continue* de glaciers. « Un ancien employé de la compagnie, m'a raconté M. Lützen, affirme qu'il y a environ une

glaçons, poussés par de violents courants, dérivent constamment, en rasant la côte ; dans ces conditions, un mouillage était impossible. Reconnaissant l'impossibilité de gagner la côte orientale en suivant les détroits, et de trouver dans ces parages un mouillage sûr pour attendre une modification dans l'état des glaces, je résolus de sortir de cette impasse par l'Ikaresaksund. Dans ce chenal nous trou-

Paysage des rives de l'Ikeksund.
(Gravure exécutée d'après une photographie prise par M. Kjellström, le 29 août 1883.

vâmes également de la glace, et, au moment où nous nous y engageâmes, l'obscurité nous obligea à chercher un abri pour la nuit. Faute de mieux, je résolus d'aller mouiller sur la côte nord-est de l'Ikaresak, dans la baie de Kangerdlutsiak, que connaissait un de nos pilotes qui avait habité longtemps cette région. Dans cette baie, les fonds tombaient également à pic ; au ras de terre il y avait de

trentaine d'années, on allait à la chasse du renne en partant de l'extrémité du Strömfjord méridional. Après avoir passé deux petits glaciers, on arrivait dans une région où les *nunatak* étaient très rapprochés les uns des autres et où l'on pouvait marcher plusieurs jours *sans trouver de neige.* » L'assertion de cet employé a été confirmée à M. Lützen par un vieux chasseur indigène du nom de Japhet, qui méritait toute confiance. Il y avait dans ce pays beaucoup de rennes, mais la longueur du trajet y rendait la chasse peu rémunératrice.

vingt à trente brasses d'eau. A peine l'ancre était-elle tombée que de gros glaçons arrivèrent et nous obligèrent à repartir. A différentes reprises, par une nuit complètement obscure, la *Sofia* dut changer de mouillage, exposée à chaque instant à être choquée par quelque glaçon ou à échouer sur quelque récif. Lorsque le jour reparut, nous fûmes fort heureux de pouvoir continuer notre route sans avoir éprouvé d'avarie.

Nous fîmes d'abord route au sud par l'Ikaresaksund pour doubler le cap Farewell; mais, arrêtés par d'impénétrables masses de glace, nous fûmes bientôt obligés de rebrousser chemin. Une nouvelle tentative fut alors faite pour nous frayer un passage dans le chenal où nous avions été arrêtés la veille. Les glaçons y étaient encore plus compacts que le jour précédent; il ne nous restait donc qu'à battre en retraite et à revenir à Pamiagdluk, pour faire route ensuite le long de la côte. Depuis la veille les glaces s'étaient amassées dans la passe de Pamiagdluk, et, en rebroussant chemin, nous eûmes quelque peine à les traverser. Ce détroit, précédemment presque complètement libre, était maintenant pour ainsi dire obstrué. Une fois sortis de ce *sund*, nous reconnûmes que, tout autour du cap Farewell, où la côte est accore, les glaces étaient accumulées près de la terre en masses impénétrables. Par suite je dus renoncer à mon projet d'atteindre la côte orientale en suivant le chenal libre que je supposais devoir exister le long de la côte. Nous devions maintenant contourner le champ de glace qui pendant la plus grande partie de l'année entoure le cap Farewell, puis, au delà de ce promontoire, suivre l'*iskant* vers le nord, le plus près possible de terre, afin de découvrir si quelque ouverture ne se trouvait pas dans ces glaces.

Ce changement de direction nous obligea à remonter au nord le long de la côte occidentale jusqu'à hauteur de Frederiksdal. En vue de cette colonie, nos pilotes indigènes nous quittèrent, après avoir reçu chacun six *couronnes* et une petite quantité de tabac, de sucre, de café et de pain. Bien que nous fussions assez loin de terre, ils ne craignirent pas de regagner la côte dans leurs fragiles esquifs en peau. Ils paraissaient enchantés de leurs salaires et du bon temps qu'ils avaient passé à bord; je crois même qu'il n'aurait pas fallu les prier beaucoup pour les décider à nous suivre sur la côte orientale.

Trois fois auparavant j'avais doublé le cap Farewell[1], et toujours j'y avais rencontré soit des brouillards, soit une mer orageuse. Ces parages, où les courants chauds et froids de la mer et de l'atmosphère se trouvent constamment en lutte, ont une fort mauvaise réputation auprès des marins qui fréquentent les mers du Grönland. Ce fut près du cap Farewell que, dans son premier voyage, en 1576, Frobisher perdit un de ses trois bâtiments et que l'ouragan brisa les mâts de son vaisseau amiral. Ce fut également là que Davis en 1586, Baffin en 1615, Hans Egede en 1721, et beaucoup d'autres, furent exposés à de terribles tempêtes. De nombreux navires ont fait naufrage dans cette mer, et bien des marins ont passé devant ce cap sans avoir pu l'apercevoir à travers les brumes qui l'enveloppaient. Au contraire, quand la *Sofia* doubla le cap Farewell, aucune brise n'agitait l'air, et la mer était si calme que Kjellström put en prendre une photographie du pont du navire (voir la gravure de la page 53). En 1881 seulement, des explorateurs danois ont pu déterminer avec quelque exactitude la position de l'extrémité méridionale du Grönland; à l'occasion de cette opération géodésique ils en ont exécuté un excellent dessin, reproduit dans les *Meddelelser om Grönland*, VI, p. 149. Le fait de n'avoir pu fixer la position du cap Farewell que dans ces dernières années indique suffisamment les difficultés d'accès de ce promontoire. L'extrémité méridionale du Grönland est située par 59°45′ de latitude nord, c'est-à-dire à la même latitude environ que Kristiania, Stockholm, Helsingfors et Saint-Pétersbourg.

Autour du cap Farewell et le long de la côte orientale du Grönland, sur les limites du Gulf-Stream et du courant polaire, il existe un centre de tempête nettement marqué, à mon avis, quoiqu'il soit peut-être simplement local. Faute d'observations météorologiques complètes, il ne me paraît pas ressortir suffisamment dans l'impor-

---

1. John Davis donna ce nom à l'extrémité méridionale du Grönland, parce qu'en 1585 la glace l'empêcha d'approcher à plus de 6 à 7 *leagues* de terre. (Voir la relation du voyage de James Hall (1612), par John Gatonebe, *Churchill's Collection*, VI, 1732, p. 246.) Une carte contenue dans Purchas (vol. III, 1625) donne à ce promontoire le nom beaucoup plus significatif de *C. Fearewell*.

tant travail de John P. Finby : *Charts of relative storm frequency* (*Professional Papers of the Signal Service*, n° XIV, Washington, 1884). Sur la plupart des cartes annuelles et mensuelles, une ligne étroite d'un bleu foncé doit être tracée le long de la côte orientale du Grönland depuis le 67ᵉ degré de latitude nord jusqu'à une certaine distance au sud du cap Farewell, peut-être même jusqu'à Terre-Neuve.

Dans la région parcourue les deux jours précédents, la faune était très pauvre. Nous n'avions vu qu'un seul cétacé, quelques phoques et un petit nombre d'oiseaux. Le paysage n'était pas animé ici, comme sur les côtes du Spitzberg et de la Nouvelle-Zemble, par les ébats de nombreux animaux. Les phoques et les oiseaux fuient probablement ces parages parce qu'ils ne peuvent aller chercher leur nourriture au fond de la mer, par suite de la profondeur considérable de ces eaux. Peut-être aussi la guerre acharnée que les indigènes ont faite pendant des siècles à tous les animaux est-elle cause également de cette dépopulation. Les guillemots et les guillemots grylles doivent pourtant pondre en troupes nombreuses sur les rochers voisins du cap Farewell. *Au dire de nos pilotes indigènes*, les vieillards racontent que le pingouin brachyptère (*Alca impennis*, en grönlandais *isarukitsok*, mot à mot « l'oiseau aux ailes courtes ») vivait autrefois dans ces parages. Au commencement du dix-huitième siècle, cet oiseau devait être déjà rare, comme l'ont prouvé les recherches de J. Steenstrup. Egede, le premier Européen qui ait voyagé dans ces régions, n'en parle pas. Fabricius, qui habita le Grönland de 1768 à 1774, affirme en avoir vu un jeune. Son ouvrage sur la faune contient le passage suivant relatif à cet oiseau : *Habitat in alto mari, raro ad insulas extremas visa, et quidem tempore brumali. Veteres rarissimi.* Cranz ne donne sur l'*Alca impennis*, qu'il nomme *emmer*, que des renseignements de second ordre, ne l'ayant pas vu par lui-même : « Les Norvégiens croient, dit-il, ne l'avoir jamais aperçu à terre avant la semaine qui précède Noël, qu'ils appellent pour ce motif « semaine de l'Emmer » ; ils ajoutent que cet oiseau dépose les deux seuls œufs qu'il pond, dans deux trous qu'il a entre le corps et les ailes ». Aucun des nombreux colons avec lesquels je me suis entretenu de ce sujet, et aucun des

Eskimos auxquels j'ai demandé de me procurer un *isarukitsok* n'en avait vu. Je n'ai découvert non plus aucun os appartenant à cet oiseau ni dans les *kjökkenmöddings* du Grönland, ni les emplacements de huttes indigènes où sont accumulés des débris de cuisine[1].

Pendant toute la journée nous essayâmes de nous frayer un passage à travers les passes encombrées de glaces, et de louvoyer au milieu des vastes *champs* qui se trouvaient devant le cap Farewell. Ce ne fut que tard dans l'après-midi que nous atteignîmes des eaux libres. Peu de temps après, l'obscurité nous obligea tantôt à mettre à la cape, tantôt à ne marcher qu'à vitesse réduite.

Nous avions à lutter dans ces parages non seulement contre les glaces, mais encore contre un violent courant contraire, et, pour doubler le *champ de drifis*, nous fûmes obligés à de longs détours dans la direction du sud et de l'est. La plus grande partie de la journée du lendemain fut employée à cette manœuvre. Par suite, le 1er septembre, dans la matinée, nous n'avions pas encore atteint le 62e degré de latitude nord. Le temps était beau, clair et absolument calme. Au nord on apercevait le reflet d'un *champ* compact de *drifis* qui s'étendait loin en mer devant le glacier de Puisortok, si redouté des indigènes lorsqu'ils voyagent en *oumiak* dans ces parages. Au sud de ce *champ* la mer paraissait libre dans la direction de la côte. Du haut du mât la vigie ne signalait aucune glace du côté de terre; il semblait véritablement que la banquise, jusque-là très large, présentât à cet endroit une solution de continuité. Immédiatement je donnai l'ordre de gouverner vers terre. Après avoir navigué plusieurs heures dans cette direction, nous aperçûmes devant les falaises sombres du littoral une lisière de glace d'un beau bleu pâle. Cette banquise, qui pouvait avoir une largeur de six milles, était assez compacte.

---

1. Dans mes deux voyages au Grönland je me suis occupé de cette question. Il est, en effet, très important pour l'histoire de la géographie de savoir si cet oiseau se trouve sur la partie de la côte orientale située en face de l'Islande : car si, comme Steenstrup le suppose avec raison, l'*Alca impennis* n'est pas venu pondre en troupes nombreuses au Grönland durant les trois ou quatre derniers siècles, il est évident que Latra Clemens a visité Terre-Neuve et non le récif de Gunbjörn, comme Björn Johnson le rapporte à tort dans ses annales grönlandaises. (Voir *Grönlands historiske Mindesmærker*, I, p. 125.) Une des relations qui mentionnent ce récif s'expliquerait alors d'une manière très simple.

Probablement nous aurions pu traverser ces glaces sans de trop grandes difficultés, mais je ne voulus pas exposer l'expédition aux dangers que présente toujours pareille entreprise, cette partie du littoral n'étant pas habitée, d'après les renseignements donnés au pasteur Brodbeck par les indigènes, et étant, par suite, sans intérêt. Après avoir photographié les montagnes de la côte, nous continuâmes notre route pour essayer d'atterrir entre le 63° et le 64° degré de latitude nord. Suivant les informations données par Timotheus Kujanangitsok, il y avait dans cette région, sur les rives des grands fjords d'Umanak et d'Ekallumiut, un grand nombre de ruines d'habitations des *Kablunaks*. Après avoir contourné le *champ* qui se trouvait devant le glacier de Puisortok et qui s'étendait en mer à une distance de vingt-cinq à trente milles, la *Sofia* continua sa route vers le nord en suivant l'*iskant*. Notre marche était très lente, retardés que nous étions par les nombreux détours que nous devions faire en longeant l'*iskant*, et par le violent courant portant au sud qui se faisait sentir dans la zone voisine de la côte. Mais à peu de distance de terre on se trouvait subitement dans un courant portant au nord, dont les eaux avaient en certains endroits une température *maxima* de $+6°$. Au nord du 62° degré de latitude, la banquise était si large que je perdis presque l'espoir de pouvoir atterrir. Vers midi, ayant découvert une profonde échancrure qui paraissait s'étendre jusqu'à la côte, nous fîmes route vers terre; cette fois encore, une mince bande de glace nous empêcha de débarquer. Dans cette région le littoral présente un aspect nettement alpin, avec ses hautes montagnes noires dépouillées de neiges, séparées par des vallées que remplissent presque toutes des glaciers qui descendent jusqu'au niveau de la mer. *En suivant cette côte on n'aperçoit point l'inlandsis, comme lorsqu'on navigue le long de la côte occidentale.*

Les *drifis* qui composaient la banquise étaient, presque tous, des débris de gros blocs rongés par les eaux chaudes du Gulf-Stream et la chaleur estivale. Plus en avant dans le *pack*, il y avait des flaques de glace étendues, la plupart isolées par des canaux, quelques-unes seulement amoncelées les unes au-dessus des autres. Çà et là entre les *drifis* s'élevaient des isbergs. Ces montagnes de glace me parais-

La côte orientale du Grönland au sud du port du Roi-Oscar.

(Gravure exécutée d'après une photographie instantanée prise par M. Kjellström le 4 septembre 1885.)

sent être beaucoup plus rares sur la côte orientale que sur la côte occidentale.

Je calculai la hauteur de quelques-uns de ces isbergs en déterminant l'angle que faisait avec l'horizon la ligne de visée dirigée sur leur sommet, puis en mesurant, à l'aide du loch, une base, et en prenant de nouveau, de l'extrémité de cette base, la hauteur angulaire du sommet. Un isberg de dimensions moyennes, formant un cylindre vertical dont la base avait un diamètre d'une centaine de mètres, s'élevait au-dessus de l'eau de 35 mètres environ. Le rapport entre la partie émergée et la masse totale d'un glaçon de cette forme devait être vraisemblablement de 1 à 6 ou 7. Une pareille montagne de glace avait par suite une hauteur totale de 250 mètres.

Un isberg fait toujours une impression grandiose et imposante : soit qu'on le rencontre en pleine mer, où vagues sur vagues se précipitent avec impétuosité sur ses flancs azurés ou blancs de givre, pour retomber impuissantes en flots d'écume, et en centaines de cascades d'une minute; soit qu'on le voie dans un *champ de drifis*, où les vagues sont plus calmes, avancer au milieu des blocs grands et petits, qu'il pousse devant lui et brise avec un fracas continuel; soit enfin qu'on le rencontre de jour, lorsque ses flancs resplendissent au soleil comme des centaines de milliers de joyaux, ou que la *fata Morgana* y fait apparaître des châteaux fantastiques, ou que l'on contemple de nuit ses formes gigantesques multipliées par l'obscurité, les brumes, l'air glacial, et, dans leurs contours indécis, semblant d'effrayants fantômes.

En 1822 William Scoresby mesura plusieurs isbergs sur la côte orientale du Grönland par 71° de latitude nord environ. Un de ces énormes glaçons, en forme d'aiguille sur un côté, s'élevait à 46 mètres au-dessus du niveau de la mer; un autre, dont le sommet était uni et qui présentait de tous côtés des falaises de glace escarpées, avait une hauteur approximative de 30 mètres. Dans ce même voyage Scoresby rencontra, entre 69° et 70°, de nombreux isbergs, dont, pour les plus grands, il évaluait la hauteur à 60 mètres et le poids à 45 millions de tonnes (Scoresby, *Ostgrönland*, p. 207 et 252). Les isbergs que le lieutenant Hammer mesura dans les environs de

Jakobshavn s'élevaient pour la plupart de 50 à 60 mètres au-dessus de la mer, quelques-uns même à 90 mètres. Le plus grand qu'il ait vu, échoué à l'embouchure du fjord de Jakobshavn, avait une hauteur de 108 mètres. Six autres glaçons arrêtés à l'entrée de ce fjord s'élevaient au-dessus de l'eau de 14 à 61 mètres. Le plus considérable avait une superficie de 63 000 mètres carrés et un volume de 20 millions de mètres cubes (*Meddelelser om Grönland*, IV, p. 20). Le 5 septembre 1820, Parry rencontra dans la baie de Baffin un des plus grands isbergs qu'il ait vus. Il avait une hauteur variant de 45 à 60 mètres. En juillet 1824, le même voyageur vit à Godhavn plusieurs isbergs atteignant de 50 à 60 mètres au-dessus de l'eau. Les blocs provenant des glaciers du Spitzberg, de la Nouvelle-Zemble, et même vraisemblablement de ceux de la Terre de François-Joseph, s'élèvent rarement de 10 mètres au-dessus de la surface de l'eau. Le long de la côte septentrionale de Sibérie, tout au moins dans le voisinage de terre, on ne trouve pas de véritables isbergs; il en est probablement de même dans l'archipel polaire américain qui s'étend du détroit de Bering à la baie de Baffin.

Aujourd'hui, dans l'hémisphère septentrional, il ne se forme d'isbergs de cette taille que dans certains fjords du Grönland, et ce sont de ces fjords que proviennent les montagnes de glace que l'on rencontre sur la côte orientale d'Amérique et dont la carte de la page 111 indique l'aire de dispersion. Dans l'Atlantique nord, une des mers les plus fréquentées du monde, les isbergs ont causé de fréquents accidents. Arrivés dans cette zone, ils ont perdu une partie de leur hauteur; bien que je n'aie aucun renseignement précis à cet égard, je suppose que sur les côtes de Terre-Neuve et du Canada elle ne doit guère dépasser 30 à 40 mètres.

Dans l'océan Antarctique les isbergs ont des dimensions beaucoup plus considérables que dans les mers arctiques; mais nous ne possédons qu'un très petit nombre d'observations sur ces glaces. Cook donne aux isbergs des mers australes le nom significatif d'*ice-island* (île de glace) et évalue leur hauteur de 15 à 90 mètres, et leur circonférence à deux ou trois milles anglais. Près du cercle polaire antarctique, Nares rencontra un glaçon qui s'élevait à $75^m,60$

au-dessus de la surface de la mer et dont l'épaisseur atteignait 530 mètres.

Les isbergs ont donc une hauteur presque égale à celle des clochers les plus élevés et des collines les plus saillantes du *skärgård* de Suède. Ils ne sont pas aussi « hauts que les nuages », mais on est tenté d'employer cette métaphore lorsqu'on les voit à travers les brumes et au milieu de la tempête.

Espérant débarquer bientôt soit à Umanak, soit à Ekallumiut, localités où se trouvent, dit-on, des ruines d'habitations de *Kablunaks*, je ne voulais pas perdre de temps à essayer de percer la banquise, bien que pareille entreprise n'eût pas présenté de trop grandes difficultés, et je donnai l'ordre de continuer la route. Mais sur ces entrefaites le temps se gâta, et une neige épaisse nous masqua bientôt la vue de la côte et des *champs* de glace environnants. Pour éviter de nous faire prendre par les glaces ou de donner contre quelque *drifis* que les brumes nous auraient empêchés d'apercevoir, et enfin pour ne pas dépenser du charbon inutilement en marchant à contre-courant, je fis route vers le large. Nous abandonnâmes la zone du courant froid qui porte au sud, pour suivre le courant chaud qui se dirige vers le nord.

Dans la soirée du 3 septembre le vent diminua et le temps s'éclaircit. Le courant venant du sud avait déjà entraîné le navire au nord du point où je pensais débarquer. L'époque avancée de la saison et l'état de notre provision de charbon me déterminèrent à ne pas retourner en arrière et à abandonner mon plan primitif pour essayer de débarquer au sud du cap Dan. Ce promontoire correspondrait à l'Herjolfsnäs des anciens navigateurs scandinaves, si l'Umanak ou l'Ekallumiut est bien l'Ejnarfjord.

Le 4 septembre au matin, le cap Dan était en vue. Dans la direction de ce promontoire la mer paraissait complètement libre. En conséquence je donnai l'ordre de faire route vers terre, décidé cette fois à essayer de forcer la banquise que je supposais devoir exister dans le voisinage de la côte. A vingt milles environ du rivage nous rencontrâmes en effet la glace. A la lisière, le *pack* était formé de glaçons serrés les uns contre les autres, à travers lesquels le navire pouvait néanmoins avancer assez facilement. Plus loin la banquise se composait de plaques de glace unies, larges au plus de 8 à 12 mètres, dont les plus hautes s'élevaient de quelques pieds seulement au-dessus de la surface de la mer. Nulle part les glaçons n'étaient accumulés les uns sur les autres. Çà et là s'élevaient quelques grands isbergs. Près de terre la banquise présentait une zone compacte, au delà de laquelle s'étendait un chenal d'eau libre, large de trois à quatre milles. Dans cette passe la mer était absolument calme; par suite il était possible d'atterrir partout en canot. Sur presque toute la côte les montagnes s'élevaient à pic au-dessus de l'eau, et nulle part leur base n'était précédée de terres basses couvertes de gazon.

Juste en face du point où nous avions forcé la banquise, nous découvrîmes un petit golfe complètement libre. Nous allâmes y ancrer pour pouvoir déterminer la position du lieu avant que la journée fût trop avancée, mais nous reconnûmes bientôt que le navire ne pouvait s'y trouver à l'abri. La grande profondeur et la nature du fond rendaient ce mouillage peu sûr. Quoi qu'il en fût, je débarquai avec les naturalistes pendant quelques heures, et envoyai sur les montagnes avoisinantes des matelots reconnaître la côte et voir s'il n'existait pas un mouillage dans les environs. Pendant ce temps le navire, entièrement pavoisé, était maintenu sous vapeur dans la baie. A quatre heures du soir nous étions tous de retour à bord; les naturalistes rapportaient de magnifiques collections botaniques qu'ils avaient faites sur les escarpements rocheux, couverts en certains endroits d'une belle végétation, et les éclaireurs avaient découvert dans le voisinage un mouillage qui paraissait bien abrité du vent et des glaces. Immédiatement la *Sofia* fit route dans la direction indiquée, et le 4 septembre, à six heures du soir, elle ancrait dans cette baie.

Cette échancrure de la côte était un fjord pittoresque, ramifié en plusieurs branches, qui ne communiquait avec la mer que par une passe étroite et renfermait de nombreux ancrages parfaitement abrités. Même sur les côtes de la Scandinavie, où les bons mouillages sont très abondants, ce port compterait comme un des meilleurs. Sa Majesté le roi Oscar a daigné m'autoriser à donner son nom à ce havre. Pour la première fois depuis des siècles un navire mouillait sur la côte orientale du Grönland, au sud du cercle polaire[1]. Si le cap Dan correspond à l'ancien Herjolfsnäs, le port du Roi-Oscar serait peut-être le port Sand d'Ivar Baardsön, situé près de l'Herjolfsnäs et « que fréquentaient les Normands et les marchands ». Les Normands ont certainement visité ce havre. Les cairns que nous avons trouvés sur deux montagnes ont été pro-

Panorama des montagnes de la côte orientale du Grönland, aux environs du port du Roi-Oscar, à 580ᵐ au-dessus de la mer.
(Gravure exécutée d'après une photographie prise le 4 septembre 1883 par M. Kjellström.)

bablement élevés par eux pour servir d'amers afin de reconnaître la direction du port au milieu du dédale des récifs de la côte. Nous découvrîmes en outre dans les environs les vestiges d'une petite maison, analogues aux prétendues ruines nordiques de la côte occiden-

1. Pour éviter toute confusion, je rappellerai que la côte orientale du Grönland au nord du cercle polaire est moins encombrée de glaces que celle située plus au sud. En 1822 Scoresby a fait des études d'histoire naturelle sur cette partie du littoral et a relevé la section comprise entre le 70ᵉ et le 75ᵉ degré de latitude nord. En 1827 Sabine et Clavering ont ancré sur cette côte et dressé la carte de la région avoisinant le 75ᵉ degré de latitude, et fait des observations magnétiques sur l'île du Pendule. En 1869 et 1870, l'expédition allemande commandée par Payer et Koldewey a hiverné dans ces parages, exploré le fjord François-Joseph et relevé le littoral jusqu'au 78ᵉ degré de latitude. Au contraire, on n'a aucune preuve certaine qu'un navire ait atteint, antérieurement à 1883, la

tale. Ces ruines sont peu importantes et l'on ne peut déterminer avec certitude leur origine nordique, mais elles n'en sont pas moins une précieuse indication pour les futurs explorateurs de la côte orientale.

Aussitôt que l'ancre eut mordu le fond, nous débarquâmes, afin d'étudier le pays dans différentes directions. Sur les rives du port du Roi-Oscar débouchent des vallées unies, couvertes de pelouses et de vigoureux petits taillis de saules. La végétation me parut ici plus belle et les gazons moins mêlés de cryptogames que sur les bords des fjords de la côte occidentale que j'avais visités, et qui sont situés à la même latitude et constitués également par du granit. Dans une de ces vallées coulait un torrent dont les berges étaient formées en plusieurs endroits par des couches de sable meuble sur lesquelles nous vîmes des empreintes de pas. Quelques-unes de ces empreintes remontaient à plusieurs jours, d'autres étaient très récentes ; le sable humide qui se trouvait au-dessous de la surface du sol et que la trace des pas avait mis à découvert n'avait pas encore eu le temps de sécher. Probablement les indigènes avaient fui à la vue de notre navire qui pour la première fois brisait la banquise dont l'existence les avait protégés jusque-là contre la visite d'étrangers.

Nathorst suivit ces pistes dans l'intérieur des terres tant qu'il fit jour. Il était seul et sans armes, aussi étions-nous inquiets de sa longue absence, car, au cas où il eût rencontré des Eskimos, il aurait peut-être été attaqué. Mais, comme je l'ai dit, nous n'en trouvâmes malheureusement aucun.

En plusieurs endroits du rivage il y avait des ruines d'habitations d'indigènes construites en pierres et en tourbe, des cercles de pierre, vestiges d'anciens campements, des tombeaux, des murettes dessinant des labyrinthes et destinées probablement aux jeux de la population. Nous remarquâmes, en outre, des emplacements de foyers, des fosses pour conserver le lard et des pièges à renards. Ces pièges, qui avaient récemment servi, étaient fabriqués fort adroitement avec des

---

portion de la côte orientale du Grönland située au sud du cercle polaire. Aucun des nombreux baleiniers dont les bâtiments, en 1777, ont été bloqués, puis coulés par les glaces, en dérivant le long du Grönland oriental, n'a pu atterrir. Enfin, aucun bateau pêcheur n'a ancré sur cette côte en 1756, comme on le raconte en Islande. Le Bulletin de la Société de Géographie de Copenhague (*Danska geografiska sällskapets Tidskrift*, vol. VII, p. 117), après avoir reproduit cette légende, l'a ensuite démentie.

éclats de pierre et des cailloux roulés, sans le moindre morceau d'os ou de bois. Dans un tombeau d'enfant, sous un monceau de cailloux entassés au pied d'un escarpement de rocher, nous trouvâmes une série d'engins de chasse et de pêche en miniature très finement travaillés, et différents ossements, notamment une tête de chien. Les Eskimos païens ont l'habitude de placer une tête de cet animal dans les tombeaux d'enfant. « *Le chien, sachant toujours trouver son chemin, doit servir de guide à l'enfant inexpérimenté dans le pays des ténèbres.* » (P. Egede, *Nachrichten*, etc., 1790, p. 137.)

Les montagnes qui entourent le port du Roi-Oscar s'élèvent à

Panorama de la côte septentrionale du port du Roi-Oscar.
(Gravure exécutée d'après une photographie prise par M. Kjellström.)

environ 1000 mètres; elles sont constituées par des roches cristallines, notamment par du gneiss granitoïde et par de la diorite. Entre ces montagnes s'ouvrent des vallées parsemées de lacs et couvertes d'un tapis de gazon assez bien fourni et de taillis de saules dont la taille varie de 50 à 60 centimètres. Aucun arbre n'orne le paysage; seul le bouleau nain, rabougri et rampant ici comme au Spitzberg, croît en certains endroits.

La liste suivante, dressée par le docteur Berlin, donne une idée de la végétation de cette localité.

Phanérogames recueillis en 1883 sur les bords du port du Roi-Oscar.

Thalictrum alpinum L.
Ranunculus glacialis L.
» acer L.
» » * Nathorsti A.
» Berlin.
» hyperboreus Rottb.
Arabis alpina L.
Draba hirta L., v. hebecarpa Lindbl.
» corymbosa R. Br.
Subularia aquatica L.
Viola palustris L.
Viscaria alpina (L.) Don.
Silene acaulis L.
Cerastium alpinum L.
» » v. lanatum Lindbl.
» trigynum Vill.
Stellaria borealis Big.
» humifusa Rottb.
Halianthus peploides (L.) Fr., v. diffusus Horn.
Alsine biflora (L.) Wng.
Sagina nivalis (Lindbl.) Fr.
» Linnæi Presl.
Comarum palustre L.
Potentilla anserina L., v. grœnlandica Ser.
» maculata Pourr., v. hirta Lge.
Sibbaldia procumbens L.
Alchemilla vulgaris L.
» alpina L.
Chamænerium angustifolium (L.) Scop.
» latifolium (L.) Sp.
Epilobium alpinum L.
Hippuris vulgaris L., v. maritima (Hell).
Callitriche verna Kütz., v. minima Hoppe.
Sedum annuum L.
Rhodiola rosea L.
Saxifraga Aizoon Jacq.
» oppositifolia L.

Saxifraga cæspitosa L.
» cernua L.
» rivularis L.
» nivalis L.
» stellaris L.
Gnaphalium norvegicum Gunn.
» supinum L.
» » v. fuscum Somm.
Antennaria alpina (L.) R. Br.
Erigeron alpinum L.
Taraxacum officinale Web.
Hieracium alpinum L.
» nigrescens Wildd.
» * hyparcticum S. Almqu.
Campanula rotundifolia L., v. arctica Lge.
» grœnlandica A. Berlin.
Vaccinium uliginosum L.
» » v. microphyllum (Lge).
Andromeda hypnoides L.
Phyllodoce cærulea (L.) Bab.
Azalea procumbens L.
Rhododendron lapponicum (L.) Wng. v. viride A. Berlin.
Pyrola minor L.
Gentiana nivalis L.
Diapensia lapponica L.
Veronica alpina L.
Bartsia alpina L.
Euphrasia officinalis L.
Pedicularis flammea L.
» hirsuta L.
Thymus Serpyllum L., v. prostratus Horn.
Pinguicula vulgaris L.
Plantago maritima L.
Oxyria digyna (L.) Hill.
Polygonum viviparum L.
Koenigia islandica L.
Empetrum nigrum L.

Salix glauca L.
» herbacea L.
Betula nana L.
Juniperus communis L, v. nana (Willd.).
Triglochin palustre L.
Tofieldia borealis Wng.
Juncus biglumis L.
» trifidus L.
Luzula confusa Linden.
» spicata (L.) DC.
Eriophorum Scheuchzeri Hopp.
Carex capillaris L.
» rariflora Sm.
» subspathacea Wormskj., v. curvata Drej.
» rigida Good.
» festiva Dew.
» lagopina Wng.
» glareosa Wng.
» nardina Fr.
» scirpoidea Michx.
Phleum alpinum L.
Alopecurus fulvus Sm.

Calamagrostis hyperborea Lge.
Agrostis rubra L.
Aira alpina L.
Trisetum subspicatum (L.) Beauv.
Festuca rubra L., f. pascua Ands.
» » f. alpina Parl.
» ovina L.
» » v. vivipara L.
Glyceria maritima (Huds.) Wng, v. arenaria Fr.
» vilfoidea (Ands.) Th. Fr.
Catabrosa algida (Sol.) Fr.
Poa pratensis L.
» nemoralis L., v. glaucantha Bl.
» alpina L.
» flexuosa Wng.
» laxiuscula (Bl.) Lge.
Asplenium viride Huds.
Aspidium Lonchitis (L.) Sw.
Cystopteris fragilis (L.) Bernh.
Botrychium Lunaria (L.) Sw.
Lycopodium alpinum L.
» Selago L., f. alpestris A. Berlin.

En plusieurs endroits du rivage, sur l'emplacement de flaques d'eau desséchées, entre les pierres qui en couvraient le fond, nous trouvâmes le *Subularia aquatica*. Sous les cailloux, un petit coléoptère du genre *Hydroporus* était très abondant; chaque petite pierre en abritait une dizaine d'exemplaires. Je cite ce fait, car c'est le seul coléoptère que j'aie trouvé en grande quantité pendant mes nombreux voyages dans les régions arctiques.

Un de nos chasseurs crut reconnaître des pistes de renne, mais nous ne découvrîmes aucune trace de bœuf musqué, non plus que d'ours blanc et de morse. Nous n'aperçûmes également qu'un petit nombre de phoques. Deux lagopèdes seulement furent tués par nos chasseurs.

Je regrettai vivement l'absence d'Eskimos, car ils m'auraient certainement donné d'importants renseignements sur la population et sur l'aspect du pays. J'aurais peut-être pu, grâce à eux, résoudre la question si controversée de la position des anciennes colonies scandinaves.

Dans la matinée du 5, le docteur Nathorst, le capitaine Nilsson et le pasteur Brodbeck partirent à la recherche d'indigènes. Ils allèrent en canot explorer l'intérieur du fjord, mais ils ne rencontrèrent aucun Eskimo. Ils trouvèrent seulement d'anciennes habitations, des cercles de pierres dont les indigènes entourent leurs tentes, et des débris d'engins de chasse et de pêche.

Ne pouvant ni entrer en communication avec des habitants, ni pénétrer dans l'intérieur des terres, je fis lever l'ancre le lendemain pour continuer notre route. Je voulais, si c'était possible, visiter le grand fjord dont les rives étaient, disait-on, habitées par une nombreuse population, et qui, d'après les renseignements donnés par les indigènes de la côte orientale au lieutenant Holm et au pasteur Brodbeck, serait situé un peu au nord du cap Dan. Deux matelots qui, avant de partir, étaient allés observer l'état de la glace du haut des montagnes voisines, avaient reconnu que la banquise était maintenant moins épaisse qu'auparavant. Sur la lisière du *pack* nous trouvâmes en effet les glaces d'abord moins compactes ; mais, ne pouvant retrouver du haut du mât peu élevé de la *Sofia* la direction que du sommet de la montagne on avait reconnue la meilleure, nous nous trouvâmes bientôt au milieu de *drifis* très épais. Nous courûmes surtout des dangers aux environs de l'*iskant*, où les glaçons, serrés les uns contre les autres, étaient soulevés par une forte houle. La traversée de ces *drifis* en mouvement, qui se brisaient en se choquant, me parut une entreprise hasardeuse, et pourtant il fallait la tenter, si nous ne voulions pas être exposés à hiverner ou à essayer la traversée de la banquise dans des conditions encore plus mauvaises. Heureusement la zone où les glaces étaient agitées par la houle était très étroite. Quelque difficile qu'elle parût, l'entreprise réussit, heureusement sans grands dommages pour le navire. A bâbord, la muraille supérieure du pont fut endommagée, et en différents endroits la peinture de la coque fut éraflée.

Après être sortis de la banquise, nous fîmes route au nord le long de l'*iskant* pour doubler un banc de glaces faisant saillie vers le sud autour du cap Dan. La plus grande partie de la journée fut employée à contourner ce *champ*. Dans la nuit, l'obscurité nous obligea à ne

NORDENSKIÖLD, GRÖNLAND

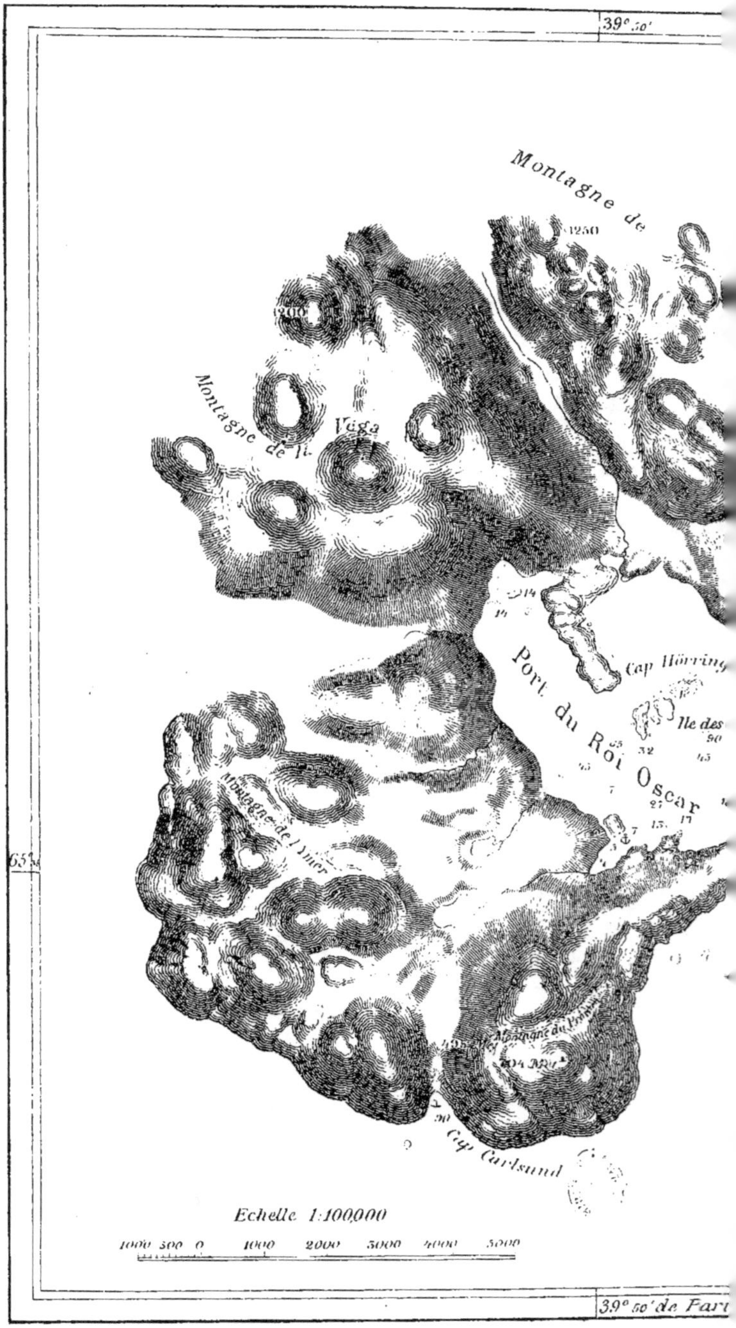

Montagne de
Montagne de la Véga
Port du Roi Oscar
Cap Hörring
Ile des
Montagne de
Cap Carlsund

Echelle 1:100.000

39°50' de Paris

N° 4.

LÉGENDE

⌂ Habitation en ruines
△ Emplacement d'un ancien campement.
⊓⊔ Enclos de pierres servant aux jeux
　　de la population.
✳ Tombeaux
⌃ Amers
⌇ Point où l'expédition a débarqué
⚓ Mouillage de la Sofia

Les hauteurs et les profondeurs
sont exprimées en mètres.

Fjord Dickson

Montagne du Polhem

Détroit de Mourier

Ile du Roi Christian

Cap Ersler

Cap Dan

65°

CARTE DU
PORT DU ROI OSCAR
SUR LA CÔTE ORIENTALE DU
GRÖNLAND
levée en 1883 par
Mr. C. J. O. Kjellström
Topographe de l'expédition suédoise.

Gen. Stab. Lith. Anst. Stockholm.

marcher qu'à vitesse réduite, et le 6 septembre au matin nous nous trouvions seulement par 66° de latitude nord. Autour de ces *drifis* la faune était très pauvre. Nous ne vîmes qu'une baleine et quelques phoques; nous n'aperçûmes ni un ours, ni un morse. Dans ces parages il n'y avait également aucune nombreuse troupe d'oiseaux comme on en rencontre d'habitude au milieu des glaces des mers polaires; peut-être, à cette époque avancée de la saison, les volatiles avaient-ils déjà émigré vers le sud. Plusieurs isbergs que nous rangeâmes portaient de grosses pierres; c'est une observation importante pour l'étude des formations quaternaires de la Suède.

Un peu au nord du cap Dan, la mer paraissait complètement libre jusqu'à la côte. Depuis longtemps j'avais appris à ne pas me laisser prendre à ces apparences trompeuses. Du pont de la *Sofia* il était impossible, à une distance de plus de 11 ou 12 kilomètres, d'apercevoir la banquise qui s'élevait de 60 centimètres à peine au-dessus de l'eau, tandis que les hautes montagnes de la côte étaient visibles à 100 kilomètres de terre. En outre, comme il n'y a sur ce littoral ni maison ni bois, le navigateur n'a aucun point de comparaison qui lui permette d'évaluer la distance à laquelle il se trouve de la côte. Certains jours, par un temps clair, la terre semble peu éloignée. Ainsi que je l'ai raconté plus haut[1], on peut marcher pendant des heures vers ces montagnes qui paraissent très rapprochées, sans arriver à leur base ni voir la banquise qui borde la côte. Je n'avais donc aucune raison de modifier mon projet de faire route au nord par suite des apparences favorables que présentaient ici les glaces; mais le long détour que nous avions dû faire au sud

---

1. Voyez p. 49 à 51. — En attribuant, comme d'autres du reste, sur l'autorité de Lyschander et de La Peyrère, à Mogens Heinesen la plaisante histoire de ces navires arrêtés en vue de la côte par un aimant placé au fond de la mer, j'ai commis une erreur. La carte de Ruysch, datant de 1507 ou de 1508, dont un fac-similé se trouve aux pages 46 et 47, porte, sur la côte orientale du Grönland, la légende suivante : *Hic incipit mare Sugenum, hic compassus navium non tenet, nec naves quæ ferrum tenent revertere valent.* (Ici commence la mer Sugenum, où la boussole ne donne plus aucune indication, et sur laquelle les navires dont la coque contient du fer ne peuvent pas rebrousser chemin.) D'après Kunstmann (*Die Entdeckung Americas*, p. 137), Ruysch avait pris part aux expéditions envoyées d'Angleterre dans les mers du Nord. La légende de cette carte prouve qu'avant 1507 des navires avaient visité ces parages. A l'époque de la découverte de l'Amérique, les relations entre le Grönland et l'Europe n'avaient donc pas entièrement cessé.

pour contourner les *champs* amoncelés autour du cap Dan avait fortement entamé notre provision de charbon, déjà très réduite. Les soutes ne contenaient de combustible que pour trois jours de marche. Au cas où une tempête nous aurait obligés à rester à la cape pendant quelque temps, cette quantité était tout juste suffisante pour regagner Reykjavik. D'autre part nous ne connaissions pas avec certitude la position du fjord où je voulais débarquer, ce fjord dont les rives sont habitées par une nombreuse population, au dire des indigènes de la côte orientale. Cette baie pouvait très bien être située au sud de l'Ingolfsfjell, où la côte paraît découpée par un fjord profond. Dans ces conditions, changeant mon plan primitif, je résolus d'essayer d'atterrir en face du point où nous nous trouvions.

De loin il nous semblait que nous pourrions atteindre facilement la côte; mais à environ dix milles de terre nous rencontrâmes une banquise assez épaisse qui paraissait s'étendre tout le long du littoral. La *Sofia* aurait pu sans trop de difficultés forcer ce *pack*, si une forte houle n'avait violemment agité les glaces sur la lisière du *champ* ; mais, en essayant de se frayer un passage à travers les *drifis* soulevés par les vagues, le navire eût été exposé à de grands dangers.

Quelque regrettable qu'il fût de cesser à cette époque de l'année nos recherches sur la côte orientale du Grönland, je donnai l'ordre de battre en retraite et de faire route vers Reykjavik. Le 9 septembre nous arrivâmes dans ce port. Avant de rebrousser chemin, nous nous arrêtâmes pour faire des sondages et des dragages et pour photographier l'Ingolfsfjell, qui s'élevait devant nous, éclairé par une lumière resplendissante.

A Reykjavik nous trouvâmes le comte Strömfelt et M. Flink, qui, pendant l'été, avaient fait des études d'histoire naturelle en Islande. Le comte Strömfelt avait réuni une collection importante d'algues, et M. Flink, de roches et de plantes fossiles. Le lendemain de notre arrivée il éclata une violente tempête, et, bien que la *Sofia* fût sous vapeur, elle manqua être jetée à la côte dans le port même. Si nous avions été exposés à un pareil ouragan lorsque nous nous trouvions au milieu des glaces, certainement nous aurions été perdus.

Le 16, la *Sofia* quitta Reykjavik, relâcha à Thurso du 20 au

22 septembre, et rentra à Gothembourg le 27, après une absence de cent quarante-six jours.

Pour terminer, je crois devoir résumer les résultats de l'expédition. Je signalerai d'abord l'exploration de l'*inlandsis* et le débar-

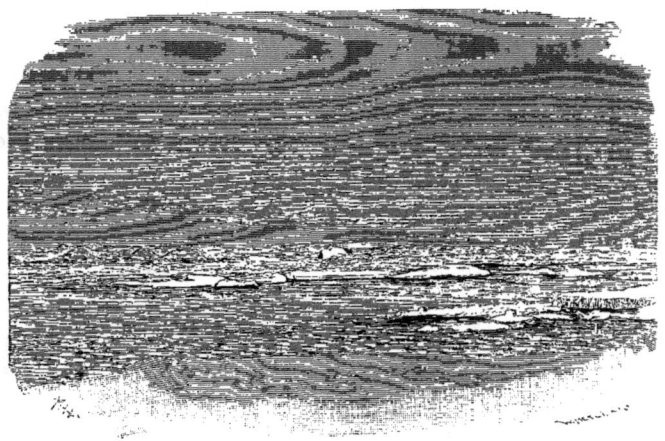

La côte orientale du Grönland aux environs de l'Ingolfsfjell.
(Gravure exécutée d'après une photographie prise par M. Kjellström le 6 septembre 1883.)

quement sur la côte orientale du Grönland. Ayant déjà raconté en détail ces deux expéditions, je rappellerai simplement ici que nous sommes les premiers voyageurs qui aient atteint le centre du continent grönlandais; nous sommes également les premiers naturalistes ayant parcouru l'intérieur de cette presqu'île dont l'aspect doit vraisemblablement être le même que celui de la péninsule Scandinave durant l'époque glaciaire. Nous avons pu ainsi étudier en quelque sorte expérimentalement des formations du plus haut intérêt pour la géologie de la Suède. Pendant notre croisière le long de la côte orientale du Grönland, nous avons également fait d'importantes observations sur la nature de la banquise qui, pendant si longtemps, a interdit l'accès de cette côte *aux navires venant de l'est*. Nous pourrons ainsi rectifier les notions erronées que l'on a sur la navigation dans cette partie de l'Océan. Enfin nous avons réussi à mouiller dans une baie de la côte orientale, au sud du cercle polaire, entreprise qui avait été vainement tentée depuis des siècles, comme le prouve la liste suivante des principales expéditions qui ont essayé d'atteindre la région où était située l'ancienne *Österbygd* des Normands[1].

1579. — Expédition danoise composée de deux navires et commandée par Jakob Allday. Le 27 août ces bâtiments vinrent en vue de terre, mais les glaces empêchèrent de débarquer. Une tempête obligea l'expédition à battre en retraite.

1581. — Voyage de Mogens Heinesen. Parti de Bergen avec deux bâtiments, il aperçut au loin la partie de la côte orientale du Grönland située en face de l'Islande, mais fut également arrêté par les glaces.

1605. — Une expédition danoise, composée de trois navires et dirigée par John Cunningham, Godske Lindenov, James Hall et John Knight, arriva en vue de la côte sud-orientale. Elle ne put y débarquer à cause des glaces, mais elle réussit à atterrir sur la côte sud-occidentale, où elle s'empara de quelques indigènes, qu'elle emmena en Danemark.

1607[2]. — Expédition danoise comprenant deux navires et commandée par Carsten Richardsen et Hall. Elle vint en vue du cap Farewell et de là fit voile le long de la côte orientale jusqu'au 65e degré de latitude nord, sans pouvoir débarquer. Partout elle trouva de la glace. L'expédition essaya de forcer la banquise, mais

1. Dans ce résumé je n'ai indiqué que les expéditions qui se sont proposé d'*atteindre par la pleine mer la partie de la côte orientale du Grönland située en face ou au sud de l'Islande*, en d'autres termes la partie de la côte où, à tort ou à raison, je place l'*Österbygd*. Par suite, je ne cite pas l'important voyage du capitaine W.-A. Graah (1828-1831), ni ceux exécutés dans le nord-est du Grönland par W. Scoresby (1822), Sabine et Clavering (1823), Payer et Koldewey (1869-1870). En 1607 Hudson arriva en vue du Grönland entre le 70e et le 75e degré de latitude nord, mais n'y débarqua pas. Pendant ses trois voyages (1576-1578), Frobisher se proposait de chercher de l'or et de découvrir le passage du Nord-Ouest ; il n'a jamais eu l'intention d'explorer la côte orientale du Grönland.

2. L'expédition envoyée au Grönland en 1606 sous la direction de Hall et de Lindenov avait pour but de rechercher des gisements d'argent, et non pas d'atteindre la côte orientale. Une taxe spéciale avait été levée en Danemark et en Norvège pour subvenir à son équipement.

cette tentative échoua, et les voyageurs réussirent à grand'peine à se sauver. Richardsen avait emmené des Islandais et des Norvégiens pour servir d'interprètes, au cas où l'on trouverait des descendants des anciens colons.

1652. — Expédition danoise (deux bâtiments) équipée aux frais d'un particulier, Henrik Möller, et dirigée par David Danell. Elle arriva en vue de terre près du cap Dan, puis suivit la côte jusqu'au cap Farewell, partout empêchée par les glaces de débarquer. Danell essaya vainement d'atteindre terre en traînant sur la banquise un canot. L'expédition débarqua ensuite sur la côte occidentale.

1653. — Seconde expédition de Danell organisée aux frais de Möller, et composée d'un seul navire. Elle longea la côte depuis le cap Dan jusqu'au cap Farewell sans pouvoir atterrir. Elle mouilla sur la côte occidentale et y commerça avec les indigènes.

1654. — Troisième expédition équipée par Möller. Elle n'eut, comme les précédentes, aucun résultat. Devant l'entrée de Baalsrevier elle vit « une belle sirène dont les cheveux flottaient sur le dos ».

1670. — Otto Axelsen partit du Danemark avec mission de découvrir les anciennes colonies scandinaves du Grönland. On ne sait rien sur ce voyage, sinon qu'Axelson revint l'année même de son départ, très certainement sans aucun résultat.

1671. — Nouvelle expédition d'Axelsen, terminée par la mort de tout l'équipage.

1786. — Expédition composée de deux bâtiments et commandée par le capitaine Paul Löwenörn. Elle arriva en vue de la partie de la côte orientale située entre le 65° et le 66° degré de latitude nord, mais ne put débarquer à cause des glaces. Elle revint en Islande, puis fit, le même été, une nouvelle tentative, également infructueuse. Dans la même saison un des navires de Löwenörn, commandé par le lieutenant Christian Egede, fils de Paul Egede et par suite petit-fils de Hans Egede, fit une troisième tentative. Egede arriva en vue de terre par 65°24′ de latitude nord, et de là longea l'*iskant* dans la direction du sud. A plusieurs reprises le navire approcha très près de la côte, mais partout les glaces empêchèrent de débarquer. Après avoir été exposé pendant quatre semaines à de terribles tempêtes, auxquelles il n'échappa qu'avec peine, Egede revint en Islande.

1786. — Expédition commandée par Christian Egede et A. Rothe. Avec une persévérance que l'on ne saurait trop louer, ce hardi marin tenta quatre fois sans succès d'atteindre d'Islande la côte orientale du Grönland.

1833. — Au cours de recherches hydrographiques entre l'Islande et le Grönland, le brick français la *Lilloise*, commandé par le lieutenant de Blosseville, arriva en vue de la côte orientale. Les glaces l'empêchèrent également d'atterrir. Après être revenu réparer des avaries dans un mouillage de la côte d'Islande, le lieutenant de Blosseville fit une nouvelle tentative, au cours de laquelle le navire se perdit corps et biens.

1859. — Le colonel américain Schaffner, accompagné de sa femme et de ses enfants, fit route vers le Grönland à bord du trois-mâts-barque *Wyman*. Le bâtiment n'était pas armé en vue de la navigation dans ces parages; à bord il n'y avait même pas de cartes marines du Grönland. Schaffner se proposait d'étudier le pays pour reconnaître si un câble télégraphique ne pourrait pas y atterrir. Il a cru avoir trouvé la côte sud-est libre jusqu'au fjord de Lindenov (Kangerdlugssuaitsiak, 60° 25′ de lat. N.), mais il n'y débarqua point. Probablement Schaffner a été victime d'une illusion d'optique, comme nous l'avons été plusieurs fois au cours de notre voyage.

1860. — Expédition du *Bulldog*, commandée par Mac Clintock. Ce célèbre explorateur arriva en vue de la côte orientale du Grönland, près du cap Vallöe (60° 55′ de lat. N.); les glaces l'empêchèrent de débarquer. Plus tard, dans la même saison, il s'approcha une seconde fois de la côte, mais il essuya un ouragan pendant lequel le navire éprouva de sérieuses avaries. Un canot et le beaupré furent enlevés et une partie du pavois défoncée.

1860. — Expédition d'Allen Young, à bord du *Fox*. Elle longea la côte orientale à partir du 62° degré de latitude nord, dans la direction du sud, et la trouva partout barrée par les glaces. Elle fut exposée à de terribles tempêtes avant de pouvoir s'abriter dans un mouillage de la côte sud-ouest.

1863. — Expédition de M. Taylor avec le navire en fer *Hambro*, organisée par une compagnie de commerce anglaise pour établir une colonie sur la côte orientale du Grönland. Elle trouva cette côte partout inabordable.

1865. — Nouvelle tentative de M. Taylor, à bord du baleinier *Erik*. Deux fois on essaya, mais sans succès, d'atterrir près du 63ᵉ degré de latitude nord.

1879. — Campagne hydrographique de l'*Ingolf*, commandée par le capitaine de la marine royale danoise Mourier, dans le détroit de Danemark. Pendant la croisière, l'expédition aperçut, par des temps clairs, la côte orientale du Grönland. D'épaisses masses de glaces empêchèrent de débarquer.

Pour achever d'indiquer les résultats scientifiques obtenus par l'expédition de la *Sofia*, j'ajouterai encore quelques lignes.

Durant notre voyage, sur tout le pourtour des côtes du Grönland, depuis le cap Dan jusqu'au cap York et du cap York à l'Ingolfsfjell, nous avons exécuté des dragages et des sondages lorsque l'état de la mer le permettait et que nous en avions le temps. Ces travaux ont été conduits par M. Hamberg et le docteur Forsstrand. M. Hamberg a recueilli, en outre, à différentes profondeurs, de nombreux échantillons d'eau de mer, dont il a étudié la composition. Il a pris aussi des séries très complètes de température. D'après ses observations, le courant froid qui longe la côte orientale du Grönland n'a qu'une profondeur très faible et qu'une minime étendue ; même *dans le voisinage de la côte*, il coule à la surface d'une masse d'eau chaude provenant du Gulf-Stream[1]. La baie de Baffin et celle de Davis sont, au contraire, occupées jusqu'au fond par des eaux froides, ou du moins dont la température est très peu élevée. Contrairement aux indications des cartes hydrographiques de l'Atlantique, *la côte occidentale*

---

1. Ces observations confirment la théorie du capitaine Hoffmeyer sur le courant froid du détroit de Danemark, théorie qu'il avait formulée dès 1880, alors que l'on n'avait encore fait que des observations incomplètes. Avant 1883 on n'avait pas entrepris d'études hydrographiques sérieuses, soit dans le détroit de Davis, soit dans la baie de Baffin ou le long de la côte orientale du Grönland, au sud du détroit de Danemark ; jamais, dans ces mers, on n'avait pris de séries de température à différentes profondeurs à l'aide d'instruments donnant des indications certaines ; on n'avait pas étudié non plus la composition de l'eau et des gaz qu'elle contient. Un compte rendu détaillé des travaux hydrographiques exécutés pendant notre expédition a été publié par M. Hamberg dans deux mémoires contenus dans les volumes IX et X des *Bihang till Vetenskaps-Akademiens handlingar*, et reproduits ensuite en tout ou en partie dans différentes publications étrangères.

du *Grönland est bordée par un courant froid, tandis que des eaux venant du sud, dont la température est très élevée, s'écoulent le long de la côte orientale à une distance de quarante ou cinquante milles de terre jusqu'à la latitude de l'Islande.* La présence de cette masse d'eau chaude doit nécessairement influer sur le climat de la côte orientale et vraisemblablement le rendre plus humide que celui du littoral

Alfred Nathorst.

occidental. Les dragages ont procuré au docteur Forsstrand une magnifique collection d'animaux marins, notamment de gigantesques éponges trouvées à une grande profondeur dans le détroit de Danemark. M. Kolthoff a, en outre, recueilli de nombreux spécimens nouveaux de la faune terrestre et fluviatile du Grönland.

A bord d'un navire destiné à une exploration polaire, la place dont on dispose est toujours très petite, aussi n'avions-nous pas emmené de botaniste pour étudier la flore actuelle du Grönland. Sa présence du reste n'était pas très utile, la végétation de ce pays étant déjà bien connue par les travaux des spécialistes danois et suédois. Néanmoins nous avons fait des observations botaniques intéressantes grâce à l'ardeur avec laquelle les docteurs Nathorst et Berlin ont étudié la flore du Grönland, lorsque leurs autres travaux leur en laissaient le temps. Les collections recueillies au cap York et dans le port du Roi-Oscar, ainsi que les plantes microscopiques ramassées

Auguste Berlin.

par le docteur Berlin sur l'*inlandsis*, sont particulièrement importantes. Cette flore minuscule a pour nous une importance spéciale, car elle forme un chapitre pour ainsi dire nouveau de la botanique qui a pour auteurs des savants suédois[1].

Les collections vraisemblablement les plus importantes sont celles

1. Un compte rendu détaillé des études faites sur cette flore jusqu'en 1883 a été publié par M. V.-B. Wittrock dans l'ouvrage : *Studier och forskningar föranledda af mina resor i den höga norden*, p. 63. Les collections de *neige rouge* recueillies en 1884 n'ont pas encore été examinées.

des plantes fossiles recueillies par le docteur Nathorst dans le nord-ouest du Grönland, dans la zone des basaltes, si riche en empreintes végétales. De magnifiques séries ont déjà été rapportées de cette région, notamment par l'expédition suédoise de 1870 et par M. K.-I.-V. Steenstrup. Mais, pour la première fois pendant notre voyage, ces formations ont été étudiées par un naturaliste qui a fait sa spécialité de la paléontologie. Les collections réunies par le docteur Nathorst nous donneront certainement, lorsqu'elles auront été étudiées, de nouveaux renseignements sur la magnifique végétation qui couvrait jadis cette terre ensevelie aujourd'hui sous la glace et sous la neige. De plus les séries de plantes tertiaires recueillies en Islande par M. Flink sont beaucoup plus riches que toutes celles qui ont été récoltées jusqu'ici dans cette île. L'étude de ces collections n'est pas encore assez avancée pour que je puisse ajouter d'autres renseignements sur les résultats obtenus à ceux donnés dans les chapitres VI et VII.

Enfin l'expédition a rapporté de magnifiques collections des minéraux rares, que l'on trouve notamment à Kangerdluarsuk et à Ivigtut. Pendant notre exploration de l'*inlandsis*, nous avons recueilli, en outre, de nombreux échantillons de *cryokonite*. Une étude attentive de cette poussière prouvera, je l'espère, qu'elle est en partie d'origine cosmique et donnera de nouveaux renseignements sur l'importante question de l'origine de notre globe. Les glaces ont empêché le docteur Nathorst d'atteindre les blocs de fer natif du cap York. Les renseignements des indigènes ne permettent pas de douter de leur existence.

L'expédition a formé chez les indigènes du cap York une très intéressante collection ethnographique, et a appris que deux « Eskimos russes » habitaient le Wolstenholme Sound; c'est là un renseignement très important pour l'étude des migrations des peuples polaires. Si nous avons compris les réponses quelque peu obscures des indigènes, ces deux Eskimos étaient les seuls survivants d'une tribu qui, venue des rives du détroit de Bering ou de la côte septentrionale de l'Asie, serait arrivée au détroit de Smith à la recherche d'un pays pour s'y établir.

CHAPITRE X

LES ESKIMOS.

La plupart des voyageurs qui ont visité le Grönland ont conservé un bon souvenir de leurs rapports avec les Eskimos ou Innuits, et tous ont donné une importance particulière à la description de leurs mœurs. Les ouvrages publiés sur ce sujet sont très nombreux, mais presque tous très superficiels. Les auteurs pour la plupart se bornent à décrire certains traits du caractère des Eskimos et à exprimer l'intérêt que leur inspire ce petit peuple perdu dans les déserts glacés de l'extrême Nord. Toutes les personnes qui ont eu des relations avec les Eskimos, les explorateurs, les officiers de la marine anglaise, les fonctionnaires danois, les missionnaires, les baleiniers, même les simples matelots, leur ont voué une sorte d'affection que n'égale même pas celle que l'on témoigne aux belles races des îles du Pacifique. Outre les ouvrages relatifs aux indigènes du Grönland écrits par des amateurs et qui tous contiennent des renseignements instructifs, on a sur les Eskimos les importants travaux de Hans et Paul Egede, de Dalager, de Cranz, de Glahn, de Parry, de Lyon, de Simpson, de Rink, de Hall, etc., qui tous ont fait une longue étude de cette race. Une nouvelle publication sur ce sujet serait donc assez inutile, surtout émanant d'une personne qui n'a séjourné dans le pays que quelques mois et qui ne sait pas la langue très difficile des indigènes.

Pour ce motif, je ne voulais pas parler des Eskimos dans ma relation de voyage, mais j'ai pensé intéresser le lecteur et en même temps remplir un vide dans nos connaissances en racontant comment nous avons peu à peu connu cette peuplade et en comparant ses mœurs avec celles des races polaires du nord-est de l'Asie. Ce chapitre est relatif seulement aux Eskimos du Grönland et de la côte septentrionale de l'Amérique ; les renseignements qu'il contient ne s'appliquent ni aux Eskimos des bords de l'océan Pacifique, qui, sous l'influence d'un climat moins rigoureux, ont des mœurs différentes de leurs congénères habitant plus au nord[1], ni aux Aléoutes, ni aux Tschuktschis. Les Aléoutes sont peut-être de la même race que les Eskimos, comme le pensent Dall et Petroff ; mais, à mon avis, les Tschuktschis appartiennent à un groupe ethnique différent, bien qu'ils se soient assimilé plusieurs tribus d'Eskimos établies jadis sur la côte septentrionale de l'Asie et qu'ils leur aient emprunté certains usages.

Actuellement les Eskimos occupent toute la région polaire américaine, sauf une petite zone voisine du détroit de Bering où habiteraient des Tschuktschis[2]. On en trouve en outre quelques petites colonies établies sur la côte nord-est de l'Asie. Autrefois cette race s'étendait beaucoup plus loin au sud et à l'ouest. La superficie qu'elle occupe actuellement est encore considérable. Elle peut être évaluée, y compris les déserts de glace, à deux ou trois millions de kilomètres carrés, et son effectif ne dépasse pas vingt ou trente mille individus (dans ce chiffre ne sont pas comptés les Eskimos des bords du Pacifique). Dix mille sont cantonnés sur la côte occidentale

---

1. Avant l'époque où les Eskimos des bords de l'océan Pacifique (leur nombre est évalué actuellement à 18 000) ont été en relation avec les chasseurs russes et les baleiniers américains, leurs mœurs paraissent avoir présenté une grande analogie avec celles des Grönlandais encore païens. William-H. Dall (dans ses *Contributions to North American Ethnology*, vol. I, Washington, 1877) et Ivan Petroff (dans son *Report on the population, industries and resources of Alaska*, Washington, 1884) ont récemment publié d'importants renseignements sur l'ethnographie de cette peuplade. H.-J. Holmberg a donné une intéressante notice sur les indigènes de l'île Kodjak (*Acta Societatis scientiarum Fenniæ*, t. IV. Helsingfors, 1855). Les Aléoutes ont été étudiés avec soin par le célèbre missionnaire russe Weniaminoff, qui devint plus tard métropolite et qui a séjourné dans l'Amérique russe de 1824 à 1838. A cette liste il faut ajouter de nombreux ouvrages dus à d'autres voyageurs.

2. Ce dernier renseignement nous a été donné par une femme de Port-Clarence, village situé sur la rive américaine du détroit de Bering. (Voir A.-E. Nordenskiold, *Voyage de la Vega autour de l'Asie et de l'Europe*, traduit du suédois par MM. Ch. Rabot et Ch. Lallemand, t. II, p. 225. Librairie Hachette.)

du Grönland. Ceux-là, comme une partie de leurs congénères du Labrador, ont été convertis au christianisme et ont atteint un certain degré de civilisation ; les autres ne se sont pas élevés au-dessus de l'état de chasseurs. Ces tribus de chasseurs errent sur la côte orientale du Grönland, sur la côte septentrionale de l'Amérique, dans les îles de l'archipel polaire américain et aux environs du détroit de Bering. Il y aurait, en outre, sur la côte nord-ouest de l'Amérique et sur la côte nord-est de l'Asie quelques villages peuplés de races métisses intermédiaires entre les Eskimos et les Indiens et entre les Eskimos et les Tschuktschis. Partout sur cette immense étendue de terrain les Eskimos parlent la même langue. C'est là un fait très curieux, par lequel ils se distinguent des Indiens des deux Amériques, qui, ainsi qu'Americ Vespuce l'avait déjà remarqué, sont divisés en nombreuses tribus parlant des idiomes ou du moins des dialectes si différents que des clans voisins[1] peuvent difficilement se comprendre.

On voit un exemple de ce fait dans le vocabulaire recueilli par le lieutenant Nordqvist à l'île Saint-Laurent pendant le voyage de la *Vega*. Presque tous les mots qu'il contient peuvent être identifiés avec des vocables de l'idiome des Grönlandais, malgré la difficulté qu'il y a à transcrire à l'aide de caractères latins certains sons eskimos. Pourtant l'île Saint-Laurent est située au sud du détroit de Bering, entre le 63e et le 64e degré de latitude nord, à 5000 kilomètres de la côte sud-ouest du Grönland, c'est-à-dire à une distance égale à celle qui sépare Lisbonne de Kasan ou Péking de la mer d'Aral. Existe-t-il une autre langue qui, sans avoir été propagée par les méthodes d'instruction actuelle, occupe une aire aussi étendue et présente aussi peu de variations ?

Les premiers spécimens de la langue eskimo furent publiés par

---

1. Dans sa première lettre, datée de Lisbonne, le 4 septembre 1504, Americ Vespuce s'exprime en ces termes sur les indigènes avec lesquels les *conquistadores* espagnols entrèrent en relation dans les Indes Occidentales et dans le nord de l'Amérique du Sud : « Molte sono le diversità delle lingue, che di cento in cento lège trovammo mutamento di lingua che non s'intendano l'una con l'altra ». En étudiant le développement de la faune, on voit les espèces d'origine récente varier à l'infini, tandis que les anciennes restent constantes. Si le même fait se produit en linguistique, on doit en conclure que la race des Eskimos est très ancienne et a des formes invariables.

Frobisher en 1576 et par Davis en 1586[1]. A titre de curiosité, je reproduis la liste des mots recueillis par le premier de ces voyageurs, que j'emprunte à Hakluyt (*The principael Navigations*, etc., 1589, p. 622[2]).

Vocabulaire de Frobisher.		*Eskimo moderne.*	
Argotteyt,	la main.	Arkatait,	nos gants.
Cangnawe,	le nez.	Kingaine,	sur son nez.
Arered,	l'œil.	?	
Keiotot,	la dent.	Kigutit,	les dents.
Mutchatet,	la tête.	Nutsatit,	les cheveux. (Celui qui adresse cette demande a montré ses cheveux en interrogeant.)
Chewat,	l'oreille.	Siut,	l'oreille.
Comagaye,	la jambe.	Kangmaka,	mes bottes.
Atoniagay,	le pied.	Atungaka,	les semelles de mes bottes.
Callagay,	le pantalon.	Kardlika,	mon pantalon.
Attegay,	le vêtement.	Atiga,	sa fourrure.
Polleuetagay,	le couteau.	Pilautiga,	ce que j'emploie pour couper. (Dérive de *pilaivok*. Couper s'applique surtout en parlant des phoques.)
Accaskay,	le navire.	?	
Coblone,	le pouce.	Kuvdlungne,	à ton pouce.
Teckkere,	l'index.	Tikera,	son ou mon index.
Ketteckle,	le médius.	Kiterdlek,	médius.
Mekellacune,	l'annulaire.	Mikilerkangue,	à son annulaire.
Yackettone,	le petit doigt.	Ekerkungne,	à son petit doigt.

De même que tous les Eskimos parlent la même langue, de même ils ont le même genre de vie, si ce n'est toutefois ceux qui sont depuis longtemps en relation avec des Européens. Ceux-là ont été convertis par de zélés missionnaires et ont appris à lire et à écrire, en même temps qu'ils abandonnaient leurs anciens usages à la

---

1. Le vocabulaire de Frobisher a été recueilli dans le pays appelé alors la *Meta Incognita*. Les cartes plus récentes ne mentionnent que rarement ce nom, bien que ce soit la reine Élisabeth qui ait baptisé ce pays. Cette dénomination s'appliquait à la région de la côte occidentale du détroit de Davis située par 62° de latitude nord. Le vocabulaire de Davis se trouve dans Hakluyt, 1re édition, p. 783. Il est reproduit avec un second, dû à Rank, dans l'ouvrage de Cl. Markham : *The voyages and works of John Davis* (Londres, 1880), p. 21.

2. La traduction en eskimo moderne a été faite très obligeamment par M. H. Rink. Pour juger ces échantillons de la langue eskimo, il faut se rappeler que les indigènes ne comprenaient souvent pas les questions des Européens, faites probablement par signes, et que les sons de la langue eskimo, très difficiles à rendre à l'aide des caractères latins, sont rendus méconnaissables par l'orthographe anglaise.

suite de l'introduction de marchandises européennes, et surtout du tabac, du café et du pain.

Les Grönlandais comme les indigènes de l'archipel de Franklin se donnent les noms d'*Innuit* (hommes) ou de *Karalit*, et aux Européens celui de *Kablunak*. Dès leur arrivée dans le pays, les Européens ont désigné les indigènes du Labrador sous la dénomination d'*Eskimos* (Esquimaux), dérivée, d'après le jésuite français Lafitau, du mot *eskimantsik*, qui, dans la langue des Indiens « abenaquiques », signifierait « manger de la viande crue »[1].

Le nom d'Eskimo fut d'abord appliqué exclusivement aux sauvages haïs et redoutés des Indiens qui habitaient l'Amérique polaire. En 1748 Ellis, au retour de son intéressant voyage à la baie d'Hudson, décrit le costume, les engins de chasse et de pêche et les ustensiles de ménage des Eskimos des environs de la Wagerbay et de l'île de la Résolution[2]; en 1752 le marin hollandais Erhard[3] observa que les sauvages du Labrador comprenaient plusieurs mots de la langue

---

1. *Mœurs des sauvages américains, comparées aux mœurs des premiers temps*, par J.-F. Lafitau, Paris, 1724. Charlevoix, que l'on cite souvent à propos de l'origine de ce nom, a copié Lafitau. Hind (*The Labrador peninsula*, Londres, 1863, t. II, p. 162) fait dériver ce nom de deux vocables de la langue des Indiens Cree : *ashki* (cru) et *mow* (manger). D'après Nourse (*Second arctic Voyage by Ch. Hall*, Washington, 1879, p. 62), le mot *eskimo* dériverait d'un *root indicating, in the language of the northern tribes* (des Indiens?) *a sorcerer*.

2. *A voyage to Hudson's bay in the years 1746 and 1747 for discovering a North-West passage, by Henry Ellis*, Londres, 1748. Ellis traita avec douceur les Eskimos avec lesquels il fut en rapport. C'est un des premiers auteurs qui aient rendu justice au caractère de ce peuple méconnu jusque-là par les voyageurs. « Quoique les auteurs français et quelques Anglais, écrit-il page 231, jugent sévèrement le caractère de ces pauvres indigènes, je dois dire qu'ils nous ont accueillis cordialement. Je dois même avouer que j'admire leur esprit ingénieux. »

3. Il avait accompagné des baleiniers au Grönland et y avait appris la langue des indigènes. En 1752 il était subrécargue à bord d'un navire qui conduisait quatre missionnaires moraves au Labrador. Ces prêtres furent débarqués dans une localité qui fut appelée Port-Nisbeth, en l'honneur de l'armateur du navire; puis le bâtiment fit route au nord pour aller faire le commerce d'échange avec les indigènes. Erhard apprit ainsi leur langue. Plus tard il commit l'imprudence d'aller avec cinq matelots sans armes se promener dans le canot du bord au milieu des îles de la côte. Il périt dans cette excursion; probablement lui et ses compagnons furent massacrés par les indigènes. Le projet de fonder des missions dans ces parages fut alors abandonné; les prêtres, qui furent rapatriés, racontèrent alors que les indigènes du Labrador et du Grönland parlaient la même langue. (David Cranz, *Alte und Neue Brüder Historie*, etc. Barby, 1772, p. 555. *Historie von Grönland*, III, p. 289.)

parlée par les Grönlandais. On commença alors à penser que ces deux peuplades appartenaient à la même race. Cette supposition fut pleinement confirmée par Jens Haven, missionnaire de la communauté des Frères moraves. Ce prêtre, qui parlait très bien l'idiome grönlandais, entreprit en 1764 un voyage au Labrador pour vérifier cette hypothèse. Les sauvages de cette région passaient alors pour dangereux, mais Haven, par son accoutrement en Eskimo et sa connaissance de la langue des Grönlandais, se concilia leurs bonnes grâces.

Les premières relations des Européens avec les indigènes de l'Amérique polaire[1] datent de l'« époque des Normands » et ne sont probablement postérieures que de quelques années à la découverte du Grönland par Éric le Rouge. Le prêtre islandais Are Thorgilsson Frode[2] raconte cet événement dans les termes suivants :

Le pays appelé Grönland a été découvert et peuplé par des Islandais. L'homme du Bredefjord qui partit d'ici (Islande) pour aller dans cette région et qui prit possession du pays nommé plus tard Eriksfjord, s'appelait Éric le Rouge. Il dénomma la terre qu'il avait découverte Grönland, pour y attirer, disait-il, des habitants par ce nom plein de promesses. Éric le Rouge trouva, sur la côte occidentale comme sur la côte orientale, des habitations, des débris de bateau et des « fabriques d'objets en pierre »; cette découverte prouve que le peuple qui habite le Vinland, et que les Grönlandais[3] appellent *Skräling*, était venu dans ces parages. Éric commença à bâtir des habitations sur cette côte quatorze ou quinze hivers avant l'introduction du christianisme en Islande, à ce que raconta à Thorkel Gellersen un homme qui avait suivi Éric le Rouge au Grönland[4].

Si l'on prend ce document à la lettre, Éric le Rouge comme

1. Ils portaient alors le nom de *Skrälinger*.
2. Are Frode était né en 1068. La relation extraite de sa *Schedae* a donc été décrite un siècle après la découverte du Grönland; elle fut imprimée pour la première fois en 1688, à Skalholt, en Islande. Le texte original est en islandais. Le passage que j'ai reproduit, comme tous les extraits des sagas islandaises que je donnerai, a été emprunté au texte donné par les *Grönlands historiske Mindesmærker*.
3. Sous ce nom l'auteur désigne les colons scandinaves établis au Grönland.
4. *Grönlands historiske Mindesmærker*, I, p. 169.

Scoresby en 1822 et nous-mêmes en 1883, aurait trouvé des huttes d'Eskimos désertes dans les endroits où il débarqua au Grönland, et, en comparant les instruments épars autour de ces habitations à ceux qu'il vit plus tard chez les indigènes du Vinland (côtes du Canada et des États-Unis), il conclut que les naturels qui habitaient ces deux pays appartenaient à la même race.

Le continent américain fut aperçu pour la première fois par Bjarne, fils du *landnamsman*[1] Herjulf, qui, en allant d'Islande au Grönland, fut entraîné vers le sud par la tempête. Lorsque le vent redevint favorable, Bjarne repartit sans avoir débarqué dans le pays qu'il avait entrevu. Cette découverte excita la curiosité des colons du Grönland. Ils reprochèrent à l'Islandais de n'avoir pas atterri, et pendant l'hiver ils parlèrent souvent du pays aperçu par Bjarne. Finalement Leif Hinn Heppni (Leif l'Heureux), le fils d'Éric le Rouge, qui avait été converti au christianisme, partit, accompagné de trente-cinq hommes, vers l'an mille, pour le pays nouvellement découvert. Il aborda sur les rives d'une terre boisée où la vigne poussait à l'état sauvage, et qu'il appela pour cette raison le *Vinland*; la température y était si douce que le bétail emmené put passer tout l'hiver sur les pâturages. Au printemps suivant, Leif revint au Grönland *sans avoir aperçu un indigène*. Son frère Thorvald lui ayant reproché de n'avoir pas suffisamment exploré le pays, il lui céda son navire pour entreprendre un second voyage au Vinland. Ce fut au cours de cette nouvelle expédition que les Normands entrèrent pour la première fois en rapport avec les indigènes, qui, à en juger par les descriptions des sagas, étaient des Eskimos et non des Indiens. Une étude sur les Eskimos serait donc incomplète si elle ne contenait pas un résumé des sagas racontant les relations des Normands avec ces indigènes.

Pendant une excursion aux environs des quartiers d'hiver de Leif (*Leifsbodar*), Thorvald, raconte la saga, aperçut sur un promontoire trois objets faisant saillie. En les examinant de plus près, il reconnut des bateaux en peau, sous chacun desquels étaient cachés trois indigènes. Huit furent tués par les Normands; le neuvième

---

1. « Homme ayant pris possession d'une terre jusque-là sans maître. »

réussit à s'enfuir. Du haut de ce promontoire les aventuriers scandinaves virent sur les bords d'un fjord des monticules qui leur parurent être des habitations, et aperçurent un nombre considérable de bateaux en peau qui venaient pour les attaquer. Les indigènes furent bientôt mis en déroute; mais, dans le combat, Thorvald fut blessé mortellement par une flèche. Cette escarmouche, qui date de 1004, est la première rencontre des Européens avec les indigènes de l'Amérique, et Thorvald est le premier Européen tombé sur le sol du Nouveau Monde. Les compagnons de Thorvald retournèrent l'été suivant à Leifsbodar et partirent de là pour l'Eriksfjord, avec un chargement de raisin et de bois de construction. Ils rapportaient, en outre, maintes histoires étonnantes (*ok kunnu Leifi at segja mikil tidindi*).

Un an après, Thorstein Eriksson, parti pour aller chercher au Vinland le corps de son frère Thorvald, fut jeté par une tempête sur la côte du *Vesterbygd* et périt dans le naufrage. Sa veuve, Gudrid, qui l'avait accompagné dans ce voyage, retourna à l'Eriksfjord et s'y maria avec Thorfinn Karlsefne, homme très riche, qui avait passé l'hiver chez Leif. On parla des voyages au Vinland, et à la suite de ces conversations Gudrid et les autres habitants déterminèrent Thorfinn à entreprendre une expédition dans ces parages. En 1007 celui-ci mit à la voile, accompagné de 60 hommes et de 5 femmes, emportant de grands approvisionnements, — il emmenait même du bétail. Après un heureux voyage ils abordèrent tous au Vinland et y passèrent l'hiver. Un jour de l'été suivant, une nombreuse troupe d'indigènes sortit des bois. Effrayés par le beuglement du bétail, ceux-ci se sauvèrent du côté du *gård* de Thorfinn avec leurs sacs remplis de peaux de petit-gris, de zibeline et de fourrures de toute espèce. Thorfinn les empêcha d'entrer dans son habitation. Ni les indigènes ni les Normands ne se comprenaient les uns les autres; quoi qu'il en fût, des échanges commencèrent entre les deux parties, et les Eskimos cédèrent aux Scandinaves leurs pelleteries pour du lait. Thorfinn avait défendu de leur vendre des armes. Les indigènes, racontent les sagas, mangèrent immédiatement les denrées qu'ils avaient achetées, tandis que les Normands conservaient les fourrures; de nos jours les Eskimos du Grönland agissent de même.

Les échanges terminés, les deux parties se quittèrent en bons termes. Mais, pour se mettre à l'abri d'une surprise, Thorfinn fit élever une barrière autour de son habitation. Au commencement de l'hiver les indigènes revinrent en beaucoup plus grand nombre et continuèrent à commercer paisiblement avec les Scandinaves jusqu'au jour où l'un d'eux fut tué par un domestique de Thorfinn. Un combat s'engagea alors, et de nombreux *Skräling* furent tués[1].

Les premières relations que les Normands eurent avec les Eskimos du Grönland datent à peu près de la même époque. En 998, sur l'invitation d'Éric le Rouge, un des hommes les plus puissants de l'Islande, Thorgils Orrabeinsfostri, alla s'établir au Grönland[2]. La tempête et les vents contraires ayant poussé son navire le long de la côte orientale très loin vers le nord, il dut hiverner dans cette région. Après avoir couru de grands dangers et perdu la plus grande partie de son équipage, il n'arriva qu'en 1002 à l'Eriksfjord. Pendant ce voyage il rencontra à différentes reprises des indigènes et eut avec eux des relations qui n'étaient rien moins qu'amicales. Chaque fois que les Normands trouvaient des Eskimos, ils les massacraient impitoyablement, comme à plaisir, semble-t-il. À en juger par les récits des sagas, les Scandinaves en Islande et au Grönland faisaient souvent preuve de plus de bravoure que de véritable courage, et dans maintes circonstances les *vikings*, réputés si courageux, ont montré une grande poltronnerie. Un jour, par exemple, les gens de Thorfinn Karlsefne faillirent se trouver mal en entendant le bruit produit par le battement des vessies attachées aux harpons des indigènes contre les tiges de ces armes. Un matin Thorgils rencontra pour la première fois des *Skräling* autour d'un énorme cétacé échoué au-dessus d'un trou béant dans la glace. Il y avait là deux femmes occupées à recueillir de la viande de l'animal. Thorgils courut sur elles l'épée haute, et, frappant l'une au moment où elle élevait son fardeau, lui coupa la main. La charge tomba, mais la

---

[1]. Je raconte ces événements d'après les sagas d'Éric le Rouge et de Thorfinn Karlsefne, écrites en grande partie en Islande et au Grönland pendant le douzième siècle, et que des manuscrits islandais ont sauvées de l'oubli.

[2]. Le voyage de Thorgils forme un épisode de la biographie de ce *viking*, contenue dans la *Floamannasaga*, composée antérieurement à 1245 (*Grönlands historiske Mindesmærker* II, p. 1 à 221).

femme réussit à se sauver. Cette rencontre des Normands avec les Eskimos du Grönland, la première en date que nous connaissions, remonte à l'an mille. Plusieurs fois en suivant la côte nord-est du Grönland vers le sud, Thorgils s'est trouvé, semble-t-il, en présence d'Eskimos ; la saga, tout au moins, rapporte que deux femmes ramenèrent aux naufragés leur unique canot, qui avait été entraîné par la mer. Après ce malheur, le courage éprouvé de Thorgils avait commencé à faiblir.

Les sagas ne contiennent pas d'autres renseignements intéressants sur les indigènes du Grönland ; mais dans les annales islandaises composées au moyen âge on trouve le récit d'une attaque dirigée en 1579 par les Eskimos contre les Scandinaves. Dans cette lutte ceux-ci perdirent dix-huit hommes, et deux de leurs enfants furent faits prisonniers et emmenés en esclavage.

Un des fragments de la relation des voyages de Björn Einarson parvenus jusqu'à nous rapporte qu'en 1585 ce personnage fut jeté par la tempête avec sa femme et ses enfants sur la côte du Grönland. Il revenait alors de son troisième voyage, au cours duquel il avait visité la Terre-Sainte. Comme il souffrait de la faim, Björn débarqua pour chercher à capturer quelque animal. Trouvant un ours luttant avec un morse — lorsqu'ils se rencontrent, ces deux animaux se combattent toujours jusqu'à la dernière extrémité, — il réussit à s'emparer de tous les deux. Les colons scandinaves conférèrent à Björn la souveraineté de l'Eriksfjord pendant le temps qu'il habita cette région. Au printemps, les habitants lui offrirent un tribut de cent trente poitrines de moutons (probablement de rennes). Plus tard il eut la chance de trouver échouée une énorme baleine qui avait été blessée par un harpon appartenant à l'Islandais Olof Isfirding. Le sauvetage de deux femmes indigènes que la marée montante allait surprendre sur un rocher contribua à rehausser le prestige de Björn. Ces femmes lui jurèrent le dévouement le plus absolu, et à partir de ce moment les indigènes, qui étaient d'habiles chasseurs, lui fournirent tous les animaux qu'il désirait et dont il avait besoin. L'une d'elles considéra comme une très grande faveur de soigner un enfant nouveau-né de Björn. Elle voulut porter une coiffure comme celle de la femme de son maître et s'en fabriqua une avec des intestins de baleine. Plus tard les deux sœurs, n'ayant pas obtenu la permission de suivre Björn Bonde en Islande, se précipitèrent dans la mer du haut d'un rocher. Dans cette historiette, plusieurs traits du caractère des Eskimos, notamment l'amour de la jeune fille pour l'enfant, sont très exactement indiqués : par suite on ne peut douter que l'anecdote n'ait un fond de vérité. Cette saga prouve que les Islandais comprenaient la langue des Eskimos ; les deux populations avaient donc parfois tout au moins des rapports amicaux.

Une suite manuscrite de la chronique islandaise *Hungurvaka*, écrite par l'Islandais Jon Egilson, contient le passage suivant, relatif au naufrage de Björn Thorleifson et de sa femme Olöf Loptsdotter, survenu sur la côte du Grönland au milieu du quinzième siècle.

Ils entreprirent souvent des voyages sur mer ; une fois, ayant perdu leur route, ils firent naufrage sur les côtes du Grönland. Tout l'équipage fut noyé, à l'exception de Björn Thorleifson et d'Olöf Loptsdotter. Ces survivants rencontrèrent deux indigènes, un homme et une femme. Olof noua trois aunes d'étoffe sur la tête de cette dernière et deux de drap sur la tête du premier. Ces indigènes placèrent les naufragés dans de grands paniers qu'ils portaient sur leurs épaules ; l'homme se chargea de Björn, et la femme d'Olöf ; ils les conduisirent ainsi à Gardar, qui avait été autrefois le siège d'un évêché. Après avoir passé là l'hiver, les naufragés revinrent en Islande l'année suivante[1].

Suivant toute vraisemblance ce récit signifie que les naufragés furent sauvés par les Eskimos et conduits par eux à Gardar.

Les documents reproduits plus haut sont les principaux que contiennent les sagas islandaises sur les relations des Scandinaves avec les Eskimos au Grönland. Ils indiquent bien que plusieurs fois des luttes ont éclaté entre les deux populations, mais je ne comprends pas comment on a pu conclure de ces récits qu'il y ait eu entre elles une guerre d'extermination. Dans sa description du Grönland, Ivar Baardsön dit, il est vrai, avoir été envoyé dans ce pays pour chasser du *Vesterbygd* les indigènes qui l'occupaient alors entièrement. A

1. *Grönlands historiske Mindesmærker*, III, p. 468.

son arrivée au Grönland, il n'y trouva âme qui vive; il n'y rencontra que des vaches et des moutons devenus sauvages. Quand on connait le caractère des Eskimos, il est permis de douter qu'ils aient attaqué et massacré les Scandinaves (ce que ne dit pas, du reste, Ivar Baardsön), et l'on peut être certain que, si cet événement s'était produit, ils n'auraient pas laissé en vie un seul animal domestique. *Si cette partie de la relation de Baardsön est exacte, ce qui n'est pas probable*, la présence de ces animaux abandonnés dans le l'*esterbygd* indiquerait, à mon avis, que les Normands auraient succombé à quelque épidémie ou qu'ils seraient partis pour une expédition au Vinland dont ils ne seraient pas revenus. Il est plus vraisemblable de penser que, lors de l'arrivée de Baardsön, les Scandinaves avaient abandonné avec toute leur famille leurs huttes d'hiver pour aller chasser et pêcher sur les bords des fjords dans l'intérieur du pays, comme les indigènes ont encore aujourd'hui coutume de le faire. Dans ce cas il a pu arriver que Baardsön ait pris à distance pour des moutons et autres animaux domestiques les chiens laissés dans les habitations.

Il n'existe aucune preuve que la population scandinave de l'*Österbygd* ait été détruite par les Eskimos, ainsi qu'on le dit. Nous savons aujourd'hui par expérience que des Européens se fusionnent rapidement avec des races inférieures comme les Eskimos, et après quelques générations leurs descendants adoptent complètement leur langue et leur genre de vie; nous savons, d'autre part, qu'un grand nombre d'indigènes de la côte orientale ont un type scandinave très accusé. Je pense, par suite, que les Normands se sont complètement fondus avec les Eskimos, peu de temps après que les relations eurent cessé entre le Grönland et la mère patrie. Cette supposition est confirmée par le document reproduit ci-après, qui est un extrait fait par Finn Magnusen d'un manuscrit latin écrit en Islande dans la première moitié du dix-septième siècle par l'évêque Gissle Oddsön de Skalholt, sur des documents détruits dans un incendie (1630).

En 1542 les habitants du Grönland abandonnèrent le christianisme et, oubliant tout sentiment d'honneur, adoptèrent la religion des peuples d'Amérique. On pense pour cela que le Grönland est situé près des « pays de l'Ouest ». Les chrétiens ont par suite cessé d'aller au Grönland[1].

Les documents sur les Eskimos que je viens de faire connaître et qui sont très peu étendus comme on a pu en juger, sont restés presque inconnus des savants de l'Europe jusqu'au dix-septième siècle. On trouve pourtant quelques renseignements sur ce peuple dans des livres du quinzième et du seizième siècle. La description de la carte du Grönland publiée par Nicolas Donis dans son travail sur Ptolémée, imprimé en 1482 et en 1486, ne fait pas mention des Eskimos. Au contraire la *Schondia* de Ziegler, qui date de 1532, renferme une carte du Grönland[2], et le texte indique que l'auteur a vu des kayaks.

Ces embarcations sont décrites avec détail par Olaus Magnus dans son célèbre ouvrage : *De Gentibus septentrionalibus* (première édition, Rome, 1555). Le chapitre ix du tome II contient le passage suivant :

Embarcations en peau ou en cuir en usage au Grönland (Gruntlandia).

Dans le chapitre iii de ce livre se trouvent toutes les notions que nous possédons sur l'aspect de l'Islande et sur les aventures surnaturelles de ceux qui sont morts récemment à la pêche[3]. A ces renseignements j'ajouterai que pour aller au Grönland on part du port de Vestrebro en Islande et que l'on passe près du Hvitsärk, haut rocher situé à mi-route entre les deux côtes. Là habitent des pirates qui naviguent dans des embarcations de peau et qui, en combattant, percent par en bas la coque des bateaux marchands. En 1505

---

1. *Grönlands historiske Mindesmærker*, III, p. 459.
2. Les cartes de Donis et de Ziegler sont reproduites dans le *Voyage de la Vega autour de l'Asie et de l'Europe*, vol. 1, librairie Hachette. Dans ce volume (p. 46 et 48) sont indiqués les titres complets de ces deux ouvrages. Différents renseignements sur le Grönland et ses habitants se trouvent dans le livre rare d'Olaus Magnus : *Opera breve*, etc., Venetia, 1539. (Voir *Studier och Forskningar*, p. 34.)
3. Le bruit que les *drifts* amoncelés contre la côte produisent en glissant les uns sur les autres a peut-être donné naissance à ces légendes. Pendant notre hivernage dans la Mosselbay, en 1872-1873, nous eûmes souvent occasion de les entendre. Ces grincements ressemblent, à s'y méprendre, à des cris que pousserait un homme en détresse ; même celui qui en connaît l'origine ne peut s'empêcher de courir pour répondre à l'appel qu'il croit entendre.

j'ai vu deux embarcations de ce genre suspendues, au-dessus de la porte ouest, à l'intérieur de la cathédrale d'Oslo, dédiée au bienheureux Halvard. Le roi Håkon[1], lors de son expédition sur les côtes du Grönland, s'était, disait-on, emparé de ces canots, dont les équipages voulaient sans doute couler sa flotte. Les indigènes de cette région se procurent un butin considérable en faisant sombrer les navires, comme je l'ai rapporté plus haut.

Il n'y a aucun doute que les embarcations dont parle Olaus Magnus ne soient les kayaks grönlandais, mais il n'est guère probable que ces canots aient été jamais employés comme navires à éperon.

La relation du voyage des frères Zeni (imprimée pour la première fois à Venise en 1558) contient une excellente description du kayak grönlandais. Ce passage n'est emprunté ni à Olaus Magnus ni à quelque autre document ancien connu de nous; il est donc probable que les navigateurs vénitiens ou que l'auteur de la relation de leur voyage ont été en relations avec les Eskimos vers la fin du quatorzième siècle.

Peu de temps après la découverte de l'Amérique par Christophe Colomb, l'Angleterre envoya des expéditions pour découvrir au nord du Nouveau Monde une route vers les Indes, et le Danemark expédia des navires dans l'océan Glacial pour retrouver les anciennes colonies scandinaves du Grönland. Un grand nombre de ces expéditions entrèrent en rapport avec les Eskimos, mais ces relations ne furent rien moins qu'amicales. La plupart des entrevues des Européens avec les indigènes se terminèrent par le meurtre ou par la capture de quelques naturels. Les malheureux faits prisonniers étaient embarqués à bord des navires pour être montrés en Europe comme des bêtes curieuses.

Les premiers Eskimos qu'aient vus les Européens furent ramenés par Sébastien Cabot en 1498. Hakluyt (*The principael navigations*, etc., 1re édition, p. 515) donne sur cet événement les renseignements suivants, qu'il a empruntés à une chronique manuscrite de Robert Fabian :

---

1. Le roi Håkon mourut en 1380.

Cette année-là on présenta au roi (Henri VII) trois indigènes de Terre-Neuve. Ils étaient vêtus de peaux d'animaux, mangeaient de la viande crue et parlaient une langue que personne ne comprenait. On eût dit des animaux sauvages. Trois ans après, je vis, au palais de Westminster, deux de ces individus habillés comme des *gentlemen*, et je n'aurais pu les distinguer des Anglais présents avant de savoir qui ils étaient. Je ne les entendis pas parler.

En 1501, au retour de son second voyage, Corte Real ramena à Lisbonne cinquante-sept indigènes du nord-est de l'Amérique, probablement des Eskimos, à en juger du moins d'après la lettre adressée par l'ambassadeur vénitien Pietro Pasqualigos à ses frères qui habitaient Venise. L'ambassadeur parle de ces sauvages dans les termes suivants :

Tous ont la même couleur de peau, la même taille et la même physionomie; ils ressemblent beaucoup aux Bohémiens. Ils portent tous des vêtements semblables, faits de peaux de différents animaux, notamment de peau de loutre ; l'hiver ils tournent en dedans la fourrure de leurs habits, c'est-à-dire la placent directement sur la peau, et l'été en dehors. Les peaux ne sont ni cousues, ni tannées ; ces sauvages les portent, jetées simplement sur le haut du corps, telles qu'ils les ont enlevées sur le corps de l'animal. Ces hommes sont très timides et très doux. Ils ont les bras, les jambes et les épaules très bien faits. Leurs physionomies sont, comme celles des Indiens, ornées de dessins, les uns composés de six traits, les autres de huit et même plus. Ces sauvages parlent, mais personne, je crois, ne les comprend, bien qu'on leur ait adressé la parole dans toutes les langues connues. Le fer n'existant pas dans leur pays, ils fabriquent leurs couteaux et leurs pointes de flèches avec une certaine pierre.

Une lettre d'Albert Cantino au duc de Ferrare, Hercule d'Este, contient des détails plus étendus sur le voyage de Corte Real et sur les susdits Eskimos. Ces sauvages, rapporte Cantino, *habitent dans des maisons en peau et naviguent dans des canots faits de la même matière*. Solides et bien bâtis, comme ils sont, ils pourraient devenir d'excellents esclaves. Tous, ajoute-t-il, ont la peau blanche, surtout les femmes, et sont d'humeur très gaie[1].

---

1. Henry Harrisse, *Les Corte Real et leurs voyages au Nouveau Monde*, Paris, 1883, p. 51 et 56.

Les relations des voyages entrepris dans le nord-ouest de l'Amérique au seizième siècle et au commencement du dix-septième contiennent presque toutes quelques renseignements relatifs aux Eskimos; mais les expéditions qui datent de cette époque n'ont guère augmenté les connaissances des Européens sur les indigènes du Grönland. Un livre paru en 1647 sans nom d'auteur, sous le titre de *Relation du Grœnland*, a eu, au contraire, une grande influence sur les idées que le gros public se fait des indigènes de l'Amérique polaire. Ce travail, la première monographie publiée sur le Grönland, contient une description des mœurs des Eskimos assez complète, et très importante pour l'époque. L'auteur, l'abbé La Peyrère, qui n'avait jamais visité le Grönland, a composé son ouvrage d'après les renseignements qui lui ont été donnés pendant son long séjour à Copenhague par des savants danois et des employés. Son livre est écrit sous la forme d'une lettre adressée à M. de La Mothe Le Vayer. Peut-être, en publiant la *Relation du Grœnland*, La Peyrère se proposait-il de réunir des preuves de l'existence de l'homme avant Adam. En contradiction avec les dogmes de la religion, il avait, dans un travail datant de 1545, soutenu une hypothèse de ce genre, qu'il appuyait sur le chapitre v de la Lettre aux Romains (versets 12, 13 et 14).

L'ouvrage de La Peyrère contient les renseignements suivants sur les Eskimos :

La *Relation* dit que ces Sauuages sont traistres et farouches, et que l'on ne les peut appriuoiser, ny par caresses, ny par présens. Ils sont gras et dispos, de couleur oliuastre. On tient qu'il y en a de Noirs parmy eux, côme des Aethiopiens. Ils sont habillez de peaux de Chiens marins, cousuës de nerfs. Leurs fêmes sont escheuelées. Elles renuersent leurs cheueux derrière les oreilles, pour moustrer leurs visages, qui sont peints de bleu et de iaune. Elles ne portent point de cotillons comme nos femmes, mais quantité de caleçons, faits de peaux de poissons, qu'elles chaussent les uns sur les autres. Chaque caleçon a ses pochettes, où elles fourrent leurs couteaux, leur fil, leurs aiguilles, leurs petits miroirs et autres bagatelles que les Estrangers leur portent, ou que la mer leur reiette, par les naufrages des estrangers qui veulent aller chez eux. Les chemises des hommes, et des femmes sont faites d'intestins de poissons, cousus avec des nerfs fort déliez. Les habits des vns et des autres sont larges, et ils les sanglent avec des courroyes de peaux de poissons. Ils sont puants, salles et vilains. Leur langue leur sert de seruiette et de mouchoir ; et ils n'ont nulle honte de ce que les autres hommes ont honte. Ceux-là sont estimés riches parmy eux, qui ont quâtité d'arcs, de fondes, de bateaux et de rames. Leurs arcs sont courts et leurs flèches desliées, armées par le bout d'os ou de cornes aiguisées. Ils sont adroits à tirer de l'arc et de la fonde, et à darder les poissons dans l'eau auec des iauelots. Leurs petits bateaux sont couuerts de peaux de chiens marins et il n'y peut entrer qu'un hôme seul. Leurs grands bateaux sont faits de bois, attachez les uns aux autres auec des liens de bois et couuerts de peaux de baleines cousuës de gros nerfs. Ces bateaux portent vingt hommes pour le plus. Leurs Voiles sont faites, de mesme que leurs chemises, d'intestins de poissons cousus de plus petits nerfs. Et quoy qu'il n'y ait point de fer dans ces bateaux, ils sont liez avec tant d'adresse et de force, qu'ils s'engagent librement dessus, en pleine mer, et ne se soucient point des orages. [Il n'y a point de Beste venimeuse dedans leurs terres que des Aragnées. Ils ont des Cousins en grand nombre qui piquent asprement, et leur piqeure fait des esleveures difformes sur le visage. Ils n'ont point d'eau douce, que celle qu'ils réseruent des neiges fonduës. Le Chroniqueur tient que le grand froid qui serre les veines de la terre bouche le passage des Sources.] Ils ont des Chiens extraordinairement grands, qu'ils attellét à leurs Traisneaux et s'en seruent comme on se sert ailleurs des cheuaux.

La Peyrère raconte ensuite l'histoire de neuf Eskimos qui avaient été amenés à Copenhague par différentes expéditions polaires. Ces indigènes étaient nourris aux frais du roi avec des soins tout particuliers. Leur ordinaire se composait de lait, de beurre, de fromage, de viande crue et de poisson cru, « parce qu'ils ne se pouvoient accoustumer au pain et à nos viandes cuites, moins encore au vin, et qu'ils ne beuvoient quoy que ce soit de si bon cœur que de grands traits d'huyle ou de graisse de baleine[1] ». Ces Eskimos « tournoient souvent la teste vers le nord ». Un jour, ils essayèrent de se sauver dans leurs canots, mais la tempête les jeta sur la côte de Scanie, où des paysans les firent prisonniers et les ramenèrent à Copenhague. A la suite de cette escapade ils furent gardés avec plus de vigilance, mais « ils moururent de langueur ». Cinq de ces Eskimos étaient encore vivants lorsqu'un ambassadeur d'Espagne arriva à la cour

---

1. Ce fait, absolument inexact, a été souvent démenti : néanmoins le public croit toujours que les Eskimos boivent de l'huile, et à ses yeux c'est une des habitudes caractéristiques des peuples polaires.

de Copenhague. Le roi de Danemark lui fit voir ces sauvages. Le diplomate fut fort étonné de l'adresse dont firent preuve les Eskimos en manœuvrant leurs fragiles esquifs. Dans des régates organisées en son honneur, une chaloupe montée par seize bons rameurs eut de la peine à suivre leurs kayaks. « L'ambassadeur envoya une somme d'argent à chaque sauvage en particulier, et chacun d'eux employa son argent à se faire habiller à la danoise. Il y en eut qui mirent de grandes plumes à leurs chapeaux, se bottèrent et esperonnèrent et firent dire au Roy de Danemarc qu'ils le vouloient servir à cheval. Cette belle humeur ne leur dura pas long-temps, car ils retombèrent dans leur mélancolie ordinaire. » Deux d'entre eux essayèrent de nouveau de se sauver dans leurs kayaks. L'un fut rattrapé; l'autre, qui réussit à s'échapper, trouva la mort en pleine mer. On garda alors plus étroitement ceux qui restaient, mais ils moururent bientôt après, à l'exception de deux. Ceux-ci survécurent dix ou douze ans à leurs camarades et furent toujours très bien traités par les Danois. Ils ne purent jamais apprendre le danois. L'un d'eux mourut à Kolding des suites d'un refroidissement gagné en pêchant en hiver des bivalves perliers (*Unio margaritifer*). Cet Eskimo aurait été un excellent plongeur[1]. L'autre fit une nouvelle tentative pour se sauver en kayak; il ne fut rejoint qu'à trente ou quarante milles en mer. Peu de temps après « il tomba en langueur et mourut ».

Bien avant la publication de la *Relation* de La Peyrère, les Français étaient entrés en rapport avec les habitants des pays situés au nord de leur colonie du Canada, auxquels ils donnaient le nom d'*Esquimaux* ou d'*Eskimenzes*, qu'ils avaient emprunté aux Indiens. Les ouvrages de quelques anciens auteurs français, notamment ceux des jésuites Lafitau et Charlevoix[2], contiennent quelques renseignements sur les mœurs et le caractère de ces indigènes. Plusieurs Eskimos ayant été faits prisonniers en 1659 par des Indiens et convertis au christianisme, Charlevoix écrit : « Sans aucun rapport

---

1. *Relation du Grönland*, p. 169-185. L'Eskimo en question ne devait pas savoir plonger. Les indigènes des régions polaires ne nagent point, et il n'est guère besoin d'un plongeur pour recueillir des *Unio* à Kolding.
2. J.-F. Lafitau, *Mœurs des Sauvages Amériquains*, Paris, 1724. — Charlevoix, *Histoire et Description générale de la Nouvelle France*, Paris, 1744.

avec leurs congénères et réduits maintenant à l'esclavage, leurs mœurs se sont adoucies. Ils sont aussi sauvages que les ours qui errent dans leurs déserts. »

De nombreuses traductions répandirent le livre de La Peyrère, et aujourd'hui encore, dans les livres de vulgarisation, cet ouvrage forme le fond des chapitres relatifs aux mœurs des Eskimos. Mais

Pok et Keperock,
Grönlandais et Grönlandaise.
(D'après un tableau exécuté par B. Grodtschilling au Grönland en 1724, qui se trouve actuellement au Musée Ethnographique de Copenhague.)

c'est aux missions fondées au Grönland par Egede, aux fonctionnaires de la Compagnie de commerce et aux expéditions polaires qui ont visité pendant ce siècle les régions habitées par les Eskimos, que nous devons une connaissance complète du caractère et des mœurs de ces indigènes. Grâce à ces recherches, les Eskimos sont aujourd'hui un des peuples sauvages les mieux connus.

Dans sa *Fauna Groenlandica*, O. Fabricius donne la diagnose suivante des indigènes du Grönland : « Homo Groenlandicus : **Homo** *sapiens, diurnus, sordide rufus, pilis nigris, rectis, crassis, mento subimberbi.... Est naribus patulis, oculis minutis, labiis et buccis magnis, fronte valida, humeris latis, pedibus brevibus, cholerico-phlegmaticus, debilis, agilis, pertinax, liber, contentus, timidus, superstitiosus, minus fertilis.* »

Cette courte description, écrite dans le style de Linné, s'applique très exactement à la plupart des Eskimos qui n'ont pas été en relations avec les Européens, mais pas à tous cependant. Lafitau décrit les Eskimos du Labrador dans les termes suivants : « Ils sont grands, de belle prestance et plus blancs que les autres sauvages (Indiens). Ils portent de la barbe (elle serait très épaisse, d'après Charlevoix) et ont des cheveux crépus. La plupart sont noirs, d'autres blonds, quelques-uns même rouges comme les habitants du nord de l'Europe. » Cette description est certainement fondée sur des observations, car on la retrouve chez d'autres auteurs. Ainsi M. Kirkby donne les renseignements suivants sur les Eskimos de l'embouchure du Mackenzie : « Tous les hommes sont forts, alertes et de grande taille. Beaucoup d'entre eux ont le menton et les joues couverts d'une barbe épaisse. Les femmes sont petites, elles ont un teint clair et des traits réguliers. De temps à autre elles coupent à leurs maris les cheveux du sommet de la tête, pour s'en faire des tresses, qu'elles portent pendantes le long des joues ou fixées au sommet de la tête. La longue barbe et la peau blanche de ces indigènes étonnaient beaucoup mes Indiens, qui ne cessaient de dire à ce propos : *Manooli Conde* (Ils ressemblent aux Blancs). » Dans son ouvrage *Narrative of the Arctic Land Expedition* (Londres, 1856, p. 584), Back reproduit le portrait d'un Eskimo qui portait une barbe clairsemée ; il ajoute à ce sujet qu'une partie de ces indigènes ont un collier très fourni, et quelques-uns de longues moustaches. Les naturels que John Rae a vus à la Repulse Bay avaient « formidable beard and whiskers ». Parry et Lyon rencontrèrent à Winter Island et à Igloolik des Eskimos au nez aquilin. Egede, Cranz, Fabricius, etc., mentionnent tous parmi les Eskimos une variété de type caractérisée par une haute taille et un teint clair[1] ; ils considéraient ces individus

---

1. Plusieurs auteurs anciens indiquent parmi les peuplades de l'Amérique polaire une tribu de couleur noire. C'est là une légende dont l'origine s'explique peut-être par ce fait

comme les descendants des anciens Normands. Ce type paraît se rencontrer principalement chez les indigènes de la côte orientale du Grönland et de certaines régions de l'Amérique polaire. Toutes les personnes qui ont été en relations avec les Eskimos de la côte Est sont d'accord à ce sujet. Telle est par exemple la description que donne Graah du type des habitants des rives de l'Ovarketfjord : « Ils avaient tous une figure agréable et ne ressemblaient guère

Eskimos métis.
(Gravure exécutée d'après une photographie communiquée par M. K.-I.-V. Steenstrup.)

aux Eskimos ; je remarquai surtout deux jeunes femmes élancées, aux traits réguliers, au teint frais et à la belle chevelure brune, qui en tout pays auraient été regardées pour des beautés. Les enfants ont pour la plupart les cheveux bruns ; quelques-uns cependant les ont

que certains indigènes du Grönland, d'un type eskimo nettement marqué, ont le teint foncé. Même après s'être lavés, ces naturels ont la couleur des mulâtres. Une étude de ces indigènes serait fort intéressante. Si, comme je le crois, les Eskimos sont les débris d'une population qui a habité les régions polaires avant la période glaciaire, l'existence de ces indigènes au teint foncé indiquerait qu'une race de couleur se serait également trouvée dans ces régions. D'après Saabye, les enfants sont, en naissant, blancs comme ceux des Européens, mais ils ont sur les reins une tache bleuâtre qui s'étend peu à peu sur tout le corps et lui donne une couleur foncée.

rouges. Presque tous les hommes sont grands, sveltes et bien faits, avec des traits agréables et expressifs. Ils ont les sourcils noirs, épais et arrondis, et quelques-uns portent une barbe épaisse. » Holm, Garde, Brodbeck, Lytzen ont confirmé l'exactitude de cette description. Certains indigènes de la côte orientale du Grönland doivent donc, semble-t-il, être des Scandinaves *eskimoïsés*. Plusieurs des savants qui placent l'*Österbygd* sur la côte occidentale s'appuient sur ces renseignements pour prétendre que les Eskimos aux traits européens sont les descendants des nombreux baleiniers naufragés en 1777 sur la côte orientale. D'abord il n'est rien moins que certain qu'un seul de ces naufragés se soit établi parmi les Eskimos de la côte orientale ; en second lieu il n'est guère probable que dans l'espace de cinquante à cent ans la présence de quelques étrangers ait pu modifier le type d'une population aussi nombreuse que celle de cette région ; enfin *la ressemblance des Eskimos de la côte orientale et des Scandinaves avait été remarquée longtemps avant ce naufrage*.

Dans les colonies danoises il s'est formé de nos jours une race métisse issue des relations des femmes indigènes avec les colons européens et des baleiniers. Les Eskimos, trouvant le type européen plus beau que le leur, se marient de préférence avec les femmes de sang mêlé : aussi les indigènes de race pure sont-ils devenus rares, tout au moins aux environs des établissements. D'autre part, les enfants nés de ces unions mixtes, s'ils ne sont pas astreints à apprendre une langue européenne et à suivre nos usages, adoptent dès la première ou la seconde génération les coutumes, les mœurs et l'idiome des indigènes. Les traits européens persistent chez ces métis, mais quelquefois le mélange de la race scandinave avec une race plus foncée leur donne un type méridional. Il s'est formé ainsi une race métisse qui reste souvent belle quand les dures conditions de l'existence dans ces régions ne la déforment pas. Parmi les jeunes gens de sang mêlé il n'est pas rare de trouver de véritables types de beauté. Sur les côtes du Labrador les relations des matelots anglais avec les femmes des Eskimos ont également produit une race métisse bien douée à beaucoup d'égards. Quoi qu'il n'y ait point d'école dans le pays, ces indigènes savent lire et écrire ; ils sont adroits, hon-

Eskimos.
(Gravure exécutée d'après une photographie communiquée par M. K.-J.-V. Steenstrup.)

nêtes, pacifiques, mais moins courageux que les naturels de race pure. (Hind, II, p. 162.)

Les indigènes du Grönland occidental de race pure sont petits, trapus, corpulents, larges d'épaules, bien proportionnés, mais ils ont les mains et les pieds très petits. Chez les personnes âgées la peau

Jeune fille métisse.
(Gravure exécutée d'après une photographie communiquée par M. K.-I.-V. Steenstrup.)

est ridée, chez les jeunes très lisse. Ils ont le teint olivâtre, les yeux bruns, petits, légèrement obliques, le nez court, enfoncé entre les joues et par suite peu apparent de profil, la bouche large, les lèvres épaisses, et les dents régulières. Les hommes conservent longtemps une belle dentition blanche ; les femmes l'ont au contraire usée par la préparation des peaux. Leur chevelure est noire et hérissée.

Les hommes portent généralement les cheveux longs et ml soignés. Je n'ai jamais vu au Grönland d'indigène ayant l'espèce de tonsure des Tschuktschis, c'est-à-dire la chevelure rasée à l'exception d'une couronne autour du sommet de la tête, sur lequel se détache une touffe de cheveux. Parry dit avoir observé cette coiffure chez de jeunes indigènes de l'île Welcome. Les Eskimos de l'embouchure du Mackenzie, au dire de Kirkby, et la plupart des indigènes que nous vîmes à Port Clarence et dans l'île Saint-Laurent l'avaient également adoptée. Les femmes nettoient soigneusement leur chevelure avec de l'urine[1]. Elles la divisent d'abord, puis la réunissent à l'aide de rubans de couleur en une touffe serrée sur le sommet de la tête (voir la gravure de la page 415). La tension que produit cette coiffure dans la racine des cheveux les fait tomber de bonne heure sur les tempes. Mais maintenant les femmes indigènes commencent à adopter les modes européennes. D'après Parry, cette coiffure n'est pas en usage chez les indigènes de Winter Island et d'Igloolik ; nous ne la vîmes non plus ni chez les Eskimos de l'île Saint-Laurent et de Port Clarence, ni chez les Tschuktschis. Au Grönland et dans l'archipel polaire Américain, les hommes ne se tatouent pas le visage ; mais les habitants des rives du détroit de Bering portent des labrets d'os, de pierre ou de verre passés dans de grands trous percés au-dessous de la commissure des lèvres. Dans les régions où les Eskimos n'ont pas eu de rapports fréquents avec les Européens, les femmes sont tatouées comme les Tschuktschis[2]. Les indigènes attachaient autrefois une grande importance au tatouage ; ils racontaient aux jeunes filles qui redoutaient de s'y soumettre que le crâne de celles qui ne portaient point cette décoration était changé dans l'autre monde en un de ces vases que l'on place sous la lampe

---

1. Voyez Egede, *Description du Grönland*, Copenhague, 1763, p. 98. « Les indigènes, dit-il, trouvent agréable le parfum qu'exhalent les femmes après cette toilette peu ragoûtante, et lorsqu'elles l'ont achevée, ils s'écrient : *Niviarsiarsuarnerks* (Elles ont la suave odeur d'une jeune fille). »

2. Voyez les gravures de la page 35 du *Voyage de la Vega autour de l'Asie et de l'Europe*, vol. I, et de la page 100 du vol. II. Un tatouage différent est figuré dans l'ouvrage de Back, à la page 384. Beaucoup de femmes ont également le corps tatoué. Les ouvrages de Parry, de Lyon, de Rae, etc., donnent le modèle des tatouages. Les labrets sont figurés dans la gravure de la page 237 du *Voyage de la Vega autour de l'Europe et de l'Asie*, vol. II. Voyez également à ce sujet Beechey, *Voyage to the Pacific and Beering's Strait*, Londres. 1831, p. 250 et 265.

pour recueillir l'huile qui en tombe. L'opération se faisait de la manière suivante : on dessinait d'abord une figure sur la peau ; après quoi, on en suivait sous l'épiderme les contours avec un fil préalablement trempé dans l'huile et recouvert de suie; pour que le noir restât en place, on pressait avec le doigt l'endroit où le fil passait. On exécutait encore le tatouage en frottant avec du noir des trous formés dans la peau à l'aide d'une aiguille. Comme matière colorante, les Eskimos emploient souvent le graphite ; pour cette raison ce minéral est entre eux l'objet de fréquentes transactions commerciales.

Avant que les Eskimos eussent été en relations suivies avec les Européens, ils s'habillaient de peaux de mammifères et d'oiseaux, dont ils faisaient avec beaucoup d'habileté de belles et moelleuses fourrures ; ils s'en servaient également pour fabriquer des cuirs destinés à différents usages. Les intestins d'animaux sont aussi employés dans la confection des vêtements. Lorsque les Eskimos en ont l'occasion, ils se procurent, par voie d'échange avec les Européens, différents tissus dont ils font soit des chemises ou des bas, soit des vêtements d'apparat qu'ils passent par-dessus leur costume de peau. Néanmoins, encore aujourd'hui, presque tous les indigènes du Grönland s'habillent de fourrures. Pour cet usage ils prennent n'importe quelle peau. Dans les établissements danois, maintenant que la chasse au renne n'est plus très productive, ils se servent surtout de peaux de phoques et de chiens. Sur la côte orientale et sur les rives du détroit de Smith, les naturels emploient souvent celle de l'ours blanc; ceux de Winter Island et d'Igloolik, presque exclusivement la peau de renne. Enfin les habitants de l'île Saint-Laurent sont souvent forcés de se contenter de peaux d'oiseaux. Le costume eskimo ne comprend pas de couvre-chef; lorsqu'il pleut, qu'il neige ou que le froid est très vif, les indigènes relèvent un capuchon fixé à leur tunique. L'imperméable en peau d'intestins, qui ne se trouve guère que chez les Eskimos du détroit de Bering, a été probablement emprunté par eux aux Aléoutes. Les indigènes, quand ils vont à la chasse en kayak ou qu'ils entreprennent dans cette embarcation de longs voyages en mer, endossent un vêtement spécial. Ce vêtement, fait de peaux de phoque dont les poils ont été enlevés, est fixé à l'ouverture circulaire du kayak, et couvre tout le haut du corps.

En hiver, lorsqu'ils sortent, les Eskimos portent deux vêtements : l'un dont la fourrure est tournée en dedans, c'est-à-dire placée immédiatement sur la peau; l'autre ayant le poil en dehors. Leur tunique est bordée de peaux de différentes couleurs; celle des femmes est de plus garnie de jolies broderies. Le costume de ces dernières est presque le même que celui des hommes; comme eux elles portent des pantalons et des tuniques en peau[1]. Chez les indigènes de l'archipel polaire Américain, et autrefois chez ceux du Grönland, cette tunique se terminait devant et derrière par de longues basques descendant jusqu'aux genoux. Actuellement, au Grönland, les indigènes aisés portent du linge, et, désirant faire montre de leurs chemises blanches, ils ont raccourci de plus en plus les basques du vêtement, de sorte qu'aujourd'hui la chemise apparaît entre la ceinture du pantalon et le bas de la veste. En hiver, dans les huttes construites en pierre et en tourbe, où la chaleur est souvent très élevée, hommes et femmes sont presque entièrement nus, ne portant que de courts caleçons. Ceux des femmes, ornés de fort jolies broderies, n'ont qu'une hauteur de quelques centimètres. Les vêtements des hommes ressemblent à des jerseys collants munis d'un capuchon; les corsages des femmes sont, au contraire, assez larges par derrière pour qu'elles puissent y introduire un enfant. Par les temps froids le poupon se trouve donc bien au chaud. Au Labrador, dit-on, les femmes portent les enfants dans la tige de leurs bottes, qu'elles ont, pour cette raison, très larges. D'après Parry, même dans certaines tribus chez lesquelles cet usage s'est depuis longtemps perdu, quelques femmes ont encore des bottes de cette forme. Les Eskimos emploient des chaussettes en peau de phoque, de renne ou de chien dont le poil est tourné en dedans, et des bottes en peau de phoque ou d'ours garnies d'une

---

[1] Les conversations entre Européens et Eskimos roulent souvent sur les habitudes de nos pays. Les femmes s'occupent particulièrement de la toilette et des usages du beau sexe en Europe. Dans une conversation de ce genre, un explorateur anglais ayant raconté que chez nous les femmes ne portent pas de pantalons, ses interlocutrices s'écrièrent en chœur : « Les pauvres! comme elles doivent grelotter ».

semelle en cuir. Cette chaussure est très pratique et très bien appropriée au climat : aussi est-elle adoptée actuellement par les Européens établis au Grönland. Pendant la « saison » les jeunes filles s'occupent avec grand soin de leur toilette. Elles font parade de leurs chaussettes et de leurs bottes ornées de broderies, qui font valoir leurs jolis pieds et leurs jambes bien prises, qu'aucune chemise ne masque aux regards des curieux. Les jeunes filles aiment à se vêtir d'une jaquette en cotonnade voyante, à s'envelopper d'un morceau d'étoffe et à porter autour du cou et sur les épaules un large col garni de perles.

On trouvera des détails plus étendus sur le costume des Eskimos dans les ouvrages d'Egede, de Cranz, de Parry, de Simpson et de Rink. On peut également consulter avec intérêt les gravures contenues dans ce dernier ouvrage (p. 83, 459, 463-465).

Les Eskimos vivent exclusivement des produits de la chasse et de la pêche; ils ne s'occupent ni d'agriculture ni de l'élevage du bétail. Ils ne savent pas non plus domestiquer le renne, comme certains peuples polaires de l'Europe et de l'Asie, bien que toute la région qu'ils habitent contienne d'excellents pâturages pour ce cervidé[1].

Aux yeux des Grönlandais tout animal sauvage est comestible[2]; en revanche ils considèrent comme malpropres les fruits et les plantes qui ont poussé dans la terre fumée, par exemple sur les monceaux d'ordures qui avoisinent les habitations. Ils ont également du dégoût pour la chair de porc, parce que cet animal mange des immondices[3]. Par contre, ils se délectent d'entrailles de lagopèdes et du contenu de l'estomac du renne après qu'il a été préparé avec de l'huile et des baies[4]. Des Européens m'ont affirmé que ce mets n'avait pas mauvais goût; après tout il n'est pas

1. Je ne sais si l'on a essayé d'introduire au Grönland des rennes domestiques de la Laponie. Un faon que l'on avait capturé près de Godthaab fut apprivoisé très facilement. On raconte qu'un roi de Danemark a fait transporter des rennes de Norvège au Spitzberg; peut-être faut-il rapporter ce renseignement à quelque tentative faite pour introduire l'élevage de cet animal au Grönland.
2. D'après Simpson, les Eskimos ne mangent cependant pas le corbeau.
3. Vallöe, *Grönland*, 1861, p. 29; Cranz, I, p. 191.
4. Cette cuisine, non moins que l'habitude des femmes grönlandaises de suppléer par leur langue au manque de serviettes, avait, semble-t-il, excité le dégoût des premiers

plus extraordinaire que certains raffinements culinaires de nos gourmets.

Les Eskimos qui sont depuis longtemps en relations avec les Européens ne peuvent plus se passer de quelques-unes de nos denrées. Le café, le sucre et le pain sont maintenant pour eux indispensables. Tous les ans les navires de la Compagnie de commerce débarquent dans chaque colonie plusieurs tonnes de figues et de raisins secs, dont l'écoulement est très rapide.

Les Eskimos qui n'ont point de rapports commerciaux avec les Européens mangent quelques végétaux ; mais ils n'en font pas provision pour l'hiver, comme les Tschuktschis ; du moins Egede, Cranz et Parry ne le racontent pas, mais peut-être est-ce une simple omission de leur part. Graah rapporte que la récolte de l'angélique et des baies pour l'hiver est l'occasion de joyeux festins, dont il a été témoin à Ekallumiut (p. 110 de son Voyage).

Les Eskimos des établissements danois du Grönland, comme ceux des rives du détroit de Bering, ont aujourd'hui l'habitude de fumer, de chiquer et de priser ; mais l'usage du tabac leur était inconnu à l'époque de la fondation des colonies. Les indigènes d'Igloolik et de Winter Island ne le connaissaient pas non plus lorsque Parry les visita (1821-1825). Au contraire les habitants de l'île Saint-Laurent fumaient déjà du tabac quand Kotzebue débarqua sur cette terre en 1816 et 1817. Afin d'éviter leurs embrassades, ce voyageur dut, pour ainsi dire, leur fermer la bouche en leur donnant des feuilles de tabac à mâcher[1]. Au milieu du dix-huitième siècle, les Grönlandais

---

colons et donné naissance à la réputation de malpropreté qu'ont les Eskimos. Ajoutez à cela les usages variés auxquels sert la marmite de famille et l'habitude des femmes qui, lorsqu'elles veulent traiter avec égards leurs hôtes, mâchent d'abord les morceaux qu'elles leur offrent ensuite. Fabricius décrit en ces termes la manière de manger des Eskimos : *Edunt omnis generis viva, pura et impura, cocta, siccata, subputrida, raro fumigata, pauca cruda, etiam plantas quasdam*. Néanmoins les Européens s'accoutument beaucoup plus facilement qu'on ne le croit aux usages et à la nourriture des Eskimos et des autres peuplades polaires. Pendant l'hiver de 1738, quelques matelots danois, manquant de combustible, furent forcés de solliciter l'hospitalité des Eskimos ; ils s'habituèrent rapidement, raconte Egede, à leur ordinaire, même à la viande corrompue. Comme je l'ai raconté dans le *Voyage de la Vega* (I, p. 272), la vie samoyède peut aussi avoir des charmes pour les matelots norvégiens et suédois.

1. Ce fait est très important pour juger si l'usage du tabac à fumer — qui est venu d'Amérique — s'est répandu parmi les Tschuktschis et les populations de l'Asie centrale et

prisaient surtout; ils mêlaient à leur tabac de la cryolithe en poudre pour en augmenter la force sternutatoire. D'après Dalager les indigènes s'étaient adonnés avec tant de passion à l'usage de cet excitant que pour s'en procurer ils vendaient leurs vêtements. Cet auteur rapporte en outre que lorsque les Eskimos venaient chez lui, ils mettaient à contribution ses tabatières et que par an il devait acheter plus de cinquante livres de tabac. Aujourd'hui le tabac à fumer et le café sont les deux plus grandes jouissances des Eskimos. Comme tous les peuples sauvages, les Eskimos aiment beaucoup l'eau-de-vie. Heureusement les autorités danoises ont interdit au Grönland le commerce des spiritueux; mais les Européens sont autorisés dans quelques cas à en donner aux indigènes, par exemple aux rameurs pendant les voyages en canot, et cette libéralité est bientôt considérée comme obligatoire. Néanmoins l'abus des boissons fortes est très rare chez les Eskimos, et l'on ne peut pas dire que l'eau-de-vie exerce une mauvaise influence sur cette population.

Les Eskimos ne mangent de viande crue qu'en cas de nécessité; d'habitude ils la font cuire ou tout au moins la salent; quelquefois aussi ils se délectent de viande corrompue. Comme spécimen de l'art culinaire chez les Eskimos je reproduis ci-après un menu de festin cité par Dalager; je ferai toutefois observer que ce document remonte au beau vieux temps. Aujourd'hui, tout comme chez nous,

orientale par la voie de l'Europe ou par celle du détroit de Bering. Vraisemblablement cet excitant a été importé en Asie par les populations voisines du détroit de Bering, car bien avant la découverte de l'Amérique par Christophe Colomb il existait, d'après toute probabilité, des relations commerciales suivies entre les peuples polaires de l'Amérique et ceux de l'Asie, et avant l'arrivée des Européens en Amérique les indigènes fumaient, notamment ceux de Californie. Les Eskimos sauvages, comme toutes les peuplades polaires, aiment à se déplacer. Ainsi, au milieu du dix-huitième siècle, des indigènes du Grönland méridional et oriental arrivèrent à Disko avec des kayaks et des oumiaks neufs, pour se procurer des dents de morse et de narval, des fanons de baleine et autres produits du Grönland septentrional (Cranz, I, 127). Les lampes et les marmites en pierre ollaire étaient l'objet des principales transactions commerciales; mais ces voyages, qui duraient quelquefois plusieurs années, étaient entrepris surtout pour pouvoir cancaner avec les différentes tribus. Les sauvages qui vivent toujours dans un même petit coin paraissent avoir tout à coup le même désir de liberté et de locomotion qui pousse le prisonnier à s'échapper de sa cellule pour vivre à l'aventure pendant quelques jours. Le docteur Franz Boas donne d'intéressants renseignements sur des expéditions de ce genre dans son travail: *Die Wohnsitze und Wanderungen der Baffinland-Eskimos* (*Deutsche geogr. Blätter*, vol. VIII, Brême, 1885, p. 31).

le café est un mets obligatoire dans un festin d'Eskimos de la côte occidentale du Grönland.

Menu d'un dîner de gala chez les Grönlandais.

1. Harengs séchés (c'est l'entrée obligatoire).
2. Phoque séché.
3. Phoque bouilli.
4. Phoque corrompu.
5. Guillemots rôtis.
6. Queue de baleine (c'était pour déguster ce mets de choix que le repas avait été organisé).
7. Saumon séché.
8. Renne séché.
9. Baies d'*Empetrum nigrum* assaisonnées d'huile et relevées par les débris contenus dans l'estomac d'un renne.

Pour faire du feu, les indigènes des établissements danois, comme ceux de Port Clarence, se servent d'allumettes, et vraisemblablement ce produit de la civilisation est également connu des Eskimos de l'Amérique polaire. Jadis ces indigènes employaient le briquet à vilebrequin ou le briquet ordinaire; pour produire du feu ils se servaient encore de deux morceaux de pyrite qu'ils frappaient l'un contre l'autre. Ils remplaçaient l'amadou par de la mousse séchée et effilochée, mélangée de duvet blanc du chaton des saules et de la laine de différents mammifères. Lorsqu'ils font du feu en plein air, les Eskimos brûlent des broussailles, du bois flotté et des os imprégnés d'huile, bref, tous les objets combustibles qu'ils peuvent trouver; mais dans leurs habitations ils se chauffent exclusivement à l'aide de lampes. Quelques-unes de ces lampes ont une forme identique à celle en usage chez les Tschuktschis[1]; la plupart ne se composent que d'un récipient ovale en pierre ollaire, peu profond, dont le bord est largement échancré sur un côté. Lorsque cette roche ne se trouve pas dans la région qu'ils habitent, les Eskimos l'obtiennent par voie d'échange avec d'autres tribus établies souvent fort loin. Faute de lampes, les Eskimos se chauffent et s'éclairent à l'aide d'une touffe

---

1. Comparez la gravure ci-jointe avec celle de la page 24 du *Voyage de la* Vega (t. II), par A.-E. Nordenskiöld, traduit du suédois par Ch. Rabot et Ch. Lallemand. (*N. du trad.*)

de mousse déposée sur une pierre plate, et imprégnée d'huile par un morceau de lard placé à côté. Autrefois les marmites des indigènes étaient faites en pierre ollaire; aujourd'hui presque tous les Eskimos se servent de chaudrons en fer ou en cuivre, qu'ils achètent soit directement aux Européens, soit à des intermédiaires. Le docteur Nathorst s'est procuré chez les indigènes du cap York la marmite en pierre ollaire figurée ci-dessous; j'en ai acheté une du même genre à Frederiksdal à des naturels de la côte orientale. Lyon

Lampe en pierre ollaire.

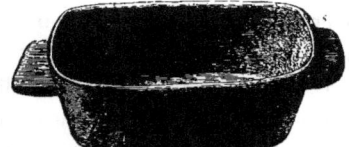 

Marmite et lampe raccommodées avec des lanières en peau.
(D'après les originaux du Musée Nordique de Stockholm, collection du docteur Pfaff.)

a vu chez des indigènes d'Igloolik des lampes et des marmites fabriquées, faute de pierre ollaire, avec des plaques de schiste cimentées par un mélange d'argile, de sang de phoque et de poil de chien. Fort heureusement pour les Eskimos, la pierre ollaire est abondante dans toute la région qu'ils habitent. Il en existe des gisements à Umanak, sur la côte orientale du Grönland, dans le fjord de Godthaab (côte occidentale), entre Boothia Felix et Wager River, au nord de la baie d'Hudson (d'après Hall), sur la côte à l'ouest du détroit de Navy Board Inlet (d'après Mac Clintock). Les vieilles sagas mentionnent les vases en pierre ollaire du Grönland. Pline avait déjà décrit cette roche et indiqué qu'elle pouvait être taillée pour faire des marmites (*Histoire naturelle*, liv. XXXVI, chap. XXII). Avant que les hommes connussent l'usage des métaux, la pierre ollaire était probablement un important article d'échange entre les peuples sauvages, qui avaient des relations commerciales beaucoup plus étendues qu'on ne se le figure généralement.

Au-dessous de la lampe est une jatte destinée à recueillir l'huile qui déborde. En guise de mèches les Eskimos se servent de la mousse sèche, et, au lieu de bougies, d'échardes de bois ou d'esquilles de pierre imprégnées d'huile. L'huile est le seul combustible employé dans les huttes d'hiver; en été on brûle en outre, pour la cuisson des aliments, des broussailles ou du bois flotté. Avant l'établissement des Européens au Grönland, beaucoup d'indigènes, notamment ceux de la partie méridionale de la péninsule, raconte Glahn, se chauffaient avec des broussailles pour économiser l'huile, et dans ce but construisaient à l'entrée de leurs habitations un foyer avec une cheminée. Même lorsque le froid est très rigoureux, les lampes et la présence de nombreux individus dans une même hutte élèvent dans l'intérieur des habitations la température à un tel degré qu'une personne qui n'y est pas habituée peut à peine la supporter.

Les lampes, les engins de chasse et de pêche et les ustensiles de ménage nécessaires à la préparation du gibier, voilà presque toute la fortune mobilière des Eskimos. Autrefois les pièces résistantes de ces engins étaient fabriquées presque exclusivement avec des morceaux de pierre, d'os ou de bois, fixés à leurs tiges par un système très ingénieux de courroies, de lanières ou de fibres de fanon de baleine. Quand ils le pouvaient, les Grönlandais employaient encore, pour leurs flèches, leurs couteaux et leurs grattoirs, le fer natif inclus dans les basaltes ou peut-être du fer provenant de quelque épave venue à la côte.

Tous les Eskimos qui n'ont pas eu des relations très fréquentes avec les Européens sont encore aujourd'hui à l'âge de la pierre; mais dans les régions où, moyennant quelques morceaux de lard ou quelques peaux de phoque, ils peuvent se procurer une grande provision de fer, ils ont remplacé la pierre par du métal, en conservant primitivement aux objets leur ancienne forme.

Les instruments en pierre des Eskimos sont beaucoup plus petits que ceux de l'âge de la pierre trouvés en Scandinavie; mais leurs

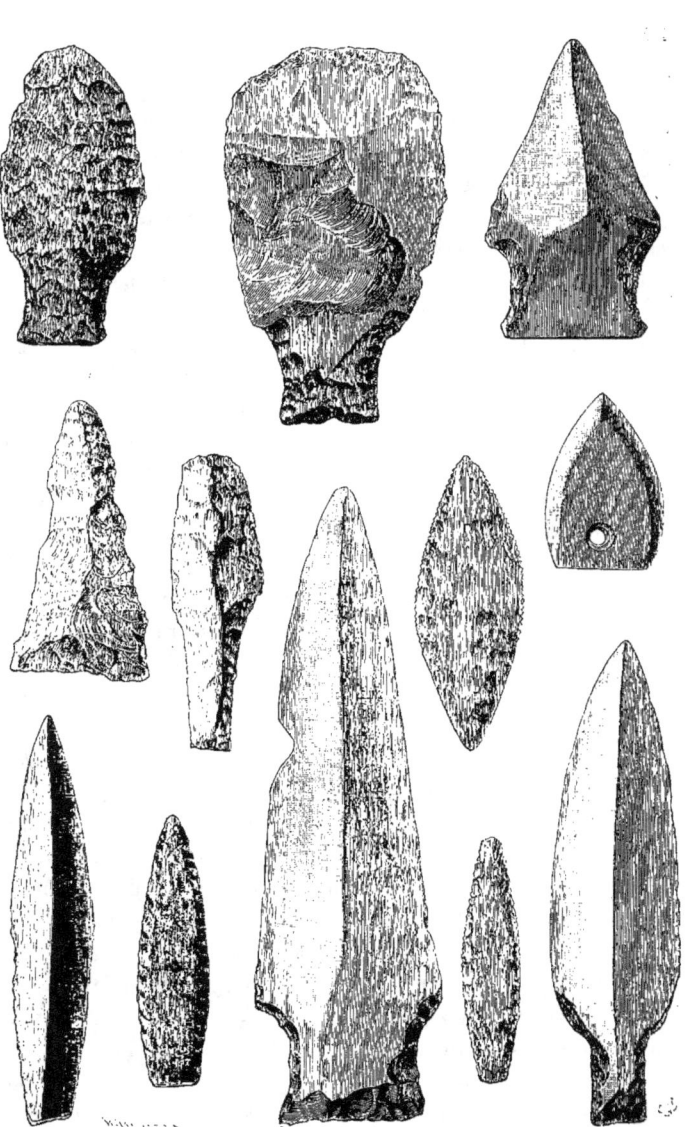

Instruments en pierre des Eskimos.

Pointes de flèches et de harpons; racloirs pour préparer les peaux. (Rapportés par l'expédition suédoise de 1870 au Grönland.)

manches sont pour la plupart fort joliment ornés de dents, de corne ou d'os. Cette différence provient vraisemblablement de ce que la roche employée par les Grönlandais ne se présente presque jamais en masses aussi grosses que les rognons de silex de nos pays. Presque tous les objets en pierre provenant du Grönland sont *taillés*; les objets *polis* sont beaucoup plus rares.

La roche qui sert à la fabrication d'une pointe de flèche doit être dure, homogène et avoir une cassure conchoïdale. Les seuls minéraux du Grönland qui remplissent ces conditions sont différentes variétés de calcédoine et de jaspe de la région des basaltes, et surtout un jaspe d'un bleu verdâtre, opaque, que les Eskimos appellent *angmak*. Les couteaux, les grattoirs et les pointes de flèches, très abondants dans les anciens tombeaux et dans les *kjökkenmödding*, sont fabriqués presque exclusivement avec ces roches. Je n'ai pas vu au Grönland d'objet en néphrite; mais, soit avec du cristal de roche transparent ou coloré, soit avec de la pyrite, les Eskimos façonnent de petits couteaux, des pointes de flèches et différents autres objets. Ces deux minéraux sont résistants, homogènes et ont une cassure conchoïdale; ils remplissent donc toutes les conditions désirables.

En comparant les gravures des pages 429 et 431 à celles représentant les objets en pierre des Tschuktschis[1] (voir le *Voyage de la Vega*), on reconnaît tout de suite une grande analogie de forme; toutefois les objets tschuktschis n'ont pas le fini de ceux façonnés par les Eskimos du Grönland. Cette infériorité de fabrication doit être probablement attribuée à la date récente de l'établissement des Tschuktschis sur la côte de l'océan Glacial, où ils ont été obligés d'adopter les usages des peuples polaires.

J'ai parlé plus haut du kayak et de l'oumiak, ces deux merveilleuses embarcations en peau. J'ajouterai seulement à cette description qu'en vingt-quatre heures un indigène, à ce que raconte Glahn, aurait parcouru en kayak une distance de plus de 160 milles marins, soit environ 300 kilomètres. Cette embarcation est non seulement

---

1. Les engins figurés dans le *Voyage de la Vega* (vol. I, p. 257, et vol. II, p. 227 et 237) proviennent d'Eskimos établis ou du moins qui ont séjourné autrefois sur les rives du détroit de Bering, sur la côte septentrionale de l'Asie.

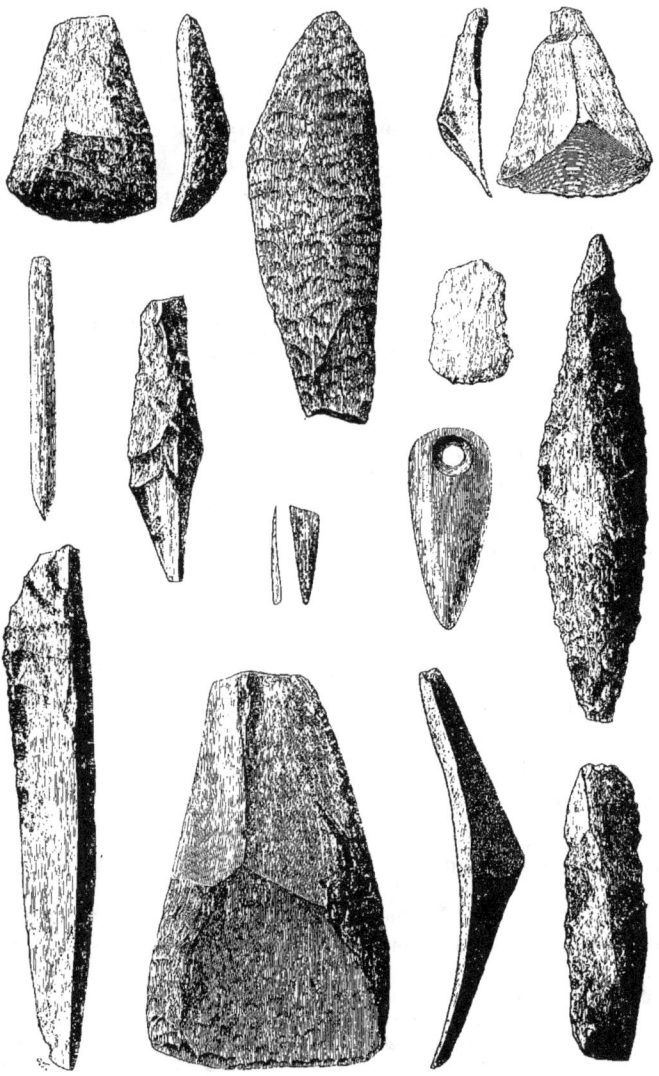

Instruments en pierre des Eskimos.
Racloirs pour préparer les peaux, couteaux, alènes, lancettes. (Rapportés par l'expédition suédoise de 1870 au Grönland.)

rapide, mais encore très stable; habilement manœuvrée, elle tient bien la mer par le gros temps; de plus elle est légère, élégante et très judicieusement aménagée pour la capture des plus grands animaux marins — un homme peut la transporter sur de longues distances en la chargeant sur sa tête, comme le montre la gravure de la page 215. Aucune embarcation *mue par un seul homme* n'est, par suite, supérieure au kayak.

Avant l'arrivée des Européens au Grönland, les engins de chasse et les ustensiles de ménage des Eskimos atteignaient déjà un degré de perfection absolue — tous les ethnographes sont d'accord sur ce point. Aucune amélioration n'aurait pu être apportée non seulement à leurs embarcations et à leurs armes, mais encore au moindre bouton et à la plus petite agrafe en bois. Tous ces objets ont en outre une forme élégante. Comme dans une épopée nationale, on a ici le produit du travail de plusieurs générations. Aucune peuplade arctique n'a un matériel aussi perfectionné; à mon avis, ce serait là une preuve que les Eskimos sont le plus ancien de tous les peuples établis dans les régions circompolaires.

Tous les ustensiles de ménage des Eskimos et toutes leurs tentes d'été sont établis pour ainsi dire sur le même modèle[1]; ils ne modifient la construction de ces abris que lorsqu'ils peuvent se procurer par les Européens de la toile et des piquets en fer. Les habitations d'hiver sont au contraire différentes chez les Eskimos de l'Ouest et chez les Grönlandais; du moins elles l'étaient antérieurement à la fondation des colonies danoises, alors que ces indigènes n'avaient pas à leur disposition de marchandises européennes. Cranz donne la description suivante d'une habitation grönlandaise[2].

Les maisons ont une largeur de deux brasses, une longueur de quatre à douze — cela dépend du nombre de leurs habitants. — et s'élèvent à hau-

1. Dans l'île Saint-Laurent j'ai vu des tentes d'été à peu près de la même forme que celles des indigènes de la côte orientale du Grönland reproduites dans l'ouvrage de Graah, et que l'abri du même genre des Eskimos de la côte occidentale de ce pays, figuré dans le livre de Cranz (pl. III). Les tentes des Tschuktschis, dont le *Voyage de la Vega* contient plusieurs dessins, ont une forme complètement différente.
2. *Historie von Grönland*, Barby, 1765, I, p. 185. J'emprunte à cet auteur cette description, car la construction de toutes les habitations que j'ai vues portait des traces d'influence européenne.

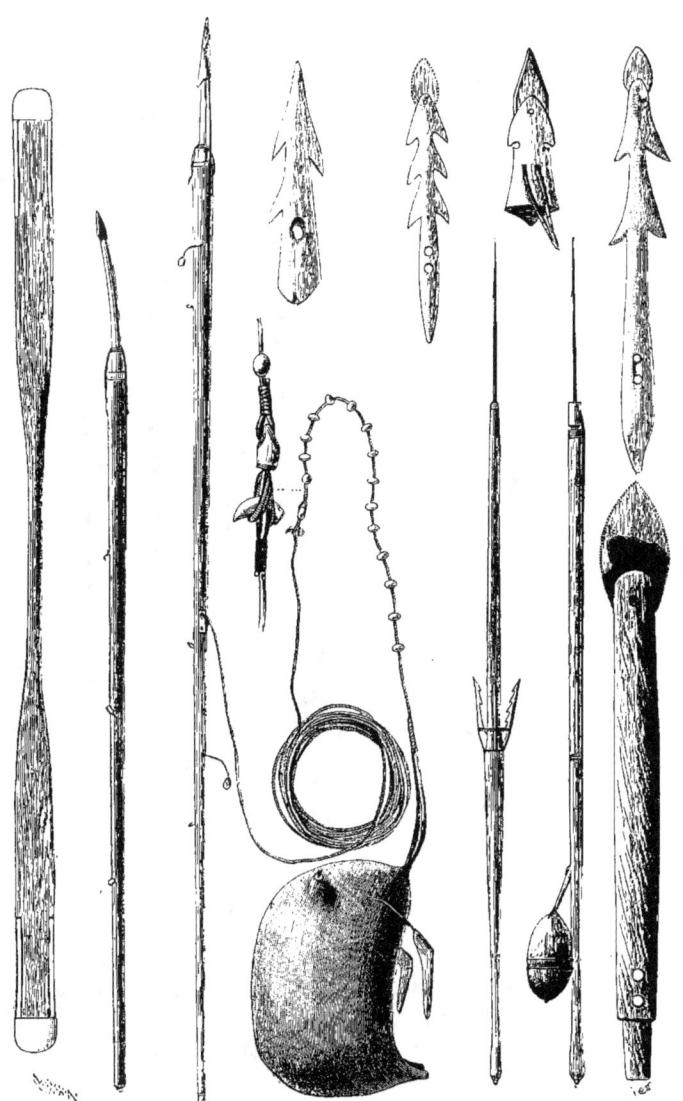

Engins de chasse et de pêche des Eskimos.

Rame de kayak ; pointes de harpon et harpons avec courroie et flotteur. (Dessins exécutés d'après nature au Musée Nordique de Stockholm.)

teur d'homme. Elles ne sont pas creusées dans le sol, comme on le croit, mais, au contraire, construites sur des points élevés, de préférence sur des pentes de roches, pour faciliter l'écoulement de l'eau provenant de la fonte de la neige. Les murs sont construits avec de grandes pierres, placées à la distance d'une brasse l'une de l'autre et séparées par des mottes de terre et de gazon. Sur ces murs les Eskimos placent une poutre dans le sens de la longueur; lorsqu'elle est trop petite pour aller d'un bout à l'autre de l'habi-

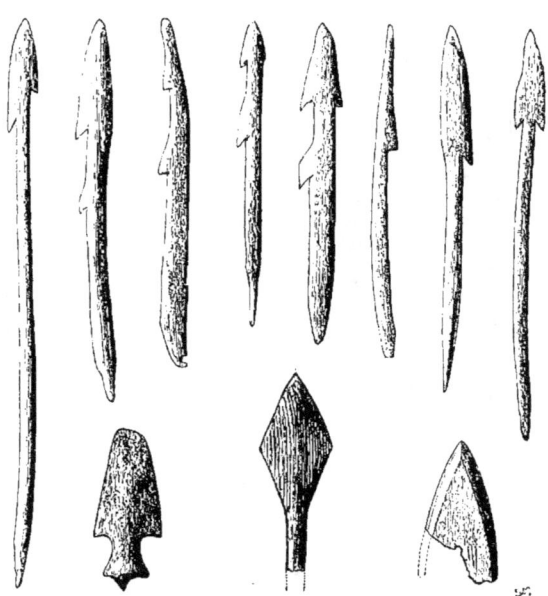

Pointes de harpons et de flèches en os, en bois et en pierre.
(Rapportées par l'expédition suédoise de 1870 au Grönland.)

tation, ils attachent ensemble, à l'aide de courroies, plusieurs pièces de bois, et les soutiennent par des piliers. Sur cette poutre maîtresse s'appuient transversalement d'autres pièces de bois et une sorte de lattis recouvert de broussailles, puis d'une couche de gazon et d'une troisième de terre. Aussi longtemps que durent les gelées, ce toit résiste parfaitement; mais l'été les pluies le dégradent, et en automne il doit être réparé ainsi que les murs. Les Eskimos vivant des produits de l'Océan construisent toujours leurs habitations sur le bord de l'eau, l'entrée tournée du côté de la mer. La maison n'a ni porte, ni cheminée. Ces deux ouvertures sont remplacées

Engins de chasse et de pêche des Eskimos.

Javelot orné de sculptures en ivoire. (Rapporté par l'expédition suédoise de 1870.) — Arc en fanon de baleine, flèches avec pointes en os et en fer. (Musée Nordique de Stockholm.)

par un corridor voûté long de deux ou trois brasses, partant du milieu de la maison et bâti également en pierre et en terre. A l'entrée et à la sortie, ce corridor est si bas qu'on ne peut le traverser qu'en rampant. Ce long boyau empêche le vent et le froid de pénétrer dans l'intérieur, et donne une issue à l'air vicié (les lampes ne produisent point de fumée). Des peaux hors d'usage, provenant de tentes et d'embarcations, et fixées aux murailles et au plafond à l'aide de clous formés de débris de côtes de phoque, protègent contre l'humidité. Le long d'un mur, dans le sens de la longueur,

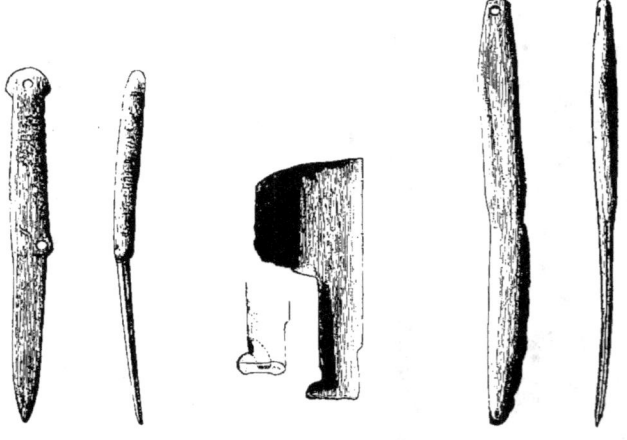

Couteaux en os dont le tranchant est en fer.

(Rapportés par l'expédition suédoise de 1870 au Grönland.)

est établi un lit de camp occupant la moitié de la maison, élevé d'une demi-aune au-dessus du sol, et couvert de peaux. Ce lit est divisé en compartiments par des peaux tendues entre les piliers qui soutiennent le toit. Chacun de ces compartiments est occupé par une famille, et chaque maison contient de quatre à dix familles. Les habitants dorment sur ce lit. Le jour ils y prennent également place; le mari s'assoit sur le bord, les jambes pendantes, et sa femme derrière lui, accroupie comme une Turque. La mère de famille coud et prépare la nourriture, tandis que son époux travaille. En face du lit, c'est-à-dire du côté de l'entrée, le mur est percé de fenêtres carrées ayant au plus une aune de superficie; les vitres de ces ouvertures sont remplacées par des peaux de boyaux de phoque et d'estomacs de soles; ces peaux laissent passer la lumière et arrêtent com-

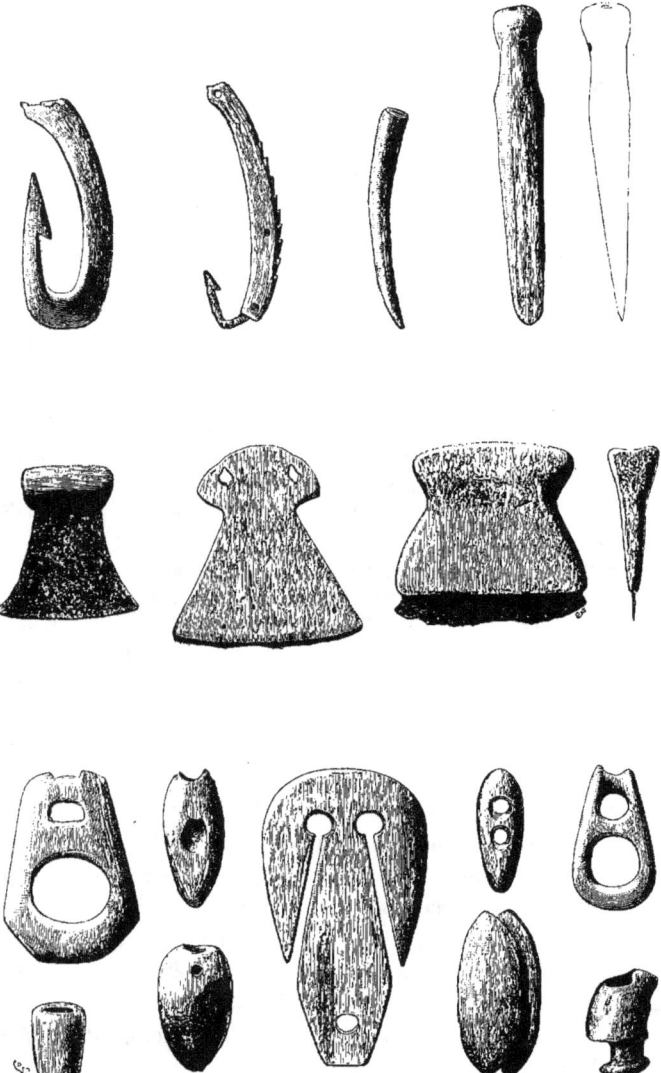

Hameçons en os, alènes en os, grattoirs en os garnis d'une lamelle de fer, boutons et agrafes en os.

(D'après les originaux rapportés par l'expédition suédoise de 1870 au Grönland.)

plètement le vent et la neige. Sous la fenêtre, à l'intérieur, est disposé un banc destiné aux étrangers en visite.

Au pied de chaque pilier est installé un foyer disposé de la manière suivante : sur un billot entouré de pierres plates est placé un trépied supportant la lampe[1], sous laquelle se trouve un récipient en bois ovale, destiné à recueillir l'huile qui s'en écoule. Ces lampes, alimentées de graisse ou de lard de phoque, dans lesquelles la mèche est remplacée par un morceau de mousse effilochée, suffisent non seulement pour éclairer la pièce, mais encore pour la chauffer. Au-dessus de deux lampes de ce genre est suspendue, à l'aide de quatre cordelettes, une marmite en pierre ollaire, longue d'une demi-aune, large d'un quart, qui a la forme d'une caisse oblongue. Les habitants cuisent tous leurs aliments dans ce chaudron, et font aussi sécher à ce foyer leurs vêtements mouillés, qu'ils placent sur des bâtons disposés pour cet usage.

Comme dans chaque habitation il y a autant de foyers que de familles et à chaque foyer plusieurs lampes brûlant jour et nuit, les huttes des Eskimos sont très chaudes, néanmoins pas autant que nos maisons. Ces luminaires ne produisent ni fumée ni gaz désagréable et n'offrent aucun danger d'incendie. Toutefois, quand on n'est pas habitué à vivre dans ces habitations, on supporte difficilement l'odeur qui se dégage de ces lampes, de la viande souvent à moitié corrompue que l'on fait cuire, et surtout du récipient rempli d'urine dans lequel les indigènes trempent les peaux qu'ils veulent assouplir pour les tanner ensuite. On ne sait ce que l'on doit le plus admirer, de l'esprit industrieux des Eskimos dans l'aménagement de leur étroite demeure, de leur ordre ou de leur contentement dans leur pauvreté ; car ils se croient plus riches que nous.

Cranz affirme à tort que les huttes d'hiver des Grönlandais ne sont pas aussi chaudes que nos maisons. Lorsque toutes les lampes sont allumées et qu'un grand nombre de personnes se trouvent réunies dans une maison, la température y est si élevée que les habitants, hommes et femmes, doivent se dépouiller de leurs vêtements et même sortir de temps à autre pour respirer l'air frais. Les Européens qui séjournent dans une pareille habitation sont en outre obligés à ces sorties par l'affreuse odeur qui se dégage du baquet rempli d'urine. Telle est la force de l'habitude que les Eskimos res-

---

[1]. Cette lampe, en pierre ollaire, est longue d'un pied et a presque la forme d'une demi-lune.

pirent sans être incommodés cette atmosphère empestée et qu'ils trouvent désagréable l'odeur des parfums européens. Une vieille femme à laquelle Lyon faisait respirer un flacon d'eau de lavande éternua comme si elle avait eu le nez bourré de tabac, et déclara l'odeur *mamaitpok* (très désagréable).

Les huttes des Eskimos de l'Ouest auraient, d'après le docteur

Hutte d'hiver d'Eskimos.
(Gravure exécutée d'après une photographie prise à Godhavn le 27 juin 1883 par M. Kjellström.)

Simpson, l'aspect figuré dans la gravure de la page suivante. Lorsqu'ils ne peuvent se procurer du bois, ils élèvent une construction ronde en forme de tente avec du gazon et des pierres, ou encore avec des peaux épaisses, comme l'ont fait, je crois, les indigènes de l'île Saint-Laurent. Les Eskimos de Winter Island et d'Igloolik construisent au contraire leurs huttes d'hiver avec des mottes de neige en forme de briques; dans ces abris les vitres des fenêtres sont remplacées par des plaques de glace. Parry, Hall et nombre d'autres voyageurs décrivent minutieusement la construction de ces maisons. Leur « mobilier » se compose simplement d'un banc en neige établi le long de la muraille, sur lequel les indigènes entassent du gravier, des broussailles, des rames, des montants de tente, des os de baleine, le tout recouvert de peaux de renne. Un pareil abri peut être édifié en peu de temps, partout où l'on trouve de la neige suffisamment tassée, et il en coûte si peu de peine que, dans une halte au cours d'un de ses voyages en traîneau dans l'archipel polaire Américain, Mac Clintock paya d'une aiguille la construction de chaque maison de neige dont il eût besoin. La hutte d'hiver de Hall,

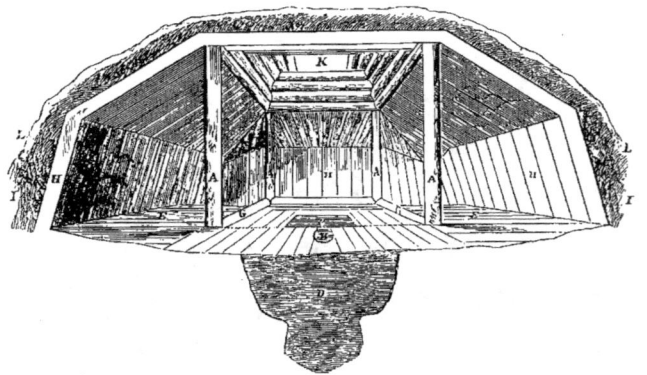

Hutte d'hiver des Eskimos de l'Ouest.
(D'après Simpson.)

A. Piliers supportant le toit. — B. Entrée par le plancher. — C. Foyer. — D. Souterrain. — E. Lits. — G. Planches pour appuyer les oreillers. — H. Murailles en planches. — I. Revêtement en terre. — K. Ouverture dans le toit. — L. Revêtement en terre.

qui mesurait un diamètre de près de trois mètres, fut bâtie en deux heures par trois indigènes, et c'était une maison très soignée[1].

Contrairement à ce que l'on pourrait croire, il ne fait nullement froid dans ces huttes en neige. L'homme s'habitue rapidement à vivre dans un milieu dont la température est voisine de zéro, et tous les Européens qui ont vécu dans ces abris ont vanté leur confortable. Le grand inconvénient dont ils se plaignent est la chaleur qui

---

1. J.-E. Nourse, *Narrative of the second arctic Expedition by Charles F. Hall*. Cet ouvrage contient plusieurs plans et dessins de maisons de neige. Le livre de H.-W. Klutschak, *Als Eskimo unter den Eskimos*, Leipzig, et plusieurs autres volumes relatifs à la partie centrale de l'archipel polaire Américain renferment également des documents de ce genre. Pendant un des hivers qu'il passa chez les Eskimos, Hall avait une hutte en neige pour lui servir spécialement de bibliothèque.

HABITATIONS DES ESKIMOS.   441

y règne et qui fait fondre la neige du plafond ; des gouttes d'eau en tombent à chaque instant, et au printemps les habitants doivent pour cette raison les abandonner.

On reconnaît trois « styles » dans les constructions de ce genre : les unes sont quadrangulaires, d'autres en forme de tente, d'autres

Huttes d'hiver en neige.
(D'après une gravure de l'ouvrage de Parry, *Journal of a second voyage for the discovery of a North-West passage*, Londres, 1824.)

enfin en forme de coupole. Ce dernier paraît être le seul spécial aux Eskimos du Grönland. Les huttes quadrangulaires sont peut-être des copies de constructions primitives, et jadis elles étaient probablement édifiées avec des planches et non avec des pierres. Il me paraît aussi invraisemblable qu'on ait construit à l'origine des huttes en pierres, carrées ou parallélépipédiques, que des abris circulaires en planches[1]. Les Eskimos ont probablement emprunté

1. Au sujet des restes de constructions anciennes que l'on trouve au Grönland, je dois attirer l'attention sur un fait que je m'explique difficilement, si l'on admet que les ruines

le modèle de leurs habitations d'hiver aux Kamtchadales, aux Indiens de la vallée de Jukon et aux Aléoutes ; les maisons des Kamtchadales présentent pourtant une différence, en ce que la porte est une ouverture percée dans le toit[1].

À l'exception de quelques bêtes à cornes, porcs et volailles importés par les colons européens dans les colonies du sud, au Grönland il n'existe pas d'autre animal domestique que le chien. Tous les habitants des colonies septentrionales, Danois comme indigènes, en possèdent un grand nombre, qu'ils emploient comme bêtes de trait. L'été on ne donne aucune nourriture à ces animaux, et on les voit toujours errer autour des maisons, à la recherche de quelque reste ; souvent même, leurs maîtres les abandonnent au printemps sur une île déserte, où ils se nourrissent comme ils peuvent. En hiver, au contraire, lorsqu'il n'y a pas de famine, ces animaux reçoivent une nourriture abondante.

La plupart des chiens grönlandais appartiennent à une race particulière, semblable à celle du Kamtchatka et de la côte de l'Asie septentrionale ; ils sont aussi proches parents des chiens lapons, quoique plus petits. Ces animaux sont généralement de taille moyenne, blancs ou noirs avec des taches blanches, ou encore jaune clair ou bruns. Ils ont les oreilles droites, le poil bien fourni et la queue touffue. Ils sont dressés exclusivement pour être attelés

---

de la côte sud-ouest datent du dixième au douzième siècle. En examinant les plans d'habitations reproduits page 551, d'après les dessins des explorateurs danois, on remarque que, dans quatorze sur seize, la façade est tournée vers le sud magnétique. On observe la même disposition dans les nombreux plans contenus dans le volume VI des *Meddelelser om Grönland*. La boussole paraît donc avoir été employée par les constructeurs lorsqu'ils ont choisi les emplacements de ces maisons, mais ils ignoraient la déclinaison. *Ce phénomène était également inconnu aux auteurs des cartes de Donis et des frères Zeni, à en juger par les contours qu'elles donnent aux terres* (voir A.-E. Nordenskiöld, *Studier och forskningar föranledda af mina resor i höga norden*, p. 46). La boussole n'a été, croit-on, connue dans l'Europe méridionale qu'au milieu du douzième siècle, et probablement beaucoup plus tard dans le nord. Les ruines nordiques ne dateraient donc pas des premiers temps de la colonisation, mais de la fin du treizième siècle, du quatorzième et du quinzième. On pourrait peut-être déterminer l'âge de ces constructions par le calcul des variations de la déclinaison ; mais pour cela nos connaissances sur les variations séculaires des forces magnétiques sont trop incomplètes. Peut-être aussi peut-on expliquer d'une autre manière le fait que je signale.

1. Voir la gravure représentant une hutte kamtchadale dans l'ouvrage de Krascheninnikof, *Beschreibung des Landes Kamtschatka*, Lemgo, 1766, p. 218.

aux traîneaux pendant l'hiver. C'est sur des véhicules tirés par ces animaux que les indigènes vont à la chasse et rapportent leur gibier. Ces chiens ne chassent pas — ils poursuivent cependant l'ours — et ne servent pas non plus à garder les habitations[1]. Comme leurs

Chien grönlandais.
(D'après une gravure de l'ouvrage de Nourse, *Narrative of the second arctic expedition by C. F. Hall*, Washington, 1879.)

congénères samoyèdes et tschuktschis, les chiens grönlandais n'aboient pas, mais poussent un hurlement désagréable[2].

L'attelage d'un traîneau grönlandais se compose de six ou huit chiens, attachés de front et non par files de deux comme le font les

---

1. Dans la relation de son second voyage, Frobisher raconte que les Grönlandais engraissent les chiens pour les manger. C'est une erreur qui provient vraisemblablement de ce qu'il a vu les femmes prendre un soin particulier des jeunes chiens.
2. Un jeune chien samoyède amené à Stockholm commença à aboyer un peu quand il fut devenu adulte; mais il ne parvint jamais à imiter ses congénères du continent : son aboiement dégénérait bientôt en hurlement.

Tschuktschis et les Kamtchadales. Ce véhicule est fabriqué de morceaux de bois flotté, assemblés avec des lanières ou des fanons de baleine, et garni de patins en os quand les propriétaires n'ont pu se procurer de fer. Lorsque le froid est très vif, les Eskimos aspergent d'eau les patins pour qu'ils se recouvrent d'une couche de glace; par suite le frottement sur la neige est bien moindre. Parry dit avoir vu un patin de traîneau fabriqué d'une peau de phoque roulée recouverte, en guise de ferrure, d'une couche de glace. Chez les indigènes du cap Victoria, raconte Mac Clintock, tous les traîneaux, à l'exception d'un seul, étaient construits de cette manière. Un jour Hall employa un traîneau de ce genre, mais les patins furent bientôt dévorés par les chiens. Avec ces véhicules les Eskimos entreprennent en hiver de longs voyages; ils vont ainsi d'un campement à l'autre, et de leurs habitations aux endroits où le gibier abonde. Les Danois établis au Grönland font également des courses en traîneaux à chiens; c'est même leur sport favori.

Ce mode de locomotion a rendu, comme on sait, de grands services à différentes expéditions arctiques. Dans la tentative que je comptais faire en 1872 de pousser vers le pôle, en avançant sur la banquise au nord du Spitzberg, je pensais employer des chiens comme bêtes de trait; ce fut même pour avoir des renseignements sur ce mode de transport que je me rendis au Grönland en 1870. Pour les raisons indiquées dans ma relation de ce voyage, je dus renoncer à ce projet. Les chiens ne peuvent être employés pour de longs voyages, au cours desquels il est impossible de se procurer la nourriture dont ils ont besoin; car il deviendrait alors nécessaire d'emporter des vivres pour eux. Ces animaux sont, au contraire, très utiles pour circuler dans des régions habitées. En été, les Eskimos établis au nord de la baie d'Hudson se servent de chiens comme de bêtes de somme. Un de ces animaux peut suivre son maître avec une charge de dix à douze kilogrammes.

Parry signale la ressemblance du chien eskimo avec le loup de l'Amérique polaire; il fait remarquer que ces deux animaux ont le même nombre de vertèbres, et il paraît en conclure que ces chiens descendent de loups domestiqués. Mais au Grönland une partie de ces animaux sont de race mêlée.

On dit souvent que la présence de tous ces chiens a été un des obstacles qui ont empêché l'introduction de l'élevage du renne au Grönland : ces animaux, affirme-t-on, disperseraient les troupeaux. Je ne partage pas cette manière de voir, quoique je reconnaisse que ces chiens soient très sauvages et très voraces. Chez les Tschuktschis, les conducteurs de rennes s'arrêtent souvent dans les campements des habitants de la côte, autour desquels des bandes de chiens errent en toute liberté, et ces animaux paraissent ne pas leur causer plus

Traîneau eskimo.

(Dessin exécuté d'après l'exemplaire du Musée Ethnographique de Copenhague.

de difficultés qu'un attelage n'en rencontre en Suède avec les chiens de garde des habitations.

Lorsque la neige est durcie par la gelée et présente des aspérités tranchantes, les Eskimos protègent les pattes des chiens en les enveloppant de petits sacs analogues à ceux figurés dans le *Voyage de la* Vega (vol. II, p. 96). Souvent même, ils leur entourent le museau de courroies pour les empêcher de ronger ces sacs lorsqu'ils n'ont rien à manger[1]. Ils leur entravent également une des pattes de

---

1. Jens Munk (*Navigatio Septentrionalis*) rapporte, à la date du 14 novembre 1619, qu'un chien errant autour des quartiers d'hiver de l'expédition danoise fut pris pour un renard noir et tué. Il avait le museau enveloppé de petites lanières qui lui avaient enlevé les poils. Munk, croyant que ce chien avait été dressé à la chasse, regretta qu'il n'eût pas été pris vivant ; il s'en serait servi, pensait-il, pour colporter des marchandises. Munk ne vit aucun indigène dans le voisinage du mouillage où il hiverna. Probablement ce pays, formant une région frontière entre les Eskimos et les Indiens, était alors désert et visité seulement de temps à autre par des chasseurs

devant afin de les empêcher de se battre. Pour manœuvrer les attelages, les indigènes se servent d'un fouet à manche court terminé par une très longue mèche. Un cocher habile peut en porter des coups terribles et frapper où il veut le chien récalcitrant. Chaque attelage a son chien chef, qui punit lui-même ses congénères indisciplinés. Les *sportsmen* danois du Grönland racontent maintes histoires curieuses

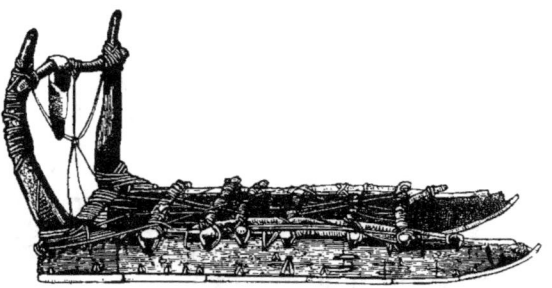

Traîneau eskimo fait de petits morceaux de bois et d'os reliés par des courroies.

(D'après une gravure de l'ouvrage de M. Nourse, *The second arctic expedition by Ch. F. Hall.* Washington, 1879.)

sur ce chien et ses subordonnés et sur les combats que se livrent les têtes de l'attelage pour obtenir la place d'honneur. A ce sujet nous renvoyons à l'ouvrage *Grönland* de P. Vallöe (Hadersleben, 1861).

Dans la première de ses lettres, Améric Vespuce décrit en ces termes l'état social des indigènes du continent américain avec lesquels il était entré en relations. « Ils n'ont ni roi, ni chef. Ils n'obéissent à personne et sont complètement indépendants…. Aucune juridiction n'est établie dans leur pays, et les malfaiteurs n'y sont pas punis. Jamais les parents ne châtient leurs enfants, et jamais, chose curieuse, nous n'avons vu les marmots se quereller entre eux. Les indigènes n'ont aucun temple, et nous ne les avons jamais vus sacrifier à une divinité. »

Un état social identique paraît avoir existé chez toutes les peuplades polaires avant qu'elles aient eu des relations fréquentes avec les Européens. Elles vivaient alors heureuses, sans Dieu, sans maître, sans loi, sans souci du lendemain, jouissant du bonheur à l'heure présente, et supportant patiemment les épreuves quand elles se présentaient. Quelques anciennes relations dépeignent au contraire les Eskimos sous d'autres couleurs; d'après ces documents ils seraient sauvages, fourbes, voleurs et sanguinaires. Mais si on lit avec attention les documents historiques, on reconnaît bientôt que, depuis le temps de Leif l'Heureux et de Thorfinn Karlsefn, les hostilités ont

Enfants eskimos en partie de plaisir.
(D'après une gravure de l'ouvrage de Parry, *Journal of a second voyage for the discovery of a North-West passage*. Londres, 1824.)

toujours été ouvertes par les aventuriers européens qui arrivaient dans ce pays. Ce sera l'éternel honneur d'Egede d'avoir employé envers les Eskimos d'autres procédés, et d'être resté juste et équitable, autant que le permettaient son zèle pour la propagande religieuse et la sévérité de sa discipline ecclésiastique. Depuis, cet exemple a été suivi, à peu d'exceptions près, par tous les employés de la Compagnie de commerce.

La première année qu'il passa au Grönland, Egede avait laissé un de ses compagnons, appelé Aron Augustinason, dans un village indigène situé à 20 kilomètres de son habitation. Un Eskimo prit en affection ce Danois à cause de l'analogie du prénom d'Aron avec son propre nom d'Arok, et tous les Grönlandais le traitèrent très bien. Mais ils se fatiguèrent bientôt de leur hôte, et, pour pouvoir rester parmi eux, Aron dut feindre d'être en hostilités avec ses compatriotes. Ce Danois est le premier Européen qui ait adopté les mœurs des Eskimos et vécu parmi eux. Entre les indigènes la concorde était parfaite, rapporte-t-il, et la plus grande bienséance régnait dans les relations entre hommes et femmes. Jeunes et vieux observaient la retenue la plus discrète. Autant les relations avec les Eskimos étaient agréables, autant le séjour dans leurs huttes remplies d'ordures l'était peu. Un jour il arriva à Aron une aventure ennuyeuse. Les Eskimos s'amusaient souvent à l'imiter et à le taquiner — encore aujourd'hui ils se livrent volontiers à ce genre de plaisanterie, soit entre eux, soit à l'égard d'étrangers, et donnent aux Européens dès leur arrivée dans le pays un surnom peu flatteur sous lequel ils les désignent toujours. Une fois, impatienté de leurs moqueries, Aron frappa les indigènes. Ceux-ci se jetèrent aussitôt sur lui, le maltraitèrent, et il n'échappa que difficilement aux horions en se réfugiant dans une autre maison. Quelque temps après cette aventure, Egede étant venu visiter les hôtes d'Aron, ils voulurent lui cacher l'affaire, et promirent au Danois un cadeau s'il racontait au grand *angekok* des blancs que les marques bleues autour de ses yeux provenaient d'un accident survenu à la chasse au lièvre.

Les Eskimos ont été dépeints comme très voleurs par les premiers Européens qui ont eu des relations avec eux. Plusieurs explorateurs modernes se sont exprimés sur leur compte dans les mêmes termes; d'autres, au contraire, ont vanté leur probité. En réalité, les Eskimos sont généralement très honnêtes, et jamais ils ne commettent le plus petit larcin au préjudice soit de leurs congénères, soit des Européens avec lesquels ils ont entretenu de longs rapports et qu'ils regardent comme des compatriotes. Les portes de leurs demeures n'ont point de serrure, et tous les objets qu'ils ne peuvent emporter avec eux dans leurs déplacements en été, ils les abandonnent dans leurs huttes d'hiver sans aucune garde, certains de tout retrouver à leur retour. Les Eskimos de l'embouchure du Mackenzie ont refusé de vendre à sir J. Richardson des poissons appartenant à des camarades absents, quelque tentantes que fussent pour eux les offres du voyageur anglais. L'été les Eskimos abandonnent souvent leurs meutes sur une île inhabitée, certains qu'elles ne seront pas volées, et pourtant ces animaux ont une grande valeur. Trouve-t-on sur la côte un morceau de bois flotté que l'on ne peut emporter avec soi, on le traîne jusque dans un endroit que la plus haute mer n'atteigne pas. Sa position indique aux naturels qui viendraient à passer par là qu'il appartient à quelqu'un, et ce seul signe suffit pour le mettre à l'abri de tout larcin.

En revanche, les Eskimos ne regardent pas comme un devoir la probité envers les Européens; ils pillent les trésors apportés par ces étrangers, à leur avis discourtois, querelleurs et immoraux, sans plus de scrupules que nous n'en mettrions à prendre le trésor péniblement amassé en hiver par une ruche d'abeilles. Mais dès que l'Eskimo a vécu quelque temps avec des Européens honnêtes, dignes à ses yeux d'être considérés comme ses compatriotes, il ne pèche plus contre le septième commandement.

Dans le Grönland danois les vols sont très rares. Pendant la plus grande partie de l'été de 1870 j'ai voyagé sur la côte nord-ouest, le plus souvent dans des oumiaks dont les équipages indigènes changeaient assez fréquemment. Tous mes bagages, placés dans des caisses ouvertes, furent maintes fois débarqués et embarqués; jamais je n'en fis l'inventaire lorsque j'engageai de nouveaux rameurs : néanmoins, pendant toute la saison, pas le plus petit objet ne me fut dérobé.

Quelques années après l'arrivée d'Egede au Grönland, les Eskimos étaient presque tous devenus très honnêtes dans leurs rapports avec les Danois. Au contraire ils n'éprouvaient aucun embarras à dire qu'ils avaient volé ou qu'ils se proposaient de voler tel ou tel objet aux baleiniers hollandais. Ils pensaient avoir le droit d'agir ainsi parce que ces marins ne parlaient pas leur langue. Dans les premiers temps de son séjour à Rensselaer Harbour (1853-1855), sur la côte occidentale du Grönland, Kane fut souvent victime de vols de la part des indigènes d'Etah qui venaient visiter ses quartiers d'hiver[1]. Trois Eskimos qu'il avait hébergés et admis à dormir dans l'entrepont se sauvèrent la nuit, emportant la lampe, des marmites et plusieurs vêtements. Kane perdit alors patience et envoya deux hommes à la recherche des objets dérobés. Les matelots, les ayant retrouvés dans un campement voisin ainsi que beaucoup d'autres choses récemment disparues, chargèrent le tout sur le dos de deux femmes indigènes, Sievus et Aninga, qu'ils amenèrent à bord et que l'on garda prisonnières pendant quelques jours. Durant leur détention ces femmes ne s'arrêtèrent de pousser de bruyants gémissements que pour dévorer la nourriture qu'on leur présentait. Cinq jours après arriva au navire le mari de Sievus accompagné d'un second Eskimo, avec un traîneau chargé de couteaux, de boîtes de conserves vides et de vieille ferraille qui avaient été volés. Les Américains et les indigènes engagèrent alors des négociations, qui aboutirent à une « paix perpétuelle » entre les « hautes parties contractantes ». Les Américains promirent de relâcher les belles prisonnières, de ne jamais menacer de mort ni de sortilèges les Eskimos, de ne pas les attaquer à la chasse, de les traiter amicalement à bord du navire, et de leur donner des aiguilles, des épingles, du fil, des couteaux de deux grandeurs différentes, et quelques morceaux de bois. De leur côté, les Eskimos s'engageaient à ne commettre aucun vol, à apporter aux Américains de la viande fraîche, à leur vendre ou à leur prêter leurs chiens et à leur indiquer les endroits giboyeux. Dès lors les indigènes ne commirent plus aucun vol; ce furent les Américains qui violèrent la convention. Un jour, en revenant à bord, un détachement qui avait tenté d'avancer vers le sud avec des traîneaux tirés par des chiens s'empara, pour marcher plus rapidement, d'un attelage dont les propriétaires étaient profondément endormis à la suite de quelque orgie. Immédiatement les Eskimos vinrent se plaindre à Kane; celui-ci leur expliqua alors qu'il n'y avait point de vol commis, mais un cas de force majeure. Cette explication

---

1. Etah, le village le plus septentrional du monde, est situé par 78°20′ de latitude nord. A Offley Island (81°17′ lat. N.), l'expédition du *Polaris* trouva les ruines d'une hutte d'hiver; et sur la côte orientale de la Terre de Grinnell, un peu au sud du 82ᵉ degré de latitude nord, Feilden, membre de l'expédition commandée par Nares, remarqua des cercles de pierres, vestiges d'anciens campements.

satisfit ces indigènes, et pour la rendre plus acceptable, on leur remit l'attelage en question; de plus, à chaque propriétaire de chiens on fit cadeau de cinq aiguilles, de fil et d'un morceau de bois. Les deux hommes qui avaient été le plus lésés par cette infraction à la convention reçurent en outre plusieurs couteaux.

Les Eskimos que Parry a rencontrés paraissent n'avoir jamais perdu l'habitude de voler les objets qui se trouvaient à leur portée[1]. Lorsqu'ils étaient découverts, ils imaginaient des excuses enfantines et accusaient leurs compagnons pour échapper au châtiment. Parry, qui semble avoir toujours traité avec douceur les Eskimos, excuse leur penchant pour le vol; « ces indigènes, lorsqu'ils viennent à bord d'un navire, sont exposés, dit-il, aux mêmes tentations qu'un pauvre malheureux qui chez nous circulerait au milieu de piles d'or et d'argent ». Peut-être les Grönlandais agissent-ils à l'égard des Européens comme ceux-ci se comportent envers eux; ainsi s'expliqueraient leur honnêteté dans les rapports qu'ils ont entre eux, et leur déloyauté dans leurs relations avec certains étrangers.

L'idée particulière que les Eskimos se font de l'honnêteté doit être attribuée en grande partie à l'espèce de communisme qui existe parmi eux[2]. Chaque membre d'une famille ne possède en propre qu'un très petit nombre d'objets : le mari est propriétaire de ses vêtements, des canots, des engins de chasse et de pêche; la femme, de sa garde-robe, de sa batterie de cuisine, de son fil et de ses aiguilles.

---

1. Ces délits ne paraissent cependant pas avoir été très graves, car le capitaine Lyon, après en avoir parlé, déclare qu'il n'existe pas de gens plus honnêtes que la tribu avec laquelle il a eu pendant assez longtemps des relations. Un jour Parry fit administrer une douzaine de coups de chat-à-neuf-queues à un indigène qui avait volé. Quarante ans après, les Eskimos racontèrent à Hall cet incident d'une tout autre manière. Suivant la tradition, les Anglais auraient attaché le patient dans l'entrepont, puis, après avoir essayé de le tuer et de lui couper la tête et les mains avec de longs couteaux, l'auraient fouetté, enfermé dans une chambre obscure et privé de nourriture. Grâce à ses sorcelleries l'indigène en question échappa à tous ces mauvais traitements; pour punir les Anglais, il invoqua les esprits et les pria de faire sombrer le navire. Aussitôt les bordages commencèrent à craquer de toutes parts. Ce bruit causa une telle frayeur aux *Kablunak* qu'ils relâchèrent leur prisonnier. La légende a fait de cet indigène un martyr!

2. Ce sujet est traité avec détail dans l'ouvrage déjà cité de Dalager et dans plusieurs travaux de Rink, notamment dans l'intéressante notice *Ôm Eskimoerne* qui termine le supplément aux *Eskimoiske Eventyr og Sagn*, Copenhague, 1871.

Un indigène ne prête jamais ni ses armes, ni ses vêtements ; mais s'il les possède en double ou en triple, ceux-là sont propriété commune. L'oumiak, la tente d'été, le gibier capturé pendant la belle saison et toutes les petites provisions faites à cette époque appartiennent en commun à la famille, qui se compose, outre le mari, la femme et les enfants, de plusieurs membres adoptifs. La maison est la propriété de la collectivité qui y habite, et la plus grande partie des produits de la chasse et de la pêche durant l'hiver est répartie entre toute la population du village. Chaque phoque capturé en cette saison est partagé en parts égales entre tous les habitants du campement ; le chasseur n'a même pas une portion plus forte que les autres ; il a, il est vrai, l'avantage de s'entendre célébrer durant le festin qui a lieu après toute chasse heureuse. Dans une même hutte habitée par plusieurs familles la concorde est parfaite. Les habitudes pacifiques des Eskimos sont telles que leur langue ne contient aucune ou presque aucune expression injurieuse. La plus grande harmonie règne également dans les villages. Chez peu de peuples soi-disant civilisés on trouverait pareil calme et pareille tranquillité, et pourtant il n'y a ici ni police ni agents de police.

Une bonne santé, l'adresse à la chasse et à la pêche, des enfants bien constitués sont les principaux biens de l'Eskimo ; après cela il ne leur faut pas grand'chose pour être riches, comme le prouve l'inventaire suivant de la fortune d'un Grönlandais cossu. Ce richard était propriétaire d'une petite maison bien construite, d'une superficie de quatorze mètres, dans laquelle il habitait avec sa femme, ses quatre enfants, son frère et sa belle-sœur, une sœur et la veuve d'un de ses frères avec cinq enfants : en tout quinze personnes. L'Eskimo possédait en outre un oumiak, une tente d'été, un fourneau en fer, deux fusils, un chaudron en cuivre, plusieurs marmites en fer douze récipients en faïence ou en pierre, un kayak avec tout son armement et même avec un flotteur et un câble de harpon en double, une caisse d'outils (hache, scie, lime et rabot), une tunique en peau de renne, une seconde en peau d'oiseaux et divers autres vêtements. Son fils, âgé de seize ans, et son frère avaient également leurs kayaks. Les autres membres de la famille possédaient en propre une garde-robe bien fournie, mais aucun ustensile de ménage. Pour que le lecteur puisse se rendre compte de l'opulence de cet Eskimo, qu'il compare l'inventaire de ses richesses avec le mobilier de jeunes mariés tschuktschis décrit dans le *Voyage de la Vega* (vol. II, p. 94).

Les Eskimos sauvages n'observent guère le sixième commandement ; cependant, de l'avis unanime des voyageurs qui ont vécu quelque temps parmi eux, ils ont tous une bonne tenue dans leurs maisons et dans les fêtes ordinaires. Hans Egede, Hall et Klutschak ont pourtant été témoins chez eux de danses indécentes. Un jour, Egede, ayant vu plusieurs de ses convertis se livrer à des divertissements de ce genre, leur adressa des représentations sur leur mauvaise conduite, et, pour leur faire mieux comprendre l'admonestation, ordonna à un de ses compagnons d'administrer aux délinquants une correction en règle. Les indigènes supportèrent patiemment la punition et promirent de ne plus recommencer. Mais encore aujourd'hui ils ne paraissent pas avoir la moindre conscience du péché de luxure ; ils évitent pourtant de transgresser le sixième commandement, parce que, disent-ils, « les prêtres et les missionnaires en font une telle affaire ». Dans toutes les régions où les Eskimos non civilisés ont été en relations avec les Européens, il s'est formé de bonne heure une race métisse sans l'intervention des prêtres.

Lorsque les insouciants indigènes des régions polaires possèdent en quantité suffisante de la nourriture et du combustible, et qu'ils n'ont pas l'occasion de chasser, ils s'adonnent à la bonne chère et aux distractions de la société. Ils se visitent les uns les autres, cancanent sans trêve ni merci, organisent des bombances, des bals et se livrent à des exercices corporels. Dans ces réunions ils racontent les scandales survenus depuis la dernière fête, parlent et décident des affaires importantes du pays ; enfin ils réconcilient les adversaires en leur faisant chanter des chansons grotesques, sortes de parodies de débats judiciaires. Dans toute la région où les missionnaires ont établi leur influence, l'usage de ces jeux innocents a été abandonné. Chez les Eskimos de l'Ouest, sur la côte glacée de l'océan Arctique, il existe pourtant encore des huttes spéciales où toute la population des environs et même de loin se réunit à certaines époques pour danser, s'amuser et causer des événements les plus importants de l'année. Ils se divertissent alors avec tant d'entrain qu'ils restent souvent huit à dix jours de suite sans dormir. Egede raconte dans les termes suivants une réunion de ce genre à laquelle il assista en novembre 1725 :

> Lorsque j'étais dans la région septentrionale du pays, chez les Eskimos sauvages, qui s'y trouvaient à cette époque réunis en grand nombre, j'observai avec étonnement leur manière d'agir. Profitant de ce qu'ils avaient alors des vivres en abondance pour mener joyeuse vie, ils passaient leur journée à se faire des visites, et le soir, après un copieux repas, ils chantaient, en s'accompagnant d'un petit tambour et en faisant des gestes plaisants et des contorsions. Toute la société prenait part à ce divertissement; lorsque l'un des assistants cessait de chanter, un autre continuait immédiatement, et cela dura ainsi jusqu'au matin. Ces chants ont trait surtout aux occupations et à la nourriture des indigènes ; chacun s'y fait gloire de surpasser son voisin.

Au cours de son voyage sur la côte orientale, Graah fut témoin dans la vallée de la Reine-Marie (Ekallumiut) de réjouissances qu'il raconte en ces termes[1] :

> Tous les habitants de cette belle région ont l'habitude de se réunir pendant quelques jours au milieu de l'été. A ce moment ils ne vont pas pêcher en mer et vivent de saumon[2], de baies d'*Empetrum nigrum* et d'angélique sauvage. Ils font alors provision de ces végétaux pour l'hiver et s'amusent tout le reste du temps. Le soir, les indigènes, au nombre de deux cents à deux cent cinquante, se réunissent dans un endroit plat et, à la clarté des torches, se livrent à la « danse du tambourin ». Un accès de fièvre m'empêcha de prendre part à la fête ; pendant la nuit on me réveilla au moins une dizaine de fois pour m'inviter à y assister. Le 31 août au matin, à mon réveil, entendant encore le son du tambour, je me dirigeai tout de suite vers les indigènes. Ils allaient alors se reposer, mais à mon arrivée ils reprirent leurs ébats pendant quelques instants. Il est impossible de décrire cette danse ; pour s'en rendre compte il est nécessaire d'y avoir assisté. Le tambour se compose d'un mince cercle de bois, muni d'une poignée, sur lequel est tendu un morceau de peau de phoque impré-

---

1. Graah, *Undersögelses-Reise til Östkysten af Grönland*. Copenhague, 1832, p. 109. Le lecteur remarquera que ce « paradis » était situé sur la côte orientale.
2. Ce poisson est très abondant et très gras dans les rivières de cette région.

gnée d'huile. L'instrument à la main gauche, un Eskimo se place au milieu de l'assistance, et, après avoir jeté sa pelisse, joue une courte ouverture sur le tambour, qu'il bat avec un petit morceau de bois; ensuite il commence une chanson sur la pêche au phoque ou tout autre événement important de la vie des indigènes. Après chaque couplet les assistants poussent en chœur le cri *Eia-eia-a, Eia-eia-a* ! En chantant, le musicien fait au public une sorte de révérence et tourne la tête et les yeux de la manière la plus comique. Rien n'est plus divertissant que le mouvement qu'il imprime à la partie moyenne de son corps de façon à former

Eskimos dansant au son du tambour magique dans la hutte du capitaine Graah.
(D'après une gravure de l'ouvrage de Graah, *Reise till Östkysten af Grönland*, Copenhague, 1852.)

soit un cercle, soit une figure ressemblant à un huit. Cette danse est particulièrement attrayante pour les indigènes; à cette occasion ils revêtent leurs plus beaux habits, et les femmes déploient toutes leurs grâces, comme nos dames qui veulent danser avec élégance le cotillon ou le boléro. Cette réunion n'est pas seulement l'occasion de divertissements, c'est également là que se jugent les infractions aux coutumes. Lorsqu'un Eskimo croit qu'une injustice a été commise à son égard, il compose une chanson satirique, que ses amis apprennent; il fait ainsi savoir à ses voisins qu'il a l'intention de chanter son adversaire. Une réunion est alors organisée. Les deux parties se placent en cercle, et le plaideur commence à se moquer de son adversaire en chantant et en dansant au son du tambour, mais sans y mettre aucune acrimonie; — l'accusé reprend ensuite, toujours en chantant et en dansant. Les deux parties exposent ainsi successivement leurs griefs jusqu'à ce qu'elles n'aient plus rien à dire. Les assistants prononcent alors le jugement, et les deux plaideurs redeviennent bons amis. De cette manière on rappelle au débiteur sa dette, on punit les injustices et on flétrit les immoralités. Le blâme est la punition la plus efficace, car les indigènes ne redoutent rien tant que de perdre l'estime de leurs congénères. La crainte d'une réprimande publique les a souvent empêchés de commettre des fautes, et il est regrettable que les missionnaires aient fait disparaître cette coutume sur la côte occidentale.

Hall et Simpson décrivent des réjouissances de ce genre auxquelles ils ont assisté dans la presqu'île de Melville et sur la côte nord-ouest de l'Amérique (Nourse, *Hall's second expedition*, p. 80, 90, 95, 101, 218, 569, 424). La passion des Eskimos pour les divertissements est un des traits de leur caractère, et dans cette circonstance l'influence des missionnaires a été regrettable.

Il n'existe chez les Eskimos aucune cérémonie spéciale pour le mariage, si ce n'est que le fiancé enlève son épouse, par ruse ou par une violence simulée, ou la fait enlever par un ami ou par de vieilles femmes intéressées dans l'affaire. Ordinairement l'union est conclue à l'avance entre les parents; d'habitude même, les mariages sont arrangés alors que les futurs sont encore enfants. Un jour un indigène du Grönland méridional, profitant de ce que tous les hommes étaient absents de la colonie, voulut enlever Anna Stach, la fille d'un missionnaire morave. Grâce à sa présence d'esprit et à sa vigueur, la jeune fille échappa à son amoureux trop pressant. Ainsi fut évitée une nouvelle guerre de Troie, qui aurait eu pour théâtre les rochers glacés du Grönland. Les fils d'Egede, Paul et Nils, reçurent souvent de leurs amis eskimos la mission d'enlever quelque beauté indigène; dans ces expéditions ils ne purent jamais reconnaître si la résistance opposée par la jeune fille était sérieuse ou simulée. Les convenances exigent que dans le rapt la fiancée ait quelques déchirures à ses vêtements et reçoive quelques balafres. Elle doit également faire plusieurs essais d'évasion et se montrer pendant quelque temps triste, les cheveux épars et dégoûtée de la vie. Pour empêcher les tentatives de fuite de sa belle lorsqu'elles s'étaient répétées trop souvent, ou pour lui fournir un prétexte de les cesser, le mari avait autrefois le droit de lui faire des entailles à la plante du pied; il était alors assuré que sa femme n'essayerait plus de se sauver avant que la blessure fût cicatrisée. En fait de dot, la femme n'apporte que quelques vêtements, un couteau et une lampe. Son mari lui donne un lit, un chaudron, un récipient pour l'eau : et le ménage est monté. Quelquefois les époux se séparent un an ou six mois après le mariage. En pareil cas le mari se retire le soir sans dire mot à sa femme, et le lendemain elle retourne toute joyeuse chez ses parents. Si plus tard l'ancien époux vient près de l'habitation de sa femme, elle aime à se montrer à lui quelques instants parée de ses plus beaux vêtements. Une jeune mariée abandonne aussi quelquefois son mari, notamment lorsqu'elle a pris en haine quelqu'une des femmes de son entourage. Mais les unions ne sont jamais rompues après la naissance d'un enfant, surtout d'un garçon. Généralement l'harmonie la plus complète règne entre les époux. Le mari consulte toujours sa femme quand il a à prendre une décision importante, et presque jamais ils ne se querellent. « Plus la vie commune a duré, plus les époux s'aiment; et lorsqu'ils sont vieux, ils se prodiguent les marques d'affection comme des enfants innocents. » (Dalager, p. 9.)

La plupart des Eskimos n'ont qu'une femme. Quelques-uns en ont deux, trois ou quatre. Dalager cite un indigène qui était à la tête d'un harem de douze beautés. C'est un signe de supériorité que de pouvoir nourrir un grand nombre de femmes et d'enfants. Hans Egede affirme qu'avant l'arrivée des missionnaires la jalousie était inconnue dans le harem; mais une des premières prescriptions à laquelle les femmes firent attention fut celle qui ordonnait à l'homme de n'avoir qu'une épouse. Elles prièrent Egede d'attirer spécialement sur ce point l'attention de leurs maris. Ce fut pour les missionnaires un cas particulièrement embarrassant que celui d'organiser la famille des nouveaux convertis qui avaient plusieurs femmes. Ce sujet est traité avec détail par Dalager, mais cet auteur ne donne aucune conclusion, sinon qu'il regarde « comme un problème » la question de savoir si le fait de posséder plusieurs épouses est contraire à la loi de Dieu. (*Grönlandske Relationer*, p. 10.)

Les femmes eskimos sont peu fécondes; toutefois cette race ne diminue pas aussi rapidement que l'affirment certains auteurs.

D'après H. Feilden[1], l'intéressante tribu d'Eskimos découverte en 1818 par John Ross dans la partie la plus septentrionale du Grönland, entre le cap York et le glacier de Humboldt, et appelée par ce voyageur les *Highlanders* arctiques, n'a pas diminué depuis qu'elle a été en rapport avec des Européens.

Au contraire, pendant le séjour de Parry à Igloolik, la mortalité parmi les indigènes dépassait la natalité. Ce fait, probablement accidentel, doit peut-être être attribué à la présence d'Européens dans le pays. Les Eskimos, à la suite des premières relations qu'ils ont avec les Européens, sont décimés par la petite vérole et par d'autres maladies contagieuses[2]. Il est arrivé souvent que des indigènes de la côte orientale du Grönland venus dans les colonies du Sud succombent à des épidémies qui éclatent presque subitement. En juillet 1872, par exemple, après être restées deux jours seulement à Frederiksdal, quatre familles d'Eskimos de cette région venues pour commercer dans cette colonie tombèrent malades en retournant chez elles; ils étaient à peine arrivés à Pamiagdluk[3] que la « pleurésie » se déclara. Tous moururent, à l'exception d'une femme et de quatre petits enfants. Des mouettes et des corbeaux, tourbillonnant en vols nombreux, indiquèrent aux *kayakmän* qui vinrent à passer par là l'endroit où gisaient leurs cadavres. Les corps étaient disséminés sur le rivage comme sur un champ de bataille (Brodbeck, *Nach Osten*, p. 9 et 59)[4]. Le chiffre de la population indigène des établissements danois ne paraît pas avoir changé, tout au moins pendant ce siècle[5].

1. Sir G.-S. Nares, *Narrative of a voyage to the Polar Sea during* 1875-1876, Londres, 1878, II, p. 188.
2. Il est remarquable que la syphilis n'ait fait aucun ravage au Grönland, sinon dans une petite zone autour d'Ivigtut. Le germe de cette maladie a dû pourtant être apporté souvent par des baleiniers et des matelots danois.
3. Colonie située un peu au sud de Frederiksdal.
4. Pendant leur court séjour dans la colonie, ces indigènes avaient conservé leurs habitudes et n'avaient été exposés à aucuns sévices. De beaucoup d'exemples du même genre on peut conclure que les indigènes des Indes Occidentales et d'autres parties de l'Amérique n'ont pas été décimés par les mauvais traitements des Espagnols, comme on le dit, ou que l'on a singulièrement exagéré cette cause.
5. Cranz donne une statistique, empruntée probablement à Dalager, d'après laquelle le nombre des indigènes dans le Grönland danois se serait élevé, vers 1760, à 7000, 10 000 au plus. Il ajoute que ce marchand évaluait la population de cette région à 30 000 en 1750

Les Grönlandais témoignent une très grande affection à leurs enfants. Ceux-ci jouissent de la plus complète liberté; jamais ils ne sont corrigés ni réprimandés. Les Eskimos regardent notre ancienne méthode d'éducation comme absolument barbare; ils ont à cet égard la même opinion que ces Indiens du Canada qui répondirent aux missionnaires, lorsqu'ils les blâmaient de maltraiter des

Un enfant eskimo.
(Gravure exécutée d'après une photographie prise par M. O. Kjellström le 11 août 1885.)

prisonniers : « Au moins n'infligeons-nous pas comme vous des supplices à nos propres enfants ». Malgré ce système d'éducation si contraire aux règles de la pédagogie, on peut donner un certificat de

et à 20 000 en 1746. Il est assez difficile actuellement de contrôler ces renseignements. En octobre 1870, Rink fixe le nombre des habitants du Grönland danois à 9588 indigènes et 237 Européens, répartis entre 176 stations d'hiver. Depuis 1760 la population aurait donc plutôt augmenté que diminué. Les détails donnés plus haut font supposer qu'une forte mortalité a dû régner dans les premiers temps de l'occupation des Danois. Lorsqu'en 1755 la petite vérole fut apportée au Grönland par un indigène qui revenait du Danemark, l'épidémie fut si violente que pendant quelque temps elle sembla devoir emporter toute la population.

bonne tenue aux enfants eskimos qui ont atteint l'âge de huit à neuf ans. Ils ne connaissent guère, il est vrai, certaines convenances de la civilisation et se servent, par exemple, de leurs doigts en guise de fourchette et de leurs couteaux à la place de cuillers.

L'une des causes de la rapide confiance que Hans Egede acquit parmi les indigènes fut la présence au Grönland de sa femme et de ses enfants, qu'il y amena dès son premier voyage. Ses fils devinrent bientôt les enfants gâtés des Eskimos. L'un d'eux, Paul Egede, a raconté plusieurs anecdotes de cette époque de sa vie dans son ouvrage *Efterretninger om Grönland* (Copenhague, 1790). Ainsi que le montre ce livre, cette jeunesse privée des bienfaits de l'instruction a à peu près les mêmes jeux et occupations que celle de nos campagnes. Les petits Eskimos s'amusent, comme nos enfants, à se battre, à lancer des pierres ou des flèches, à tirer à l'arc, à jouer à la balle, à sauter par-dessus des cordes, à grimper sur les rochers, à dénicher des oiseaux ou à tuer des animaux. La concorde était parfaite entre les fils d'Egede et les jeunes Eskimos; aussi Paul et Nils (les indigènes prononçaient Pavia et Nese) devinrent-ils bientôt les chefs de cette marmaille. Les jeux n'en furent pas pour cela moins bruyants. Lorsque Paul et Nils entraient dans une hutte, les femmes et les enfants les accueillaient toujours par les cris joyeux de : Pavia! Nese! Les jeunes Eskimos, qui couraient en toute liberté, attendaient avec impatience la fin des leçons auxquelles assistaient les enfants européens, et leur reprochaient de rester si longtemps enfermés à étudier ou à chanter des psaumes. Néanmoins les fils d'Egede furent en butte aux railleries des Eskimos. Ainsi les gamins indigènes ne cessaient de se moquer du nez de Pavia, qui leur semblait démesurément long. Hans Egede, voulant apprendre la conjugaison des verbes grönlandais, avait prié ses fils de conjuguer avec leurs camarades le verbe *neglipok*, l'*amo* de la langue eskimo. Les amis indigènes s'y prêtèrent d'abord avec empressement, mais ils se fatiguèrent vite de la grammaire, et pendant longtemps ils se moquèrent de Nils et de Paul, leur répétant, chaque fois qu'ils les voyaient, le verbe *neglipok* à tous ses temps et à tous ses modes.

L'amusement favori des enfants est naturellement de s'exercer à manier les armes qui leur serviront un jour à se procurer leur nourriture. Aussi les parents donnent-ils de très bonne heure aux garçons des harpons et des flèches, des kayaks appropriés à leur taille, et aux filles de petites peaux qu'elles doivent tanner et coudre. Dès leur première jeunesse ils leur apprennent à fabriquer et à se servir des engins de chasse, surtout à manœuvrer les rames du

Un enfant eskimo.
(Gravure exécutée d'après une photographie communiquée par M. K.-J.-V. Steenstrup.)

kayak, lourdes et dangereuses pour des mains inexpérimentées. Les progrès du jeune chasseur sont suivis par toute la famille avec le plus vif intérêt ; lorsqu'il rapporte son premier phoque, elle donne une grande fête en son honneur. On mange la chair de ce phoque comme un mets particulièrement délicat, et au cours du festin on vante l'adresse du chasseur. L'enfant devient peu à peu un homme ; il construit une maison, prend femme, fonde une famille, chasse, nourrit ses enfants — on ne peut pas dire à la sueur de son front, car il doit surtout braver le froid, — vit insouciant du lendemain, faisant bombance à l'occasion et jeûnant patiemment lorsque la disette se fait sentir. Plus tard il se courbe, puis meurt, et finalement est enseveli sous un amas de pierres sur la côte, quand il n'a pas pour tombeau les flots glacés de l'Océan. Les filles restent oisives jusqu'à l'âge de puberté; pendant toute leur enfance, comme le dit Dalager, elles n'ont appris qu'à danser, à chanter et à bavarder. Mais à partir de cette époque elles prennent part avec leur mère aux soins du ménage, et s'appliquent aux diverses occupations de la femme grönlandaise, en d'autres termes à préparer le gibier, à le cuire, à tanner et à coudre les peaux. Dans la couture elles acquièrent rapidement de l'adresse et du goût, qu'elles mettent en œuvre pour confectionner les brillants costumes dont au Grönland comme ailleurs le sexe faible aime à se parer. Une beauté grönlandaise, au teint brun et aux joues bien pleines, a fort bon air dans son costume de fête, avec son vêtement collant en jolies peaux de phoque, ses bottes à haute tige et ses colliers de perles jetés autour du cou et dans les cheveux. Mais ce qui la fait surtout valoir, c'est son air de bonne humeur et une coquetterie que l'on est étonné de rencontrer chez une Eskimo. Bientôt, il est vrai, tout cela change : un vaillant chasseur enlève sans beaucoup de peine la sémillante jeune fille. Elles veulent être prises par force, les belles, et elles le sont! Une fois devenue mère de famille, elle néglige sa toilette; sa taille, autrefois droite, devient courbée par l'habitude de porter un enfant sur le dos; son corps, dodu auparavant, s'amaigrit, et sa démarche devient chancelante. Sa chevelure tombe sur les tempes, ses dents sont usées par la mastication des peaux qui doivent être tannées; bref, elle ne donne plus aucun soin à son corps et à sa toilette. Les jeunes filles, si jolies dans leur première fraîcheur, deviennent après leur mariage laides, sales et repoussantes. Aussi quoi d'étonnant que les compagnons de Martin Frobisher, dans leur voyage à la *Meta incognita*, aient déchaussé une vieille femme eskimo pour s'assurer si elle n'avait pas un pied de cheval et si elle n'était pas la mère du diable.

Les Eskimos du Grönland sont enterrés vêtus de leurs plus beaux habits. A côté du cadavre on dépose, si c'est un homme, sa lance, son arc et ses flèches ; si c'est une femme, du fil et des aiguilles, un racloir pour préparer les peaux, et un baquet ; si c'est un enfant, des jouets et une tête de chien pour lui servir de guide dans l'autre monde. Les tombeaux se trouvent presque toujours près des ruines d'anciennes habitations. Ils se composent le plus généralement d'une fosse de la longueur du cadavre, recouverte de blocs plats et entourée d'un monceau de pierres de dimensions moyennes. Certains tombeaux contiennent des débris de plusieurs squelettes ; dans ce cas c'est soit un caveau de famille, soit une sorte de fosse commune.

À côté du tombeau on voit de petits caveaux dans lesquels est déposé l'équipement dont le défunt aura besoin dans l'autre monde. Ils contiennent par exemple des pointes de flèches, des racloirs pour préparer les peaux, des couteaux en os, des gobelets, des fragments de marmites et de lampes en pierre ollaire, des morceaux de silex, des arcs, des modèles de kayak et des tisons qui, après avoir été trempés dans l'huile, ont servi de torches. Dans un caveau de ce genre, situé sur les bords de la Fortunebay, j'ai trouvé en 1870 une quantité de petites boules en os, des objets en silex, enfin plusieurs clous rouillés, probablement les plus précieuses richesses que le défunt emportait avec lui dans l'autre monde. Un autre caveau renfermait plusieurs paires de lunettes à neige en bois[1], — le mort avait sans doute les yeux délicats, et il craignait l'éclat éblouissant des champs de neige dans le monde des bienheureux[2]. Dans un tombeau à Ekaluit, sur les bords de l'Umanakfjord, Steenstrup découvrit en 1879 neuf fragments de basalte avec des inclusions de fer natif, des instruments en pierre, des couteaux en os avec des lames en fer et des morceaux de quartz, de calcédoine et de schiste argileux pour fabriquer des objets en pierre (*Meddelelser om Grönland*, IV, p. 121).

1. Les lunettes des Eskimos se composent d'un morceau de bois mince, percé de deux étroites ouvertures horizontales, s'adaptant au nez et aux yeux, et attaché derrière la tête. Elles sont figurées dans l'ouvrage d'Ellis (*Voyage*, etc., Londres, 1748, p. 132).
2. Les tombes des Eskimos et les caveaux dans lesquels ils déposent les objets ayant appartenu aux morts sont décrits très exactement dans la relation que Baffin a écrite du quatrième voyage de Hall au Grönland (Purchas, III, p. 856). Il revient sur ce sujet dans le récit de son cinquième voyage, 1616 (Purchas, III, p. 845), en ajoutant : « So likewise I have seen their dogs buried in the same manner ».

En 1870, sur les bords du fjord de Jakobshavn, j'ai trouvé des tombeaux d'un autre genre. Un grand nombre de corps avaient été déposés au pied d'un escarpement de rochers, dans les interstices existant entre la montagne et de gros éboulis. Sur la côte orientale, aux environs du port du Roi-Oscar, un enfant était enseveli sous quelques blocs au pied d'un rocher escarpé, un autre sous un monceau de pierres entassées au bord de la mer.

Les Eskimos de l'île Melville enterrent, semble-t-il, leurs morts de la même manière que leurs congénères du Grönland. Le lieutenant Palmer (*Hecla*, 1821-1823) décrit un tombeau d'enfant dans les termes suivants :

Le corps était déposé dans une fosse peu profonde, la tête tournée vers le nord-ouest. Il était revêtu d'une tunique en peau de renne et enveloppé d'une large peau de phoque. La fosse était recouverte de légers morceaux de calcaire. Près du tombeau se trouvaient quatre monceaux de pierres élevés d'un mètre environ ; l'un contenait un morceau de drap rouge et un foulard de soie noire, un autre des souliers d'enfants et des chaussettes, enfin les deux derniers des vases en os de baleine.

Comme le montre la figure ci-jointe, empruntée au *Voyage de la Vega*, les tombeaux des indigènes de Port Clarence diffèrent totalement de ceux du Grönland. Les Eskimos de cette localité déposent les corps par terre, sans autre abri qu'une sorte de palissade formée par des montants de tente entre-croisés. A côté d'un cadavre étaient placés un kayak muni de ses rames, un fusil à deux coups chargé et amorcé, les batteries au cran de repos, différentes autres armes, des vêtements, un briquet, des raquettes, des gobelets, deux masques en bois couverts de sang et de grossières figurines d'animaux.

Après la mort d'un parent ou d'un ami, les Eskimos, notamment les femmes, se livrent à une scène de larmes. Ils pleurent et se lamentent une demi-heure durant, les yeux fixés à terre, puis restent un instant tranquilles, tristes et silencieux ; après quoi ils recommencent à rire et à bavarder. Chaque fois qu'un des parents ou amis du mort vient rendre visite à la veuve et apprend le triste événement, les lamentations recommencent. En outre, un assistant fait une sorte d'oraison funèbre pour célébrer les mérites du défunt et exprimer sa douleur, puis tout le monde se met à manger et à boire. Les Eskimos comprennent donc la manière de célébrer dignement un enterrement, comme autrefois nos pères.

Les voyageurs qui ne connaissent que les Eskimos des établissements danois du Grönland, soumis depuis un siècle et demi à la tutelle fraternelle de la Compagnie de commerce, croient que cette race est un des peuples les plus pacifiques de la terre. Cette opinion est complètement erronée. Jadis certaines tribus de la côte septentrionale

Tombeau d'Eskimo à Port Clarence.
(Dessin exécuté d'après un croquis de M. O. Nordqvist.)

de l'Amérique ont été belliqueuses. En différents passages de la relation de ses voyages, Frobisher parle du courage des Eskimos et de leur mépris de la mort. Ainsi, pendant sa seconde expédition, deux indigènes avec lesquels on était convenu d'une entrevue, et dont on voulait se rendre maître par ruse, réussirent à recouvrer leur liberté, puis attaquèrent Frobisher avec tant d'impétuosité qu'ils l'obligèrent, lui et ses compagnons, à se rembarquer. Hakluyt (p. 624) écrit en marge de la relation de ce combat : *Fierce and bold people*.

Les Indiens du Canada et du nord des États-Unis sont réputés très courageux et très braves. Cette réputation, ils la doivent en grande partie au récit dramatisé de l'occupation de ces pays par les Européens, que nous avons tous lue dans notre enfance; mais il y a sans doute quelque chose de vrai dans ces légendes. En tout cas les Eskimos, qui, eux, ne sont pas célèbres par leurs vertus guerrières, sont beaucoup plus courageux et plus belliqueux que les Indiens, dans toute la région où ces deux races sont voisines. Sir John Richardson rapporte que les Indiens Chepewyans redoutent constamment les attaques de leurs voisins eskimos, et qu'ils n'osent jamais se mesurer avec eux, même avec des armes de jet[1]. Cet auteur ajoute que, de tous les indigènes de l'Amérique septentrionale, les Eskimos sont les seuls qui ne craignent pas de combattre face à face leurs ennemis. « Au lieu de s'enfuir à la vue des étrangers, raconte-t-il, comme le font les Indiens, au nombre de deux ou trois ils n'hésitaient pas à avancer jusqu'à notre bateau pour commercer, et jamais ils n'étaient disposés à abandonner par crainte quelques-unes de leurs prétentions. » Hind (*Labrador Peninsula*, II, p. 150) affirme qu'il existe sur l'île des Eskimos (Eskimo Island), dans la baie de Saint-Paul (Saint-Paul's Bay), les ruines d'une forteresse bâtie par les Innuits. Autour se trouvent de nombreux squelettes d'hommes tués dans un combat livré aux Eskimos par une troupe de Français et d'Indiens. Back parle également d'enceintes circulaires en pierres, construites, en guise de retranchements, par les Eskimos à l'embouchure de la rivière du Grand-Poisson[2]. On pourrait citer encore différents faits du même genre.

Autrefois les Eskimos étaient donc un peuple brave et belliqueux; mais une longue paix leur a fait perdre leurs vertus guerrières. Comme les Tschuktschis et beaucoup d'autres peuples, ils sont devenus pacifiques dans la suite des temps. Au grand étonnement des Européens, il règne une parfaite concorde entre les divers membres d'une famille ainsi qu'entre les diverses familles d'une même maison ou d'un même village. Il n'y a ici ni maître ni valet. Le chef de famille a sur les siens une douce autorité, mais il n'existe aucune domesticité dans le sens que nous attachons à ce mot; les serviteurs européens sont même méprisés par les indigènes qui ne sont pas au courant de nos habitudes.

---

1. *Arctic Searching Expedition*. Londres, 1851, I, p. 212.
2. *Narrative of the arctic land expedition*, Londres, 1836, p. 581. Peut-être les enceintes de pierres circulaires que l'on trouve sur la côte sud-ouest du Grönland et que l'on prétend être des ruines nordiques sont-elles d'anciens retranchements?

Les Eskimos sont aimables, obligeants et hospitaliers les uns pour les autres, ainsi que pour les étrangers avec lesquels ils ont des relations suivies. Au contraire, ils sont très cruels envers les animaux; non seulement ils tuent tous les mammifères et tous les oiseaux dont ils ont besoin pour se nourrir, mais encore toutes les bêtes qu'ils rencontrent, dans le seul but d'essayer leur adresse. Les Eskimos n'ont également aucune compassion pour les vieillards et les infirmes : ils les abandonnent sans aide et sans aucun appui, et leur donnent à peine la nourriture et les vêtements dont ils ont besoin. On cite, avant l'établissement des Danois au Grönland, plusieurs cas d'infirmes enterrés vivants ou assassinés par leurs parents. Différentes fois, paraît-il, les indigènes ont agi ainsi à la demande même des vieillards, qui, n'ayant plus ni forces ni santé, désiraient voir finir promptement les souffrances de la vie d'ici-bas[1]. Le missionnaire Glahn, très au courant des mœurs des Eskimos, et l'auteur des *Anmærkninger til D. Cranz Historie om Grönland*, cherche à les disculper de cette accusation : il affirme que les vieillards et les infirmes sont soignés par leurs parents, mais que s'ils sont soupçonnés de sorcellerie, toute pitié à leur égard disparaît. Quoique peu superstitieux, les Eskimos attribuent pourtant fréquemment leurs malheurs à des sorciers, et, comme dans nos pays il n'y a pas bien longtemps encore, les femmes âgées étaient autrefois accusées au Grönland de sortilèges. Souvent ces malheureuses ont été assassinées pour des faits de ce genre, et ce qu'il y a de plus curieux, c'est qu'au Grönland également, elles croyaient elles-mêmes à leur pouvoir magique. « Beaucoup de vieilles femmes, raconte Dalager, s'adonnaient à la sorcellerie avec tant d'ardeur qu'elles rendaient des points aux plus malins *angekok*.... Nombre d'entre elles devaient mourir dans un épouvantable massacre. Une fois j'en ai sauvé deux au moment où elles allaient être mises à mort; l'une d'elles fut plus tard reprise et tuée[2]. » Les hommes et

---

1. Cranz, p. 515 et 681. Egede, *Tredje Continuation*, p. 50. Lorsqu'une femme mourait en laissant un enfant à la mamelle, celui-ci était enterré vivant avec sa mère s'il ne se trouvait pas dans le voisinage une femme pouvant l'allaiter. C'était, il est vrai, faire acte de compassion, car l'enfant serait mort de faim. (Voir Saabye, p. 62, et Cranz, p. 807.)
2. Dalager, p. 11.

les femmes qui pratiquent la sorcellerie sont désignés sous le nom général d'*iliseetsok*.

Plusieurs usages des Eskimos, surtout leur mode de sépulture, indiquent qu'ils ont une vague conception d'une vie future. Dans l'autre monde, pensent-ils, le hardi chasseur mènera une existence analogue à celle qu'il a eue sur cette terre, mais il aura à y supporter moins de fatigues et y trouvera en abondance de la chair de phoque et autres mets de choix grönlandais. En revanche, les Eskimos n'ont point, à proprement parler, de religion ; dans leurs légendes ils font simplement jouer différents rôles au grand esprit Tornarsuk, auquel les missionnaires ont donné l'emploi du diable, et peuplent d'esprits moins puissants l'air et les profondeurs de la mer et de la terre. Dans la dernière partie de ses *Eskimoiske Eventyr og Sagn* (Supplément, Copenhague, 1871), Rink donne des détails étendus sur ces croyances populaires. Mais tous ces êtres mythiques sont plutôt des héros de légendes que les dieux d'un véritable Olympe eskimo. Les Grönlandais font preuve de la plus grande tolérance religieuse, si je puis m'exprimer ainsi : tel qui croit à Tornarsuk écoute sans protester d'autres indigènes se moquer de sa croyance, et tel qui n'y croit pas entend les louanges adressées à ce puissant esprit. Comme exemple de leur indifférence relativement aux diversités d'opinion en matière religieuse, je citerai le fait suivant : Un jour, Nils Egede se moquant d'indigènes du golfe du Sud-Ouest qui lui racontaient avoir tué un ours blanc « si vieux qu'il avait sur le dos de la glace qui ne fondait jamais », ses interlocuteurs s'écrièrent : « Comment ! nous croyons ce que tu nous racontes, et toi, tu n'ajoutes pas foi à nos récits ! » (*Tredje Continuation*, p. 115). Dans leur idée l'incrédulité de Nils Egede n'était pas de jeu (*fair play*).

Les Eskimos n'ont ni temples, ni lieux de sacrifice, ni idoles ; la profession de prêtre n'existe pas non plus chez eux. Il est toutefois probable que les *angekok* auraient peu à peu atteint cette dignité si cette institution avait eu le temps de se développer. Vraisemblablement les amulettes qu'ils employaient à l'origine soit comme jouets, soit comme ornements, seraient également devenues des fétiches et certains de leurs usages des cérémonies religieuses. Mais toutes ces pratiques n'étaient pas assez complètes pour constituer une religion à l'époque de l'arrivée des missions danoises au Grönland. On peut en juger par l'aperçu suivant que donne Dalager des croyances partagées par tous les Eskimos.

Lorsqu'ils vont chasser la baleine, les Eskimos revêtent leurs plus beaux habits, croyant que ce mammifère aime qu'on ait des égards pour lui, et qu'il déteste les gens sales. Pendant ce temps, les femmes qui restent à la maison se lavent, éteignent les lampes et restent tranquilles. Une amulette est placée à l'avant du kayak du chasseur, et une seconde (une griffe de lagopède ou un bec d'aigle) fixée au manche du harpon. Quand les Grönlandais cèdent une peau ou un morceau de lard, ils commencent par en couper un petit fragment. Ils ne vendent pas volontiers un phoque le jour où il a été capturé; même si le chasseur désire conclure le marché, il soulève mille objections. Une vieille femme se trouve-t-elle dans le voisinage, ils lui demandent toujours s'ils n'ont pas à craindre quelque conséquence fâcheuse de l'affaire en question, — pour la bagatelle de quelques épingles ils peuvent se rendre l'oracle favorable. Vendent-ils un phoque, les Eskimos aiment à en conserver la tête; s'ils se décident à la céder, ils coupent un morceau de peau et quelques poils du museau. A la chasse au renne ils ont coutume de donner des bribes de viande aux corbeaux qui suivent les chasseurs.

Une partie de ces usages, communs à tous les Eskimos, sont également observés par les Tschuktschis: eux aussi ont l'habitude de couper toujours une touffe de poils aux animaux qu'ils vendent, et n'aiment pas à céder la tête à l'acheteur. Il existe en outre différentes superstitions, que les uns observent et dont d'autres se moquent. Nous citerons notamment l'emploi d'amulettes, telles que des poils, des plumes, des pierres ponces, des écailles de poisson, des yeux d'oiseau, des dents de renard, des pattes d'aigle, des antiquités nordiques ou des débris de vieux objets, par exemple des planches d'une caisse appartenant à H. Egede, et dont il avait vanté l'antiquité devant les indigènes. A la suite de cette imprudence, toute la boîte avait été mise peu à peu en morceaux et les débris conservés comme de précieuses reliques. Au sujet des superstitions il faut ajouter que les Eskimos du Grönland portent, comme les Tschuktschis que nous avons vus, des « ceintures de santé ». D'après Dalager, ces ceintures serviraient aux propriétaires à reconnaître s'ils engraissent ou maigrissent.

D'après la relation du premier voyage (1585) de John Davis, écrite par John Janes, *servant to the worshipfull M. William Sanderson*, Davis[1], pour entrer en relations avec les indigènes, fit danser ses matelots au son de la musique exécutée par l'instrumentiste du bord sur une île voisine de son premier mouillage dans le fjord de Godthaab. Les sauvages, cédant à la curiosité et aux entraînements de la musique, s'approchèrent et vinrent prendre part à la fête. Le lendemain matin, les Eskimos répondirent à la politesse en organisant à leur tour un bal. Pendant toute la danse ils jouèrent du tambour magique, le seul instrument de musique qu'ils possèdent et qui leur est commun avec les Lapons, les Samoyèdes, les Toungouses et les Tschuktschis. C'est, à ma connaissance, la première fois que le tambour magique est mentionné dans un ouvrage. Le tambour ou, plus exactement, le tambourin des Eskimos se compose, comme du reste tous ceux des autres peuples polaires, d'une peau mince tendue sur un cercle de bois ou de fanon de baleine, que l'on frappe avec un petit morceau de bois, de fanon ou d'os[2]. Cet instrument est surtout employé dans les évocations des sorciers. La *Relation* de Hans Egede, à laquelle j'ai fait déjà de si nombreux emprunts, est le premier ouvrage qui fasse mention des *angekok*[3]. Leurs pratiques sont devenues plus tard le sujet favori des dissertations des anciens missionnaires au Grönland; ceux-ci les regardaient comme des sorciers ou des prêtres idolâtres, et montraient avec onction combien les subtilités de leurs collègues indigènes étaient honteuses. Il est certain que les *angekok*, qui

---

1. Hakluyt, 1re édition, p. 776. A son honneur, Davis s'efforça d'entretenir des relations pacifiques avec les indigènes, mais ses efforts n'eurent aucun résultat à la suite des vols nombreux commis par les indigènes et des violences exercées par les Européens, habituelles aux gens de cette époque. Davis essaya toutefois d'empêcher ces brutalités.

2. Le tambour magique des Eskimos est figuré dans l'ouvrage de Nourse, et celui des Tschuktschis dans le *Voyage de la Vega*, II, p. 25.

3. Le dictionnaire grönlandais de Fabricius traduit le mot *angekok* par « augure, sorcier » (homme que les indigènes consultent comme un oracle). Les femmes peuvent être aussi *angekok*. (Anmærkn. til Cranz, p. 245.)

de tous les indigènes étaient les plus avisés, croyaient réellement pouvoir exercer la magie à l'aide de leurs tambours et d'autres sortilèges. Suivant la juste expression de Rink, leur corporation formait la seule institution sociale qui existât autrefois au Grönland, et il est regrettable que les missionnaires l'aient détruite. On comprend, il est vrai, ce zèle de la part des prêtres. Les missionnaires ont combattu leurs adversaires en se moquant d'eux, et, quand cela ne réussissait pas, par des arguments plus positifs, car les *angekok* paraissent avoir été souvent plus éloquents que leurs adversaires.

Dalager, qui, lui, était sans préjugés et qui a dépeint les *angekok* avec son originalité habituelle, affirme qu'ils étaient les moralistes et les savants du peuple innuit; il leur décerne même un certificat de bonne conduite et assure que leur influence, loin d'être nuisible, a été souvent excellente. Ces sorciers étaient persuadés de l'efficacité de leurs sortilèges. Un vieil *angekok* que Dalager traitait en ami et qui lui avait donné d'importants renseignements sur les usages des indigènes aimait à s'entretenir avec lui « des choses spirituelles ». Il était très attaché à ses « principes », qui lui venaient soit de traditions, soit de révélations; mais il reconnaissait de bonne foi en avoir fait autrefois accroire aux gens simples. Cependant il pensait qu'un *angekok* pouvait opérer de véritables prodiges. Au nombre des miracles qu'il comptait à son actif, il rangeait quelques prédictions du temps, qu'une certaine faculté d'observation lui avait permis de faire. L'art des *angekok* ressemble beaucoup à celui des spirites de nos jours. Comme ceux-ci, ils font leurs tours dans l'obscurité, se débarrassent sans aucune aide des cordes avec lesquelles on les attache, causent avec les esprits et font avec eux de longs voyages dans le ciel et dans les profondeurs de la mer ou de la terre. Une des premières nuits que Hans Egede passa dans une hutte grönlandaise, il fut réveillé par un chant étrange accompagné de cris. « Un *angekok* assis par terre, raconte-t-il, poussait des cris affreux et frappait à coups redoublés sur un tambour. Il parlait tantôt vite, tantôt lentement, sifflait et tremblait de tous ses membres, comme s'il avait été saisi de froid ou de crainte. Lorsqu'il se leva, toutes les femmes de la maison se mirent à parler à voix basse, s'interrompant seulement de temps en temps pour entonner un chant. Cela dura bien plusieurs heures. Je n'étais guère rassuré, ne sachant ce que tout cela signifiait, et étant éloigné de mes compagnons, qui dormaient dans une autre habitation. Comme il m'était impossible de sortir à cause de l'obscurité, je pris le parti de rester tranquille et de faire mine de ne rien entendre. Je n'eus l'explication de cette scène que longtemps après, quand je sus parler un peu la langue des Eskimos, et que j'eus fait plus ample connaissance avec les assistants. Les indigènes nous redoutant et ne sachant ce que nous venions faire dans leur pays, les *angekok*, qui étaient leurs prophètes, avaient été chargés, me dirent-ils, de demander à l'esprit Tornarsuk de leur faire connaître nos intentions[1]. » « Une autre fois, raconte Egede, un *angekok* s'assit par terre après que les lampes eurent été éteintes, et commença à chanter avec l'assistance. Il battit ensuite du tambour, cria, puis frappa sur quelques peaux tendues qui rendirent un son bizarre. » Il avait, suppose Egede, un compère à la porte de la maison, qui répondait aux questions que les assistants adressaient à Tornarsuk.

Paul Egede raconte dans son journal le fait suivant[2] : « Un soir, un *angekok* vint dans notre maison et se fit attacher les pieds et les mains avec la tête entre les jambes. Un tambour et une baguette furent déposés à côté de lui (les indigènes ne se servent que d'une seule baguette pour jouer de cet instrument), puis toutes les lampes furent éteintes, à l'exception d'une petite, qui fut placée sous un banc et recouverte d'une peau. Immédiatement après, l'homme réussit à se débarrasser de tous ses liens et commença à battre du tambour et à chanter. Plusieurs femmes s'assirent à côté de moi et de mon frère et se mirent également à chanter, s'interrompant par moments pour nous demander si nous avions peur. L'une d'elles posait au sorcier, sur un ton doux et plaintif, les questions qu'il devait adresser à Tornarsuk, et celui-ci répondait d'une voix sourde et chevrotante. Les femmes nous ayant demandé encore une fois si nous étions effrayés, nous leur répondîmes négativement, bien que nous

---

1. Hans Egede, *Relation*, p. 44 et 70.
2. *Id., ibid.*, p. 7.

le fussions. Quelque temps après, notre père entra dans cette maison obscure. Il nous appela et nous demanda ce que nous faisions là et si nous avions peur. Lorsqu'il s'assit, les femmes l'entourèrent, pour l'empêcher d'approcher de l'endroit où l'*angekok* était couché. Les chants et les battements de tambour continuèrent ensuite. Mon père se releva alors en nous disant : « Bonsoir, mes « enfants; dormez si vous pouvez et n'ayez aucune crainte ». A la porte il heurta l'homme qui, comme il le supposait, remplissait le rôle de Tornarsuk. Cette comédie dura jusqu'à deux heures du matin. Le lendemain les indigènes nous demandèrent de nouveau si nous avions eu peur. L'*angekok* avait fait croire aux gens qu'il était allé au ciel. »

Un Eskimo apporta un jour à Paul Egede comme message d'un de ces sorciers un bâton sur lequel était dessinée une sorte de V renversé. Par prudence l'envoyeur avait ajouté l'explication suivante : « Si l'*angekok*[1] Pavia ne comprend pas ce signe, je lui dirai que je désire avoir un pantalon ; mais je n'ai pas besoin d'ajouter cette explication, car il me comprendra ». Une autre fois, un *angekok* raconta devant Paul Egede qu'un voyage au ciel par lui projeté n'avait pas complètement réussi ; son âme seule s'était élevée jusqu'aux hauteurs éthérées, tandis que son corps n'avait pu quitter la terre.

Un jour, deux sorciers s'étant rencontrés dans la baie de Disko se regardèrent dans le blanc des yeux et firent mine de se rappeler s'être vus l'année précédente dans les profondeurs de la terre. Ils parlèrent ensuite de toutes les merveilles qu'ils avaient admirées dans ce pays fermé aux regards des simples mortels. Une femme qui avait deux maris et qui, comme eux, exerçait la sorcellerie, affirmait qu'elle et ses deux époux n'avaient jamais eu de rapports avec le diable, mais qu'ils pouvaient converser avec les âmes des morts ; elle racontait avoir rendu récemment visite à l'Être suprême (la mère de la terre), qui était gardé par une troupe d'ours blancs, et avoir mangé chez lui des flétans.

Je pourrais raconter maintes autres histoires de ce genre datant des premiers temps de l'établissement des Danois au Grönland. Les

---

[1]. Les Eskimos considéraient comme *angekok* Egede et les principaux colons danois.

angegok ne se bornaient pas à raconter ces légendes et ces impostures — il me semble ressortir des ouvrages de Hans Egede et de ses fils que ces sorciers ne croyaient pas à ce qu'ils racontaient de leurs voyages sous terre et de leurs entretiens avec Tornarsuk, — ils étaient de plus en quelque sorte des médecins et des sages dont la voix était écoutée dans les circonstances difficiles et dans les discussions religieuses avec les missionnaires. En ces occasions ils faisaient de vives objections aux dogmes chrétiens. Ainsi un indigène demanda un jour à Paul Egede pourquoi Notre-Seigneur ne leur avait pas permis de recevoir plus tôt le christianisme, car si leurs ancêtres avaient été convertis, ils auraient eu l'avantage d'aller au ciel. Une autre fois une jeune fille demanda si Dieu n'avait pas eu le pouvoir d'empêcher le péché originel, et pourquoi il n'en avait pas usé : son intervention aurait permis aux descendants du premier homme de rester en état d'innocence, et le Fils de Dieu n'aurait pas eu à souffrir. Cette jeune fille désirait obtenir une réponse satisfaisante pour la répéter à ceux qui attaquaient les enseignements chrétiens. Un missionnaire ayant raconté à un indigène que le Christ jetait les païens et les méchants dans les feux de l'enfer : « Puisque Dieu est si méchant, répondit ce dernier, je ne tiens pas à aller au ciel ». Le prêtre continuant à essayer de le convertir, l'Eskimo ajouta : « Tout ce que vous me contez là, je n'y entends rien ; ma femme n'a pas de provisions et je m'en vais à la pêche ». Les Eskimos regardaient le péché originel comme une institution spéciale aux *Kablunak* ; ils affirmaient qu'eux-mêmes, étant pour la plupart de braves gens, arriveraient sans encombre au paradis. Ils s'étonnaient toujours de ce que Adam et Ève eussent été assez naïfs pour se laisser tenter par un serpent, et ils voulaient savoir pourquoi Dieu ne les avait pas avertis du danger qui les menaçait.

Dans leurs relations avec les *angekok*, les colons danois se sont souvent écartés de la modération qui doit être en pareil cas la règle de conduite des Européens ; ils les traitaient avec dédain, et, lorsqu'ils n'avaient pu triompher par persuasion de leurs croyances, ils recouraient aux coups pour les faire taire. Tous les anciens ouvrages relatifs au Grönland contiennent de nombreux exemples de cette manière d'agir. Les discussions religieuses appuyées d'arguments *ad hominem* n'étaient en quelque sorte qu'un divertissement que s'accordaient les missionnaires. Plus dangereux étaient les plans d'Egede de préparer la conversion de ce peuple par une discipline sévère et par de violentes mesures administratives. Il voulait, par exemple, établir des colonies pour y interner les Grönlandais, et les parquer durant chaque saison dans des régions d'où ils n'auraient pas eu le droit de sortir. C'est avec de tels moyens qu'il se proposait de convertir des païens inoffensifs à une prétendue religion de paix, et leur faire oublier leurs superstitions et le pouvoir des *angekok*[1]. Heureusement Egede manqua de l'argent nécessaire pour réaliser ses projets, qui n'auraient eu d'autres résultats que de faire disparaître le peuple qu'il voulait convertir.

Comme nous le montrent toutes ces anecdotes, les Eskimos sont de grands enfants, bons, quelque peu présomptueux, aimant à s'amuser et à se moquer du prochain. Leur insouciance les expose souvent à de dures souffrances, qu'ils supportent patiemment et qu'ils oublient rapidement dans les ripailles, les danses et les chants qui suivent toute chasse heureuse. Ils sont adroits, intelligents et plus susceptibles de civilisation que la plupart des indigènes du Nouveau Monde[2], comme le prouve la facilité avec laquelle ils apprennent en peu de temps à lire et à écrire. Les Eskimos ont une littérature comprenant, outre les ouvrages de religion et d'instruction publiés par des Européens, quelques petits recueils écrits par des indigènes. Sur l'initiative de M. Rink, on publie depuis 1861 à Godthaab un journal rédigé en langue eskimo, l'*Atuagagdliutit nalinginarnik tusaruminasassunik univkat* (Lectures et Récits sur des sujets variés). Les Eskimos sont bons musiciens; ils ont la voix juste et apprennent facilement les mélodies européennes. Sur cette musique ils composent des paroles qui sont souvent des satires des

---

1. H.-M. Fenger, *Bidrag til Hans Egedes og den grönlandske Missions Historie*, 1721-1760. Copenhague, 1879, p. 83.
2. Beechey dit à propos des Eskimos des rives du détroit de Bering (*Narrative of a voyage to the Pacific and Beering's Strait*, I, p. 298 : « En leur montrant les planches d'histoire naturelle contenues dans l'encyclopédie de Ree, je les trouvai plus intelligents que je ne le croyais.... Les Eskimos sont très supérieurs, à cet égard, aux habitants des îles du Pacifique. » D'après Richardson (*Arctic Searching Expedition*, Londres, 1851, p. 243), les Eskimos de la côte septentrionale de l'Amérique seraient plus industrieux, plus adroits et plus intelligents que les Indiens.

événements du jour. Ceux qui sont restés païens ne suivent aucune religion et ne reconnaissent aucune autorité; mais dans leurs rapports mutuels ils sont très honnêtes et ne commettent aucun délit, bien qu'il n'existe chez eux ni loi écrite ni aucun représentant d'un pouvoir public.

Tous les Eskimos, ceux de race pure comme les métis, ont une très haute opinion d'eux-mêmes. Un métis, fils d'un cuisinier suédois et d'une Grönlandaise, qui se regardait comme un homme important, répondit, un jour qu'on lui demandait s'il ne pensait pas que l'inspecteur[1] fût plus puissant que lui : « Ma foi, la question est douteuse : l'inspecteur est certainement plus riche que moi, et il commande à plus d'hommes que moi; mais à Copenhague il a des supérieurs auxquels il doit obéir, tandis que moi, je n'ai aucun supérieur ». Tout chasseur adroit a, probablement, la même opinion, et, si le gibier est abondant et si la fête qui suit la chasse est gaie, il est satisfait de son sort et se regarde comme parfaitement heureux. La plupart des Eskimos qui n'ont pas fait de grands voyages croient leur pays le plus beau du monde et leur race la plus intelligente, la plus adroite, la plus polie, bien supérieure aux Indiens, sauvages et poltrons, et même aux gens, avides de gain, querelleurs et dépravés, qui arrivent par mer au Grönland sur de gigantesques oumiaks chargés de trésors. Les plus habiles de ces hommes-là ne sont-ils pas de médiocres chasseurs moins adroits qu'un enfant? Encore aujourd'hui les Eskimos du Grönland danois ont cette opinion des Européens. Leurs relations fréquentes avec les Danois et les récits de leurs congénères qui sont allés en Europe leur ont pourtant donné une idée de la supériorité de l'esprit inventif des Européens, et la mauvaise impression que leur avaient faite les baleiniers et les prisonniers transportés au Grönland au début de l'occupation a été effacée par le dévouement des missionnaires et la douceur des employés de la Compagnie de commerce.

La littérature populaire, imprimée ou transmise oralement, donne toujours une idée précise des sentiments et du caractère d'une nation. Les Eskimos du Grönland en ont une peu étendue et de date récente, formée d'anecdotes enfantines sur les sorciers, sur les *angekok*, sur

---

[1]. Gouverneur.

les géants et leur puissance. Le héros de la légende massacre, par exemple, tout un village pour se venger d'une injure. Cette littérature comprend, en outre, des récits de chasse et de pêche, d'accidents et de divers événements mémorables arrivés dans différentes parties du pays, et même des poèmes. A en juger par la traduction de Rink, le style et le sujet de ces morceaux naïfs caractérisent bien le tempérament des auteurs et de la race tout entière. Tous ces récits ont

Oumiak.
(D'après l'original du Musée Ethnographique de Copenhague.)

une saveur particulière, et je regrette de ne pouvoir, faute de place, en reproduire ici quelques-uns. Je renvoie donc à l'ouvrage de Rink les personnes qui s'intéressent à ce sujet. Pour terminer ce chapitre sur les Eskimos, je reproduirai la relation d'un voyage en Europe exécuté par Pok, un des premiers indigènes qui aient osé traverser l'immense Océan qui, dans les idées des Eskimos, marquait la limite du monde.

Le premier voyage de Pok en Europe date de 1724. Peu de temps après son retour, il chargea Paul Egede de lui amener la fiancée qu'il avait choisie, au besoin par la force[1]. Pendant que le missionnaire danois remplissait cette mission, Pok attendait sur le rivage, en

[1]. D'après une note contenue dans l'ouvrage d'Anderson, *Nachrichten von Island, Grönland*, etc., p. 310. La femme que Pok avait choisie n'avait d'abord pas voulu de lui, à cause des habitudes qu'il avait contractées à l'étranger.

costume européen, une épée au côté et un fusil à la main. En voyant venir la jeune fille, notre homme voulut faire montre de son adresse, mais il eut la malechance de manquer toujours le but. La fiancée, après avoir gémi quelque temps et essayé de fuir, se résigna à son sort; par la suite elle devint heureuse; elle donna des enfants à son mari et l'accompagna dans le second voyage qu'il fit en Europe, en 1728.

La relation du voyage de Pok a été imprimée pour la première fois à Godthaab en 1857 sous le titre de *Pok, kalakek avalangnek, nunalikame nunakatiminut okalugtuartok*. Le texte reproduit ci-après est une adaptation de la traduction danoise que L. Möller, le rédacteur de l'*Atuagagliutit*, a faite sur ma demande. La relation de Pok est conçue en ces termes :

Au retour d'un voyage en Europe, Pok fit à ses compatriotes le récit suivant :

Pok. Maintenant ma curiosité est satisfaite : j'ai vu ce que je désirais voir.

Simik. Tu as traversé la grande mer; n'as-tu pas eu peur pendant ce voyage?

Pok. La grande mer est immense. Pendant deux mois nous y naviguâmes sans apercevoir jamais terre.

Kujaut. Ainsi tu as vu le pays des Européens. Qu'est devenu ton compagnon de route?

Pok. Il est mort dans le pays des hommes barbus (Norvège).

Kujaut. Tu dois avoir beaucoup de choses à nous raconter?

Pok. Oui, j'ai tant de choses que je ne puis me rappeler immédiatement tout ce que j'ai vu.

Kujaut. As-tu visité le pays du grand roi?

Pok. Trois jours après avoir quitté la Norvège, nous arrivâmes dans le pays du roi. Avant de voir terre, car là-bas il n'y a pas de montagnes, nous aperçûmes un grand nombre de maisons et de grands navires.

Kujaut. Que cela devait être effrayant!

Pok. Le palais du roi et les églises sont si hauts qu'une flèche lancée par un arc ne passerait pas par-dessus.

Perssok. Dis-tu vrai? Es-tu bien allé dans un pareil pays? As-tu vu la maison du roi?

Pok. Mais oui, bien sûr. Lorsque notre navire eut jeté l'ancre devant les maisons, mon compagnon et moi fûmes transportés à terre dans un beau canot à quatorze rames. Nous eûmes la permission de suivre dans nos kayaks si cela nous faisait plaisir. Lorsque nous approchâmes du rivage, il y avait une foule d'hommes réunis là pour nous regarder; il y en avait autant que de moustiques dans un essaim compact.

Perssok. Vraiment, tu n'avais pas peur?

Pok. Non. Une fois débarqués, nous trouvâmes une voiture grande comme une maison et garnie de fenêtres, qui devait nous conduire chez le roi.

Perssok. A quoi ressemble la maison du roi?

Pok. Avec son toit recouvert de cuivre, on dirait un grand isberg. Dans l'antichambre il y avait place pour vingt de nos tentes; des deux côtés de la longue entrée qui y donne accès se tiennent des hommes armés.

Perssok. Ces hommes-là sont-ils équipés pour la chasse au renne et au phoque?

Pok. Non. Le roi est si grand qu'il a besoin de beaucoup d'hommes pour le garder. Je vais encore te conter maintes choses curieuses.

Perssok. Parle; tout ce que tu nous contes est merveilleux.

Pok. Dans la maison du roi il y avait beaucoup de gens habillés de vêtements couverts de métal brillant.

Perssok (interrompant). Nos petites maisons ne ressemblent sans doute pas à ces habitations?

Pok. Pendant que nous suivions le corridor de la maison du roi, nous étions entourés d'une foule d'hommes armés. Leurs armes étaient terribles à voir.

Perssok. N'avais-tu pas peur?

Pok. Non, car je savais qu'ils ne me feraient aucun mal.

Perssok. Continue.

Pok. Nous arrivâmes enfin dans une vaste chambre toute remplie de messieurs de très grande taille. Mais ils parurent tout petits lorsque le plus grand parut devant la porte. Tous s'inclinèrent alors jusqu'au plancher, et je fis comme eux. Je commençai alors à trembler, et je ne savais quel était le plus puissant d'entre eux. Le roi me demanda si je parlais un peu danois, « danskimik » (tel est le nom qu'ils donnent à leur langue). Je lui répondis : « Non », le seul mot danois que je susse. Je priai Jafe de remercier le roi d'avoir permis à de pauvres petits enfants comme nous d'apprendre un peu de religion. Le roi nous répondit : « Je prendrai soin de vous faire instruire complètement dans la parole de Dieu ». Le roi parla ensuite avec un vieux seigneur et alla vers la reine (on donne ce nom à la femme du roi) dans une autre chambre. Là il s'assit, puis commença à manger avec la reine et d'autres seigneurs. Les mets étaient très joliment préparés, autant que nous pûmes voir, et formaient diverses figures. Un des seigneurs me donna cinq grandes caisses remplies d'objets de toutes sortes. Tous ces gens-là étaient très polis pour nous.

Simik. Nous nous trompons donc en pensant être les seuls hommes polis?

Pok. Très certainement nous ne sommes pas des barbares, mais nous ne surpassons les Européens ni en bien ni en mal.

Simik. C'est vrai. Continue.

Pok. Les maisons sont très nombreuses et occupent une grande étendue de terrain; quelques-unes ont deux, trois, quatre ou cinq étages. Devant se trouvait un grand canal sur lequel passaient des ponts qui permettaient aux gens de traverser l'eau. On pouvait mouvoir ces ponts et les changer de place. Il y avait aussi de grands murs sur lesquels se trouvaient d'énormes amulettes (canons) pour faire la guerre.

Simik. Qu'est-ce que la guerre?

Pok. Autrefois d'autres Européens venaient attaquer les habitants de ce pays, mais au moment de notre séjour on ne craignait rien de pareil. Quoi qu'il en soit, il y a toujours sur les fortifications des hommes tout prêts au cas où la guerre éclaterait. Entre les maisons il y a en tous temps des guetteurs; lorsqu'une maison prend feu, ils soufflent dans une corne pour donner l'alarme. Leurs appareils pour éteindre le feu sont tout à fait extraordinaires.

Simik. Que mangent tous ces gens-là? Très certainement la viande de vingt baleines ne suffirait pas à les nourrir tous un seul jour.

Pok. Ils vivent surtout des produits de la terre. Les hommes creusent le sol au printemps et y mettent des graines. Lorsque ces graines ont poussé, elles produisent pour chaque grain mis en terre une grande quantité de fruits. C'est avec cela que l'on fabrique la farine et le gruau. Les Européens ont, en outre, beaucoup d'autres mets. Les arbres portent, par exemple, des fruits qui ont très bon goût. Quelques-uns sont gros comme la tête d'un homme. Les hommes de ce pays vivent ainsi des produits de la terre et de l'air.

Simik. Pourquoi toutes ces plantes ne poussent-elles pas dans notre pays?

Pok. Parce qu'il y fait trop froid en hiver. Lorsque j'étais là-bas, on disait que l'hiver était très rigoureux, et pourtant il ne faisait pas plus froid qu'au printemps dans notre pays.

Tulugak. Il serait agréable de vivre là-bas.

Pok. Non; dans ce pays nous ne pourrions subsister, car il n'y existe ni baleine, ni phoque. Les lacs et la mer contiennent une quantité d'espèces de poissons, mais ces gens-là ne vivent pas comme nous. On ne peut pas, là-bas, agir à sa guise; tous les animaux et tous les poissons appartiennent à quelqu'un, et beaucoup d'hommes possèdent des bestiaux. La terre y est d'un prix très élevé. Pour avoir un carré de terrain grand comme le siège d'un kayak, il faut le payer d'une quantité d'étoffe suffisante pour faire trois ou quatre jaquettes.

Tulugak. Dans notre pays, les Européens pourraient avoir de la terre pour rien. Pour un vêtement, ils achèteraient une grande montagne.

Pok. Ils ne viendraient pas dans notre pays si nous n'avions du lard de cétacé.

Tulugak. Et qu'en font-ils du lard?

Pok. Ils l'emploient à l'éclairage des rues.

Tulugak. C'est une merveilleuse invention.

Pok. Ma foi! oui. Les maîtres des Danois sont très bons. Ils ont construit, par exemple, une grande maison pour les vieilles femmes qui ne peuvent plus travailler, une autre pour les orphelins, une pour les simples d'esprit, une pour les filles de joie et trois autres pour les pauvres. Les Danois ne font pas comme nous: les habitants d'une même maison ne mangent pas ensemble. Quelques-uns sont très riches et possèdent des maisons dans lesquelles ils n'habitent pas. Beaucoup d'autres, au contraire, n'ont ni maisons, ni habits, et mendient.

Tulugak. Il n'y a pas chez nous de gens aussi pauvres. Pourquoi sont-ils ainsi dénués de tout?

Pok. Beaucoup d'habitants de ces pays-là ne sont bons à rien et ne veulent pas travailler. D'autres se ruinent en buvant de l'eau-de-vie.

Tulugak. Est-ce la boisson des travailleurs?

Pok. Oui. Il y a des maisons dans lesquelles on ne vend que de l'eau-de-vie et où les gens boivent. Lorsqu'ils en sortent, ils se battent.

Tulugak. Pourtant tu m'as dit qu'il n'y avait qu'une seule maison pour les fous.

Pok. Les Européens ont aussi leurs défauts. Nous autres, nous vivons surtout des produits de la chasse et nous ne buvons que peu d'eau-de-vie, nous n'avons pas beaucoup de vices de ce genre. Au contraire, il arrive souvent que des Européens deviennent des espèces de bêtes fauves; il faut alors les attacher et les emprisonner, parfois pour toute leur vie. Mais parmi les Danois il y a, d'autre part, beaucoup de gens instruits qui savent, notamment, trouver leur chemin sur la mer en regardant la hauteur du soleil et une aiguille mobile toujours dirigée vers le nord. Ils construisent des navires sur la côte, et lorsqu'ils sont finis, ces bateaux vont tout seuls à la mer. Ces gens-là fabriquent encore beaucoup d'autres choses merveilleuses; ils peuvent, par exemple, soulever en l'air un navire et de très lourdes pierres. Ils savent, en outre, l'époque des éclipses de soleil et combien elles durent. Ayant vu toutes ces choses merveilleuses, je pense que nos pères avaient raison de dire que la marée est la seule chose que les Européens ne puissent produire.

FIN

INDEX ALPHABÉTIQUE

Aalborg (Phénomène lumineux observé à), 330.
Abidlgaard (P.-C.), 86.
Abyssale (Faune), 285.
Agassiz (L.) (Théorie glaciaire d'), 107.
Agriculture au Grönland (L'), 327, 528 (note), 545.
Airelle, 296. 298.
Alca impennis, 370.
Aléoutes (Les) appartiennent à la même race que les Eskimos, 396.
Alisier fossile, 252.
Allan, 71.
Allday (Jakob), 388.
Aluminium, 87.
Ameralikfjord, 327, 529.
Amérique (Découverte de l'), par Bjarne, 401.
Amitsok fjord, 364.
Amulettes des Eskimos, 469.
Anarta, 308.
Andrada (D'), 86.
Andromeda tetragona, 297.
Angekok, 468. 470.(note), 471 à 475.
Angmagssalikfjord, 359.
Annélide, 285.
Antennaria alpina, 296, 298 (note).
Antiquités islandaises, 57; — grönlandaises, 330 (note), 537.
Arbre à pain fossile, 256.
Aretander, 528.
Are Frode, 400.
Areson (John), 42.
Arnas Magnæus, 58.
Argynnis chariclea, 308.
Arnica alpina, 248.
Arpi (R.), 19. 35.
Arsukfjord, 525.

Artemisia borealis, 248.
Artocarpus incisa. Voyez Arbre à pain.
Åsar (Théorie de la formation des), 111, 115.
Astérie, 285.
Atane (Flore d'), 254, 258.
Atanekerdluk (Constitution géologique de la presqu'île d'), 243; — (Flore actuelle d'), 248; — (Flore crétacée d'), 254; — (Flore tertiaire d'), 252.
Atuagagdliutit, 102, 320, 475.
Aubépine fossile, 252.
Augustinison (Aron), 447.
Aulaitsivikfjord, 99, 316 et suiv.
Aune fossile, 252.
Aurigarius. Voyez Waghenaer.
Axelsen, 389.
Azalea procumbens, 297.

Baalsfjord, 329.
Baalsrevier, 326.
Baardsön (Ivar), 44, 358. 363, 379, 405.
Back (G.), 414, 466.
Baffin (Baie de), 310; — (Courants et position des glaces dans la), 275, 521, 576; — (Excursion de la Sofia dans la). 310.
Baffin (William), 59, 276, 369, 463 (note).
Banquise de la côte sud-ouest du Grönland, 60.
Barrow (John), 49.
Bartholinus (E.), 29.
Basaltes (de l'île Disko), 95; — (Date de l'émission des), 309; — (Fragments de —

trouvés dans les tombeaux d'Eskimos), 463.
Beaumont (Lieutenant), 251.
Berggren (Sven), 3, 7, 125, 194, 215.
Berlin (D' Auguste), 177 (note), 189, 192, 195, 212, 296, 381.
Berzelius, 55, 86, 106, 540.
Bessels (D'), 228 (note), 292, 294.
Bliletli, 276.
Birka, 335 (note).
Bjarne Herjulfsson, 401.
Björkö, 337 (note).
Björn Ejnarsson, 404.
Björn Thorleifsson, 405.
Blocs erratiques (Transport des), 115.
Blosseville, 390.
Boas (Franz), 424 (note).
Bochtlingk (W.), 107.
Borgerfjord (Gisement des plantes fossiles sur les rives du), 56.
Brattahlid, 324, 342, 345.
Brestesen (Sigmund), 50 (note).
Brodbeck, 20, 529, 353, 357, 358, 361, 362, 364, 372, 384, 416.
Brögger, 199.
Brongniart, 105.
Bronze grönlandais, 359 et suiv.
Brouillard sec, 204.
Brown (Robert), 121 à 125.
Bruhn (A.), 528.
Bruits produits par les glaçons, 407.
Bruun, 564.
Buckland, 107.
Bushnan (Iles), 276, 298.
Busse (Terre de), 48 et suiv.
Butini (D'), 107 (note).

Cabot (Sébastien), 408.
Campanula uniflora, 296, 298 (note); — rotundifolia, 265.
Canards (Iles des). Voyez Duck Islands.
Canaux de l'inlandsis de la Terre du Nord-Est, 143, 145.
Cantino (Albert), 409.
Capelan, 74, 240.
Capture des oiseaux aux Ferö. 26, 27.
Caractère des Eskimos. 449.
Carlsund (Capitaine). 17.
Cassia, 254.
Cénomanien, 255.
Chabasie, 96.
Charlevoix, 412, 414.
Charme fossile, 252.
Charpentier, 107.
Châtaignier fossile. 252.
Chênes fossiles, 252, 254.
Chétopode, 273.
Chiens eskimos, 255. 442, 449.
Clavering, 6, 579 (note). 588 (note).
Climat du Grönland pendant la période tertiaire. 255 ; — pendant la période crétacée, 255.
Cocculites Kanii. 252.
Coléoptère, fossile, 307 ; — vivant actuellement, 346, 385.
Colomb (Lieutenant). 249.
Colias Hecla, 308.
Colutea. 254.
Communisme des Eskimos, 451.
Conical Rock, 287, 288, 301.
Cook (James), 576.
Coppinger (Dr), 251.
Corte Real, 409.
Côte orientale du Grönland (Navigation de la Sofia le long de la), 49 et suiv., 371 et suiv.; — (Expéditions dirigées vers la), 588 et suiv. ; — (Difficultés d'accès de la), 362, 371, 579 (note) ; — (Chenal libre le long de la), 14, 15, 563 ; — (Habitants de la), 558 et suiv. ; — (Ruines nordiques sur la), 529, 557. 560, 361 ; — (Courants le long de la), 372, 377, 391.
Couleur de la mer, 287.
Courage des Eskimos, 466.

Cranz, 60, 525 (note), 538, 414, 467.
Crimson Cliffs, 284.
Croyance des Eskimos à une vie future, 468.
Crustacés. 175.
Cryokonite, 195 et suiv.
Cryolithe. 86 et suiv.
Cunningham (J.). 388.
Cycadée fossile, 254, 261.
Cycas Dicksoni, 254.
Cycas Steenstrupi, 261.
Cyprès aquatique d'Amérique fossile, 252.

Dalager (Lars), 2, 7, 117 et suiv., 457.
Dalbergia, 254.
Dall (W.-H.), 596 (note).
Dammara fossile, 258.
Dan (cap), 577.
Danell, 589.
Danemark (Détroit de), 45 ; — (Courants dans le), 572, 577, 591 ; — (Faune dans le), 592.
Danse des Eskimos, 455.
Daubrée (A.), 108.
Davis, 6, 369, 598, 470.
Davis (Détroit de), 591.
Debes (L.-Jacobssön), 25, 59 (note).
De Long. 2.
Des Cloizeaux, 198.
Desor, 108.
Devils Thumb, 274.
Dickson (Oscar), 2, 16, 89. 126, 216, 272.
Dicksonia punctata, 258.
Dimon (Grande-), 24 et suiv.
Disko (île). 92, 95, 475 ; — (Recherches géologiques dans l'), 236 et suiv.
Dock de glacier, 147.
Donis (Nicolas). 407 (note).
Draba, 296, 298 (note).
Dragages sur la côte orientale, 51 ; — dans la baie de Melville. 275. 302 ; — dans la baie de Baffin, 310 ; — dans le fjord d'Ivigtut. 522 ; — dans le détroit de Danemark, 592.
Dryas, 241, 296, 298 (note).
Duck Islands, 275, 285.

Eaux du Nord. 276.
Ebène fossile, 252.
Egede (Christian), 589, 590.

Egede (Hans), 6, 85, 526, 558, 455, 454, 457, 460, 469, 470, 471.
Egede (Nils), 456, 460. 468.
Egede (Paul), 456, 460, 472, 475, 474.
Egedesminde. 91, 99, 127, 215, 515, 520.
Eggers, 4.
Egilson (Jon), 405.
Ehrenberg. 198.
Eider, 166.
Ejnardfjord, 558, 577.
Ekalluminl, 557, 572, 377, 454.
Elisabeth (reine d'Angleterre), 48, 85, 598 (note).
Epidémies chez les Eskimos, 458.
Epilobium latifolium, 241, 248.
Erdmann (A.), 108.
Erhard, 599.
Eric le Rouge, 5. 326, 342. 400.
Erigeron compositus, 248.
Eriksfjord, 342, 400, 402, 403, 404.
Eskifjord, 29.
Eskimos (Caractère des), 447 ; — (Chiens des), 255, 442, 449 ; — (Coiffure des), 419 ; — (Communisme des), 451 ; — (Danse des), 454 ; — (Description physique des), 415 ; — (Embarcations des), 57, 407 ; — (Engins de chasse des), 428 ; — (Étymologie du mot), 599 ; — (Habitations des), 452 ; — (Lampes des), 426 ; — (Langue des), 452 ; — (Littérature des). 476 ; — (Mariage des), 456 ; — (Migration des), 594 ; — (Mortalité des), 458 ; — (Nourriture des), 425 ; — (Premières relations des avec les Européens), 400 ; — (Superstitions des), 467 ; — (Tatouage des), 421 ; — (Tombeaux des), 462 ; — (Traîneaux des), 443 ; — (Vêtements des), 421.
Esmark, 103.
Etah, 228 (note), 450.
Eudialyte, 71, 72.

Fabricius (O.), 345, 370, 415, 414.

INDEX ALPHABÉTIQUE.

Farewell (Cap), 54, 369.
Faune des nunatak, 165.
Faune du port du Roi-Oscar, 385.
Faune lacustre des environs du Port de la *Sofia*, 175.
Faune ornithologique des Ferö, 25.
Faune ornithologique du Port de la *Sofia*, 175.
Fegräus (Dʳ), 199.
Fenton, 61.
Fer natif, 13, 96, 282.
Ferö (Faune ornithologique des), 25 ; — (Capture des oiseaux aux), 26.
Figuier fossile, 238, 254.
Finby (J.-P.), 370.
Flink, 19, 29, 36, 394 ; — d'Igaliko, 346 ; — d'Ivsugigsok, 298 ; — des nunatak, 165 ; — d'Ujaragsugsuk, 241.
Flore crétacée, 254 ; — fossile d'Islande, 36 ; — d'Ivigtut, 525 ; — des rives du port du Roi-Oscar, 382 ; — des environs du Port de la *Sofia*, 169 ; — tertiaire, 252.
Fœhn, 9, 10, 241.
Forbes, 108.
Forchhammer, 108.
Forsstrand, 19, 262, 275, 310.
Forteresses bâties par les Eskimos, 466.
Fortune d'un Eskimo, 432.
Fortunebay, 92, 463.
Fougère fossile, 254, 260.
Fouilles faites dans les ruines nordiques, 357.
François-Joseph (Fjord), 579 (*note*).
Frederiksdal, 281 (*note*), 351, 353, 354, 358, 368, 458.
Frederikshaab, 90.
Frère-John (Glacier du), 121.
Friesland, 49.
Friis (*Candidat*), 84.
Friis (Peder-Claussön), 358 (*note*).
Frêne fossile, 252.
Frobisher, 49, 60, 85 (*note*), 340, 369, 388 (*note*), 402, 463 ; — (Vocabulaire eskimo recueilli par), 398.
Fructification de plantes fossiles, 260.

Gardar, 357, 405.

Garlington (Lieutenant), 320.
Gentiane, 297.
Giesecke, 68, 70, 71, 77.
Gingko, 260.
Gingko adiantoïdes, 252.
Glace du milieu, 276, 302.
Glaciaire (Période) en Amérique et en Europe, 111 ;
— en Scandinavie, 105 ;
— en Suisse, 107 (*note*) ;
— dans l'océan Atlantique, 111 ;
— (Théories sur la), 103 et suiv.
Glaciers (Conditions nécessaires à la formation des), 9.
Glahn, 59 (*note*), 467.
Gleichenia, 254.
Glyceria Kjellmani, 310.
Godhavn, 92, 313, 320.
Godthaab, 6.
Gothembourg, 21, 387.
Gothland, 338.
Graae (Sören), 77.
Graah, 4, 6, 44, 359, 360, 388 (*note*), 415, 454.
Grande-Dimon. Voyez Dimon.
Graphite, 84, 421.
Grinnell (Terre de), 209, 450 (*note*).
Grönland (Découverte du), 5 ;
— (Fondation des missions au), 6 ; — (Intérieur du), 7, 9, 114 (*note*) ; — (Expédition dans l'intérieur du), 211 et suiv.
Grönnedal, 325.
Groth, 329.
Gruner (G.-S.), 107 (*note*).
Gudrid, 402.
Guillemots, 286 ; — nains, 286 ; — (Chasse aux), 290, 301.
Gunbjörn (Récif de), 14, 48, 371 (*note*).

Hakluyt, 408, 463.
Hall (Charles), 229, 275, 287, 293, 440, 456.
Hall (James), 59, 340, 388, 463 (*note*).
Hamberg, 19, 99, 227, 255, 241, 258, 262, 266, 285, 293, 310, 314.
Hammer, 157, 234, 375.
Hans Hendrik, 98, 272, 286, 287, 288, 289, 292, 299, 300, 312, 320 ; — (Biographie de), 227 et suiv.
Harö, 276, 309.

Haven (Jens), 400.
Hayes, 228, 275, 290, 292, 294 ; — (Exploration de) sur l'*inlandsis*, 121 et suiv.
Heer (Oswald), 12, 36, 240, 249, 250, 255, 267 ; — (Biographie de), 267 et suiv.
Helix, 346.
Helland (A.), 137, 165, 316 (*note*).
Herjolfsnäs, 377.
Herjulf, 401.
Hêtre fossile, 252.
Hetting, 352 (*note*).
Hitchcock, 107.
Hoffmeyer, 391 (*note*).
Holm (G.-F.), 329, 333, 357 (*note*), 366, 384, 416.
Holmberg, 396.
Hooker, 11, 31.
Horrebow, 31, 36.
Hovgaard, 2.
Hudson (Henry), 388 (*note*).
Huygens, 30.
Hvarf, 351.
Hvitsärk, 407.
Hydroporus, 385.

Igaliko, 324, 329, 357 (*note*), 339, 342, 346, 349, 350.
Igdlokunguak, 256.
Igdluluarsuit, 357.
Ikamiut, 215.
Ikaresaksund, 367, 568.
Ikeksund, 564, 566.
Ikersoak, 329.
Ilex, 252.
Illartlek, 122.
Inlandsis (Aspect de l'), — du Grönland, 185 ; — (Conditions nécessaires à la formation d'une), 111 ; — (État de la neige sur une), 142 ; — (Historique de l'expédition sur l' — du Grönland), 115 et suiv., 147 et suiv. ; — (Historique de l'expédition de M. Nordenskiöld sur l' — de la Terre du Nord-Est), 140 ; — (Relation de l'expédition de M. Nordenskiöld sur l' — en 1883), 176 et suiv.
Indiens, 465, 466.
Inglefield, 249, 287.
Ingolfsfjell, 386.
Innuits, 399.
Isbergs (Dimension des), 375 ; — (Matériaux charriés par les), 385.

INDEX ALPHABÉTIQUE.

Islande (Archéologie de l'), 37; — (Spath d'), 29, 31; — (Plantes fossiles d'), 36; — (Poneys d'), 54; — (Collection de manuscrits en), 38; — (Introduction de l'imprimerie en), 42; — (Mouvement intellectuel en), 38.
Isunguak, 236.
Iterdlamiut, 361.
Ivar Baardsön. Voyez *Baardsön*.
Iviangusat, 77.
Ivigtut, 80 et suiv., 322 et suiv.
Ivsngigsok (Étymologie du mot, 295; — (Flore d'), 296; — (Indigènes d'), 290; — (Tourbières d'), 295; — (La *Sofia* bloquée à), 299.

Jakobshavn, 121, 137, 209, 376, 464.
Janes, 470.
Jaspe, 430.
Jemtland (Recherche sur la chute de poussières cosmiques dans le), 199.
Jensen (Lieutenant), 8, 149 et suiv.
Jets d'eau jaillissant sur l'*inlandsis*, 136.
Johnstrup, 67, 88, 108.
Jokkmokk (Course de patins à), 220.
Jones (Détroit de), 276, 284.
Julianehaab, 62, 324, 328, 331.
Jürgen (Lieutenant), 2.

Kaalund, 350 (*note*).
Kablunak, 326, 372, 399.
Kaja, 122, 334 (*note*).
Kakortok, 330.
Kane, 227, 287, 296, 449.
Kangaitsiak, 99, 320.
Kangerdluarsuk, 66, 72, 75.
Kangerdlngssuatsiak, 354, 390.
karalit, 399.
Karmindal, 189.
Kayak, 57 et suiv.; — décrit par Olaüs Magnus, 407: — (Vitesse du), 430.
Keilhau, 108.
Kemp, 107.
Kirkby, 414.
Kitdlavat, 77.
Kjellström, 18, 177, 183, 191, 212, 269.
Kjelsen, 120 (*note*).
Kjerulf, 108.

Klaproth, 86, 340.
Klyfta d'Atanekerdluk, 256.
Knight (John), 388.
Knuhtsen, 264.
Koldewey, 379 (*note*), 388 (*note*).
Kolthoff, 18, 24, 66, 73, 265, 304, 305, 309, 392.
Koludat, 288, 293.
Kornerup, 8, 77, 147, 164.
Krakatau, 199.
Krosstensgrus, 113.
Krug von Nidda, 31.
Kungmiut, 369.

Labrador (Eskimos du), 399, 414.
Lafitau, 399, 412.
La Mothe Le Vayer, 410.
Lampes des Eskimos, 426.
Lancastre (Détroit de), 276, 285.
Langue des Eskimos, 452.
La Peyrère, 410 et suiv.
Lapons (Reconnaissance des) sur l'*inlandsis*, 203; — (Course des — en patins à Jokkmokk), 216.
Larkins (Voyage du), 276.
Lars Möller. Voyez *Möller*.
Larus leucopterus, 266.
Lasaulx, 197.
Lasteyrie (Théories glaciaires de), 105.
Latra (Clemens), 371 (*note*).
Laurier fossile, 252.
Légumineuses arborescentes fossiles, 252.
Leif, 401.
Leifsbodar, 401.
Lestris, 286; — *pomarrhina*, 266.
Lichtenfels, 354.
Lierre fossile, 252.
Lièvre (Ile du). Voyez *Harö*.
Lifeboat Cove, 294.
Lig-Lodin, 350.
Limonite, 235, 249, 253.
Lindenov (Godske), 59, 85, 388.
Lindenov (Hans), 50 (*note*).
Lindenovsfjord, 390.
Linnæa borealis, 323.
Liriodendron fossile. Voyez *Tulipier*.
Liriodendron Meckii, 254.
Lithophylles, 36.
Littérature des Eskimos, 477.
Littleton Island, 294, 312.

Læss, 247, 248.
Lorentzen, 197.
Lotus fossile, 238.
Loven (Sven.), 108.
Löwenörn, 389.
Lundt (Jacob-H.), 84.
Lunettes des Eskimos, 465 (*note*).
Lyall (D''), 249.
Lyngmark, 95.
Lyschander, 50, 385 (*note*).

Mac Clintock, 228, 249, 390, 440.
Mac Clintockia, 232.
Magnolia fossile, 238, 252, 254.
Magnus (Olaüs), 407.
Magnusen (Finn), 406.
Mariage chez les Eskimos, 436.
Marmite des géants, 114.
Marstrand, 21.
Melville (Baie de); — (Couleur de la mer dans la), 287; — (Dangers de la navigation dans la), 274; — (Navigation de la *Sofia* dans la), 285; — (Température de la mer à différentes profondeurs dans la), 285; — (Statistique des indigènes établis au nord de la), 292.
Melville (Ile), 464.
Mer de lait, 350.
Mer d'hiver, 350.
Mergulus alle. Voyez *Guillemots nains*.
Mésaventure d'un navire américain, 65.
Meta incognita, 60, 398, 462.
Métal de cloche, 338 et suiv.
Minières, historique des exploitations au Grönland, 83 et suiv.
Mirages, 97.
Mogens Heinessen, 50, 385, 388 (*note*).
Möldrup (A.), 8.
Möller (Henrik), 389.
Möller (Lars), 102, 177, 478.
Moraines frontales, 114.
Moriconia cyclotoxon, 238.
Mortalité chez les Eskimos, 438.
Morton, 231.
Mosselbay, 140, 407.
Mouette tridactyle, 286.
Mourier, 362, 391.
Moustiques, 74, 175, 254.
Munk (Jens), 445 (*note*).

INDEX ALPHABÉTIQUE.

Murchison, 109.
Murrith, 107 (note).
Musqué (Bœuf), 334.

Nares, 230, 376.
Narssak, 360.
Nathorst, 36, 66, 91, 99, 314, 320, 384, 393; — (Exploration des rives du Waigat par), 252 et suiv.; — (Exploration de — aux environs du cap York), 285 et suiv.
Nauchhoff, 249.
Neige rouge, 12 ; — sur l'inlandsis, 189 ; — sur les Crimson Cliffs, 284.
Nelumbium fossile, 238.
Nielsen (Jens), 248.
Nilsson (Capitaine), 266, 314, 350, 384.
Nordenskiöld (N.), 106.
Nordiques (Ruines), 14, 326 et suiv., 357 et suiv., 441 (note), 466 (note).
Nordqvist, 397.
Nordström (Th.), 126,127,215.
Normands (Découverte de l'Amérique par les), 5, 401.
North Water, 276.
Noursoak. Voyez Nugsuak.
Noyer fossile, 252; — (Fruits du), 310.
Nugsuak, 308, 309, 310.
Nunatak (Expédition aux), 24, 159, 162 (note); — (Faune et flore des), 163.

Observations météorologiques faites à Ujaragsugsuk et à Atanekerdluk, 242; — sur l'inlandsis, 192; — dans le Port de la Sofia, 176.
Oddsön (Gissle), 406.
Œberg (D^r), 126, 127.
Oiseaux observés sur la côte orientale, 51, 52, 53; — dans le Kangerdluarsuk, 73; — dans le Port de la Sofia, 175; — à Ritenbenk, 266; — à Sarkak, 266; — dans la baie de Melville, 285.
Olafsen (Eggert), 31, 36.
Olöf Loptsdotter, 405.
Omenak, 305.
Ophiure, 273.
Orkuak, 359.
Oslo, 408.
Ossements de bestiaux trouvés dans les ruines nordiques, 353, 354.
Osterbygd (Position de l'), 4, 5, 14, 406, 416.
Otter (F.-W. von), 17.
Oumiak, 419.
Ours (Chasse à l'), 302, 304.
Ovifak (Blocs de fer d'), 13.
Oxyria, 248, 297.

Paars (Expédition projetée de Claus Enevold dans l'intérieur du Grönland), 115.
Pagophile blanche, 286, 302.
Palafittes, 355 (note).
Palander, 140.
Palmer (Lieutenant), 464.
Pamiagdluk, 458.
Papaver nudicaule, 296, 298 (note).
Papillons, 308.
Parkhurst, 332.
Parry, 276, 278, 280, 376, 420, 451.
Pasqualigo, 409.
Patoot, 306 et suiv.
Payer, 379 (note), 382 (note).
Paykull, 31.
Pedicularis, 296, 298 (note).
Pendule (Ile du), 379 (note).
Petersen (Carl), 120, 126, 228.
Petersen (C.), candidat, 329.
Petowick (Glacier de), 282.
Pétrel arctique, 285, 286.
Petroff, 396 (note).
Peuplier fossile, 252, 254.
Peyrère (La). Voyez La Peyrère.
Phénomène lumineux observé à Igaliko, 349; — à Aalborg, 359.
Physa, 346.
Pierre ollaire, 357, 358 (note), 360, 427.
Pingel (C.), 328, 334 (note), 339.
Pingouin brachyptère. Voyez Alca impennis.
Pinus Mac Clurei, 311.
Plantes fossiles d'Ujaragsugsuk, 236 et suiv.
Platane fossile, 252, 267, 309.
Playfair, 107 (note).
Pleurogon Sabinei, 296, 297 (note).
Pline, 427.
Plusia, 308.
Pok (Récit du voyage de), 477.
Populus arctica, 251.

Port Clarence, 58, 420, 464.
Port de la Sofia, 165 et suiv.
Port du Roi-Oscar, 378 et suiv.
Port Foulke, 121.
Port Lievely, 92.
Potentilla, 296, 298 (note).
Poussières cosmiques, 13, 194 et suiv.
Povelsen, 31, 36.
Preobraschenie (Colonie de guillemots sur l'île), 24.
Prince Christian (Détroit du), 360, 365.
Procellaria, 285, 286.
Pröven, 305.
Prunus fossile, 252.
Pteris frigida, 256.
Puilasok, 226.
Puisortok, 371.
Pyrola, 297.

Quadrature du cercle, 84 (note).

Rae (John), 121.
Rafn, 329.
Redekammen, 77, 78.
Religion des Eskimos, 468.
Rennes, 11, 118, 185, 295, 310, 383, 445.
Renö, 358.
Renoncules, 296, 297, 298 (note).
Résultats de l'expédition, 587 et suiv.
Rétinite, 309.
Reykjanäs, 35.
Reykjavik, 37, 586.
Rhamnus fossile, 252.
Rhus fossile, 252.
Richardsen (Carsten), 588.
Richardson (John), 466.
Rink, 60, 84, 87, 108, 126, 165, 362 (note), 451 (note), 468, 471, 475.
Ritenbenk, 264.
Robert (E.), 57 (note).
Rock, 35.
Rödefjord, 29.
Ross (Sir John), 15, 276, 277, 584.
Rothe, 390.
Rouge (Neige). Voir Neige rouge.
Rugman (Jones), 38, 41 (note).
Ruines nordiques. Voyez Nordiques.
Runique (Pierre), 337 (note).
Russes (Eskimos), 394.
Ruysch, 45, 385 (note).

INDEX ALPHABÉTIQUE.

Saaby, 415 (note).
Sabine, 6, 13, 379 (note), 388 (note).
Sabine (Ile), 286.
Sacheuse, 276 et suiv.
Sagas, 14, 44, 404, 405.
Sainte-Claire Deville, 87.
Saint-Laurent (Ile), 397, 421, 432 (note).
Salix arctica, 281 (note), 296; — *glauca*, 241, 297; — *herbacea*, 297; — *lanata*, 297.
Sand (Port), 379.
Sarkak, 266.
Saule fossile, 252.
Saussure, 107 (note).
Savilik. Voyez *Sowallick*.
Saxifrages, 296, 297, 298 (note).
Schaffner, 390.
Schenk, 260.
Scheuchzer, 107 (note).
Sciadopitys, 260.
Scoresby, 6, 575, 379 (note), 388 (note), 401.
Searle (cap), 294.
Sefström, 106.
Sept-Iles, 140.
Sequoia, 238, 252, 254.
Sermilik, 329, 359.
Setterberg (Analyse du métal de cloche par), 359.
Skandsen, 98.
Skarfvefjell, 94.
Skräling, 3, 400 (note), 403.
Smith (Détroit de), 275, 284.
Sofia (La), navire de l'expédition, 17.
Sofia (Port de la). Voyez *Port de la Sofia*.
Souches fossiles en place, 252.
Sowallick (Blocs de fer natif de), 13, 283 et suiv.
Spath. Voyez *Islande*.
Statistique de la population du Grönland, 458 (note).
Steenstrup, 163, 250, 253, 256, 306, 330 (note), 371 (note).
Stellariées, 296, 297, 298 (note).
Stephenson, 251.

Strömfelt, 19, 29, 386.
Stries glaciaires, 111.
Subularia arctica, 585.
Sunken land of Busse, 49.
Superstitions des Eskimos, 467 et suiv.
Surturbrand, 56.
Sutherland, 274, 284.
Svedenborg, 104.
Syénite à sodalite, 350.

Tambour magique des Eskimos, 454, 470.
Tasersuak, 330.
Tasiusak, 273, 305.
Tasiusarsoak, 99, 315, 319.
Tatouage des Eskimos, 421.
Taylor, 390.
Tertiaire (Flore) à Atanekerdluk, 252; — à Harö, 309; — (Climat du Grönland pendant la période), 253.
Terre-Sainte, 404.
Théories glaciaires, 105 et suiv.
Thomsen, 87.
Thomson, 71.
Thorfinn Karlsefne, 402, 403.
Thorgils Orrabeinsfostri, 403.
Thorhallesen, 328, 330.
Thorkelsson, 43.
Thorlakson, 38.
Thorstein Eriksson, 402.
Thorvald, 401, 402.
Thurso, 22.
Tilas (D.), 105 (note).
Tingmiarmiut, 361.
Tombeaux des Eskimos, 462.
Torell, 108, 126, 249.
Tornarsuk, 92, 468, 472.
Törnebohm, 199.
Tourbillon de neige sur l'*inlandsis* de la Terre du Nord-Est, 142, 144.
Transport des blocs erratiques, 115.
Tremble fossile, 252.
Trichopitys, 260.
Troil (Uno von), 31, 38.
Tronc d'arbre trouvé aux environs de Julianehaab, 331.

Trous de cryokonite sur l'*inlandsis*, 196.
Tschuktschis, 466, 469, 47.
Tulipier fossile, 256, 254, 260.
Tunugdliarfik, 325 (note), 329, 366 (note).

Ujaragsugsuk, 232 et suiv.
Umanak, 357, 358, 360, 361, 372, 377, 403.
Unartoarsuk, 312.
Unio margaritifer, 412.
Upernivik, 272, 305.

Vaccinium uliginosum, 297.
Vallöe, 390.
Végétation à Ujaragsugsuk, 241.
Venetz, 107 (note).
Vesicaria arctica, 248.
Vespuce (Améric), 397 (note).
Vesterbygd, 5, 405, 406.
Vestrebro, 407.
Vigne fossile, 252.
Vinland, 401.
Vitesse d'écoulement du glacier de Jakobshavn, 157.
Vitrina, 346.

Waghenaer (Lucas), 22.
Waigat, 94, 97; — (Faune du), 265.
Walloë (Peder-Olsen), 328.
Wandel, 363, 364.
Weniaminoff, 396 (note).
Whymper, 121.
Wittrock, 11.
Wollaston (D^r), 285.
Wolstenholme Sound, 276, 284, 294.
Worsaae, 337.

Xanthoria elegans, 302.

York (Cap), 13, 288, 302.
Young (Allen), 390.

Zamites, 507.
Zeilau, 121.
Zeni, 408.
Ziegler, 407 (note).
Zorgdrager, 92 (note).

TABLE DES GRAVURES

1. Le vapeur *Sofia*. 1
2. Coupe pour l'exposé de la théorie du *fœhn*. 10
3. Carte marine des approches de Marstrand. 23
4. Spath d'Islande. 30
5. Carrière de spath d'Islande de l'Eskifjord. 32
6. Poneys islandais. 34
7. Reykjavik. 39
8. Coiffure de femme islandaise. 41
9. Fac-similé du fragment septentrional de la carte de Ruysch. 46, 47
10. Le cap Farewell. 53
11. Isberg rencontré par la *Sofia* au nord de Julianehaab. 55
12. Kayaks escortant la *Sofia* à son entrée dans le port de Julianehaab. . . . 56
13. Kayak grönlandais. 57
14. Julianehaab. 63
15. Carl-Ludwig Giesecke. 67
16. Femmes et enfants grönlandais de Julianehaab. 75
17. Ivigtut. 81
18. Mine de cryolithe à Ivigtut. 86
19. La montagne de Kunak (1306ᵐ) sur les bords de l'Arsukfjord, à l'ouest d'Ivigtut. 89
20. Isbergs rencontrés par la *Sofia* près de Godhavn. 91
21. Montagne de basalte devant Godhavn. 93
22. Vue prise sur la côte de l'île Disko au pied du Skarfvefjell. 95
23. Egedesminde. 100
24. L'Aulaitsivikfjord. 101
25. L. Möller, rédacteur de l'*Atuagagdliutit*. 102
26. Otto Torell. 108
27. Henri Rink. 109
28. Carte montrant l'étendue du *drift* glaciaire pendant la période glaciaire et l'époque actuelle. 111
29. Extrémité inférieure de l'*inlandsis*. Vue prise d'une montagne voisine. . . . 130
30. Arcade de glace donnant passage à un torrent coulant sous l'*inlandsis*. . . 130
31. Roches moutonnées dans l'Aulaitsivikfjord. 131
32. Crevasse de l'*inlandsis* rencontrée à environ 20 kilomètres de la côte. . . . 131
33. Rivière tombant dans une crevasse de l'*inlandsis*. 134

490   TABLE DES GRAVURES.

54. Campement sur les bords d'un lac de l'*inlandsis*. 134
55. Jet d'eau intermittent observé sur l'*inlandsis* à environ 45 kilomètres de la côte. 135
56. Vue prise sur l'*inlandsis* à environ 50 kilomètres de la côte. 135
57. Itinéraire suivi sur la Terre du Nord-Est par l'expédition polaire suédoise de 1872-1875.. 139
58. Incident de voyage pendant la traversée de l'*inlandsis* de la Terre du Nord-Est. 141
59. Halte dans un canal de l'*inlandsis* de la Terre du Nord-Est. 144
40. Coupe d'un canal de l'*inlandsis*. 145
41. Lieutenant en premier J.-A.-D. Jensen. 147
42. *Docent* Andreas Kornerup. 148
43. Aiguilles de glace sur l'*inlandsis*. 150
44. Carte de l'itinéraire par MM. Jensen, Kornerup et Groth, en 1878. 151
45. Lignes de crevasses parallèles sur l'*inlandsis*. 155
46. Rivières sillonnant l'*inlandsis*. 157
47. Le Port de la *Sofia*. Vue prise de la tente des Eskimos. 166
48. Bloc erratique sur la lisière de l'*inlandsis*. 167
49. Bloc erratique sur la lisière de l'*inlandsis*. 167
50. Bloc erratique sur la lisière de l'*inlandsis*. 168
51. Pente initiale couverte d'argile et moraines latérales de l'*inlandsis*. 169
52. Bivouac de la caravane à la lisière de l'*inlandsis*. 175
53. Deuxième campement de la caravane sur l'*inlandsis*. 179
54. La cuisine sur l'*inlandsis*. 182
55. Détermination du point sur l'*inlandsis*. 183
56. Torrent sur l'*inlandsis*. 188
57. La caravane en marche. 195
58. Vue prise sur l'*inlandsis*. — Blocs de glace échoués sur les bords d'un lac. . 201
59. Départ des Lapons du dix-huitième campement. 205
60. Fac-similé de la carte du Grönland publiée par Paul Egede en 1788. 209
61. Lac situé sur la lisière de l'*inlandsis*. 211
62. La lisière de l'*inlandsis*, vue du sommet d'une montagne. 212
63. Transport des kayaks à travers la presqu'île de Sarpiursak. 213
64. Ikamiut, station occidentale du Grönland. 215
65. Les Eskimos regardant prendre une hauteur solaire. 217
66. Pawa Lars Tuorda et Anders Rossa. 223
67. Hans Hendrik en 1855. 230
68. Hans Hendrik en 1883. 231
69. Carte de l'île Disko et de la côte avoisinante. 237
70. Fruit fossile de l'arbre à pain (grandeur naturelle). 238
71. Flore jurassique de Disko. 239
72. Croquis des environs d'Atanekerdluk. 243
73. Panorama d'Atanekerdluk (vue prise de la presqu'île). 245
74. K.-J.-V. Steenstrup. 250
75. Plantes fossiles tertiaires d'Atanekerdluk. 251
76. Souche engagée dans les couches d'Atanekerdluk. 253
77. *Gleichenia Zippei* Cord. sp. trouvée à Pattorfik (grand. nat.). 255
78. Flore crétacée d'Atanekerdluk. 257
79. Flore crétacée d'Atanekerdluk. 259
80. Oswald Heer. 269
81. Vue prise sur la côte de la baie de Melville; au fond s'élève le Devils Thumb. 273
82. Sir John Ross rencontrant des Eskimos sur la banquise le 10 août 1818. . . 279

TABLE DES GRAVURES.

83. L'Eskimo Koludat..	289
84. Rive méridionale du mouillage d'Ivsugigsok.	295
85. Croquis d'Ivsugigsok.	299
86. La *Sofia* bloquée par la glace à Ivsugigsok	301
87. Ours tué par M. Nathorst.	303
88. Fragment d'une feuille de cycadée, trouvé dans les schistes calcinés de l'atoot. — *Zamites* n. sp. (grand. nat.).	307
89. Élytre de coléoptère..	308
90. Fruits tertiaires découverts dans l'île du Lièvre..	311
91. Le Tasiusarsoak rempli par la glace. Vue prise d'une hauteur voisine du Port de la *Sofia*.	317
92. L'église d'Egedesminde.	321
93. Ruines nordiques sur les bords du fjord d'Igaliko..	325
94. Ruine nordique sur une île du fjord d'Igaliko.	327
95. Plans de ruines découvertes au Grönland.	331
96. Ruines de l'église de Kakortok	333
97. Enceinte circulaire de pierres à Kakortok.	334
98. Ruines de Kakortok..	335
99. Cercle de pierres à Markai.	336
100. Fragments de « métal de cloche » trouvés au Grönland	341
101. Le prétendu Brattahlid, vu dans la direction du nord.	343
102. Le prétendu Brattahlid, vu dans la direction du nord-est.	347
103. Glaçon dans le port de Frederiksdal.	351
104. Frederiksdal..	355
105. Le pasteur Jacob Brodbeck.	357
106. Carte de l'extrémité méridionale du Grönland	365
107. Paysage des rives de l'Ikeksund.	367
108. La côte orientale du Grönland au sud du port du Roi-Oscar.	373
109. Panorama des montagnes de la côte orientale du Grönland, aux environs du port du Roi-Oscar, à 580ᵐ au-dessus de la mer.	379
110. Panorama de la côte septentrionale du port du Roi-Oscar.	381
111. La côte orientale du Grönland aux environs de l'Ingolfsfjell.	387
112. Alfred Nathorst.	392
113. Auguste Berlin..	393
114. Pok et Keperock.	413
115. Eskimos métis.	415
116. Eskimos.	417
117. Jeune fille métisse.	419
118. Lampe en pierre ollaire. Marmite et lampe raccommodées avec des lanières en peau.	427
119. Instruments en pierre des Eskimos.	429
120. Instruments en pierre des Eskimos.	431
121. Engins de chasse et de pêche des Eskimos.	433
122. Pointes de harpons et de flèches en os, en bois et en pierre.	434
123. Engins de chasse et de pêche des Eskimos.	435
124. Couteaux en os dont le tranchant est en fer.	436
125. Hameçons en os, alènes en os, grattoirs en os garnis d'une lamelle de fer, boutons et agrafes en os.	437
126. Hutte d'hiver d'Eskimos.	439
127. Hutte d'hiver des Eskimos de l'Ouest.	440

128. Huttes d'hiver en neige. 441
129. Chien grönlandais. 443
130. Traîneau eskimo. 445
131. Traîneau eskimo fait de petits morceaux de bois et d'os reliés par des courroies. 446
132. Enfants eskimos en partie de plaisir. 447
133. Eskimos dansant au son du tambour magique dans la hutte du capitaine Graah. 455
134. Un enfant eskimo. 459
135. Un enfant eskimo. 461
136. Tombeau d'Eskimo à Port Clarence. 465
137. Oumiak. 477

TABLE DES PLANCHES

Carte des environs du Port de la Sofia. 164
Croquis montrant la disposition des trous de cryokonite sur l'*inlandsis*. 199
Carte du port du Roi-Oscar. 384
Itinéraire du professeur Nordenskiöld sur l'*inlandsis*. . . . . . . à la fin du volume.
Carte du Grönland par C.-J.-O. Kjellström. . . . . Id.

TABLE DES MATIÈRES

Préface du Traducteur. . . . . ı
Préface de l'Auteur. . . . . ııı
Introduction. 1
Plan de voyage de l'expédition au Grönland en 1883. 5

CHAPITRE PREMIER

Départ de Gothembourg. — Arrimage de la cargaison à Marstrand. — Thurso. — Traversée de l'archipel des Ferö. — La *montagne à oiseaux* la plus peuplée du monde. — Tempête. — Arrivée dans le Rödefjord. — Le spath d'Islande. — Historique de sa découverte. — Excursion au gisement de spath. — Les poneys islandais. — Arrivée à Reykjavik. — Plantes fossiles d'Islande. — Reykjavik. — Rareté des objets préhistoriques en Islande. 21

CHAPITRE II

Départ de Reykjavik. — Instructions nautiques données par Ivar Baardson. — Le récif de Gunbjörn. — L'île de Ruysch. — *The Sunken land of Busse*. — En vue de la côte orientale du Grönland. — Voyage de Mogens Heinessen. — Banquise impénétrable. — Le cap Farewell. — Kayaks et Eskimos. — Traversée de la banquise de la côte occidentale du Grönland. — Première rencontre des navigateurs européens avec les glaces. — Arrivée à Julianehaab. — Sauvetage d'un navire par des Eskimos. — Excursion dans le Kangerdluarsuk-fjord. — Giesecke. — L'eudialyte et son emploi. — Les moustiques. 43

CHAPITRE III

Ivigtut. — Tentatives d'exploitation minière au Grönland. — La cryolithe; historique de ce minéral. — Tentative infructueuse pour relâcher à Egedesminde. — Godhavn et Disko. — Le Waigat. — Mirages. — Hans Hendrik. — L'Aulaitsivik-fjord. — Arrivée dans le Tasiusarsoak. — Un journaliste grönlandais. 79

CHAPITRE IV

L'*inlandsis*. — La période glaciaire en Scandinavie. — Anciennes explications des phénomènes glaciaires. — Explorations de l'*inlandsis* avant 1883. — Claus Enevold Paars, 1728. — Lars Dalager, 1751. — J.-J. Hayes, 1860. — E. Whymper et R. Brown, 1867. — Nordenskiöld et Berggren, 1870. — Nordenskiöld et Palander, 1875. — Jensen, Kornerup et Groth, 1878.. 104

CHAPITRE V

Port de la *Sofia*. — Flore et faune de cette localité. — Préparatifs pour l'exploration de l'*inlandsis*. — Escalade du glacier. — Équipement de l'expédition. — Aspect de l'*inlandsis*. — Difficultés pour trouver un campement. — *Neige rouge*. — Découverte d'ossements de renne sur le glacier. — Nous perdons de vue les montagnes de la côte. — Méthodes employées pour déterminer la longueur des étapes et l'altitude. — État sanitaire de la caravane. — Nous croyons apercevoir des montagnes à l'est. — *Cryokonite*. — Trous formés par la *cryokonite* sur le glacier. — Le mauvais état de la neige arrête notre marche. — Reconnaissance des Lapons. — Retour des Lapons; relation de leur voyage. — La caravane bat en retraite. — Retour au Port de la *Sofia*. — Course de patineurs à Jokkmokk. 165

CHAPITRE VI

Hans Hendrik. — Arrivée à Ujaragsugsuk. — Notre campement à Ujaragsugsuk. — Les chiens eskimos. — Magnifiques paysages du Waigat. — Recherches paléontologiques. — Découverte de souches d'arbres à pain, de tulipiers, de magnolias, etc. — Climat. — Excursion à Atanekerdluk. — Difficultés pour trouver un campement convenable. — *Lœss*. — Historique des recherches géologiques faites à Atanekerdluk. — Flore crétacée et tertiaire d'Atanekerdluk. — Recherches dans la presqu'île d'Atanekerdluk. — Emballage des collections. — Étude du ravin d'Atanekerdluk. — Découverte de onze nouvelles couches fossilifères. — Tempête. — Arrivée de la *Sofia*. — Instructions du professeur Nordenskiöld. — La *Sofia* se ravitaille en charbon à la houillère de Ritenbenk. — Nouvelles recherches à Atanekerdluk. — Départ pour Upernivik. — Oswald Heer: sa vie et son œuvre. 226

CHAPITRE VII

Arrivée à Upernivik. — Tasiusak. — Navigation dans la baie de Melville. — Voyage de sir John Ross; son entrevue avec les indigènes près du cap York. — Les blocs de fer de Sowallik. — Les Crimson Cliffs et la *neige rouge*. — La *Sofia* au milieu des glaces de la baie de Melville. — Le Conical Rock. — Mouillage à Ivsugigsok. — Les indigènes d'Ivsugigsok. — Leur opinion sur le sort de l'expédition américaine. — Études scientifiques. — Flore d'Ivsugigsok. — La *Sofia* bloquée par les glaces. — Départ d'Ivsugigsok. — Seconde traversée de la baie de Melville. — Chasse à l'ours blanc. — Recherches paléontologiques à Patoot. — L'île du Lièvre. — Navigation de la *Sofia* dans la baie de Baffin. — Arrivée à Godhavn et à Egedesminde. — La *Sofia* embarque Nordenskiöld et la caravane de l'*inlandsis*. 272

CHAPITRE VIII

La *Sofia* bloquée dans le Tasiusarsoak. — Dangers auxquels le navire est exposé en sortant de ce mouillage. — Traversée d'Egedesminde à Ivigtut et à Julianehaab. — Le brick *Hvalfisk*. — Excursion dans le fjord d'Igaliko. — Les ruines nordiques du Grönland. — Explorations archéologiques de ces ruines. — Position et aspect de ces ruines. — Les anciens habitants des bords de l'Igaliko ont-ils pratiqué l'élevage du bétail? — Bronze trouvé dans les ruines nordiques. — Brattahlid. — État actuel de l'agriculture et de l'élevage sur les bords de l'Igaliko. — Insectes et mollusques terrestres recueillis dans cette localité. — Curieux phénomènes lumineux observés sur le fjord d'Igaliko. — Gisement de syénite à sodalite. — Arrivée à Frederiksdal 314

CHAPITRE IX

Le pasteur Brodbeck nous accompagne sur la côte orientale. — Renseignements fournis par un indigène sur cette région. — Note de Brodbeck sur les ruines nordiques et sur les indigènes de la côte orientale. — Opinions des savants sur la position de l'*Österbygd*. — Début de la croisière de la *Sofia* le long de la côte orientale. — Conseils qui nous furent donnés à ce sujet. — Mauvaise réputation de la côte orientale. — La *Sofia* essaye de traverser l'Ikeksund. — Le cap Farewell. — L'*Alca impennis*. — Navigation le long de l'*iskant*. — Isbergs. — Traversée de la banquise côtière près du cap Dan. — Débarquement sur la côte orientale. — Le port du Roi-Oscar. — Traces d'indigènes. — Tombeaux et monceaux de pierres. — Nouvelle tentative pour traverser la banquise côtière. — L'expédition bat en retraite. — Reykjavik. — Arrivée à Gothembourg. — Résumé des résultats de l'expédition. 353

CHAPITRE X

Les Eskimos. 395

INDEX ALPHABÉTIQUE. 483
TABLE DES GRAVURES 489
TABLE DES PLANCHES. 492

---

15 819. — Imprimerie A. Lahure, rue de Fleurus, 9, à Paris.

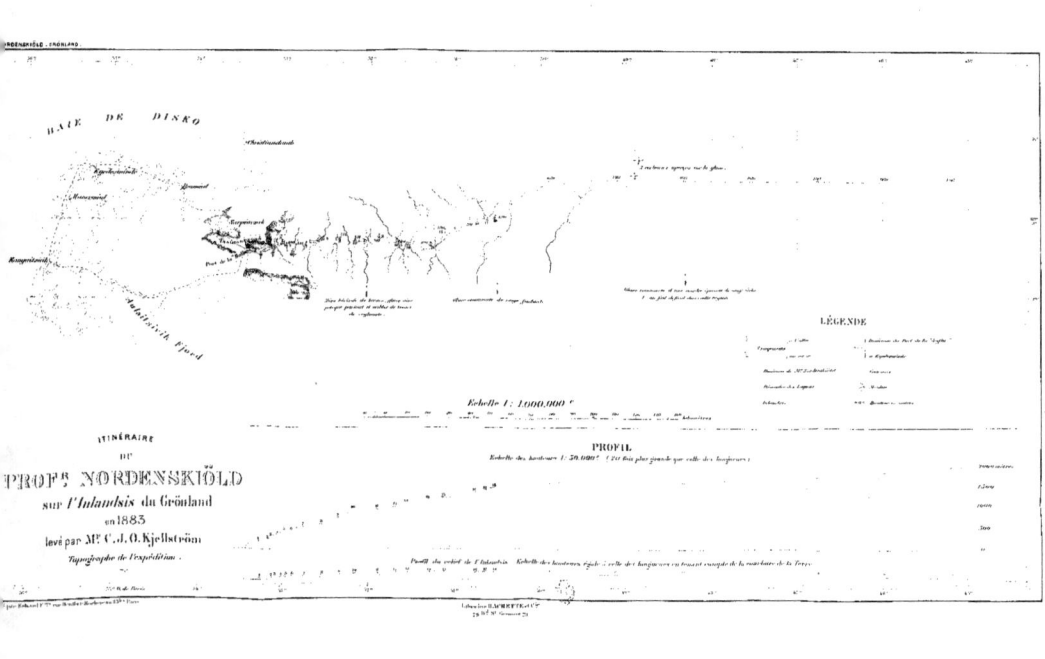

CARTE DU GRÖNLAND

par C.J.O. Kjellström

Cette carte est en grande partie dressée d'après des documents danois.

ECHELLE : 1:5.000.000

21 novembre 8

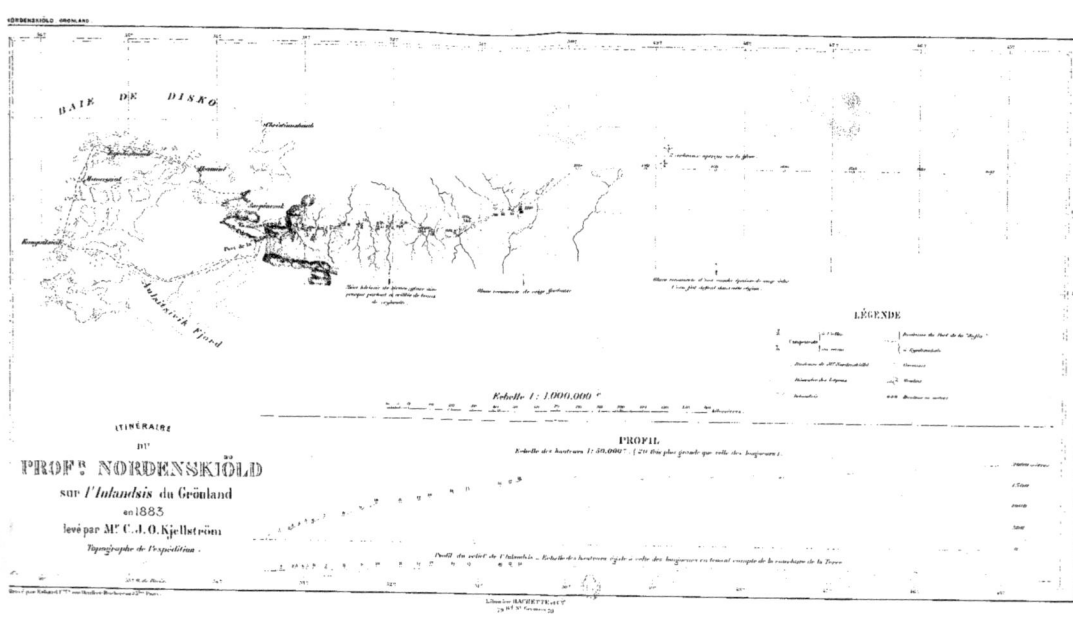

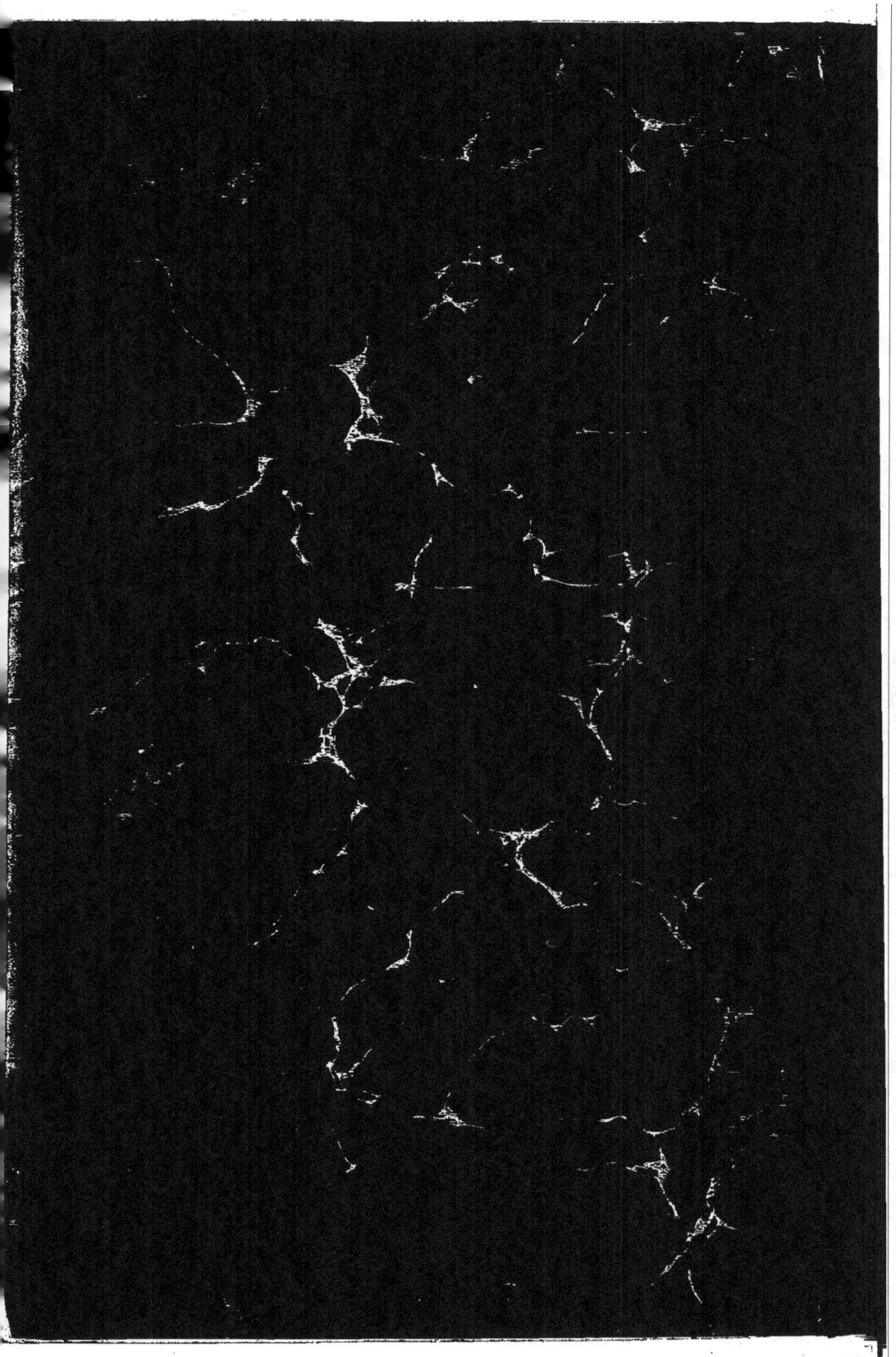